Düsseldorf

in frühen Photographien
1855–1914

Aufnahmen von Düsseldorf aus den frühen Jahren der Photographie, das sind vor allem Zeugnisses des Wandels von der verträumten Residenz- und Garnisonsstadt zur aufstrebenden Metropole für Industrie, Handel und Kunst. Ablesbar wird diese Entwicklung, die sich innerhalb weniger Jahrzehnte in der zweiten Hälfte des 19. Jahrhunderts vollzieht, an einer Reihe öffentlicher Großbauprojekte, die das Gesicht Düsseldorfs entscheidend verändern. Die Umstrukturierung der Rheinfront und die großen Neubauten Stahlhof, Kunstakademie, Stadttheater und Tonhalle setzen neue städtebauliche Akzente und sind gleichzeitig sichtbare Belege eines gewandelten städtischen Selbstbewußtseins.

Unser Band erinnert aber auch an das alte, das historische Düsseldorf. Das 1872 niedergebrannte kurfürstliche Stadtschloß ist ebenso dokumentiert wie die – für Düsseldorfer: »das« – mittelalterliche Rheinwerft, der Hofgarten und das Grupello-Theater am Marktplatz. Frühe Aufnahmen der Alten Hauptwache, von St. Lambertus in der Altstadt, von der Königsallee am Stadtgraben der ehemaligen Festung und den zahlreichen Stadttoren vervollständigen diese visuelle Biographie einer der vitalsten Städte Deutschlands.

Boris Becker, 1961 in Köln geboren, studierte Photographie an der Hochschule der Künste in Berlin und bei Bernd Becher an der Staatlichen Kunstakademie Düsseldorf. Er lebt und arbeitet als Photograph in Köln.

208 Seiten, 171 Duotone-Tafeln, 17 Abb.

Boris Becker

DÜSSELDORF

in frühen Photographien 1855–1914

Schirmer/Mosel
München · Paris · London

Für das große Entgegenkommen bei der Realisierung dieses Buchs möchten sich Verlag und Autor bei allen Archiven und deren Mitarbeitern sehr herzlich bedanken. Insbesondere sind zu nennen: das Haniel-Archiv, Frau Christiane Todrowski und Herr Dr. Dirk Appelbaum; die Landesbildstelle Rheinland, Düsseldorf, Frau Rohrberg; das Mannesmann Archiv, Herr Dr. Horst A. Wessel; das Historische Archiv der Rheinmetall GmbH, Herr Heil und Herr Fabry; das Stadtarchiv Düsseldorf, Frau Ruth Willigalla, Herr Dr. Clemens von Looz-Corswarem, Herr Hermann Kleinfeld, Herr Günther Eßer; das Stadtgeschichtliche Museum Düsseldorf, Frau Karin Hesper und Frau Anneliese Hartert; sowie die Universitätsbibliothek Düsseldorf, Herr Schmidt-Völler.

CIP-Titelaufnahme der Deutschen Bibliothek
Düsseldorf in frühen Photographien: 1855–1914
Boris Becker. – München: Schirmer-Mosel, 1990
ISBN 3-88814-376-4
NE: Becker, Boris

Lithos: Brend'amour Simhart & Co., München
Satz, Druck und Bindung: Passavia, Passau

ISBN 3-88814-919-3
Eine Schirmer/Mosel Produktion

Programminformation im Internet:
http://www.schirmer-mosel.de

Inhalt

Die städtebauliche, kulturelle und wirtschaftliche Entwicklung Düsseldorfs im 19. Jahrhundert

Verglichen mit anderen rheinischen Städten erfuhr Düsseldorf bereits in den ersten Jahren des 19. Jahrhunderts einschneidende städtebauliche und kulturelle Veränderungen, die das zukünftige Gesicht der verträumt am Rheinufer liegenden ehemaligen Residenz und Garnison prägen sollten.

Die 1795 einmarschierenden Franzosen setzten die Stadt- und Gerichtsverfassung des 17. Jahrhunderts außer Kraft und verlegten ihre Zollgrenze an den Rhein. Das Lehnswesen wurde abgeschafft und die Zünfte aufgehoben, Stifte und Klöster nach französischem Vorbild säkularisiert. Die weltberühmte Gemäldesammlung Johann Wilhelms war 1805 nach München gebracht worden, der Betrieb an der Kunstakademie nahezu eingeschlafen. Für kurze Zeit avancierte Düsseldorf noch einmal zur Haupt- und Residenzstadt des Herzogtums Berg, das 1805 vom Wittelsbacher Verband ausgegliedert und Frankreich zugesprochen wurde. Joachim Murat, ein Schwager Napoleons, regierte bis 1808 als Großherzog von Berg ein Gebiet, das sich von Königswinter bis ins Emsland erstreckte. Aber nach der Krönung Murats zum König von Neapel setzte Napoleon seinen dreijährigen Neffen Louis Napoleon formell als Großherzog ein und verlegte die Verwaltung des Herzogtums, das inzwischen eine französische Departementverfassung erhalten hatte, nach Paris.

Der Vertrag von Luneville besiegelte 1801 das Ende der Festung Düsseldorf, deren Anlagen nur wenige Monate nach der Unterzeichnung geschleift wurden. In Verbindung mit dem ehemaligen Hofgarten – der 1770 von dem Erbauer des Benrather Schlosses, Nikolas de Pigage, vor Schloß Jägerhof angelegt und durch die französischen Besatzungstruppen kurz vor der Jahrhundertwende verwüstet worden war – entstand auf dem Gelände der geschliffenen Festung nach Plänen des Gartenbauinspektors Maximilian-Friedrich Weyhe einer der schönsten Landschaftsgärten des 19. Jahrhunderts, dem Düsseldorf noch heute seinen Ruf als Gartenstadt verdankt. Ihm war die Begradigung und der großzügige Ausbau des nach Süden verlaufenden ehemaligen Festungsgrabens vorausgegangen, der an seinem Ende nach Westen abknickte und im Schwanenspiegel mündete. In den ersten Jahren wurde er nur auf östlicher Seite von einer Allee begleitet, der späteren Königsallee. Die von dem Wasserbaumeister C.W. Bauer angelegten Gräben und Teiche wurden im Norden und Süden durch die beiden Läufe der aus dem Bergischen Land westlich von Elberfeld kommenden Düssel gespeist. Ein Teil der Festungsanlage, die ehemalige Bastion Maria Amalia, ist noch heute am Grundriß von Spee's Graben ablesbar.

Eine zweite prachtvolle Allee, der Boulevard Napoleon (heute Heinrich-Heine-Allee), wurde zwischen Altstadt und Hofgarten angelegt. Die Bebauung des Boulevards stand unter der Leitung von Adolf von Vagedes, einem klassizistischen Baumeister und Stadtplaner, der bis 1830 preußischer Regierungsbaurat von Düsseldorf war. Sein bedeutendstes erhalten gebliebenes Bauwerk ist das Ratinger Tor. Es konnte in den ersten Jahren durch ein eisernes Gitter geschlossen werden und diente als Zoll- und Akzisestation.

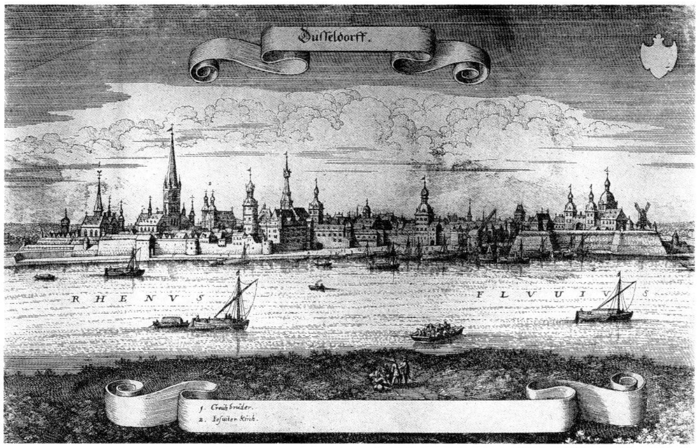

1 Düsseldorfer Rheinfront, um 1647. Kupferstich von Matthäus Merian

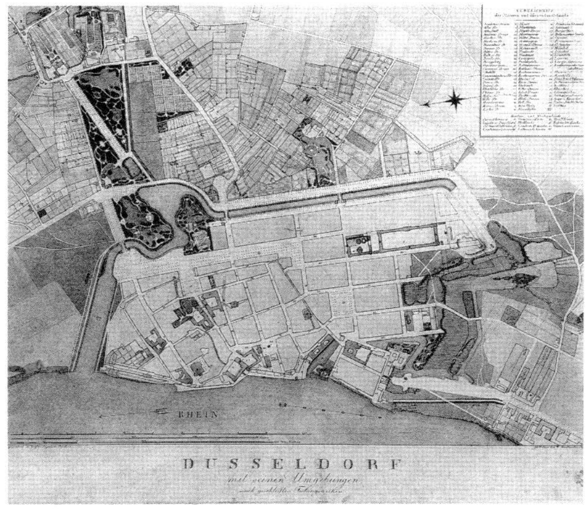

2 Stadtplan von Düsseldorf nach der Schleifung der Festung, um 1809. Kolorierter Stahlstich, anonym

Napoleon Bonaparte, der 1811 bei seinem Besuch in Düsseldorf mit einem eigens errichteten Triumphbogen begeistert empfangen wurde, war von den bis dahin fertiggestellten Gartenanlagen und der Stadt so angetan, daß er den Düsseldorfern die ehemaligen Festungsanlagen als Geschenk überließ und den weiteren Ausbau des Hofgartens mit einer jährlichen Zahlung von 100 000 Franken sicherstellte.
Darüber hinaus war sich Napoleon der strategischen Bedeutung Düsseldorfs als rechtsrheinischem Brükkenkopf sehr wohl bewußt. Gezielt förderte er die Ansiedlung erster Manufakturen, nicht zuletzt, um die industrielle Vorherrschaft Englands zu brechen. Der Bau eines neuen Sicherheitshafens im Norden der Stadt, der sich ausgezeichnet in die Park- und Seenlandschaft des Hofgartens einfügte, muß auch in diesem Zusammenhang gesehen werden.
Nach der verlorenen Völkerschlacht bei Leipzig zogen sich die französischen Truppen über den Rhein zurück. Bis zur Übernahme durch Preußen stand Düsseldorf unter einer alliierten Regierung. Die Bevölkerung hatte in den Jahren des Übergangs unter ständigen Geldforderungen und den Plünderungen der Besatzungstruppen schwer zu leiden. Trotzdem sah sie dem Anschluß an Preußen eher skeptisch entgegen, der im April 1815 unter König Friedrich Wilhelm III. vollzogen wurde. Mit der Bildung der Rheinprovinz verlor Düsseldorf sämtliche überregionalen Behörden, was die ohnehin unterentwikkelte Wirtschaft besonders hart traf, die sich traditionell an der Hofhaltung und Verwaltung orientiert hatte. Die Folge war eine steigende Verarmung der Bevölkerung, die nur mit hohem finanziellen Aufwand durch den Bau von Armenversorgungs- und Arbeitsanstalten bekämpft werden konnte.
Mit dem Niedergang der ehemaligen Residenz- und Hauptstadt begann der Aufstieg des kulturellen Bürgertums. Der durch die Kriegswirren auseinandergebrochene ›Pempelforter Kreis‹ beispielsweise besaß immer noch eine hohe Ausstrahlungskraft und konnte von Georg Arnold Jacobi, einem Sohn von Friedrich-Heinrich Jacobi, wieder neu belebt werden. Auch eine Reihe höherer Schulen, darunter das Königliche Gymnasium an der Alleestraße, wurden neu errichtet, 1825 die allgemeine Schulpflicht eingeführt und die Grundschulen wieder unter geistliche Führung gestellt.
An dem bis dahin in der deutschen Theaterlandschaft eher unbedeutenden Stadttheater am Marktplatz leitete der seit 1826 als Landgerichtsdirektor in Düsseldorf ansässige Karl Leberecht Immermann Theateraufführungen und Mustermessen. Immermann, der bei Waterloo gegen Napoleon gekämpft hatte, unterstützte nicht nur Literaten und Dramaturgen, wie Christian Dietrich Grabbe oder Heinrich von Sybel, sondern erreichte auch als Autor des satirischen Romans *Münchhausen* überregionale Bedeutung. Für das 1832 gründlich renovierte und umgebaute Theater konnte für drei Jahre Felix Mendelssohn-Bartholdy als Musikdirektor gewon-

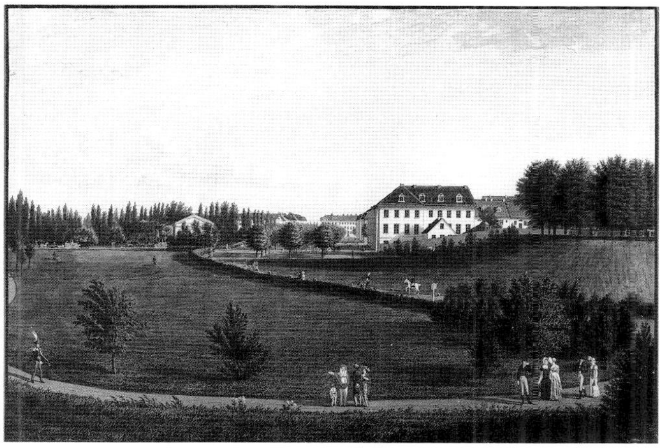

3 Blick vom Napoleonsberg auf den Boulevard Napoleon (heute Heinrich-Heine-Allee), links davon das Ratinger Tor, rechts der Eiskellerberg, um 1829. Gouache von I. H. Weiermann

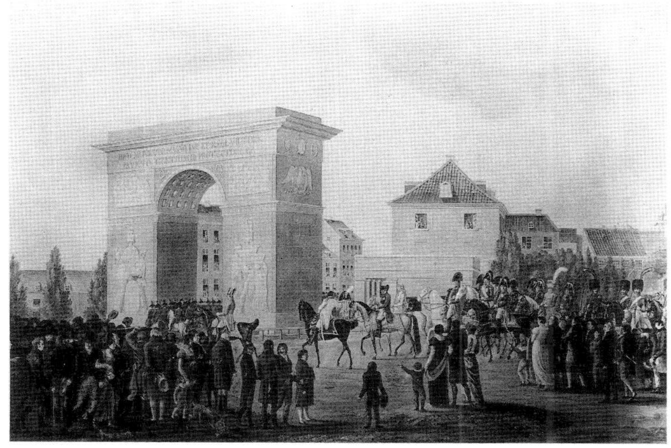

4 Einzug Napoleons in Düsseldorf am 3. November 1811. Aquarell von Johann Petersen

nen werden, dessen Nachfolger bis 1854 Robert Schumann war. Regelmäßig fanden jetzt die ›Niederrheinischen Musikfeste‹ statt.
Als bedeutendstes Ereignis kann jedoch die Neugründung der Kunstakademie betrachtet werden. Die unter dem kurfürstlichen Galerie-Inspektor Lambert Krahe 1773 eingeführte Mal- und Zeichenschule erfuhr am 9. März 1819 ihre Erneuerung als ›Königliche Kunstakademie zu Düsseldorf‹. Erster Direktor wurde 1821 Peter Cornelius, der den Grundstein für eine Drei-Stufen-Ausbildung an der Akademie legte, die sein Nachfolger systematisch ausbaute, nachdem Cornelius mit seinen Schülern nach nur drei Jahren die Akademie in Richtung München verlassen hatte. An seine Stelle trat im Herbst 1826 Wilhelm von Schadow, der mit seinen Schülern Theodor Hildebrandt, Karl Friedrich Lessing, Johann-Wilhelm Schirmer, Johann Peter Hasenclever – um nur einige zu nennen – den internationalen Ruf der ›Düsseldorfer Malerschule‹ begründete. Beherrschendes Thema war die Landschafts- und Genremalerei, deren hohe Qualität mangels hervorstechender lokaler Bildmotive allein vom rein künstlerischen Impuls lebte. Der 1829 von dem Kreis um Immermann und Schadow als eine Art Selbsthilfeorganisation Düsseldorfer Künstler ins Leben gerufene ›Kunstverein für die Rheinlande und Westfalen‹ begünstigte eine erhebliche Steigerung der künstlerischen Produktion.
Adolf von Vagedes hatte 1822 für die Erweiterung Düsseldorfs, dessen Einwohnerzahl sich seit der Jahrhundertwende nahezu verdoppelt hatte, einen Plan vorgelegt, der – unter erheblichen Eingriffen in bestehende Straßen und Bauten – die Anlage neuer Stadtteile östlich der 1787 unter Kurfürst Karl Theodor entstandenen Karlstadt vorsah; den rechtwinkligen Grund- und Aufriß wollte er allerdings übernehmen. Der 1831 von der preußischen Oberbaudeputation in Berlin genehmigte, stark reduzierte Plan verzichtete jedoch zunächst auf eine Ausdehnung nach Osten und sah statt dessen nur einige Durchbrüche und verschiedene Neubauten vor. So wurden der Schwanenmarkt und das Alleeplätzchen angelegt, der Friedrichplatz (heute Grabbeplatz) zur Alleestraße hin geöffnet und die Landskrone am östlichen Ufer von der Hofgartenstraße umschlossen. Diesem Plan, auch wenn er der Stadt zu wenig Spielraum für zukünftige Erweiterungen und Anbindungen an die außerhalb verlaufenden Durchgangsstraßen ließ, verdankte Düsseldorf bis zur Mitte des Jahrhunderts sein Erscheinungsbild als vornehm biedermeierliche Kunst- und Beamtenstadt. Die Präsenz Prinz Friedrichs von Preußen, des Kommandanten der 14. Division, der im Schloß Jägerhof logierte und Wert auf gute Kontakte zur Düsseldorfer Bevölkerung legte, täuschte sogar ein wenig über die verlorene Residenz hinweg.
1831 besiegelte die Rheinschiffahrtsakte das Ende des mittelalterlichen Kölner Stapelrechts, das alle stromaufwärts fahrenden Handelsschiffe verpflich-

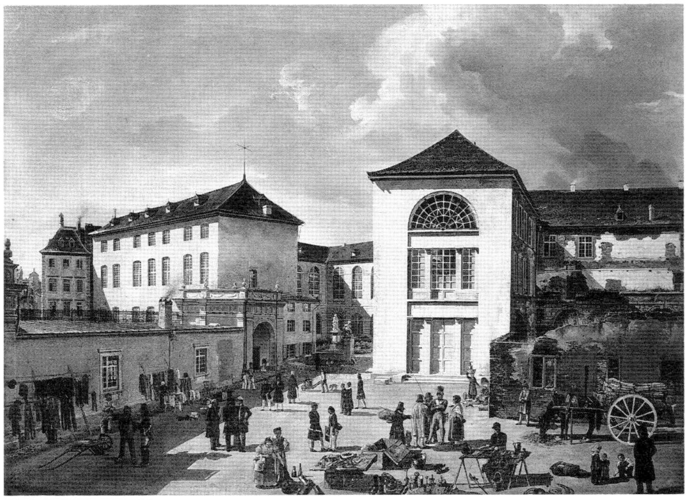

5 »Die alte Akademie in Düsseldorf«, 1831.
Gemälde von Andreas Achenbach. Kunstmuseum Düsseldorf

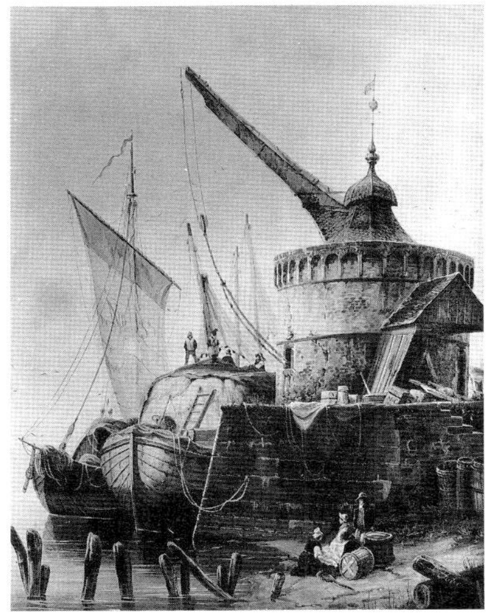

6 »Der alte Rheinkran«, um 1836.
Gemälde von August Wilhelm Sohn. Kunstmuseum Düsseldorf

tet hatte, ihre Waren drei Tage lang zum Verkauf auszulegen. Damit öffnete sich der Rhein als Verkehrsader für den Düsseldorfer Handel, der jahrhundertelang unter der Kölner Vorherrschaft gelitten hatte. Vor dem wiederaufgebauten Schloß, das 1794 beim Bombardement der Franzosen schwer beschädigt worden war, entwickelte sich am Rheinwerft ein reger Güter- und Ladeverkehr. Die fünf Jahre später als AG gegründete ›Dampfschiffahrtsgesellschaft für den Nieder- und Mittelrhein‹ war eines der ersten modern organisierten Unternehmen, die sich anfangs nur zögernd in Düsseldorf niederließen. Eine Handelskammer wurde gegründet und die Schiffbrücke angelegt; sie ersetzte die 140 Jahre alte ›Fliegende Brücke‹, die Johann Wilhelm 1699 von Mannheim nach Düsseldorf verlegt hatte. Die neue Brücke stellte erstmals eine halbwegs feste Verbindung zum linksrheinischen Gebiet her, mußte allerdings mehrmals täglich geöffnet werden, um passierenden Dampfschiffen und Lastenseglern die Durchfahrt zu ermöglichen.
Als öffentliche Reiseverkehrsmittel dienten zu Beginn der 1830er Jahre fünf Schnellpostlinien: 1838 kam die erste Eisenbahnlinie der Rheinprovinz hinzu. Sie verband Düsseldorf mit dem schon viel früher entwickelten Industriegebiet des Bergischen Landes. Bei der Eröffnung der Strecke Düsseldorf–Erkrath mußten die Züge noch durch fest installierte Dampfmaschinen die Steigung bei Hochdahl hinaufgezogen werden. Später wurde das Verfahren durch eine bis in die 1920er Jahre betriebene Seilkonstruktion ersetzt, bei der der talwärts fahrende Zug den berganfahrenden zog. Eine zweite Eisenbahnlinie verband Düsseldorf sieben Jahre später mit Köln und über das Ruhrgebiet hinaus sogar mit Berlin. Die Bahnhöfe der beiden Gesellschaften befanden sich nicht weit voneinander entfernt im Süden der Stadt, am Ende der Königsallee.
Östlich von ihr hatte inzwischen eine lockere Bebauung vorhandener Wege und Straßen eingesetzt, die 1836 die Stadtverwaltung veranlaßte, einen neuen Stadterweiterungsplan auszuarbeiten. Abermals wurde das rechtwinklige Raster der Karlstadt in die Planung der neuen Stadtteile einbezogen. Der jedoch erst am 3. Juli 1854 nach langen Verhandlungen mit der preußischen Oberbaudeputation unter Leitung von Karl-Friedrich Schinkel genehmigte Bauplan beschränkte den streng geometrischen Grundriß auf die südlich der Karlstadt geplante Friedrichstadt. Für die Erweiterung der neuen Stadtteile im Norden und Osten sah der Plan die bisherige offene Bauweise vor. Dieser Entscheidung lagen nicht nur finanzielle Überlegungen zugrunde, sondern auch eine neue städtebauliche Konzeption, die die mathematische Nüchternheit zugunsten einer eher malerischen Vorstellung aufgab.
Infolge der fehlenden Durchgangsstraßen verlief die Stadterweiterung Düsseldorfs im 19. Jahrhundert

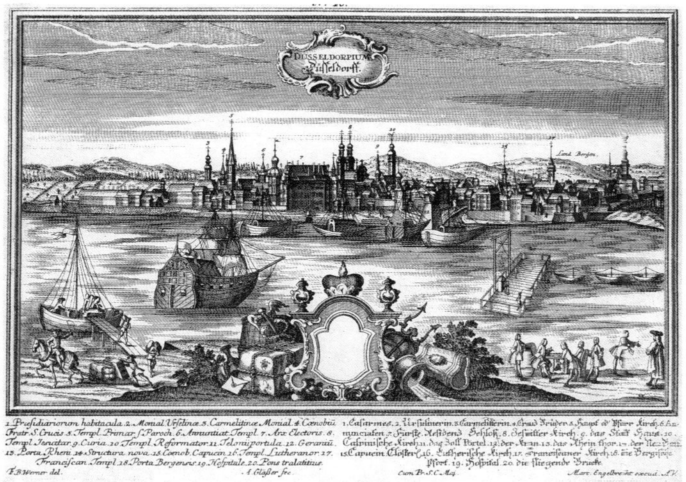

7 *Düsseldorfer Rheinfront mit »Fliegender Brücke«, um 1765. Kupferstich von A. Gläßer nach F. B. Werner*

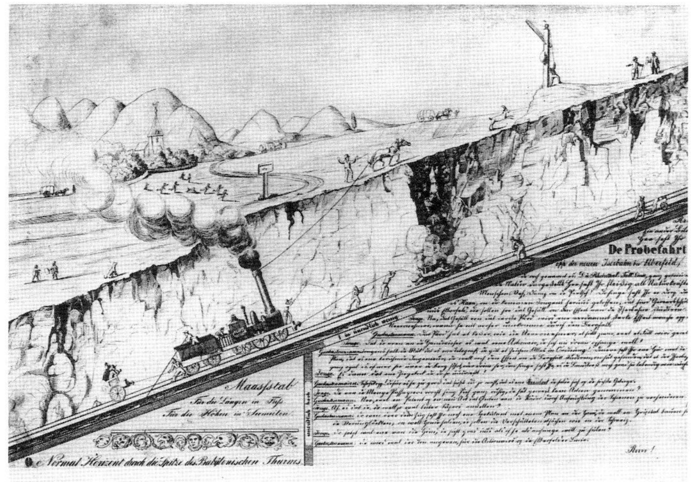

8 *Satirische Darstellung der ersten Eisenbahnstrecke von Düsseldorf nach Elberfeld, um 1841. Lithographie, anonym*

also nicht ringförmig wie in anderen ehemals befestigten Städten, sondern parzellenhaft und annähernd gleichzeitig an mehreren Punkten der Stadt.
Mit der Gründung des Deutschen Zollvereins 1834, der die nationale Einheit ankündigte, wurde die Rheinprovinz einem einheitlichen Zollgebiet angegliedert. Das stellte die Weichen für die zügige Industrialisierung Düsseldorfs und seines Umlandes. Elf Jahre später ersetzte die Gemeindeordnung die noch aus napoleonischer Zeit stammende Departementverfassung. Gewisse Vorbehalte gegenüber der preußischen Herrschaft traten jetzt immer offener zutage. Die katholisch geprägte Bevölkerung befürchtete den zunehmenden machtpolitischen Einfluß des Protestantismus; im Kölner Mischehenstreit hatten entsprechende Auseinandersetzungen mit Preußen sogar zur Verhaftung hoher Geistlicher geführt. Die Düsseldorfer Karnevalsgesellschaften, die 1825 ihren ersten Rosenmontagszug durchführten, nahmen den preußischen Militarismus aufs Korn und brachten ihre oppositionellen Ansichten versteckt in Büttenreden zum Ausdruck. Zusätzlich geschürt wurde die antipreußische Stimmung durch die schlechte wirtschaftliche Lage, von der infolge des aufkommenden Frühkapitalismus insbesondere die Arbeiter betroffen waren. Zahlreiche neugegründete Einrichtungen versuchten die wachsende soziale Not zu mildern – so wurden 1844 u.a. der ›Bezirksverein für das Wohl der arbeitenden Klassen‹ und im Mai desselben Jahres der ›Verein der Düsseldorfer Künstler zur gegenseitigen Unterstützung und Hilfe‹ ins Leben gerufen; einige verzweifelte Düsseldorfer, die ihre Zukunft in der Neuen Welt suchten, hatten sich bereits ein Jahr zuvor in einem Auswanderungsverein organisiert.
Nach dem Sturz des ›Bürgerkönigs‹ Louis Philippe im Februar 1848 und der Errichtung einer provisorischen Republik in Frankreich greift die revolutionäre Bewegung frühzeitig auf das nahe Düsseldorf über. In den folgenden Monaten überschlagen sich die Ereignisse. Als eine der ersten Gruppen schließt sich ein Teil der Künstlerschaft unter Ludwig von Milewski den Revolutionären an. Forderungen nach Pressefreiheit und der Einrichtung eines Schwurgerichts werden laut; eine Bürgerwehr formiert sich unter Lorenz Cantador. Am 7. Mai 1848, kurz nach den Wahlen zur Frankfurter Nationalversammlung, tritt Oberbürgermeister Josef von Fuchsius, der der Situation nicht mehr gewachsen ist, von seinem Amt zurück.
Am 14. Mai kommt es beim Besuch König Friedrich Wilhelms IV. in Düsseldorf zum Eklat: Der preußische Monarch wird bei seiner Fahrt durch die Stadt von der aufgebrachten Bevölkerung wüst beschimpft und mit Pferdekot beworfen – im wahrsten Sinne des Wortes ›veräppelt‹.
Die Künstler greifen die Geschehnisse der Revolutionsjahre auf und verarbeiten sie in Bildern und

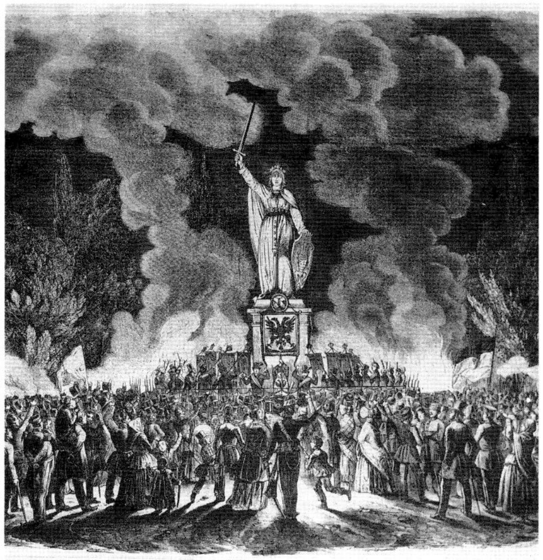

9 Die »Germania« auf dem Fest der Deutschen Einheit, 6. August 1848. Radierung, anonym

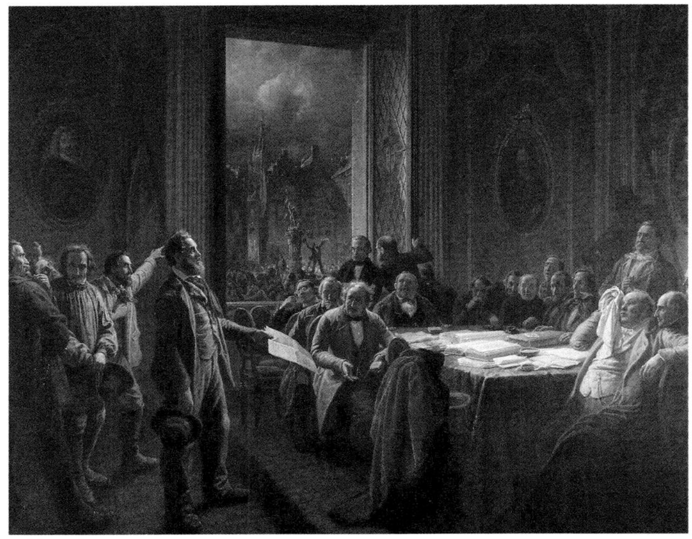

10 »Arbeiter vor dem Magistrat«, 1848. Gemälde von Johann Peter Hasenclever. Kunstmuseum Düsseldorf

illustrativen Karikaturen, die in den *Düsseldorfer Monatsheften*, einer Gemeinschaftspublikation ortsansässiger Künstler, abgedruckt werden. Einer der bedeutendsten Genremaler der Düsseldorfer Schule, Johann Peter Hasenclever, thematisiert die Lage der Arbeitslosen in einem berühmt gewordenen Bild: *Arbeiter vor dem Magistrat*, und aus Anlaß des ›Deutschen Einheitsfests‹ am 6. August wird mitten in der Alleestraße eine von Akademieprofessor Carl Sohn entworfene bronzene ›Germania‹ enthüllt. In diese romantisch national-liberale Stimmung fällt auch die Gründung des Künstlervereins ›Malkasten‹ – ein Signal für die allmähliche Loslösung der Künstler von der Akademie.

Nach dem Scheitern der Frankfurter Nationalversammlung wird die freiheitlich demokratische Bewegung in Düsseldorf am 9. Mai 1849 von preußischen Truppen in blutigen Barrikadenkämpfen niedergeschlagen. Unter den vierzehn Toten befindet sich auch der Künstler Ludwig von Milewski.

Das von der Revolution enttäuschte liberale Bürgertum wendet sich in der 1850er Jahren von der Politik ab und konzentriert sich mehr und mehr auf die rasant wachsende Wirtschaft. Die ›Provinzial-Gewerbeausstellung für das Rheinland und Westfalen‹ gibt 1852 dem verkehrsgünstig im Mittelpunkt der Industriezentren Mönchengladbach/Krefeld, Bergisches Land und Ruhrgebiet gelegenen Düsseldorf zum ersten Mal die Möglichkeit, als Ausstellungs- und Messestadt in Erscheinung zu treten. Auf dieser Ausstellung wird u. a eine technische Erfindung vorgeführt, die vor allem die Lithographen unter den Künstlern interessierte: Daguerrotypische Platten waren zwar schon allgemein bekannt, dennoch führte die Präsentation der metallisch glänzenden Abbilder der Natur und des menschlichen Antlitzes vor einem breiten Publikum zur erheblich gesteigerten Nachfrage nach den kleinen versilberten Kupferunikaten.

Zahlreiche Künstler hatten sich seit den 30er Jahren mit großem Erfolg der Radierung, dem Kupferstich und anderen Techniken der Druckgraphik zugewandt, die ihnen neben der erweiterten künstlerischen Ausdrucksmöglichkeit auch ein lukrative Nebenerwerbsquelle, die Gebrauchsgraphik, erschloß. Mit der fortschreitenden Industrialisierung erschien nun ein neues technisches Medium, das scheinbar in der Lage war, die Malerei und die Illustration vom Zwang zur Authentizität zu befreien. Die Photographie ermöglichte es dem Künstler innerhalb kürzester Zeit, ›lebensechte‹ Bildnisse herzustellen, die in der reinen Abbildung die Präzision der bisherigen Illustrationen weit übertraf.

Als die beiden ersten Düsseldorfer Photographen können der 1809 in Eschweiler bei Aachen geborene Wilhelm Severin und der vier Jahre ältere, aus

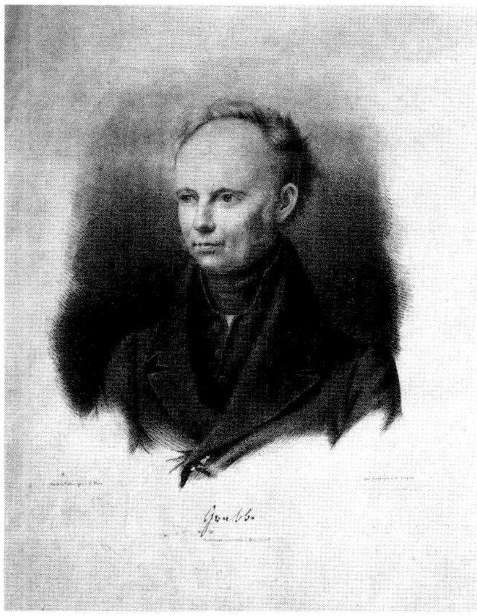

11 Portrait des Dramaturgen Christian Dietrich Grabbe, um 1848. Lithographie von Wilhelm Severin

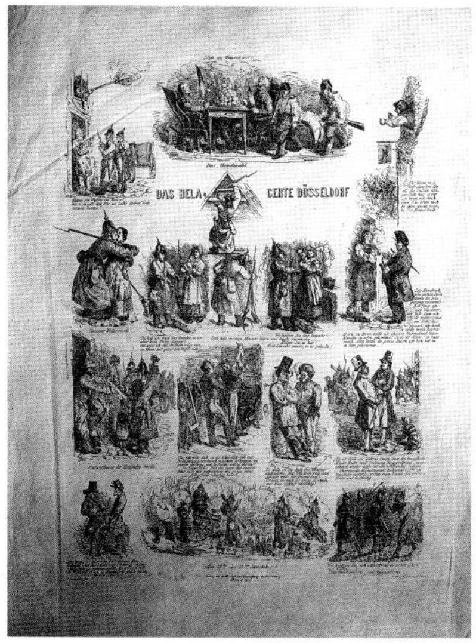

12 Satirische Illustration des belagerten Düsseldorf, 1848. Lithographie von Wilhelm Severin

Bonn stammende Mathias Radermacher gelten. Severin bietet schon am 7. April 1848 in einem Inserat daguerrotypische Aufnahmen an, die er mit Voigtländerobjektiven aufnimmt. Einen Namen hatte er bereits als Lithograph; sein Portrait des Dramaturgen und Theaterkritikers Christian Dietrich Grabbe oder seine satirische Illustration des belagerten Düsseldorfs aus dem Revolutionsjahr 1848 waren allgemein bekannt. Wilhelm Severin wird auch die früheste noch erhaltene photographische Ansicht Düsseldorfs zugeschrieben, die Aufnahme der Alten Hauptwache am Burgplatz. – Mathias Radermacher läßt sich bereits 1825 in Düsseldorf nieder und arbeitet zunächst als Maler. 1852 zeigt er auf der Gewerbeausstellung sechs Daguerrotypien und beschäftigt sich seitdem ausschließlich mit der Photographie. Von seinem photographischen Werk sind uns jedoch keine Zeugnisse überliefert. – Zehn Jahre nach der Ausstellung von 1852 verzeichnet das Düsseldorfer Adreßbuch bereits ein knappes Dutzend Photographen, die fast alle auch als Maler und Lithographen tätig sind oder als solche ihre berufliche Laufbahn begonnen haben.

Den frühen Aufnahmen von Düsseldorf sieht man noch die künstlerische Sensibilität an, das Bemühen der Photographen, den individuellen Charakter der einzelnen Bildmotive zu erkennen und mit Hilfe des neuen Mediums hervortreten zu lassen. Viele Merkmale der frühen Photographie werden heute oft den damaligen technischen Unzulänglichkeiten zugeschrieben. Allerdings resultierte beispielsweise die Leere der Straßen und Plätze nicht unumgänglich aus den langen Belichtungszeiten – mit der Einführung der Naß-Kollodiumplatte im Jahr 1851 betrug die Belichtungszeit nur noch zwei bis drei Sekunden –: sie wurde vielmehr oft bewußt als gestalterisches Mittel eingesetzt. Mit der Zunahme der Auftrags-Photographie, die an bestimmte Erwartungshaltungen bezüglich einer repräsentativen Darstellung des Bildthemas gebunden ist, tritt dieser Aspekt der Photographie jedoch mehr und mehr in den Hintergrund.

Durch die Provinzial-Gewerbeausstellung werden einige belgische Industrielle auf den bis dahin weitgehend branchenneutralen Standort Düsseldorf aufmerksam. Bereits im gleichen Jahr lassen sich die ersten eisenverarbeitenden Industrieunternehmen in der Stadt nieder, beispielsweise die Brüder George Theodor und Joseph Adolph Richard aus Clervaux, die ein Puddlings- und Hammerwerk an der Luisenstraße errichten, oder Jean Pascal Piedboeuf, der in Oberbilk ein Röhrenwalzwerk und eine Dampfhammerfabrik gründet. Die ersten industriellen Niederlassungen stießen allerdings bei der Bevölkerung der näheren Umgebung, die plötzlich ungewohntem Lärm und Gestank ausgesetzt waren,

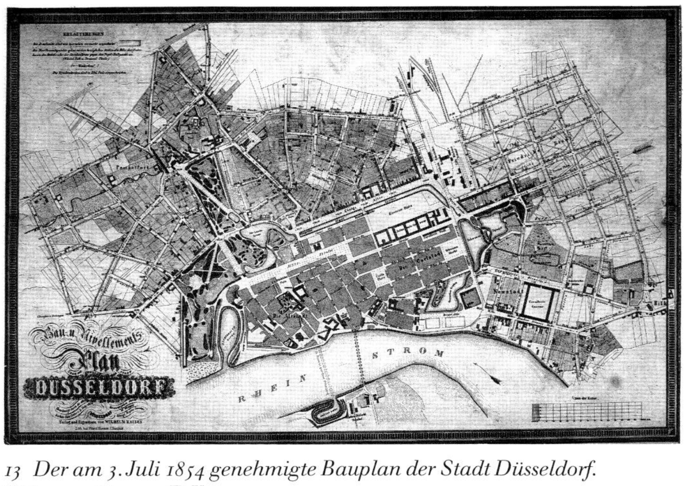

13 Der am 3. Juli 1854 genehmigte Bauplan der Stadt Düsseldorf. Lithographie von F. Koenen

auf erheblichen Widerstand. Trotzdem siedeln sich weitere belgische Firmen an, die Düsseldorf oft nur als erste, vorübergehende Durchgangsstation zur wirtschaftlichen Erschließung Preußens betrachten. Aus der Eifel kommen die Brüder Poensgen an den Rhein und gründen in Oberbilk, das zu einer industriellen Keimzelle heranwächst, eine Drahtstift-, Nieten- und Bleiröhrenfabrik. Die traditionellen Düsseldorfer Kaufleute und Manufakturen, die sich auf die Herstellung von Luxusartikeln und das Kunsthandwerk spezialisiert hatten, verspüren allmählich die wachsende Konkurrenz.

Düsseldorf übt in der Mitte des Jahrhunderts wegen seiner hohen, durch die ehemalige Residenz geprägten Wohnqualität eine starke Anziehungskraft aus. Die ersten Interessenverbände und Verwaltungen werden in die Stadt verlegt, die sich nach der Genehmigung des Erweiterungsplans 1854 rasch nach Norden und Süden ausdehnt. Gasbeleuchtung erhellt seit den vierziger Jahren die Straßen und Plätze der Stadt; der Magistrat hatte mit dem Gaswerk von Johann Sinzig einen Liefervertrag über zwanzig Jahre abgeschlossen. Kaufleute, Finanziers und bekannte Künstler, etwa Wilhelm von Schadow, übernehmen die feudalen Wohnsitze des zurückgedrängten bergischen Adels. So erwirbt der Bankier Christian Gottfried Trinkaus 1852 das ehemalige Palais des Hofmarschalls Carl von Pritzelwitz in der Hofgartenstraße und baut es zum Wohn- und Geschäftshaus um. Der Generaldirektor der Vulkan-Bergwerksgesellschaft, W.J. Brewer, übernimmt das Haus der Brüder Jacobi in Pempelfort, bevor es schließlich die Heimat des Künstlervereins ›Malkasten‹ wird, der das heruntergekommene und verwilderte Anwesen im September 1857 für 22000 Taler erwirbt.

In den fünfziger und sechziger Jahren werden die Verkehrsanbindungen erheblich ausgebaut; sie stellen später den Transport von Bodenschätzen für die wachsende Industrie im rohstoffarmen Düsseldorf sicher. Die am 17. 1. 1853 eröffnete Eisenbahnstrekke Aachen–Oberkassel intensiviert die Verbindung mit dem belgischen Industriegebiet und dem Aachener Revier; drei Jahre später erfolgt mit der Verlängerung der Trasse bis an die Schiffbrücke die unmittelbare Anbindung an Düsseldorf. Um nicht gänzlich in die Abhängigkeit der Aachener und Cöln-Mindener Gesellschaft zu geraten, schließen sich die beiden Gesellschaften der Düsseldorf-Elberfelder und der Bergisch-Märkischen Eisenbahn, die Düsseldorf über Erkrath mit Elberfeld verbinden, zusammen. Die beiden konkurrierenden Schiffahrtsgesellschaften von Köln und Düsseldorf besiegeln Mitte 1853 ihre Fusion mit der Gründung der ›Rheindampfschiffahrt Kölnische und Düsseldorfer Gesellschaft‹, der Vorgängerin der heutigen ›Köln-Düsseldorfer‹.

In der Wirtschaft und im Handel zeichnet sich eine Schwerpunktverlagerung vom Bergischen Land zum Ruhrgebiet ab. Das Ruhrorter Handelshaus Haniel beginnt die Zusammenarbeit mit Düsseldorfer Verbänden im ›Handels- und Gewerbeverein für die Rheinlande und Westfalen‹, der 1858 von liberal-protestantisch orientierten Unternehmern ins Leben gerufen wird. Um ihren Einfluß außerhalb der Stadtgrenzen zu vergrößern, investieren Düsseldorfer Kaufleute auch im Ruhrgebiet und in Westfalen; das Bankhaus Trinkaus beteiligt sich beispielsweise an der Finanzierung der Zechen Shamrock und Hiberia. Die Düsseldorfer Unternehmer operieren mittlerweile auf mehreren Ebenen gleichzeitig; mit Hilfe erster Fusionierungen und dem Zusammenschluß zu Interessengruppen verfolgen sie das Ziel, Düsseldorf zur Metropole der rheinisch-westfälischen Industrie auszubauen. Eine Zentralhan-

delsbörse entsteht, an der ab 1860 auch mit Wertpapieren der ersten in Aktiengesellschaften umgewandelten Unternehmen gehandelt wird.
Die Düsseldorfer Malerei befindet sich zu dieser Zeit auf ihrem Höhepunkt. Sie beeinflußt zahlreiche ausländische Künstler, vor allem Amerikaner und Skandinavier, die in Scharen nach Düsseldorf kommen, um an der inzwischen weltberühmten Akademie zu studieren. Zeitweise halten sich über dreihundert Maler und Bildhauer in der Stadt auf. Die bekanntesten Künstler, wie die Brüder Andreas und Oswald Achenbach, werden in der sich wandelnden Stadt sehr geschätzt, üben in Gremien und Vereinen leitende Funktionen aus und sind in den Kreisen des gehobenen Bürgertums gern gesehene Gäste. Ein gesellschaftliches Ereignis ersten Ranges sind die in zweijährigem Turnus stattfindenden ›Niederrheinischen Musikfeste‹, die unter der künstlerischen Leitung von Felix Mendelssohn-Bartholdy und Robert Schumann bis zur Mitte des Jahrhunderts internationale Bedeutung erlangen und sich großer Beliebtheit erfreuen. Die Lithographien und Karikaturen der *Düsseldorfer Monatshefte* verlieren allerdings nach der Restauration der preußischen Macht ihren satirischen Biß und ihre künstlerische Qualität; sie verkommen zu einem illustrativen Witzblatt, dessen Erscheinen schließlich 1861 aus finanziellen Gründen eingestellt wird. Auch die Sitzungen und Umzüge des Karnevals haben ihre Themen unter dem Druck der preußischen Zensur entschärft.
Das Dreiklassenwahlrecht, das bis 1918 seine Gültigkeit behalten sollte, teilte die wahlberechtigte Bevölkerung nach ihrem Steueraufkommen in drei unterschiedliche Gruppen. An der Spitze fanden sich Vertreter des Hochadels, wohlhabende Kaufleute, Bankiers und Fabrikanten, Militärs und Beamte der oberen Ränge. Der zweiten Klasse gehörten Ärzte und Anwälte, mittlere Beamte und alteingesessene Kaufleute an, gefolgt vom Kleinbürgertum: Handwerker, Gastwirte und mittlere Gewerbetreibende. Die Repräsentanten der ersten Klasse, die gerade 4% der Wahlberechtigten stellten, waren unter diesen Voraussetzungen bis zu zwanzig Mal stärker in der Stadtverordnetenversammlung vertreten als die katholisch geprägten Angehörigen der beiden übrigen Klassen. Der sogenannte ›vierte Stand‹, dem ein Großteil der Bevölkerung angehörte, besaß überhaupt kein aktives und passives Wahlrecht, das nur demjenigen zugesprochen wurde, der männlichen Geschlechts war, das 25. Lebensjahr vollendet hatte, länger als ein Jahr zur städtischen Gemeinde gehörte, entweder Haus- und Grundbesitz oder ein jährliches Mindesteinkommen von 600–800 Talern vorweisen konnte.
Durch die Einkommensverschiebungen, die die steigenden Gewinne der zunehmenden Industrialisierung mit sich bringen, verliert das angestammte biedermeierliche Bürgertum langsam seinen Einfluß in der Kommunalverwaltung und den städtischen Institutionen, die jetzt zunehmend von liberal-protestantischen Unternehmern und Finanziers besetzt werden. Diese von einem technokratisch-ökonomischen Rationalismus geprägten Kreise stehen dem fortschrittlichen preußischen Staat weit aufgeschlossener gegenüber als die konservativ-katholische Kaufmannsschicht. Zwar erreichen die Katholiken, denen auch große Teile der Arbeiterschaft angehören, bei der Stadtverordnetenwahl im Jahr 1868 noch elf der vorhandenen zwölf Mandate, doch drängen die Liberalen in den kommenden Jahren immer weiter in die einzelnen Wahlklassen vor.

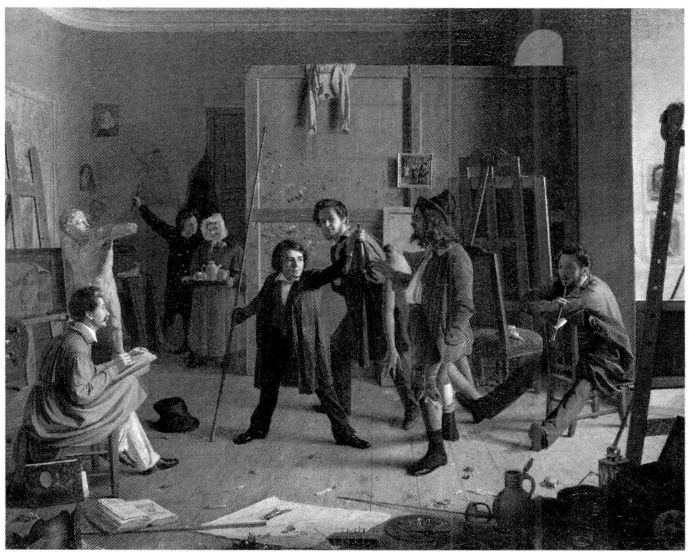

14 »Atelierszene«, 1836. Gemälde von Johann Peter Hasenclever. Kunstmuseum Düsseldorf

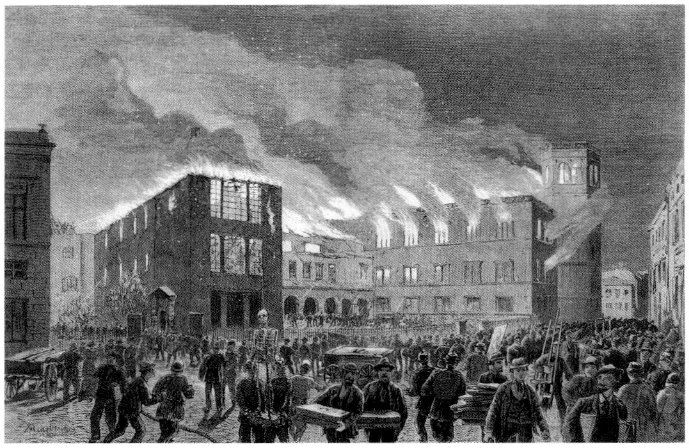

15 Brand des Stadtschlosses und der Kunstakademie in der Nacht vom 19. auf den 20. März 1872. Holzstich von Th. von Eckenbrecher

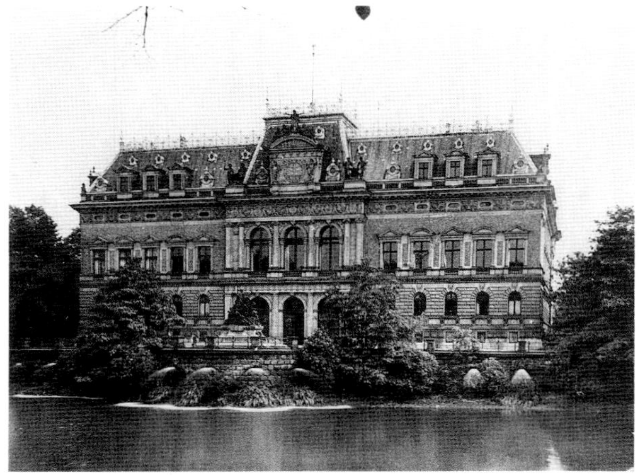

16 Ständehaus am Kaiserteich, um 1900. Photographie von Julius Söhn

Der vom Unfehlbarkeitsdogma des Vatikan noch einmal gestärkte Klerus zeigt im Boykott der preußischen Feste und Feiertage offen seine Abneigung gegen den autoritären Staat Bismarcks. 1874 untersagen die Bischöfe Gottesdienste und Glockengeläut zum Sedanstag. Ein Jahr später werden gegen den Protest der Bevölkerung mehrere Orden und Klöster aufgelöst. Im Dezember 1875 sieht sich Ludwig Hammers unter dem Vorwurf des Antinationalismus gezwungen, nach 25jähriger Dienstzeit vom Amt des Oberbürgermeisters zurückzutreten: sein Nachfolger wird zwei Monate später Friedrich-Wilhelm Becker, der erste protestantische Oberbürgermeister Düsseldorfs. Damit sind die politischen Voraussetzungen für die explosionsartige Entwicklung der Industrie und des Handels geschaffen, die in Düsseldorf – verglichen mit anderen Städten – erst recht spät, dafür um so heftiger in den siebziger und achtziger Jahren einsetzt.

In dieser Zeit verliert die Stadt einige der letzten Symbole kurfürstlicher Residenz. Im Deutsch-Französischen Krieg hatte Preußen, für den Gegner völlig überraschend, die süddeutschen Staaten durch geheime Schutzverträge auf seine Seite gebracht. In einem Zusatzprotokoll war die 1778 von Nikolas de Pigage katalogisierte Gemäldesammlung – die der kunstsinnige Johann Wilhelm mit Hilfe seines Hofmalers Johann Frans Douven aus ganz Europa zusammengetragen hatte – endgültig dem Land Bayern zugesprochen worden. Ohne diese Sammlung, die seit 1805 den Kern der Alten Pinakothek in München bildete und deren Rückführung die Düsseldorfer in den folgenden Jahrzehnten mehrfach einklagten, hätte sich der eher musisch veranlagte ›Märchenkönig‹ Ludwig II. wohl kaum zum Kriegseintritt bewegen lassen.

Ein Jahr nach Kriegsende werden die Düsseldorfer in der Nacht vom 19. auf den 20. März 1872 von einer Brandkatastrophe aus dem Schlaf gerissen. Am Rheinufer steht das Stadtschloß in Flammen, das über Jahrhunderte das Panorama der Stadt geprägt hat. Erst am nächsten Morgen sind die Ausmaße des Schadens zu erkennen: bis auf den Turm und den schwer beschädigten nördlichen Flügel ist das Schloß fast vollständig niedergebrannt. Man beschließt, die verkohlten Reste der ehemaligen bergischen Residenz nicht wieder aufzubauen. Einige Jahre später fällt auch der notdürftig geflickte Nordflügel der Spitzhacke zum Opfer. Nicht nur die Kunstakademie verliert mit den ehemals kurfürstlichen Galeriegebäuden im südlichen Teil der Anlage ihre ursprüngliche Heimat, auch die im Schloß untergebrachten rheinischen Stände und ein Teil der Gemeindeverwaltung stehen erst einmal buchstäblich auf der Straße.

Vier Jahre später wird das bis dahin ausgewogene räumliche Gefüge am Marktplatz durch den Abriß des ehemaligen Gießhauses von Gabriel Grupello, das im 18. Jahrhundert unter Kurfürst Karl Theodor zu einem Theater umgewandelt worden war, empfindlich gestört. In der vergleichsweise engen Baulücke entsteht ein monströses Rathaus, das die vornehm abgezirkelte Gediegenheit des Platzes durch die wuchtige Massivität und den gründerzeitlichen Eklektizismus seiner Fassade schwer belastet. Die räumliche Einheit von Kunst, Theater und politischer Verwaltung im unmittelbaren Zentrum der Stadt wird endgültig aufgehoben durch die auseinandergezogene Ansiedlung der neuen Kunstakademie am Sicherheitshafen, der rheinischen Stände am Kaiserteich und des Stadttheaters auf dem Gelände des ehemaligen Botanischen Gartens.

Nachdem der innerstädtische Kulturkampf zugunsten der fortschrittlichen Liberalen entschieden war und die Düsseldorfer Bevölkerung die preußische Autorität im Laufe der Jahre nach außen weitgehend akzeptiert hatte, siedeln sich in der Folgezeit zahlreiche neue Unternehmen, insbesondere eisenverarbeitende Betriebe, in und um Düsseldorf an. Neben alteingesessenen Fabriken, wie der Eisengießerei Schimmelbusch & Co. und der Zinkgießerei Windscheid, gründen u.a. Haniel & Lueg ein Werk für Bergwerks- und Hüttenbedarf sowie eine Gießerei für Maschinen- und Schiffsbau. Die beiden Firmen der Familien Albert und Reinhard Poensgen fusionieren mit Henry Smith & Co zur ›Düsseldorfer Röhren- und Eisenwalzwerke AG‹.

Neben dem hohen Wohnwert und seinem überregionalen Ruf als Kunst- und Gartenstadt sprach für den Standort Düsseldorf eine ganze Reihe entscheidender Vorteile: Es bestanden relativ gute Bahnverbindungen in die angrenzenden Industrie- und Rohstoffgebiete, das Stadtgebiet war nicht durch einen Festungsgürtel eingeschnürt und das Baugelände preiswert zu erwerben. In Köln, dem potentiellen Konkurrenten, machte sich der Einfluß des Erzbischofs und der alteingesessenen Kaufmannsschichten noch zu sehr geltend, und in Essen dominierte unangefochten die Familie Krupp.

Im Zuge der großen, von den Fabrikanten Heinrich Lueg und Ernst Schieß initiierten Industrie-, Kunst- und Gewerbeausstellung, die erstmals 1880 auf dem Gelände des vier Jahre zuvor eingeweihten Zoologischen Gartens stattfand, kommen weitere Firmen in die Stadt, die der Düsseldorfer Industrie einen enormen innovativen und technologischen Schub versetzen. Heinrich Ehrhardt gründet 1889 die ›Rheinische Metallwaren- und Maschinenfabrik AG‹, die sich im Lauf der Jahre einen Spitzenplatz in der deutschen Rüstungsindustrie erarbeitet. Die Brüder Reinhard und Max Mannesmann entwickeln um 1885 in Remscheid eher zufällig ein Schrägwalzverfahren, das erstmalig die Herstellung nahtloser Metallröhren ermöglicht und damit die gesamte Röhrenproduktion revolutioniert. Nach kurzer Zusammenarbeit mit den Brüdern Siemens in Berlin verlegen sie ihr Werk, das sich bis 1905 ›Deutsche Röhrenwerke AG‹ nennt, in den neunziger Jahren nach Düsseldorf, wo es 1898 in Rath den Betrieb aufnimmt. Um die Jahrhundertwende gilt Düsseldorf als eines der weltweit führenden Zentren der Röhrenproduktion. Im gleichen Jahr, 1898, entsteht unter dem Vorsitz von Paul Heye, der in Gerresheim eine Glashütte betreibt, die Interessengemeinschaft ›Industrieterrain Düsseldorf-Reisholz AG zu Benrath‹, die sich die wirtschaftliche Erschließung der südlichen Vororte zum Ziel gesetzt hat. Und in Holthausen leitet im Jahr 1900 Fritz Henkel, der bereits in den siebziger Jahren aus Aachen an den Rhein gekommen war, die Entwicklung eines Waschmittels ein, das ab 1907 unter dem Namen ›Persil‹ weltweit bekannt werden sollte.

Im letzten Viertel des Jahrhunderts drohte das Gefüge der Stadt auseinanderzubrechen. Die verzweifelt auf Arbeitssuche in die Stadt geströmte Landbevölkerung verdoppelt die Einwohnerzahl in den Jahren 1880 bis zur Jahrhundertwende auf knapp 200000. Die Folge ist eine Überbelegung der heruntergekommenen Wohnquartiere in der Gegend um St. Lambertus, der Ratinger und der Neußer Straße. Aus den Gossen, Gräben und Bächen der Düssel zieht der übelriechende Gestank städtischer und industrieller Abwässer durch die engen Straßen der Altstadt, durch die zusätzlich der gesamte Frachtverkehr des veralteten Rheinwerfts verläuft. Die expandierende Industrie im Osten und Süden kann den ungünstig gelegenen alten Sicherheitshafen und das Rheinwerft allerdings kaum nutzen und verlegt ihren Gütertransport fast ausschließlich auf die Schiene. Die planlos angelegten Strecken der

drei Eisenbahngesellschaften, die der Staat Ende der siebziger Jahre übernimmt, schnüren die Stadt durch die ebenerdig verlaufenden Gleise nach Süden und Osten ab. Darüber hinaus verhindern im Süden die beiden Bahnhöfe der Cöln-Mindener und der Bergisch-Märkischen Gesellschaft – letztere hatte 1870 die Verbindung mit Neuß über die Hammer-Brücke geschaffen – eine verkehrsgerechte Anbindung der Friedrichstadt.
Zu Beginn der achtziger Jahre beauftragt man schließlich die ›Königliche Eisenbahndirektion Elberfeld‹ mit der Neuordnung des Eisenbahnwesens im Düsseldorfer Raum. Mit der Entflechtung der Bahnkörper, der Verlegung der Gleise auf Bahndämme und dem Bau eines Zentralbahnhofs im Osten der Stadt sollte das verwirrende Durcheinander von Personen- und Güterverkehr beendet und die Stadt von ihrem engen Korsett befreit werden.
Zur selben Zeit nimmt die Stadtverwaltung den systematischen Ausbau der Kanalisation zur Verbesserung der sanitären Verhältnisse in Angriff. Wegen der unterschiedlichen Höhenlagen und der damit verbundenen ständigen Überflutungsgefahr wird ein zweigeteiltes, miteinander kombiniertes Kanalnetz entwickelt, das die zusätzlichen Abwässer der Haushaltungen, die seit 1870 über eigene Wasseranschlüsse in den Gebäuden verfügen, aufnehmen soll. Die Düsselbäche werden kanalisiert und im Stadtgebiet zum größten Teil überwölbt.
Der dritte größere Stadterweiterungsplan des 19. Jahrhunderts, den der Kölner Stadtbaumeister Joseph Stübben 1885 vorlegte, hielt einen Katalog unterschiedlichster Vorschläge bereit, der die Lösung der Verkehrsprobleme eindeutig in den Vordergrund rückte. Der Plan, der das Wachstum der Stadt auf über eine halbe Million Einwohner zugrunde legte und die zukünftige Streckenführung der Eisenbahn berücksichtigte, sah ein System von drei die Stadt weiträumig umschließenden Ringstraßen vor, die durch den großzügigen Ausbau teilweise vorhandener Landstraßen, beispielsweise der Grafenberger Allee oder der Kölner Straße, mit dem Stadtzentrum verbunden waren. Der Plan kam nur teilweise zur Ausführung; das Interessante an ihm war, daß erstmals eine konzentrische Entwicklung Düsseldorfs vorsah, wie die Konzeption von Ring- und Radialstraßen erkennen läßt.
Seit 1876 verkehrte in Düsseldorf eine private Pferdebahn, die von dem Belgier Leopold Boyaert betrieben wurde. Sie verband zunächst die Bahnhöfe mit der Altstadt und transportierte teilweise sogar die Obst- und Gemüsekarren der Bauern zum Marktplatz. 1892 erhielt der Koblenzer Pferdebahndirektor Wilhelm von Tippelskirch einen neuen Pachtvertrag, der das Streckennetz weiter ausbaute. Die Düsseldorfer erreichten nun bequem den Grafenberger Wald, den Zoologischen Garten oder die ›Flora‹ in der Friedrichstadt. Am 1. Juli 1900 wurde die Bahn, nunmehr als ›Elektrische‹, von der Stadt übernommen. Sechs Jahre zuvor hatte sich die von den Fabrikanten Lueg und Haniel und dem Verleger Bagel gegründete ›Rheinische Bahngesellschaft AG‹ zum Ziel gesetzt, den Bau einer ersten festen Rheinbrücke in Düsseldorf zu verwirklichen, über die eine elektrische Kleinbahn die Stadt mit Oberkassel und Krefeld verbinden sollte; Planung und Ausführung wurden der ›Gutehoffnungshütte‹ in Oberhausen übertragen. Die mit zwei monumentalen Hauptbögen und vier Flutöffnungen konstruierte Oberkasseler Brücke konnte 1898 dem Verkehr übergeben werden. Mit dem Bau der Brücke ging ein beliebter Treffpunkt am Rheinufer, die ›Schöne Aussicht‹, verloren, und auf der zur Brückenrampe verlängerten Alleestraße störte der Lärm der ins Linksrheinische rumpelnden Lastkarren und Kleinbahnen empfindlich die Ruhe des Hofgartens.
Die Eröffnung des neuen Hauptbahnhofs im Jahr 1891, der die Einebnung der Bahnlinien im Süden der Stadt zur Folge hatte, führte in den ersten Jahren zu chaotischen Verhältnissen in der kombinierten Abwicklung von Schiff- und Eisenbahnverkehr. Die Entfernung zwischen den alten, überlasteten Hafenanlagen und den neuen Bahnanschlüssen war für den Warentransport nur mit erheblichem Zeitverlust zu überbrücken. Schon in den achtziger Jahren lagen der Stadtverwaltung mehrere Konzepte zur Reorganisation des Schiffsgüterverkehrs vor, die aber zum großen Teil verworfen wurden. Nach langen Überlegungen entschließt man sich zu einer vollständigen Umstrukturierung der Düsseldorfer

Rheinfront: Südlich des Berger Ufers entsteht nach mehrfach abgeänderten Plänen des Regierungsbaumeisters Plock innerhalb von sechs Jahren eine großzügig bemessene Hafenanlage mit vier Anlegebuchten, die durch doppelte Gleiskörper mit der Reichsbahn verbunden sind. In dem der Stadt am nächsten gelegenen Becken löschen in den ersten Jahren Öltanker ihre Fracht; das zweite, eine Doppelanlage mit hochwassersicheren Kaimauern, nimmt den Zoll- und Handelshafen auf, die beiden übrigen Becken sind dem Holzumschlag reserviert. Im Handelshafen lassen sich mehrere Speditionen und Reedereien nieder. Die Firma L.W. Cretschmar unterhält beispielsweise Schiffsverbindungen zu den wichtigsten Städten am Rhein und über direkte Seedampferlinien sogar nach London, Riga und St. Petersburg.

Mit der Fertigstellung der Hafenanlage und der Oberkasseler Brücke sind die Voraussetzungen für den Ausbau des neuen Rheinwerfts geschaffen. Nach der Zuschüttung des alten, verschlickten Sicherheitshafens wird die Uferlinie um durchschnittlich dreißig Meter vorverlegt, das untere Werft gepflastert und mit einem Gleisanschluß ausgestattet. In den Güterhallen und Kasematten finden u. a. die Köln-Düsseldorfer- und die Niederländische Dampfschiffahrtsgesellschaft ihr Domizil. Zahlreiche Treppen und Fahrrampen stellen die Verbindung vom Ladekai zur oberen, breit ausgebauten Prachtstraße her. Reichverzierte schmiedeeiserne Flaggen- und Beleuchtungsmasten und mehrere Obelisken säumen die Uferstraße, die durch eine in Granit und Sandstein ausgeführte Brüstung zum unteren Werft abgeschlossen wird. In Höhe der nördlichen Düsselmündung entsteht das „Düsselschlößchen“, ein schon bald gut besuchtes Weinlokal, in dem sich verliebte Paare treffen und auf dessen Turmspitze nachts ein Leuchtfeuer entzündet wird.

Am 8. März 1902, nach dreijähriger Bauzeit, beendet die feierliche Einsetzung des Schlußsteins die aufwendige Umgestaltung des Düsseldorfer Rheinufers. Es war die letzte gewaltige Baumaßnahme des 19. Jahrhunderts – eines Jahrhunderts, das die Infrastruktur und das äußere Erscheinungsbild Düsseldorfs radikal veränderte.

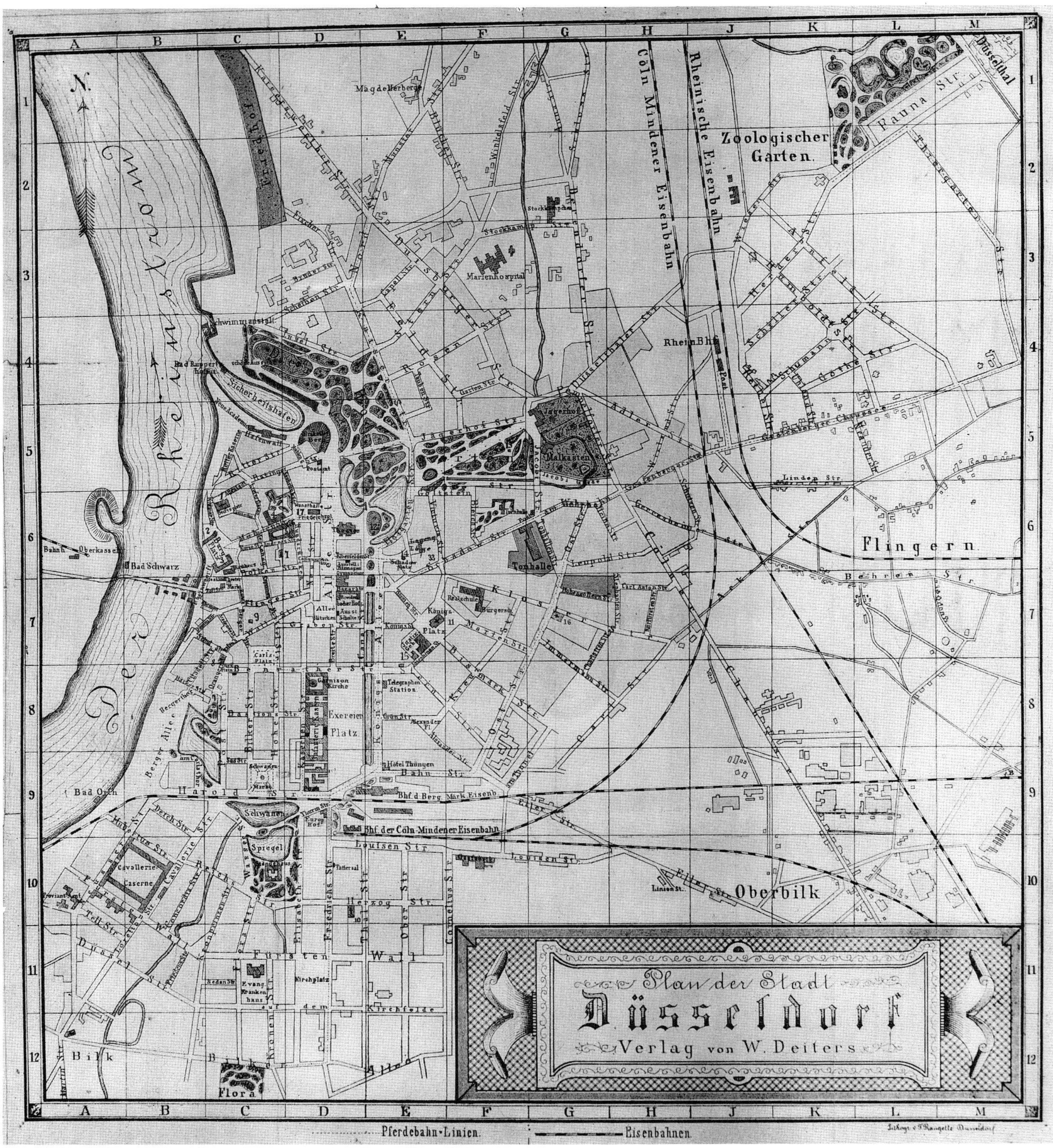

17 *Plan der Stadt Düsseldorf mit den Eisenbahnanlagen, um 1880. Lithographie von F. Rangette*

Tafeln

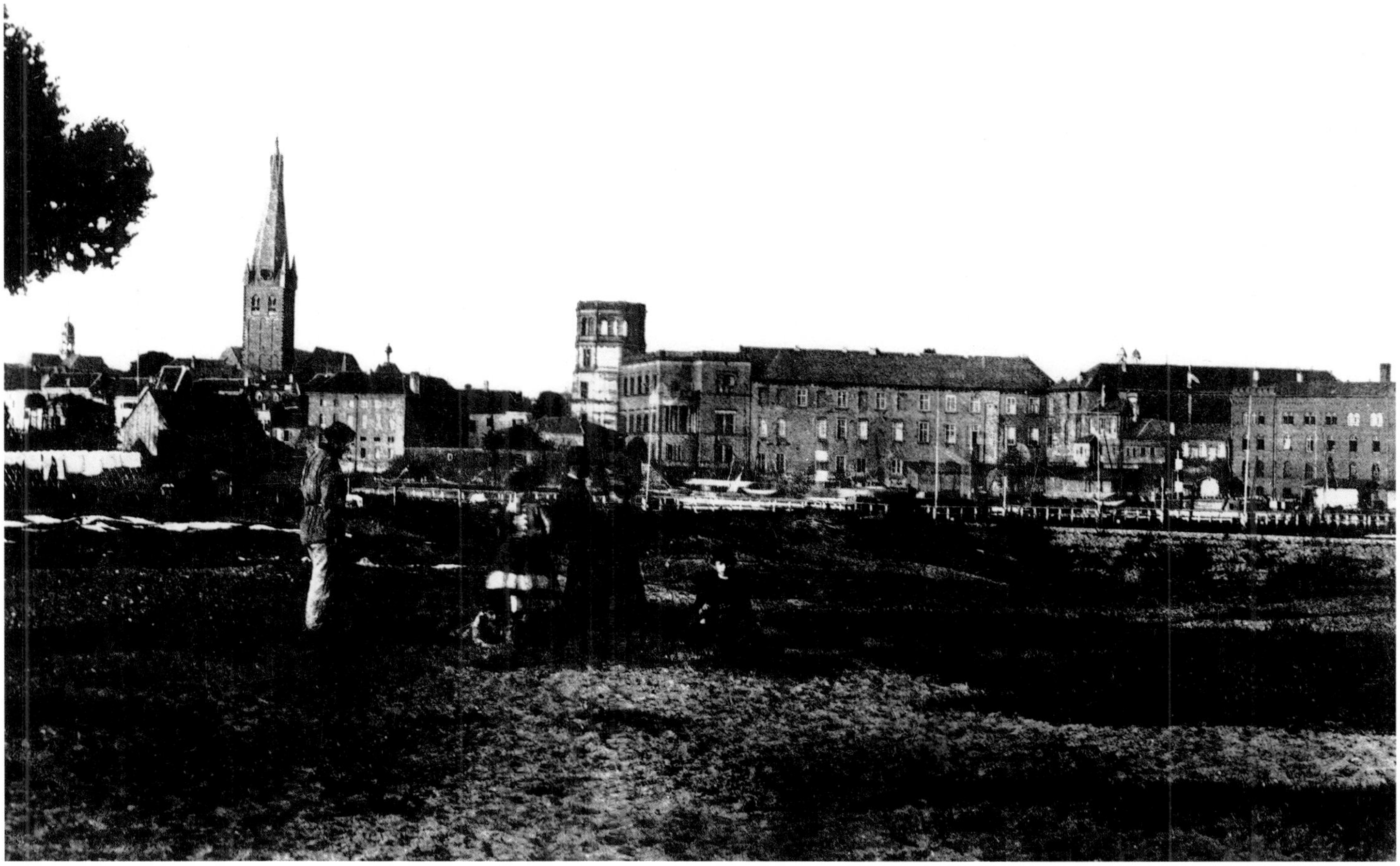

1 Rheinpanorama, von der Oberkasseler Seite gesehen, um 1860 Photograph unbekannt

Der Blick reicht über die Oberkasseler Rheinwiesen bis hin zur Düsseldorfer Rheinfront, die sich vom Zolltor am rechten Bildrand zu den Häusern der Krämerstraße vor St. Lambertus erstreckt. Links von St. Lambertus ist die Dachlaterne der Kreuzherrenkirche zu erkennen. Das Stadtschloß befindet sich mit seinem Turm nahezu in der Bildmitte. Im weiteren Verlauf sieht man rechts davon die beiden Turmspitzen von St. Andreas sowie die sich überschneidenden Türme des alten Rathauses und der Neanderkirche.

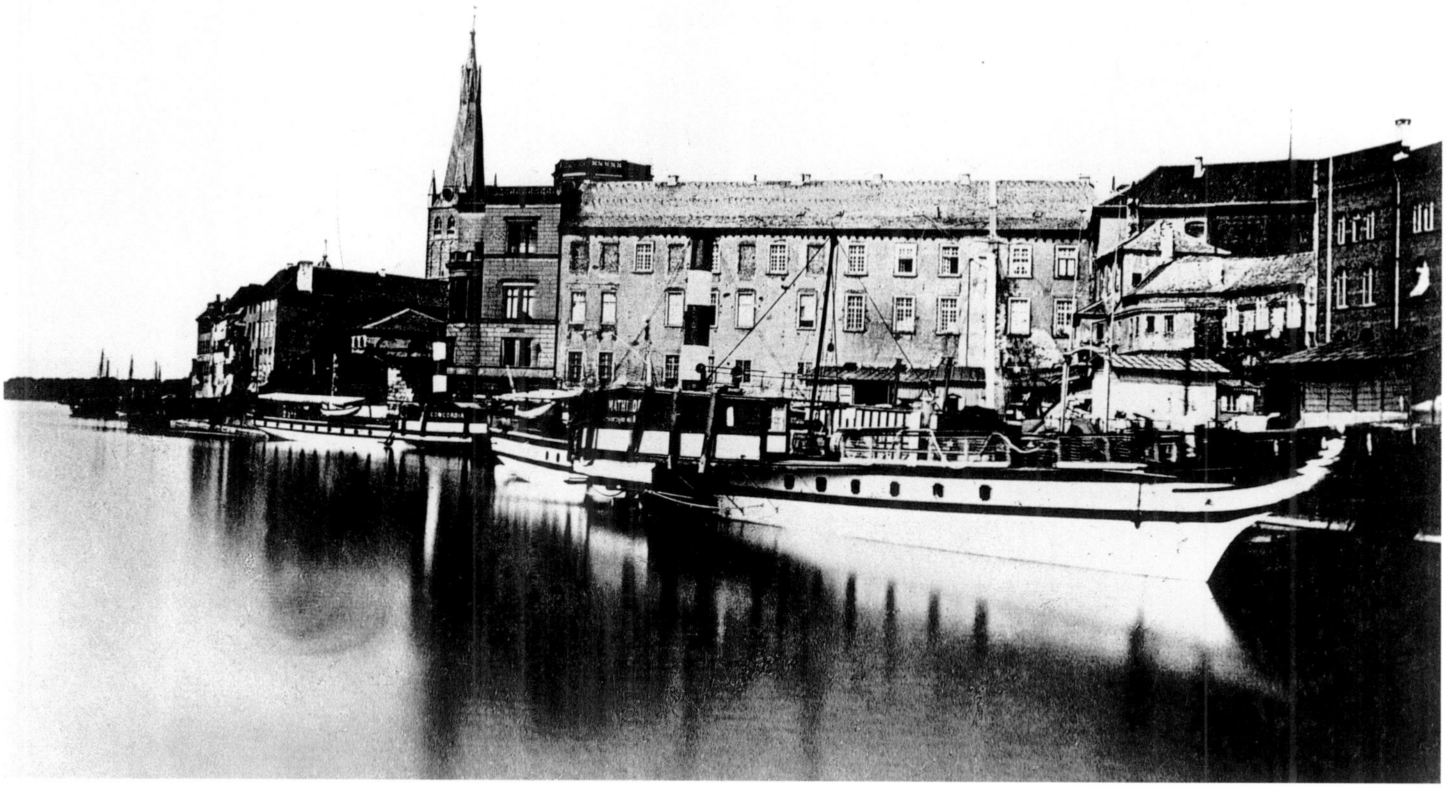

2 Rheinpanorama, 1861 Photograph unbekannt

Vor dem Stadtschloß, das von der Dachbalustrade des Schloßturms und St. Lambertus überragt wird, liegt die ›Mathilde Erbgroßherzogin von Hessen‹, ein Schiff der am 9. Juni 1853 vereinigten Köln-Düsseldorfer Dampfschiffahrtsgesellschaft.

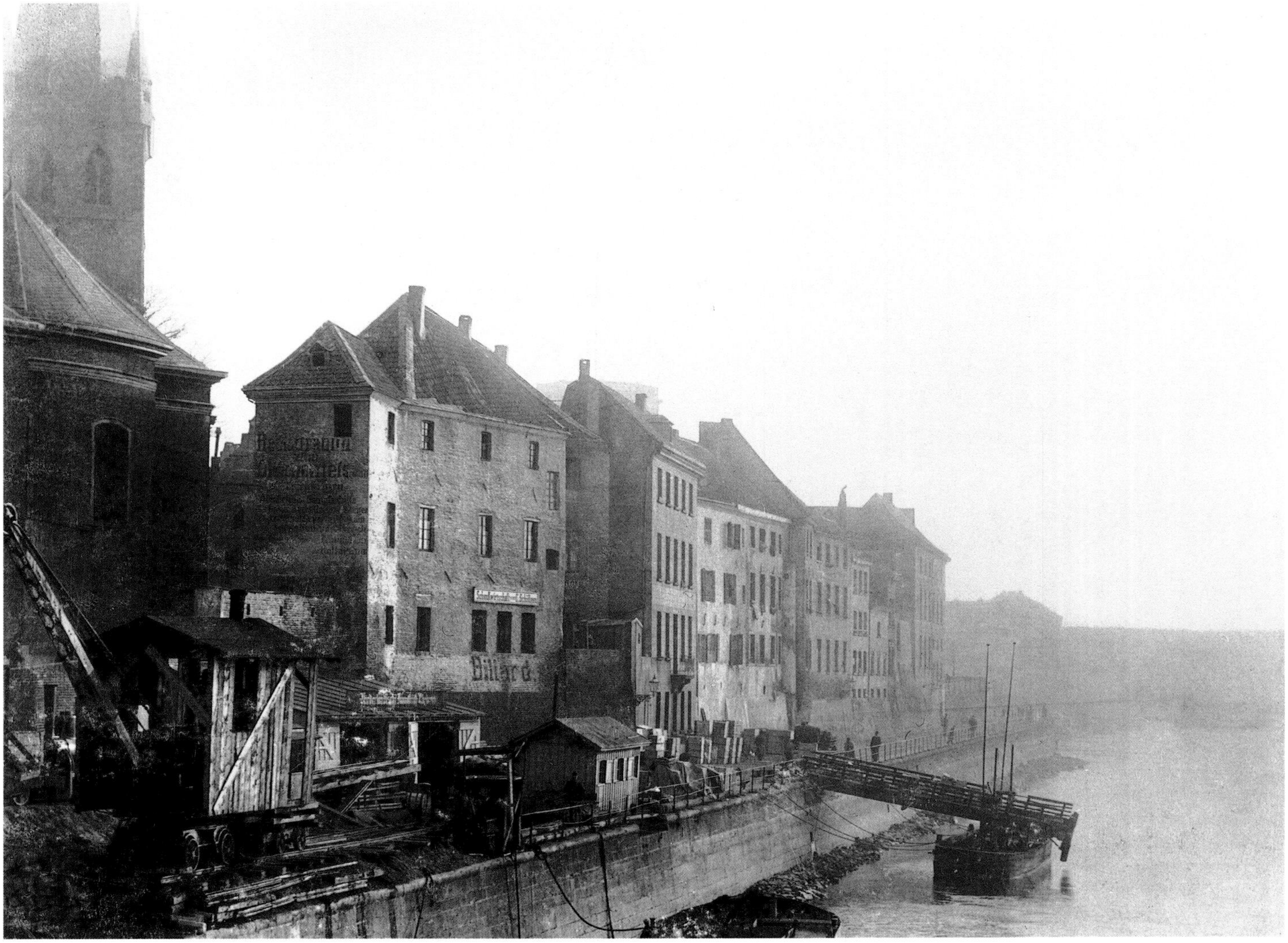

3 Altes Rheinwerft*, um 1897 Photograph unbekannt

Die zum Rhein gelegenen Häuser der Krämerstraße mußten ab 1899 dem Ausbau des neuen Rheinwerfts weichen. Am linken Bildrand die ehemalige Karmelitessen-Klosterkirche vor St. Lambertus. Über den Giebeln der Krämerstraße erkennt man schemenhaft die Spitze des Schloßturms. Der Standpunkt des Photographen befand sich wahrscheinlich auf einer der damaligen Landungsbrücken (vgl. Tafel 4).

* Im Düsseldorfer Sprachgebrauch heißt es nicht die, sondern ›das‹ Rheinwerft.

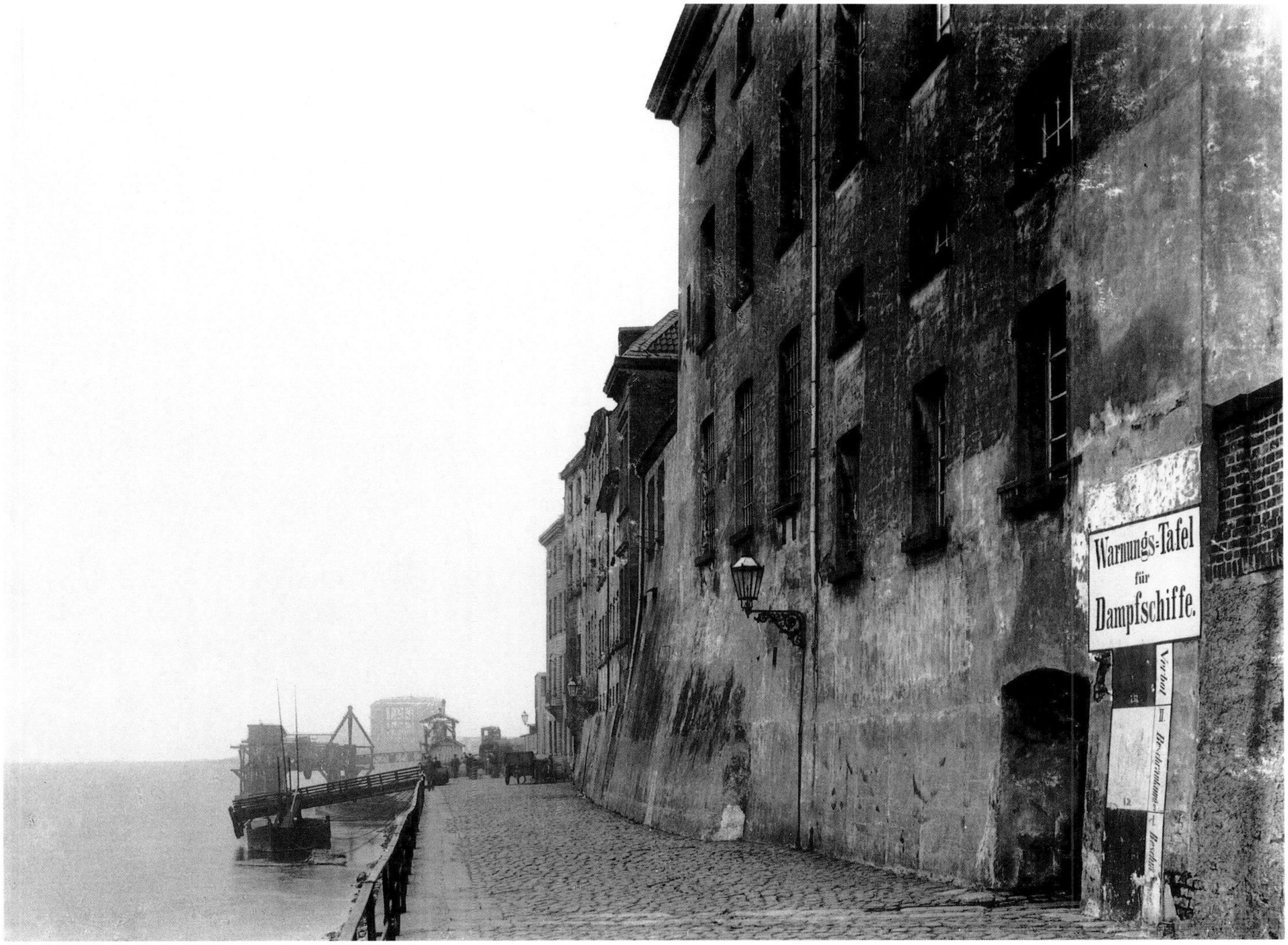

4 Altes Rheinwerft, um 1897 Photograph unbekannt

Das Düsseldorfer Rheinufer war bis zu seiner Höherlegung und dem Ausbau des neuen Rheinwerfts in den Jahren 1899–1902 ständig hochwasser- und treibeisgefährdet. – Rechts von der ›Warnungs-Tafel für Dampfschiffe‹ stößt die Hochwasserschutzmauer des Burgplatzes an das kurfürstliche Pagenhaus, das den Abschluß der rheinseitig gelegenen Häuser der Krämerstraße zum Burgplatz bildet. In der Fluchtlinie des Rheinufers ist hinter den Landungsbrücken verschwommen das Gerüst für einen im Bau befindlichen Strompfeiler der Oberkasseler Brücke zu erkennen (siehe Tafel 12 und 13).

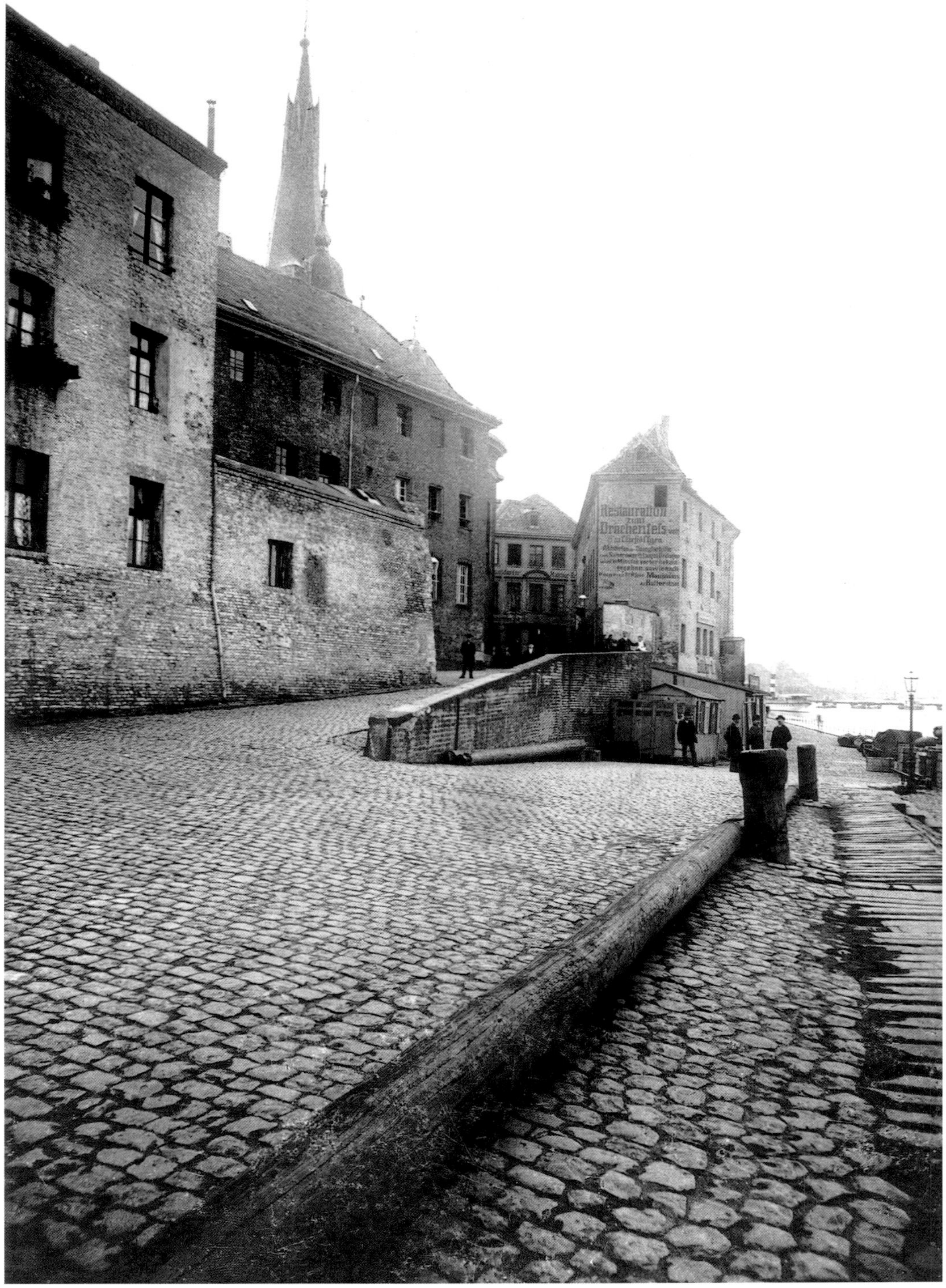

5 Altes Rheinwerft und Kohlentor, um 1897 Photograph unbekannt

Durch den vergleichsweise niedrigen Standpunkt des Photographen erhält der Vordergrund seine bildbestimmende Tiefe. Blickpunkt ist das Kohlentor, ursprünglich eine überdachte Rampe, die im frühen 19. Jahrhundert auf das Werft führte. Im Mittelalter befand sich an der Stelle des Kohlentors die Lindentrappenpforte, von der eine lindengesäumte Treppe zur damaligen Fährstelle führte. Über dem Giebel des Karmelitessen-Klosters überschneiden sich optisch die Türme von St. Lambertus und der Klosterkirche.

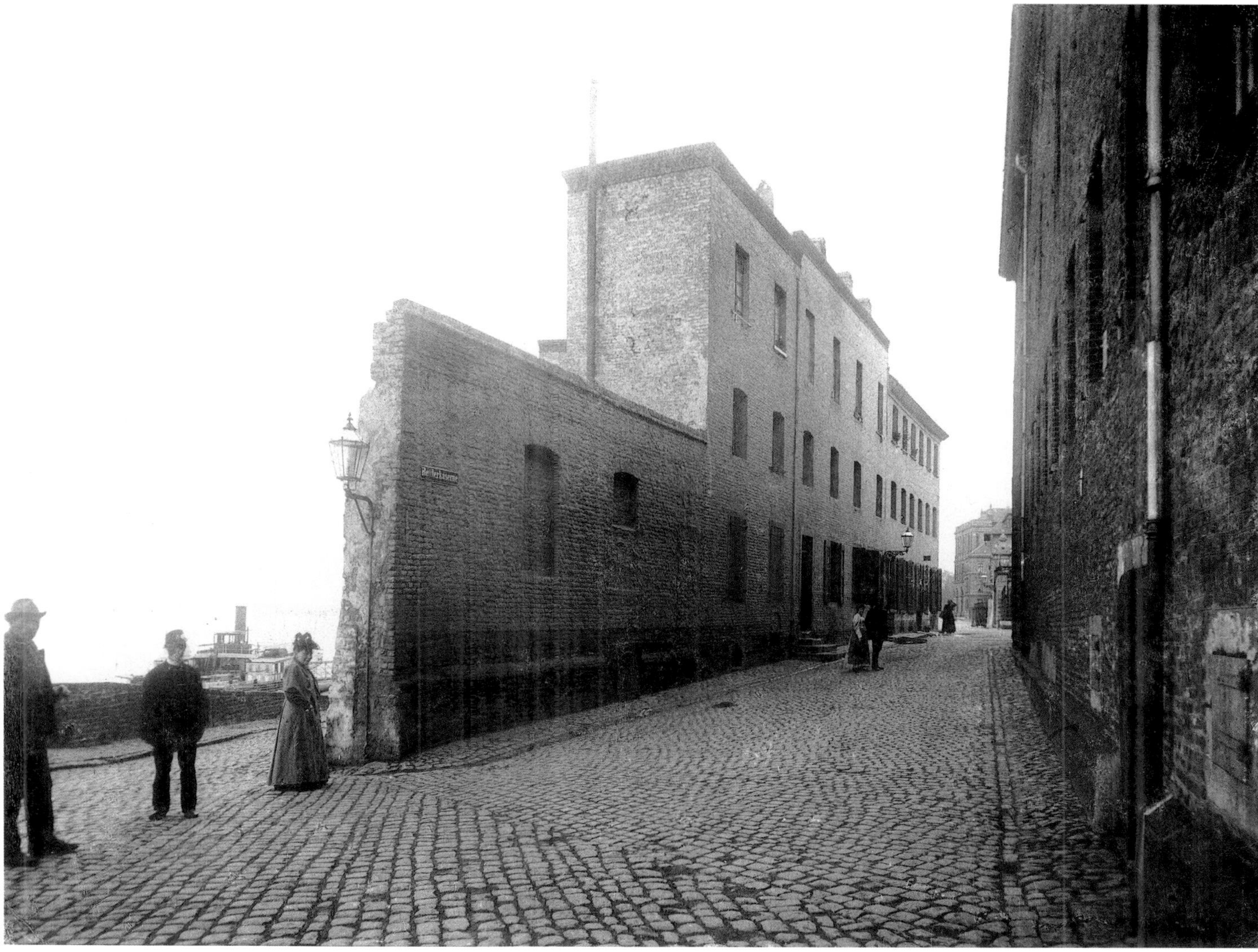

6 Reuterkaserne, um 1897 Photograph unbekannt

Der Straßenzug ›Reuterkaserne‹ wurde um 1697 angelegt und diente zunächst den kurfürstlichen Reitern (Reuter), später der Artillerie als Logis. Nach der Übernahme durch die Stadt zu Beginn des 19. Jahrhunderts nutzte man die Gebäude der Kaserne als Armenhäuser und Schule. Bis 1875 befand sich hier auch der städtische Schlachthof, bevor er vorübergehend in der Nähe der Golzheimer Insel angesiedelt wurde, um schließlich ab 1899 seinen endgültigen Platz an der Rather Straße in Derendorf zu finden. Am Ende des Straßenzugs ist der Westflügel der Kunstakademie zu erkennen. Der Photograph besaß offensichtlich eine Vorliebe für die diagonale Bildführung; die Flucht der rheinwärts gelegenen Häuser wird durch die drei Personen am linken Bildrand fortgesetzt.

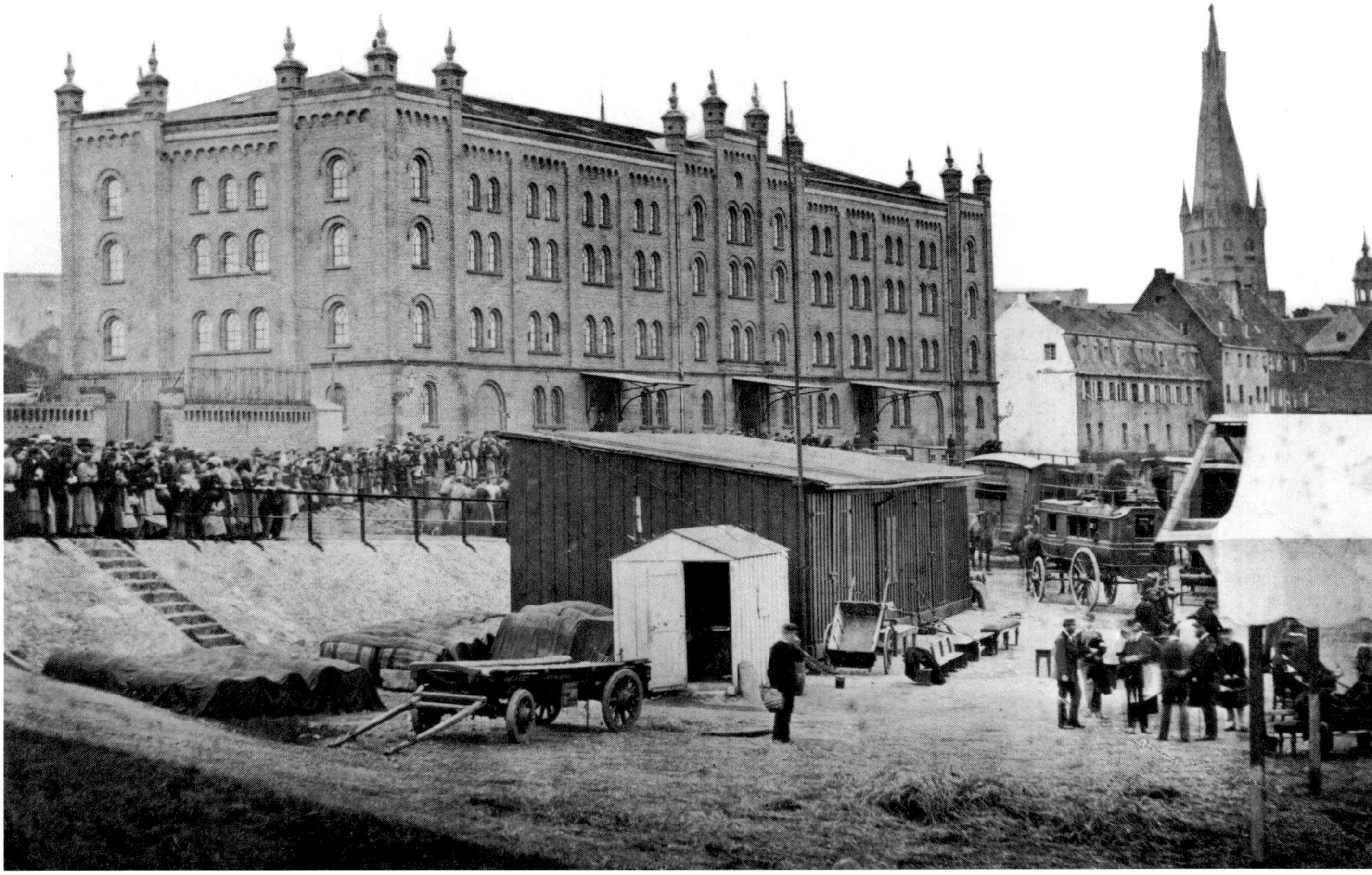

7 Rheinufer und Lagerhaus, 1870 Louis Stüting

Vor dem 1866 gebauten Lagerhaus, das offensichtlich der Hamburger Speicherstadt nachempfunden wurde, erwartet die Bevölkerung am Rheinufer die Ankunft der ersten Verwundeten aus dem Frankreich-Feldzug. Nach der Eröffnung des neuen Hafens wurde in dem Lagerhaus das naturkundliche Löbbecke-Museum eingerichtet. Später diente es als Pfandleihhaus. Nach gründlichem Umbau beherbergt es heute die Bibliothek, Ateliers und Werkstätten der Kunstakademie.

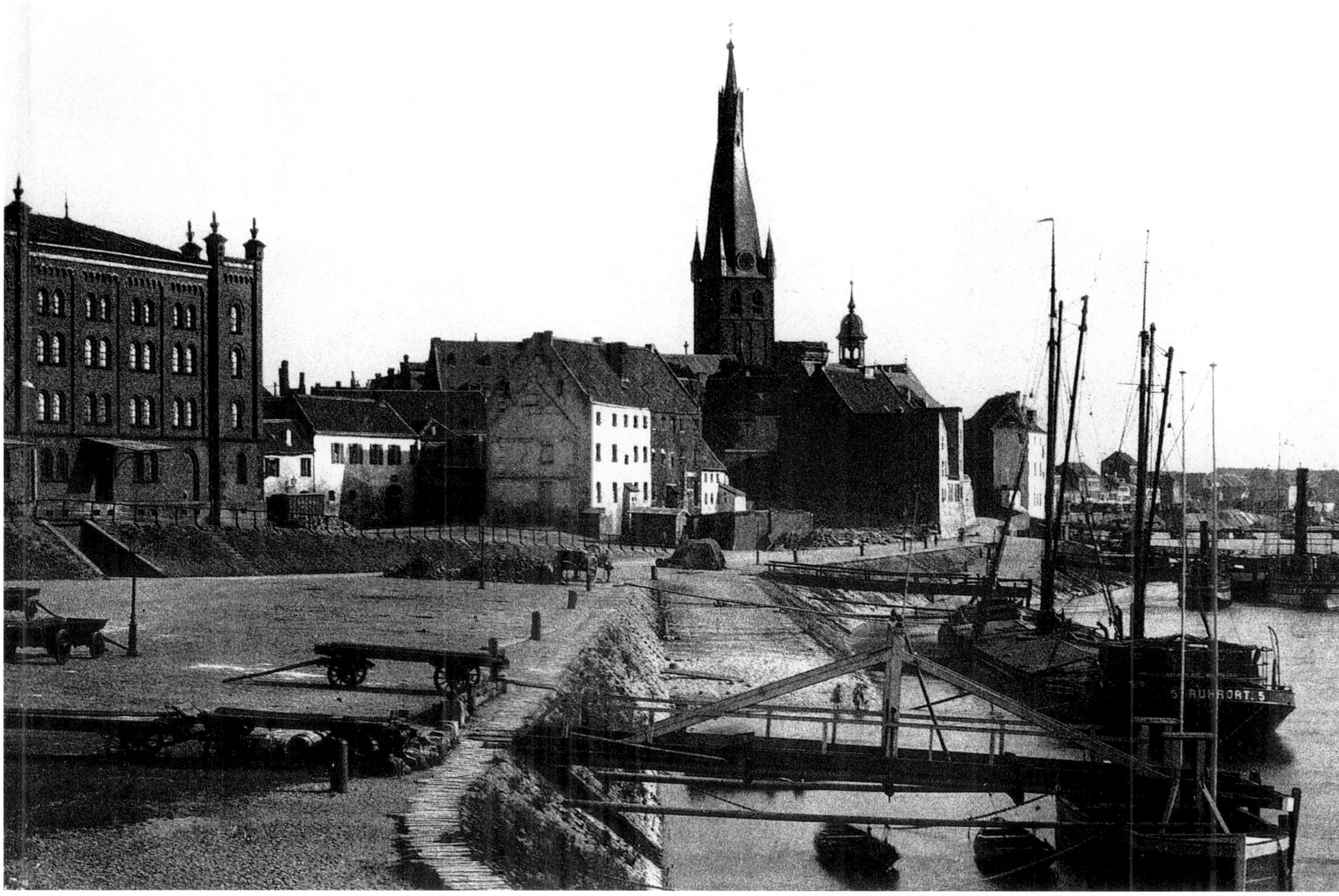

8 Rheinpanorama, um 1899 Photograph unbekannt

Noch ist das Rheinufer vor der Reuterkaserne und den Häusern der Krämerstraße nicht begradigt. Rechts des ehemaligen Lagerhauses sind bereits die ersten Gebäude abgerissen. Der Blick geht über das alte Rheinwerft zum Turm von St. Lambertus, einer dreischiffigen, gotischen Hallenkirche, die ihr markantes Dach nach einem Brand im Jahr 1815 erhielt. Weiter rechts ist die Durchfahrt des Kohlentors zwischen den von der Nachmittagssonne hell erleuchteten Giebeln sichtbar.

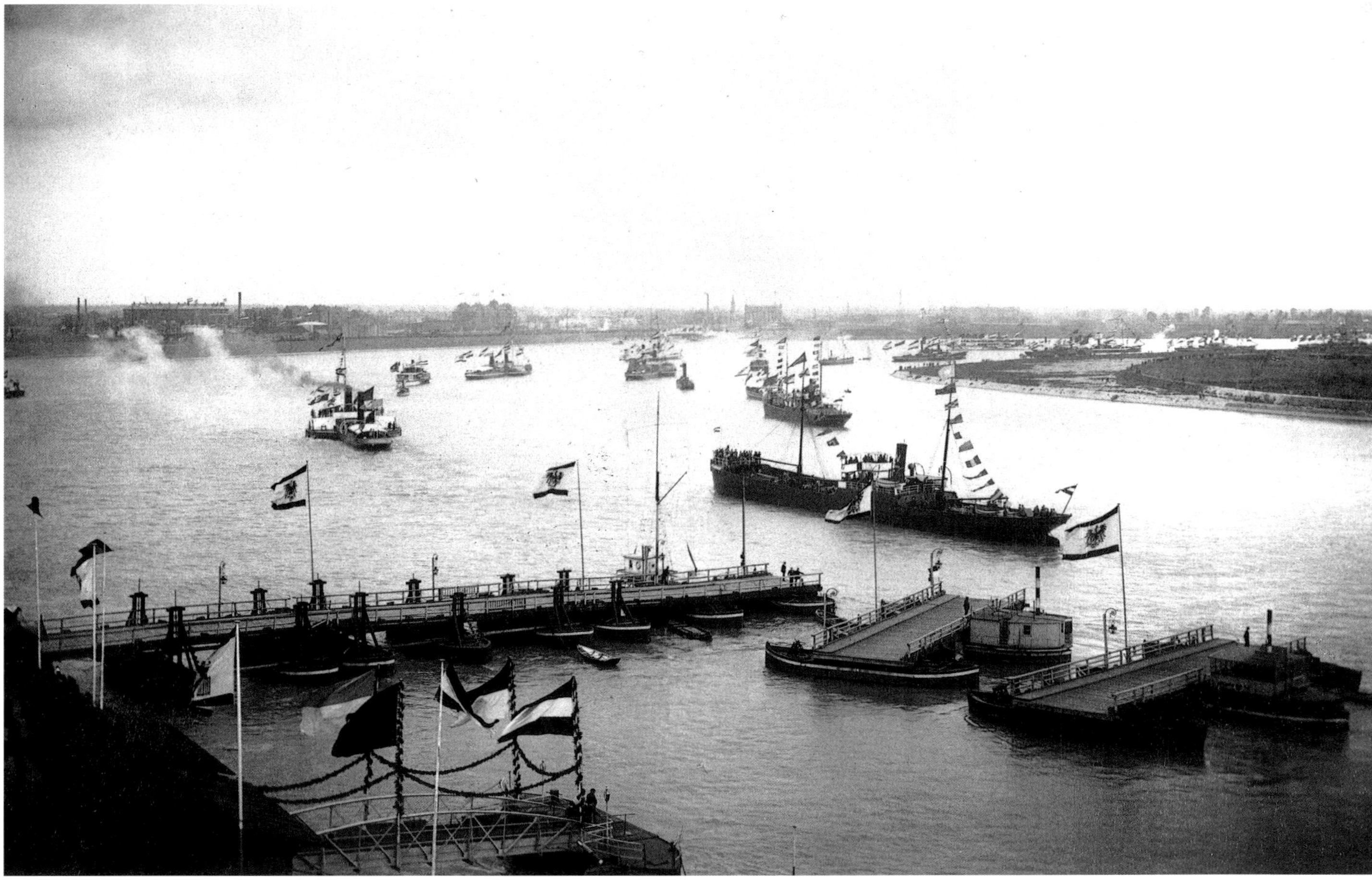

9 Schiffbrücke, 30. Mai 1896 Wilhelm Otto

Die Schiffbrücke mußte mehrmals täglich geöffnet werden, um vorbeifahrenden Schiffen die Durchfahrt zu ermöglichen. Am 30. Mai 1896 war dies häufiger der Fall, denn an diesem Tag wurde die Eröffnung des neuen Hafens auf der Lausward mit einer prächtig geschmückten Flotte gefeiert.

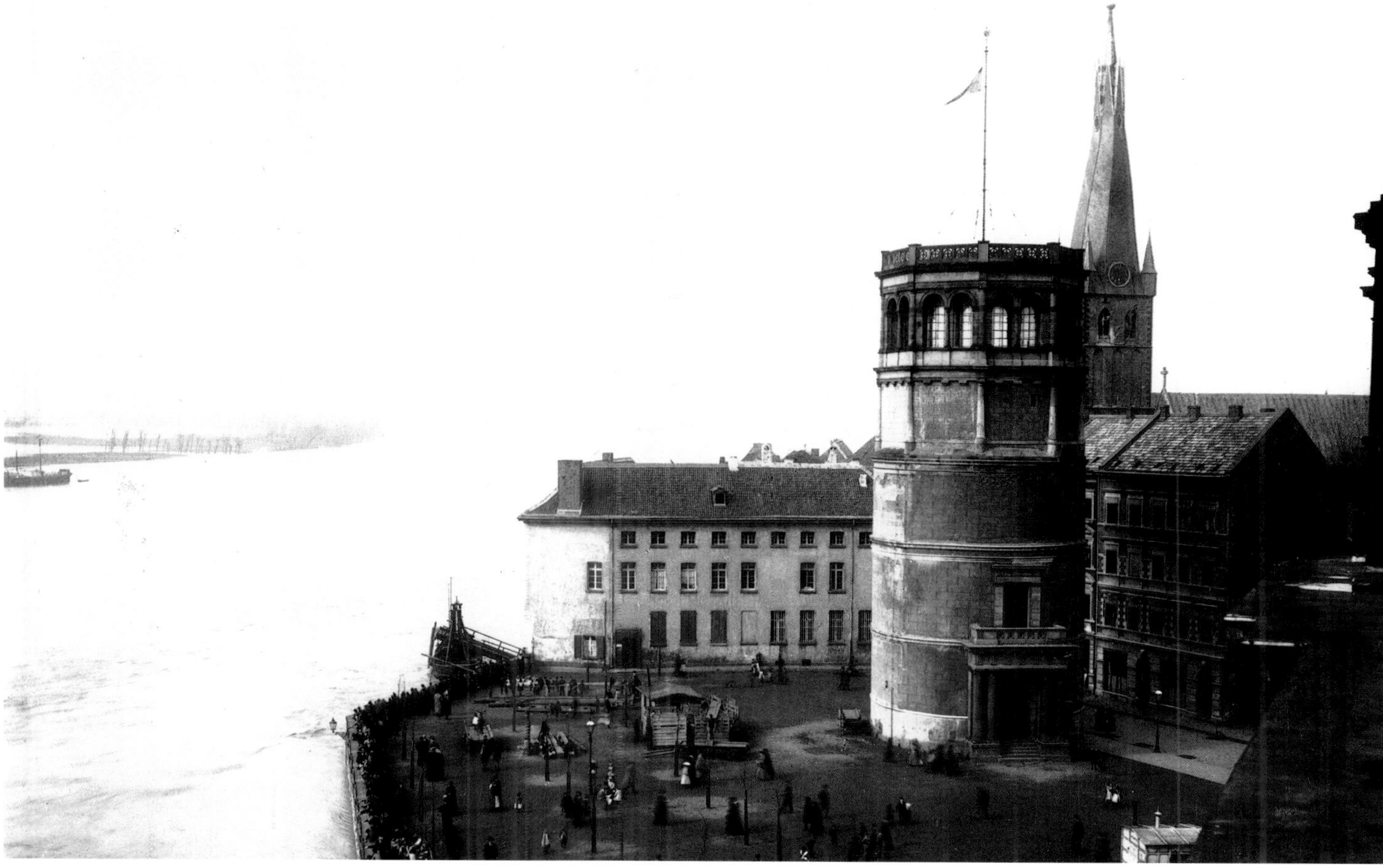

10 Burgplatz mit Schloßturm, 1895 Julius Söhn

Der einzige erhalten gebliebene Gebäudeteil des Stadtschlosses ist der in seinem Kern aus dem 13. Jahrhundert stammende Schloßturm. Beim Ausbau des Schlosses durch Alessandro und Maximilian Pasqualini im 16. Jahrhundert erhielt das dritte Geschoß seine neuneckige, von toskanischen Halbsäulen gegliederte Form. Die Doppelarkaden des vierten Geschosses gehen wahrscheinlich auf einen Entwurf von König Friedrich Wilhelm IV. zurück. Der Aufbau erfolgte 1845 zusammen mit dem nördlichen Schloßflügel. Nach dessen endgültigem Abriß erhielt der Schloßturm 1884 ein viersäuliges Portal. Die Abschlußbalustrade wurde um 1900 entfernt und durch ein schiefergedecktes Dach ersetzt. Der Photograph befand sich im oberen Stock der Kunstgewerbeschule und gewann so einen guten Überblick über den vom Hochwasser bedrohten Burgplatz.

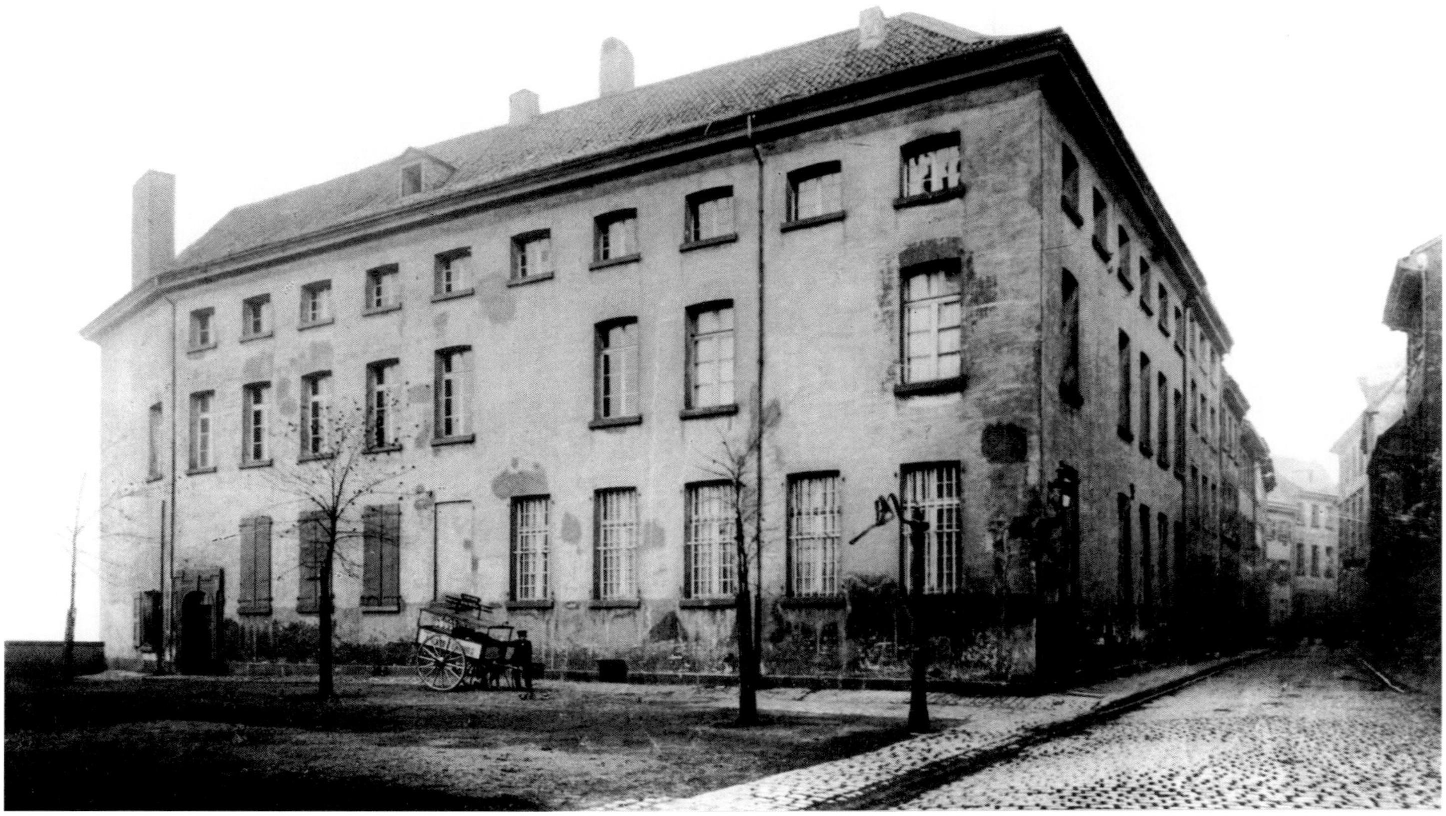

11 Burgplatz, Ecke Krämerstraße, um 1895 Photograph unbekannt

Im kurfürstlichen Pagenhaus an der Krämerstraße wurde der männliche jülich-bergische Nachwuchs zu Offiziersanwärtern ausgebildet. 1831 verkaufte die königliche Regierung das Pagenhaus für 4000 Taler an die Stadt, der es im Jahr 1889 als Leihhaus diente.

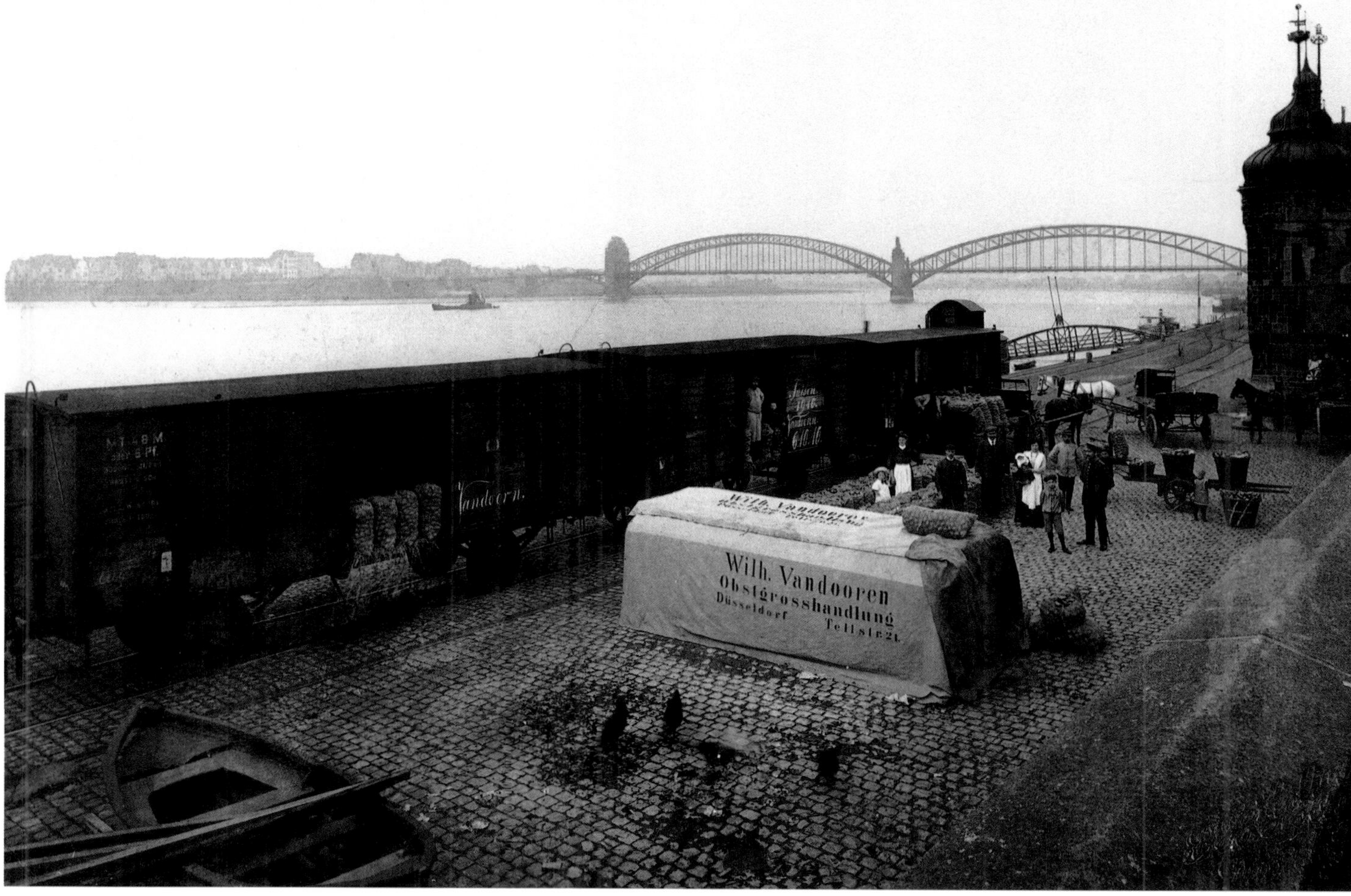

12 Neues Rheinwerft, 1910 Peter Hubert Höltgen

Nach der Einweihung des neuen Hafens 1896 und dem Bau der Oberkasseler Brücke 1897–1898 konnte mit dem langersehnten Ausbau des neuen Rheinwerfts im Verlauf der gesamten Stadtfront begonnen werden. Die Sicht von der oberen, alleeartig angelegten Prunkstraße zeigt das bis zu 37 m vor die damalige Uferlinie gezogene untere Rheinwerft mit der neu eingerichteten zweispurigen Gleisanlage und dem Hafenvogthäuschen am rechten Bildrand. Unter dem längs des Rheinwerfts zum Flanieren einladenden Gehweg befanden sich kasemattenartige Lager und Geschäftsräume des Schiffs- und Ladeverkehrs.

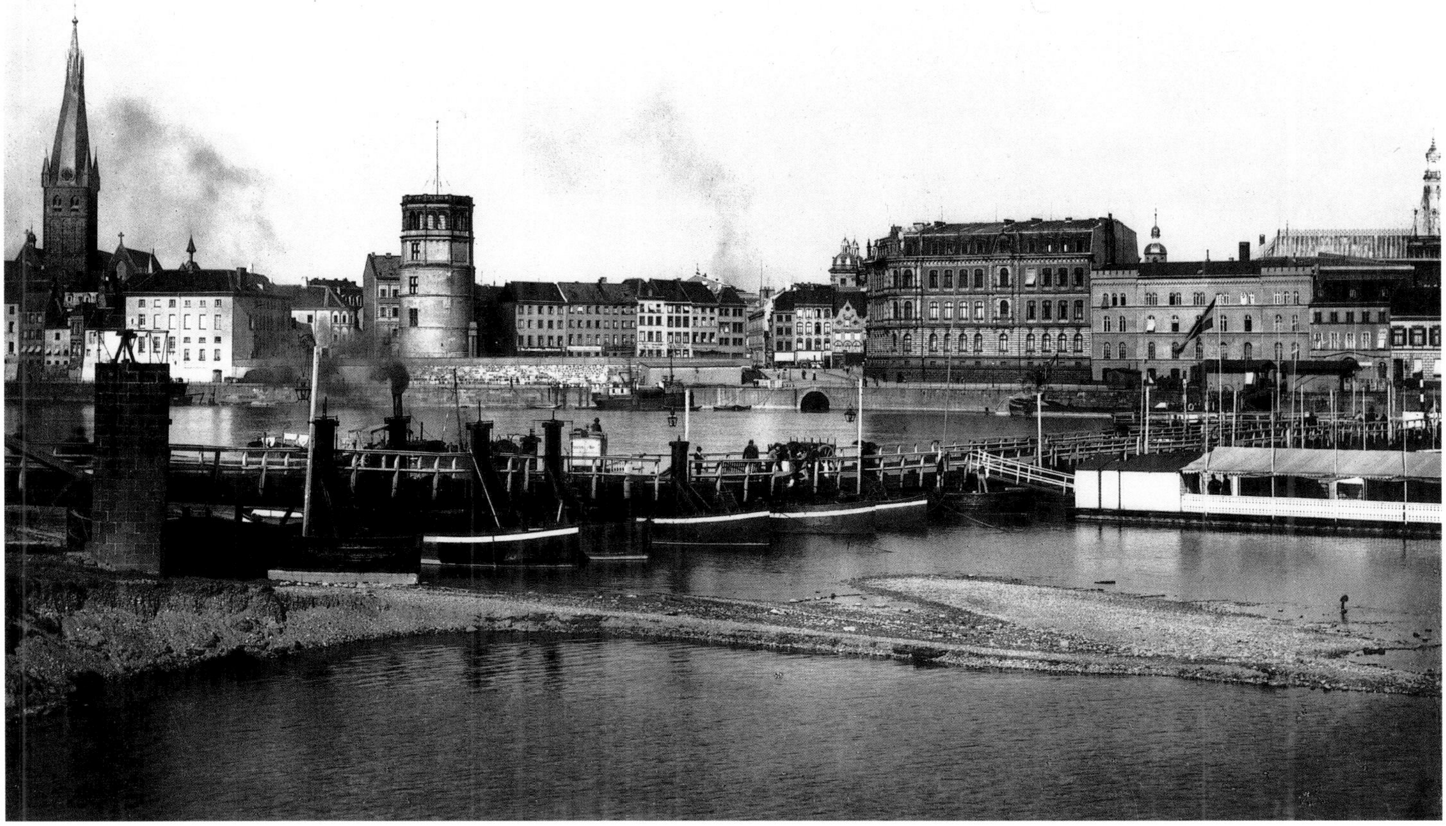

13 Rheinpanorama mit Schiffbrücke, 1899 Robert Franck

Die Lücke, die der Schloßbrand von 1872 und der Abriß der restlichen Anlagen im Düsseldorfer Rheinpanorama hinterlassen hatten, wurde zum Teil durch den Bau der Kunstgewerbeschule, der unter Stadtbaumeister Eberhard Westhofen 1883 erfolgte, geschlossen und zum Burgplatz hin weiter abgerundet. Durch diese städtebaulich bedeutende Maßnahme stieß der Burgplatz zwischen Kunstgewerbeschule und Schloßturm bis an das Rheinufer vor. Sehr schön ist hier die breite Öffnung des Platzes zu erkennen, unter dem der nördliche Arm der Düssel in den Rhein mündet. Die Schiffbrücke, die nach dem Bau der Oberkasseler Brücke ihren Zweck verlor, wurde infolge des Rheinwerftausbaus entfernt.

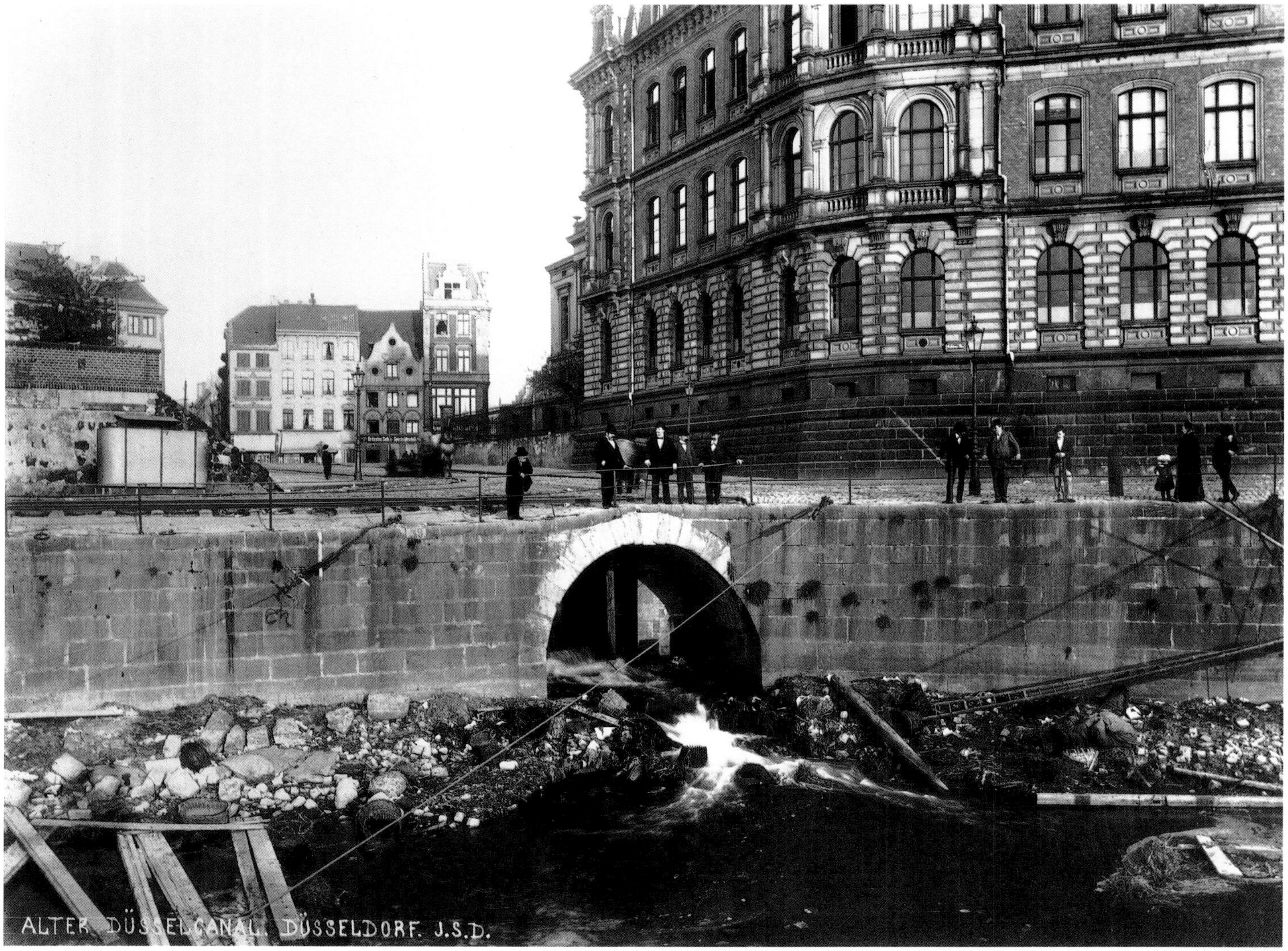

14 Rheinufer und Düssel, um 1900 Julius Söhn

An der Mündung der nördlichen Düssel haben Arbeiten mit dem Ausbau des neuen Rheinwerfts begonnen. Lange Zeit dienten die beiden Düsselbäche, abgesehen von einigen Senkgruben und kleineren Kanälen, als einzige Entsorgungsmöglichkeit der städtischen Abwässer, bis um 1884 der Bau einer systematischen Kanalisation eingeleitet wurde. Die Szene wurde wahrscheinlich von einem am Ufer liegenden Schiff aus photographiert.

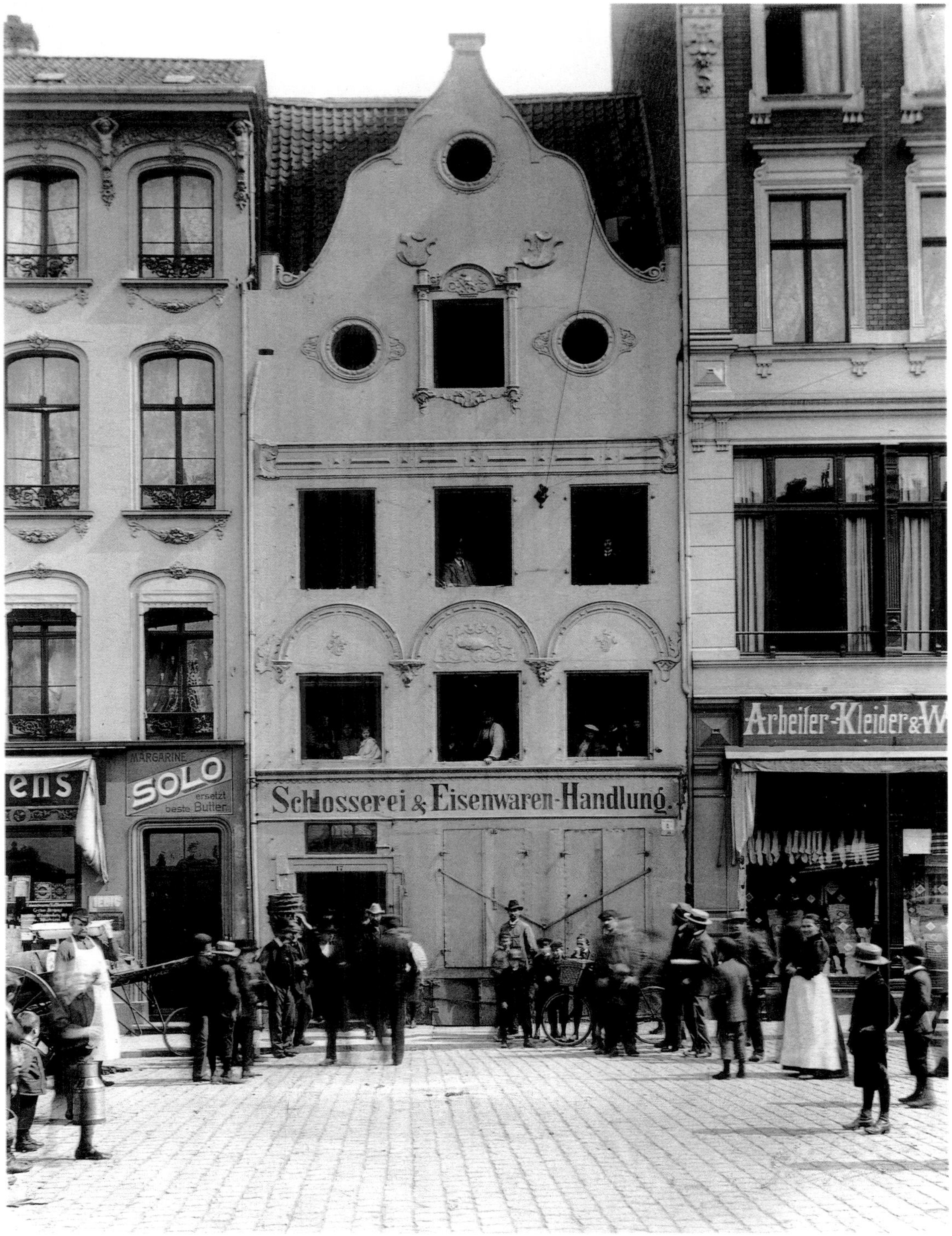

15 Burgplatz 17, 1903 Robert Franck

An der östlichen Seite des Burgplatzes befand sich seit dem frühen 17. Jahrhundert das Haus ›Zur Stadt Linz‹. In dem geschwungenen Giebel erkennt man über dem mittleren Fenster das Düssseldorfer Stadtwappen – Anker und Löwe. Im 18. Jahrhundert gehörte der Besitzer des Hauses, Johann Adolf Beuth, als Ratsmitglied dem Magistrat der Stadt Düsseldorf an. Die Aufnahme entstand offensichtlich kurz vor dem Abriß.

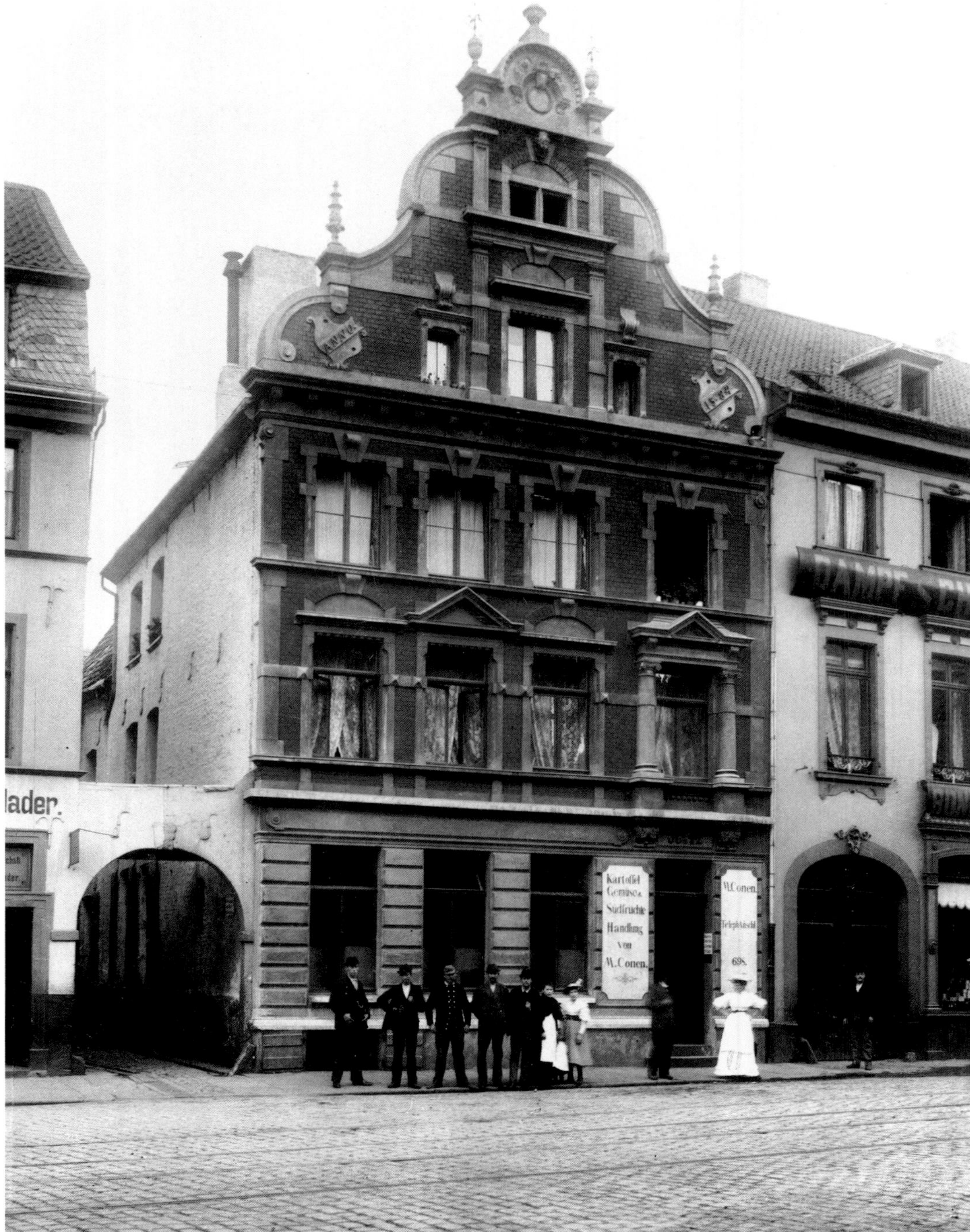

16 Burgplatz 12, um 1900 Josef Henne

Diese und die folgende Aufnahme zeigen typische Veränderungen, denen Altstadthäuser des 16. und 17. Jahrhunderts in der Gründerzeit unterworfen waren. Die Straßenansicht des Hauses Burgplatz 12 offenbart den Eklektizismus dieser Jahre. Formen des Klassizismus, der Renaissance und des Barock treffen hier an ein und derselben Fassade aufeinander. Die vom Photographen gewählte Eckansicht läßt durch das Tor hindurch den Stilbruch zwischen der einfachen Backsteinmauer und der üppig gestalteten Straßenfront zutage treten.

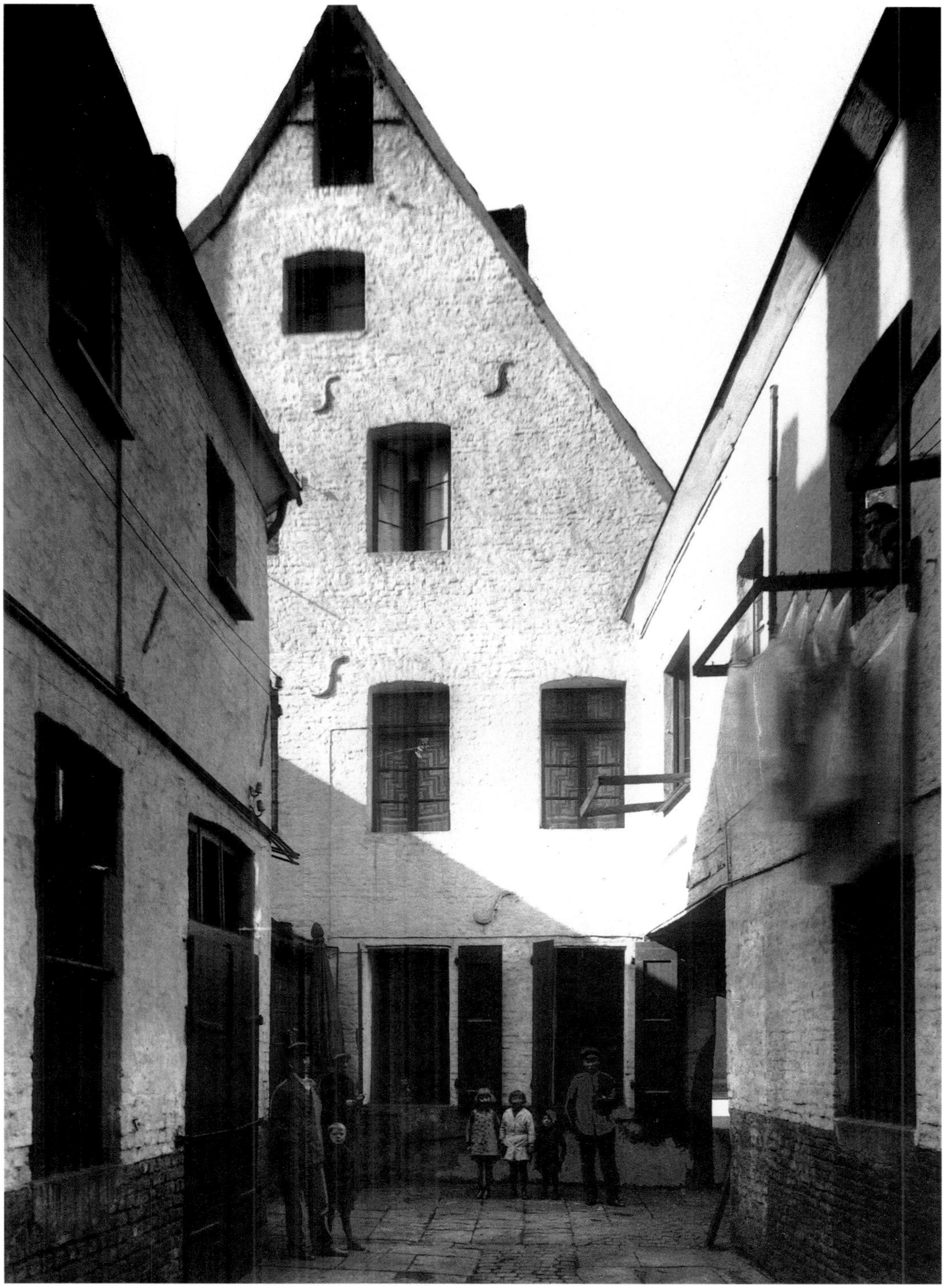

17 Hofseite des Hauses Burgplatz 12, um 1914 Julius Söhn

Die Hofansicht zeigt den hohen, weiß getünchten Backsteingiebel der Rückseite des Hauses Burgplatz 12. Das 1584 errichtete Anwesen wurde im 18. Jahrhundert von der Familie Kegeljan unter dem Namen ›Prinz von Oranien‹ als Gastwirtschaft geführt, später hieß es ›Zum goldenen Anker‹.

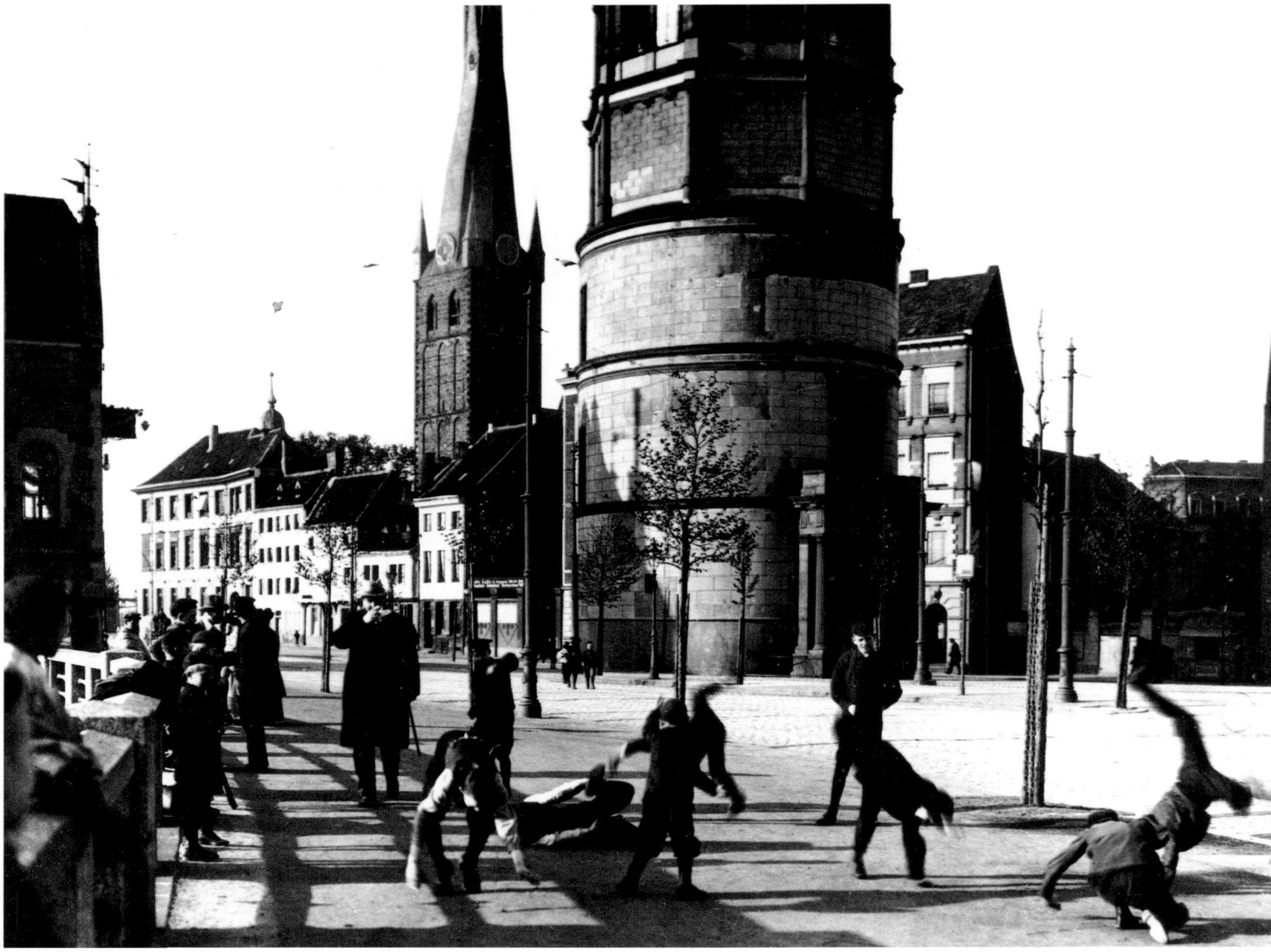

18 Radschläger am Burgplatz, um 1914 Julius Söhn

Die ›Düsseldorfer Radschläger‹ gehen auf einen uralten Brauch zurück, über dessen Entstehung die unterschiedlichsten Geschichten kursieren. Die schönste ist sicher die vom zehnjährigen Jungen, der den Hochzeitszug Jan Wellems rettete, indem er seinen Daumen in die Nabe des gebrochenen Rades der Hochzeitskutsche steckte und mit der anderen Hand das Rad so lange weiterdrehte, bis die Kutsche unversehrt vor dem Schloß ankam. Der Kurfürst dankte dem Jungen und schenkte ihm zur Belohnung einen Dukaten.

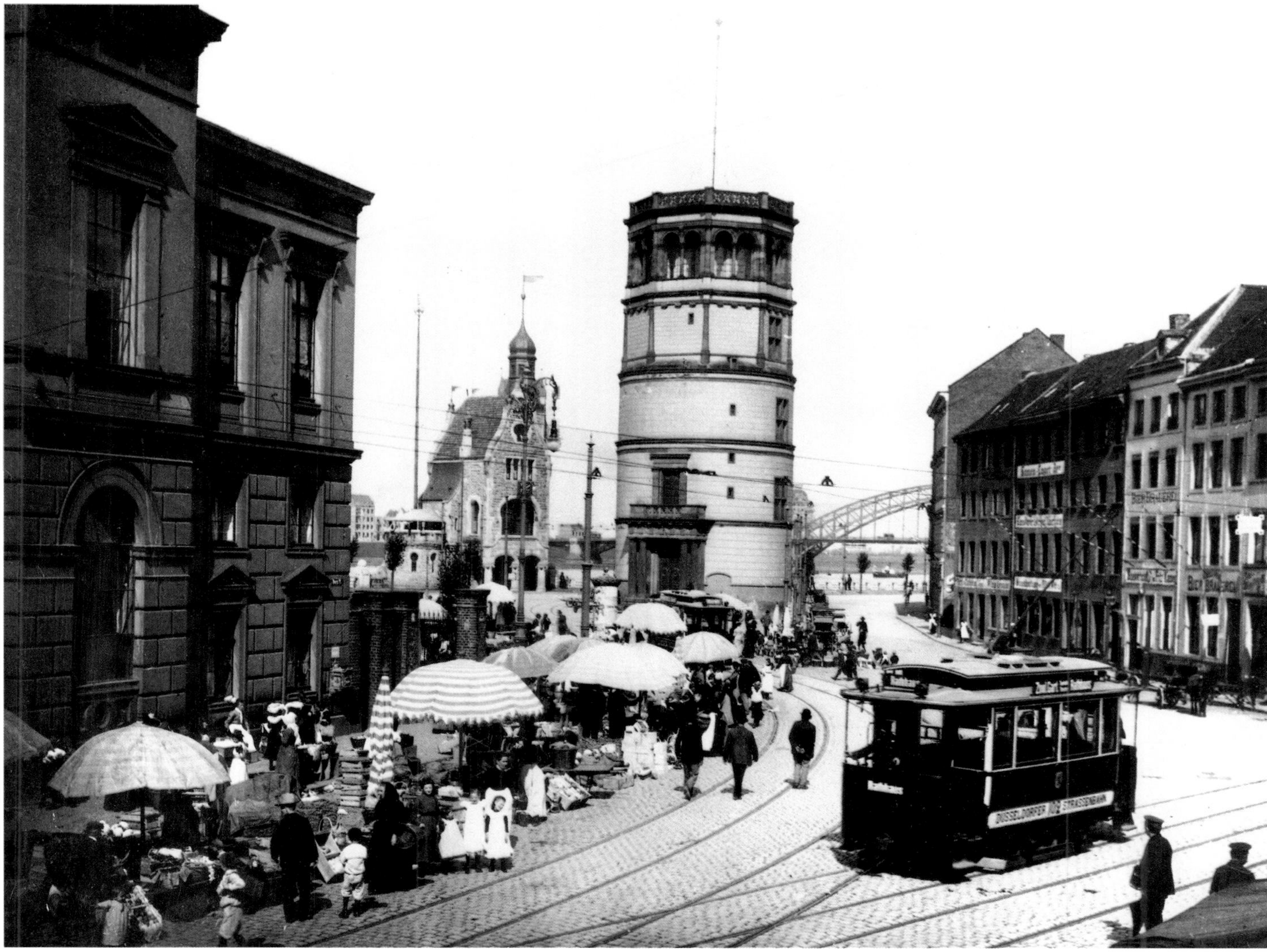

19 Burgplatz und Schloßturm, um 1902 Julius Söhn

Das Markttreiben erstreckte sich um die Jahrhundertwende vom Marktplatz über die Marktstraße, entlang der ab 1900 elektrifizierten Straßenbahn, bis hin zum Schloßturm auf dem Burgplatz. Im Zuge der Rheinuferverschiebung entstand auf einer verhältnismäßig kleinen Grundfläche am späteren Schloßufer das Düsselschlößchen, dessen Name auf die benachbarte Mündung der nördlichen Düssel zurückzuführen ist. Die Krämerstraße wurde durch den Abriß der rheinwärts gelegenen Häuser dem Burgplatz einverleibt. Optischer Mittelpunkt des Platzes ist nun der völlig freigestellte Schloßturm.

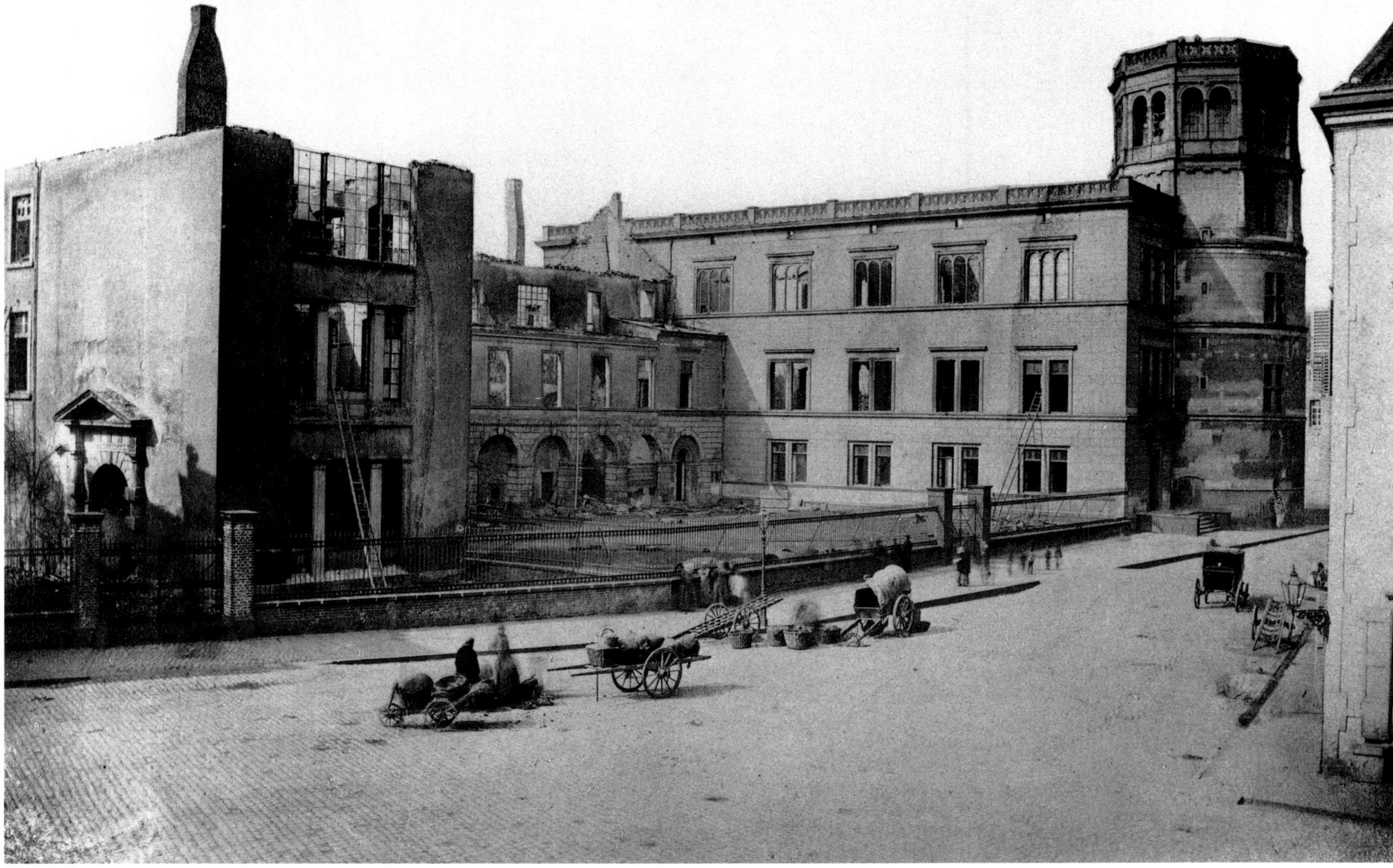

20 Die Ruine des Stadtschlosses, 1872 H. und E. Becker

Das Stadtschloß, das über Jahrhunderte das Düsseldorfer Rheinpanorama prägte, reicht in seinen ältesten Teilen bis ins 13. Jahrhundert zurück. Lange Zeit diente es den Grafen von Berg als mittelalterliche Burg und erfuhr mehrere Umbauten und Erweiterungen, bevor es im März 1872 nahezu vollständig ausbrannte. Am linken Bildrand ist der Torso der ehemaligen Kunstakademie zu erkennen, die sich an das von 1709–1714 unter Kurfürst Johann Wilhelm errichtete Galeriegebäude anschloß. Der noch einige Jahre erhalten gebliebene Nordflügel am Schloßturm beherbergte das Ständehaus, das nach dem Brand sein Domizil am Kaiserteich finden sollte. Mit dem Brand und dem darauffolgenden Abriß des Stadtschlosses verlor Düsseldorf nicht nur eines der letzten Symbole der kurfürstlichen Residenz, sondern auch die räumliche Einheit von Staat, Kunst und Gemeindeführung im Zentrum der Stadt.

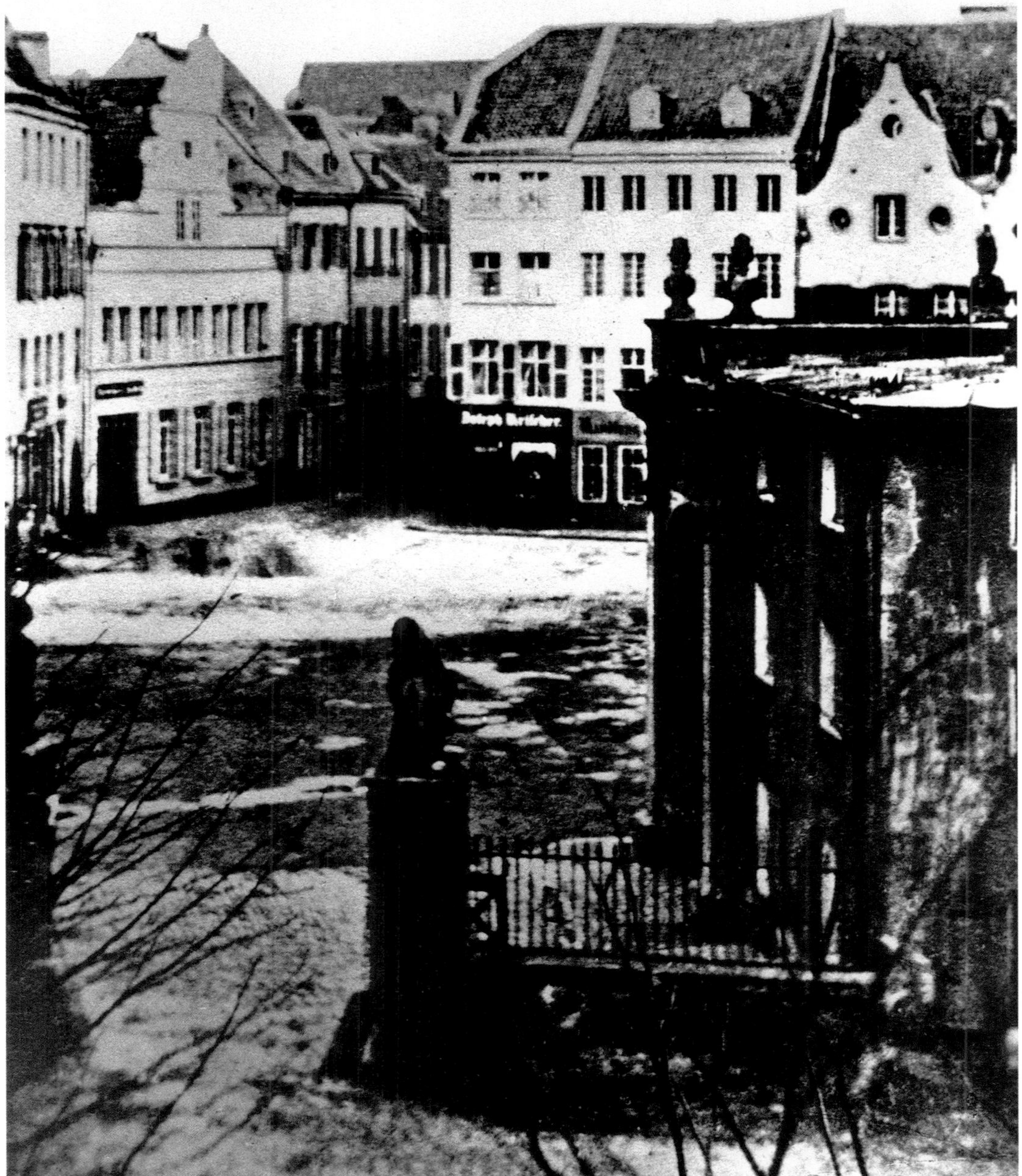

21 Alte Hauptwache am Burgplatz, vor 1855 Wilhelm Severin

Die Aufnahme entstand vor dem Abriß der 1733 von Hofbaumeister Johann Heinrich Nosthoffen errichteten Alten Hauptwache; sie gilt als die älteste bekannte photographische Ansicht Düsseldorfs. – Die Kamera befindet sich leicht erhöht im kurfürstlichen Galeriegebäude und ermöglicht den Blick vom Hof, zwischen Schloß und Galerie hindurch über den Burgplatz zur Mühlenstraße im Hintergrund.

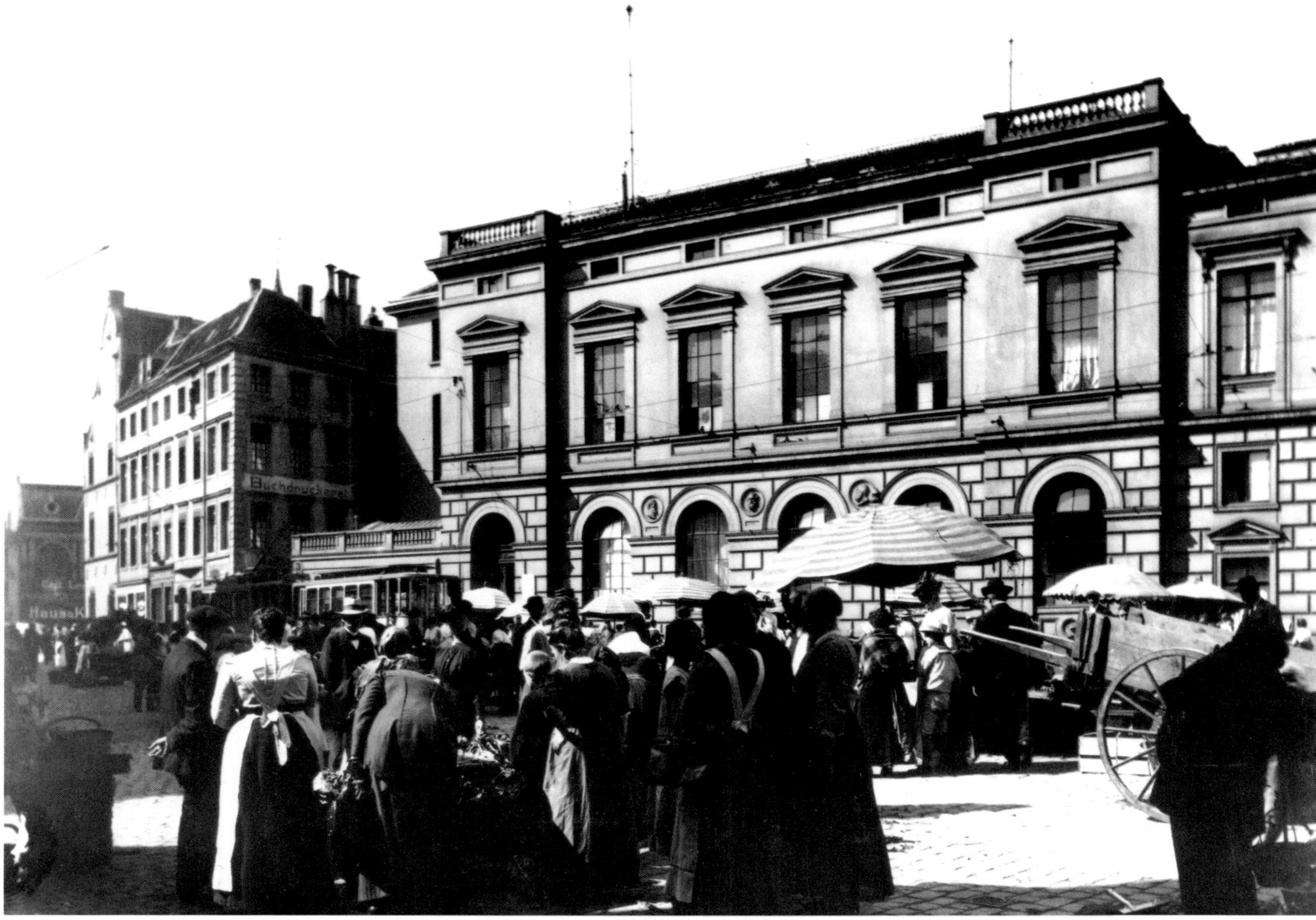

22 Marktstraße, um 1902 Julius Söhn

Links im Hintergrund ist der Marktplatz zu erkennen. Die Stände haben sich an diesem sonnigen Vormittag bis zur Landesbibliothek in der Marktstraße vorgeschoben.

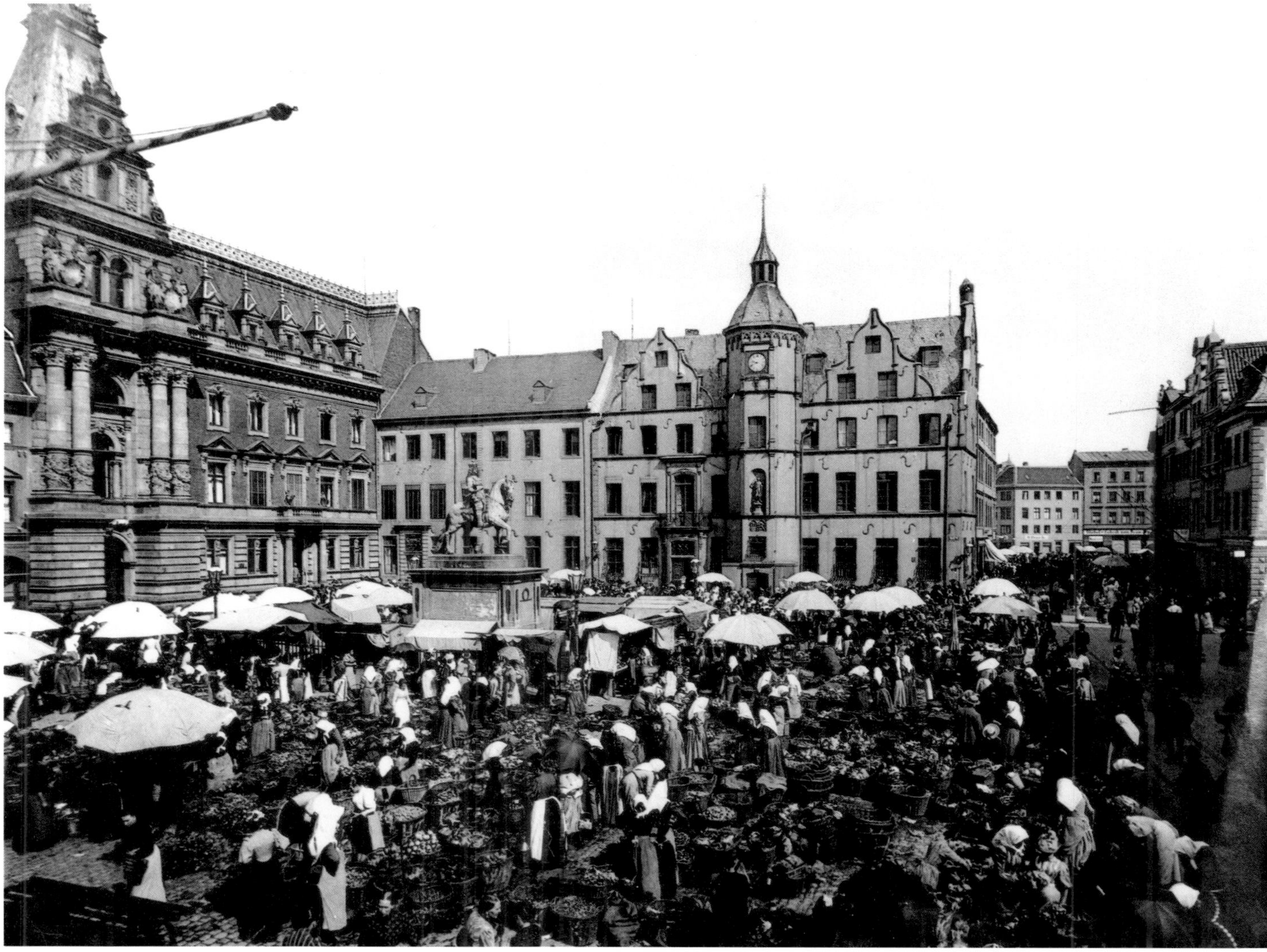

23 Markttreiben auf dem Marktplatz, 1896 Photograph unbekannt

Seit 1884 wurde der Marktplatz von dem monumentalen, sogenannten Wilhelminischen Rathaus beherrscht. Schon bald erkannten die Stadtväter die Proportionslosigkeit des Bauwerks und entfernten den neobarocken Turm. Das von Stadtbaumeister Eberhard Westhofen im Stil der Neorenaissance errichtete Rathaus wurde im Zweiten Weltkrieg schwer beschädigt und nur in einfachen Formen rekonstruiert. Auf dem Markt wurde hauptsächlich mit Obst und Gemüse der näheren Umgebung gehandelt.
Die Marktstraße, rechts im Bild, führt zum Burgplatz.

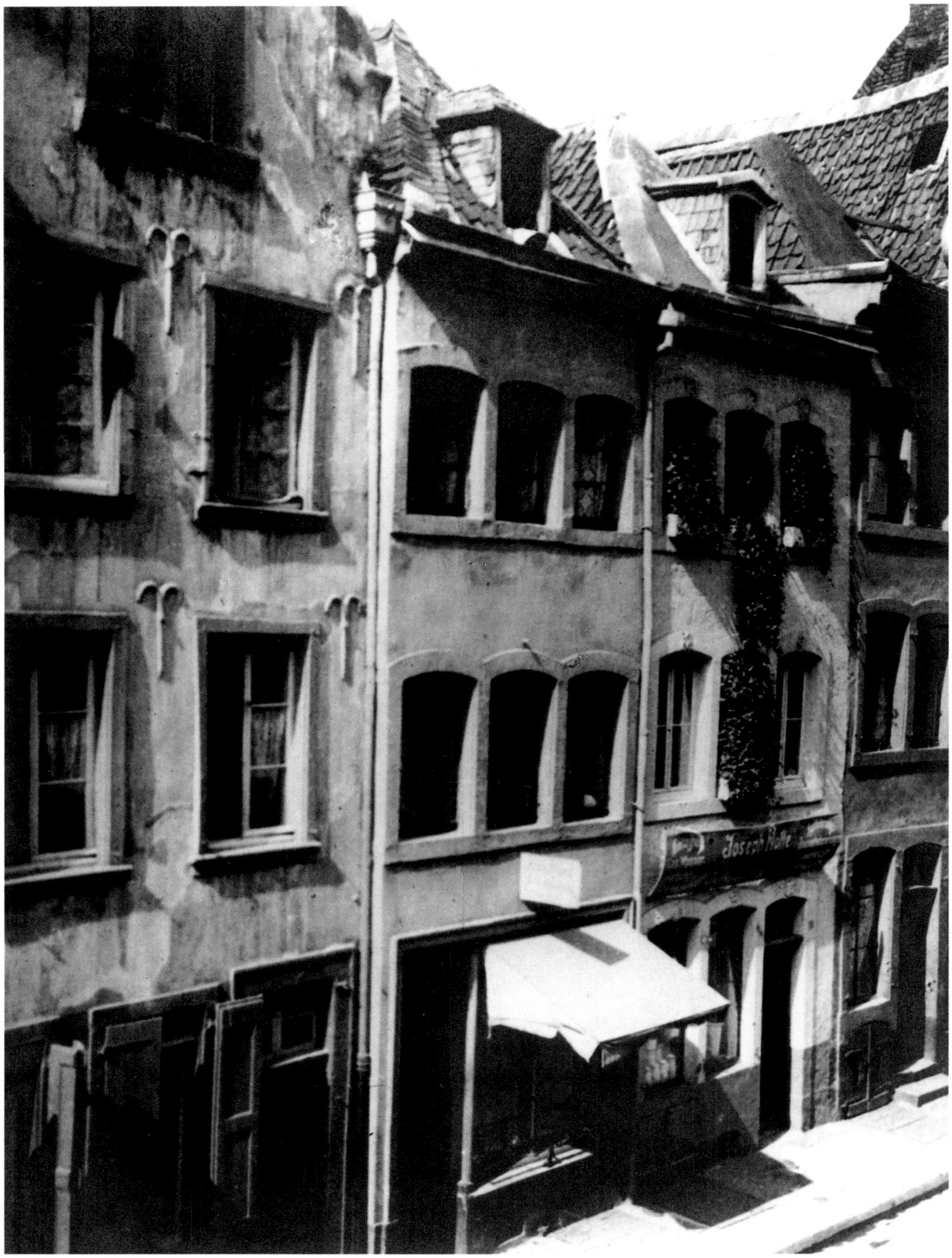

24 Kurze Straße, 1909 Dr. Erwin Quedenfeldt

Charakteristisch für die Kurze Straße, vormals auch Kotterstross genannt, sind die zwei- und dreiachsigen Bürgerhäuser des 17. und 18. Jahrhunderts.

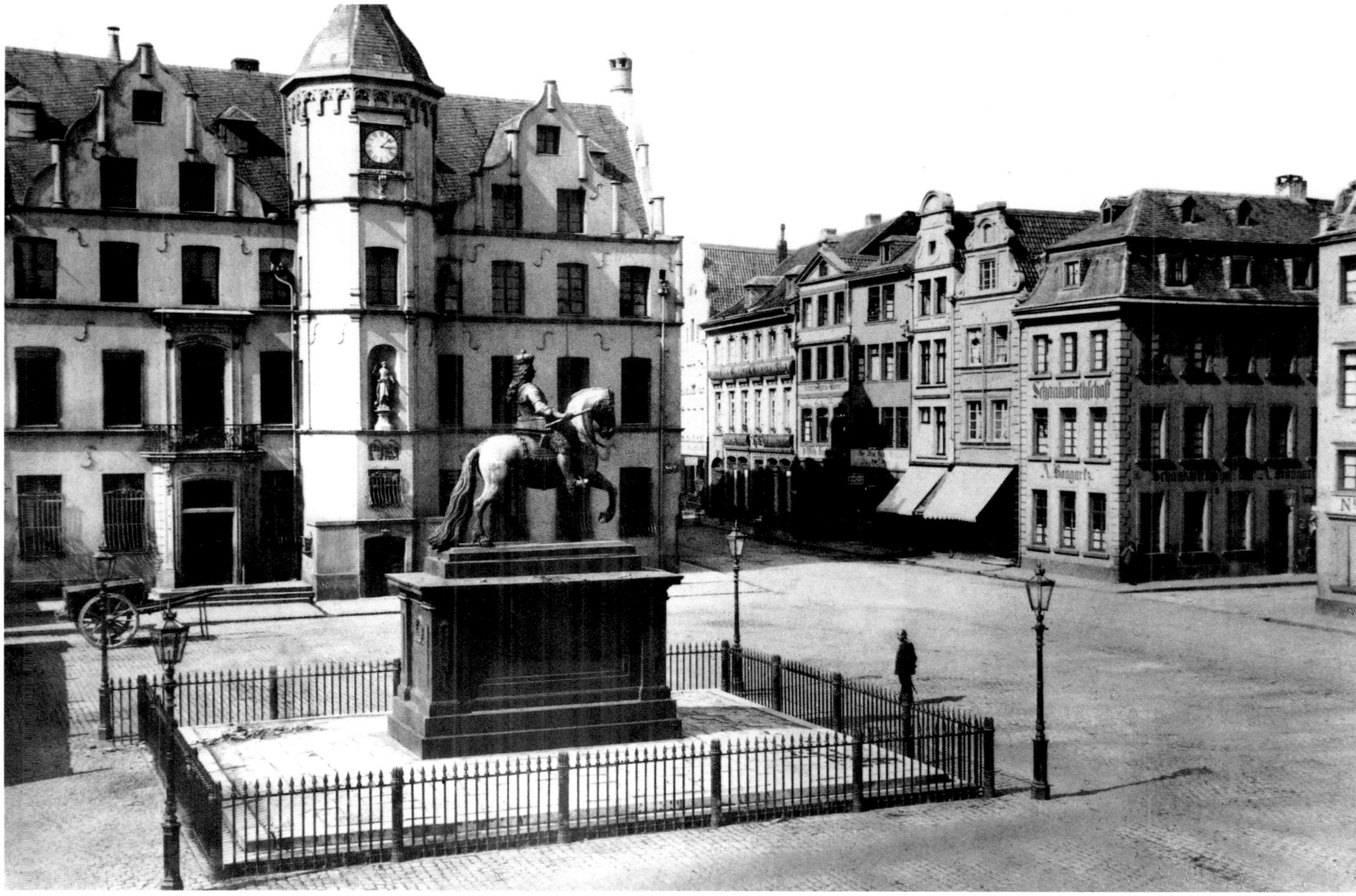

25 Marktplatz von Südwesten, 1870 Photographischer Verlag Geschwister Becker, Königswinter

Die Reiterstatue ›Jan Wellem‹, eines der bedeutendsten Barockdenkmäler Deutschlands, wurde 1703–1711 von Gabriel Grupello im Auftrag des Kurfürsten Johann Wilhelm geschaffen. Ein erster Guß im Jahr 1710 mißlang; die Geschichte erzählt, ein Lehrjunge Grupellos ermöglichte die Fertigstellung erst durch die zufällige Beimischung eines unbekannten Erzes. Der Sockel wurde um 1830 von Adolph von Vagedes erneuert. In der Nische des Rathausturms steht die Figur der ›Justitia‹, links davon erkennt man das beim Umbau des Rathauses unter Karl Theodor errichtete Portal. An der nordöstlichen Ecke münden links die Markt- und rechts die Bolkerstraße auf den Marktplatz.

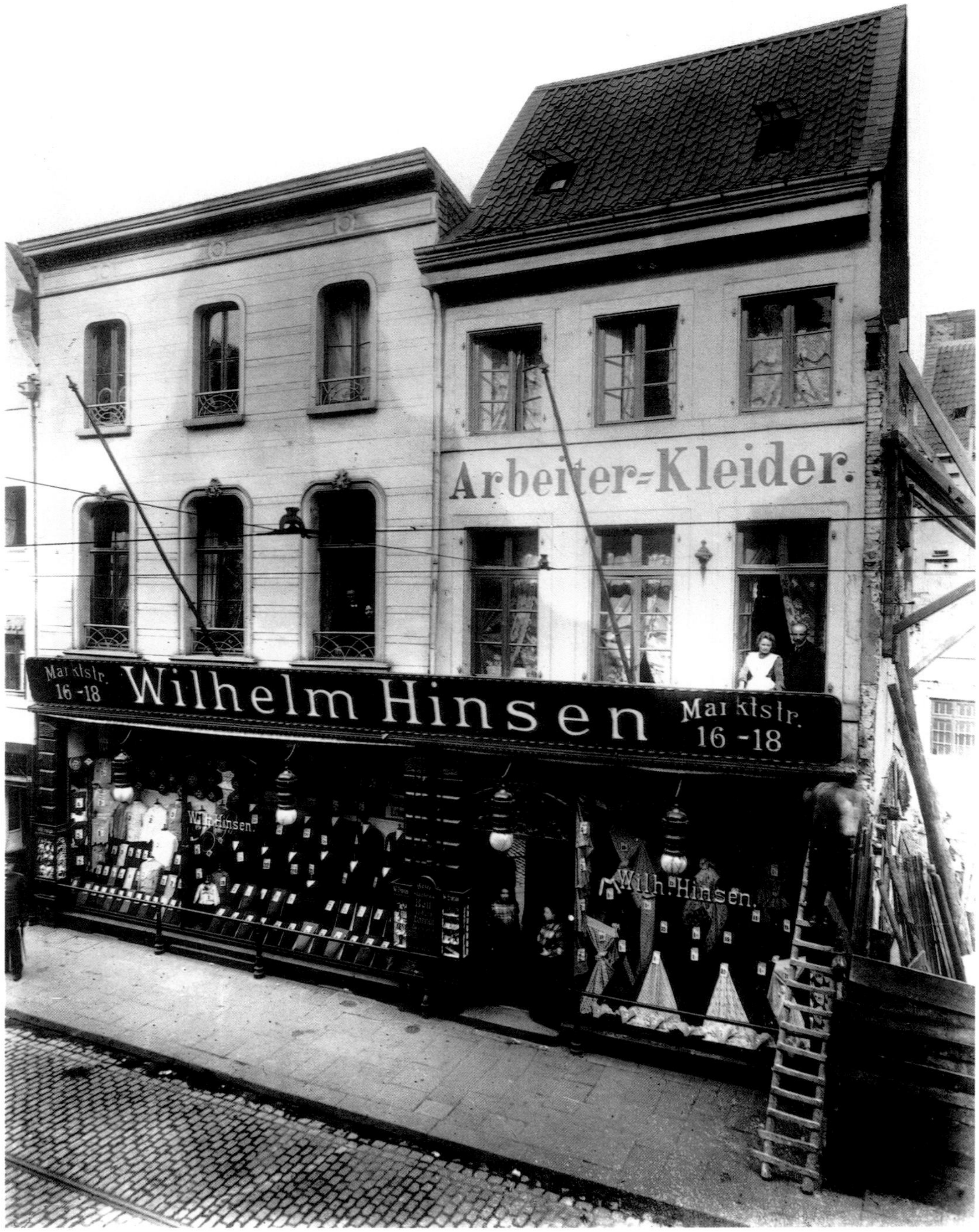

26 Marktstraße, um 1914 Julius Söhn

Bis etwa 1895 war die Gegend um den Marktplatz mit der Flinger-, Graben-, Mittel- und Bolkerstraße das Zentrum des innerstädtischen Handels von Düsseldorf. Um der Konkurrenz der neuen Warenhäuser im Bereich der Straßen um den neugegründeten Hauptbahnhof zu begegnen, sahen sich die Geschäftsleute der Altstadt gezwungen, ihre Waren großzügiger zu präsentieren. Dadurch wurde bei einigen Häusern der gesamte Bereich des Erdgeschosses zur Straße hin durchbrochen und als Schaufenster ausgebaut. Die zunehmende Industrialisierung fand auch im Warenangebot der Düsseldorfer Händler ihren Niederschlag.

Wilhelm Hinsen bietet im Haus Marktstraße 16–18 seine neue Ware an: Arbeiter-Kleider.

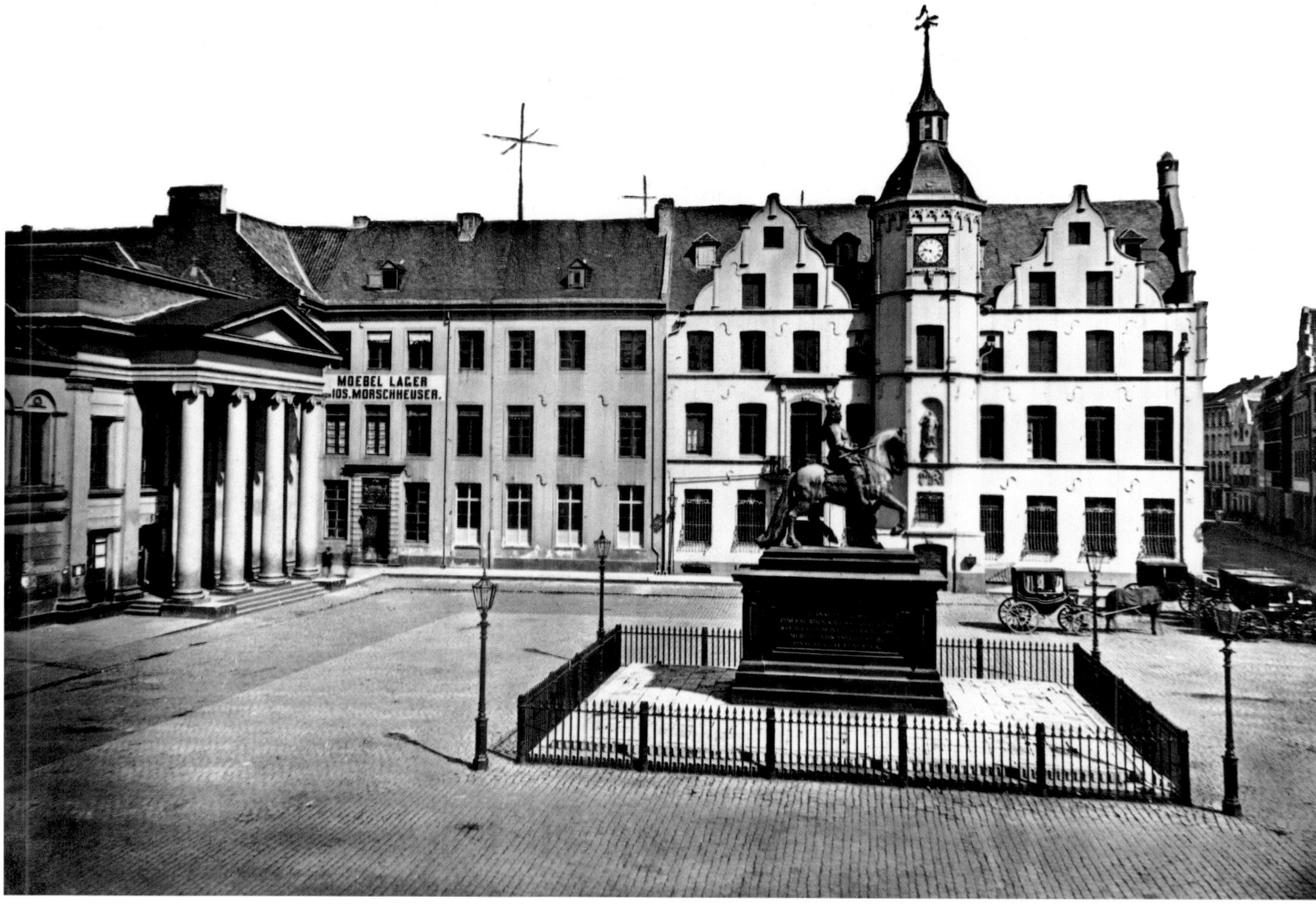

27 Marktplatz von Süden gesehen, 1871 Photograph unbekannt

Hinter der Reiterstatue Jan Wellems erhebt sich das 1567 nach Plänen Maximilian Pasqualinis von dem Duisburger Maurermeister Heinrich Tußmann errichtete alte Rathaus. Der spätgotischen Fassade mit den zwei geschweiften Giebeln ist ein achteckiger Treppenturm vorgesetzt. Die Pasqualinis, die im 16. Jahrhundert über mehrere Generationen die Landesbaumeister der Grafschaft Jülich-Kleve-Berg stellten, waren vor allem als Festungsbauspezialisten überregional bekannt. Links neben dem Rathaus ist die ehemals kurfürstliche Kanzlei zu sehen, in der 1811 die erste Ausstellung bergischer Industrieller anläßlich des Besuchs Napoleon Bonapartes stattfand. In rechtem Winkel schließt das ehemalige Stadttheater, auch ›Grupellotheater‹ genannt, an. Der Name erinnert an seine Funktion als Grupellos Gießhaus der Jan-Wellem-Statue. Um 1750 war es zunächst als Komödienhaus in Betrieb, bevor ihm ab 1829 Karl Leberecht Immermann ernsthaftere Impulse verleihen konnte. Der Bau des Portikus mit Giebel über den vier ionischen Säulen erfolgte 1832 nach einem Entwurf von Adolph von Vagedes.

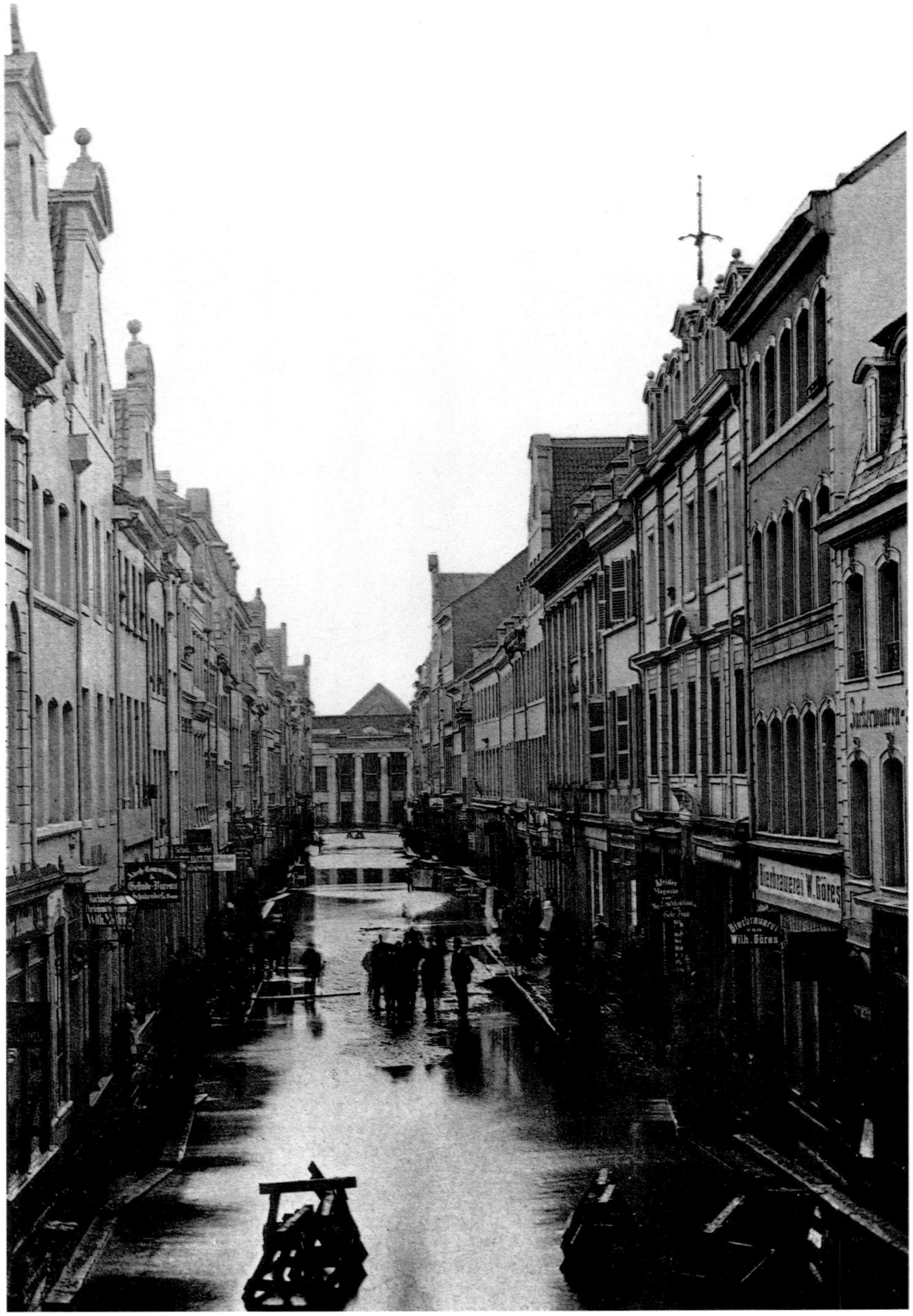

28 Blick von der Bolkerstraße in Richtung Westen, 1882 Wilhelm Otto

Die vier ionischen Säulen des Theaterportikus gaben bis zu ihrem Abriß um 1884 der Bolkerstraße einen würdigen optischen Abschluß. – Das Hochwasser des Jahres 1882 erreichte am Düsseldorfer Pegel 8,95 m; Rheinwerft und Altstadt wurden bis zu 3 m überflutet.

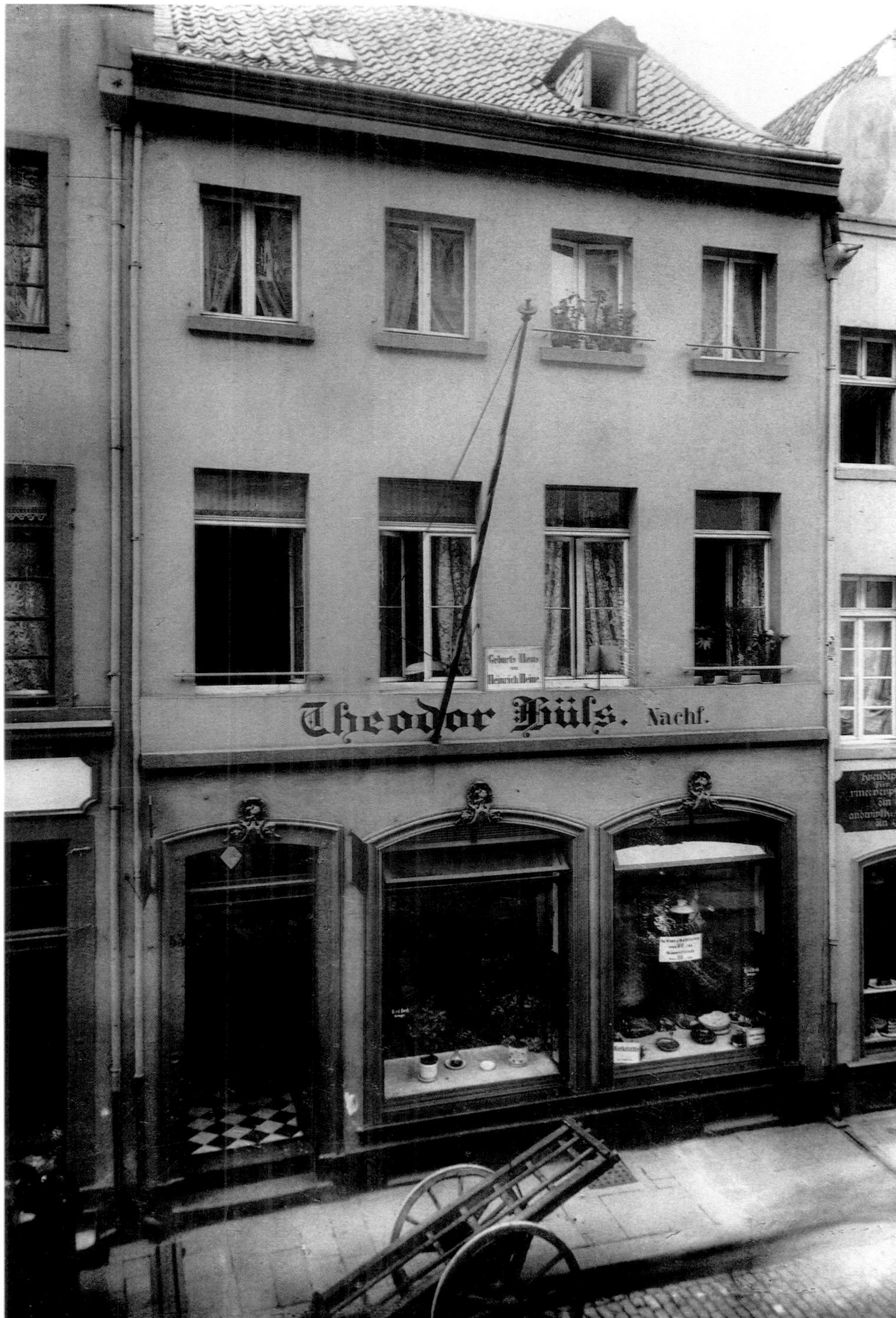

29 Bolkerstraße 53, Geburtshaus von Heinrich Heine, um 1896 Josef Henne

Im Hinterhaus des Anwesens Bolkerstraße 53 kam 1799 Heinrich Heine zur Welt. Sein Vater, ein gebürtiger Hamburger, hatte das Haus 1797 gekauft und erklärt, »dass er Bolkerstraße neben dem ›rothen Kreuz‹ wohne und dass dort ausser den Waaren, welche in seiner Boutique auf dem Markt zu verkaufen waren, noch verschiedene andere neumodische Waaren billig zu haben sind«. (Aus: H. Ferber, »Historische Wanderungen durch die Stadt Düsseldorf«, 1890.)

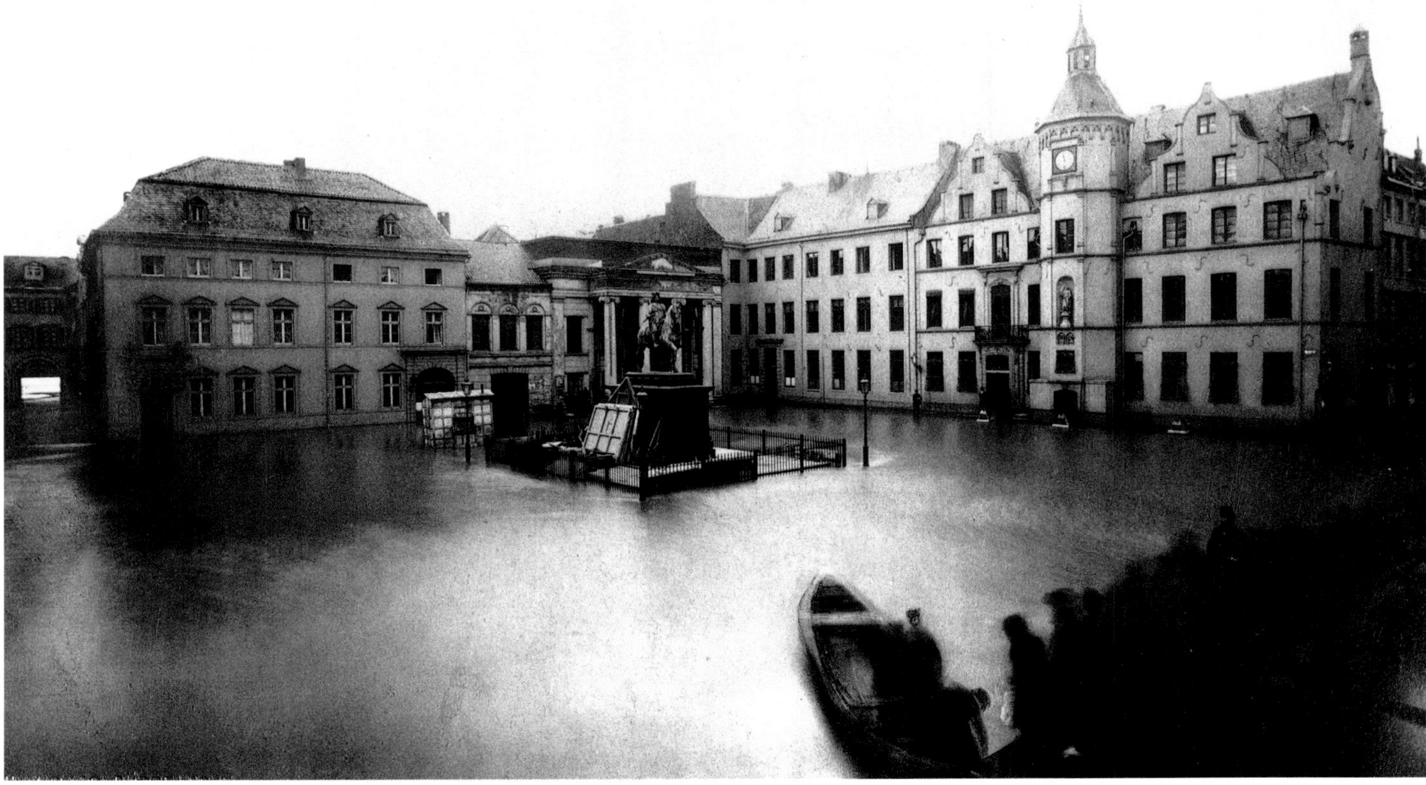

30 Marktplatz, 1882 Wilhelm Otto

Die Aufnahme zeigt den überfluteten Marktplatz von Südosten. Rechts im Vordergrund sind unscharf die zur Überbrückung des Hochwassers angelegten Stege zu erkennen. Der einsturzgefährdete Portikus des Stadttheaters ist mit einer Holzkonstruktion abgestützt worden. An der Ecke des Marktplatzes zur Zollstraße steht das von Matteo Alberti gebaute Haus des kurfürstlichen Hofbildhauers Gabriel Grupello, ein Geschenk Jan Wellems. Die Tordurchfahrt zwischen Theater und dem Wohnhaus Grupello führte in den früheren Remisenhof. Am linken Bildrand trifft der Blick am Ende der Zollstraße auf das Zolltor, durch das die Fluten des Rheins zu erkennen sind.

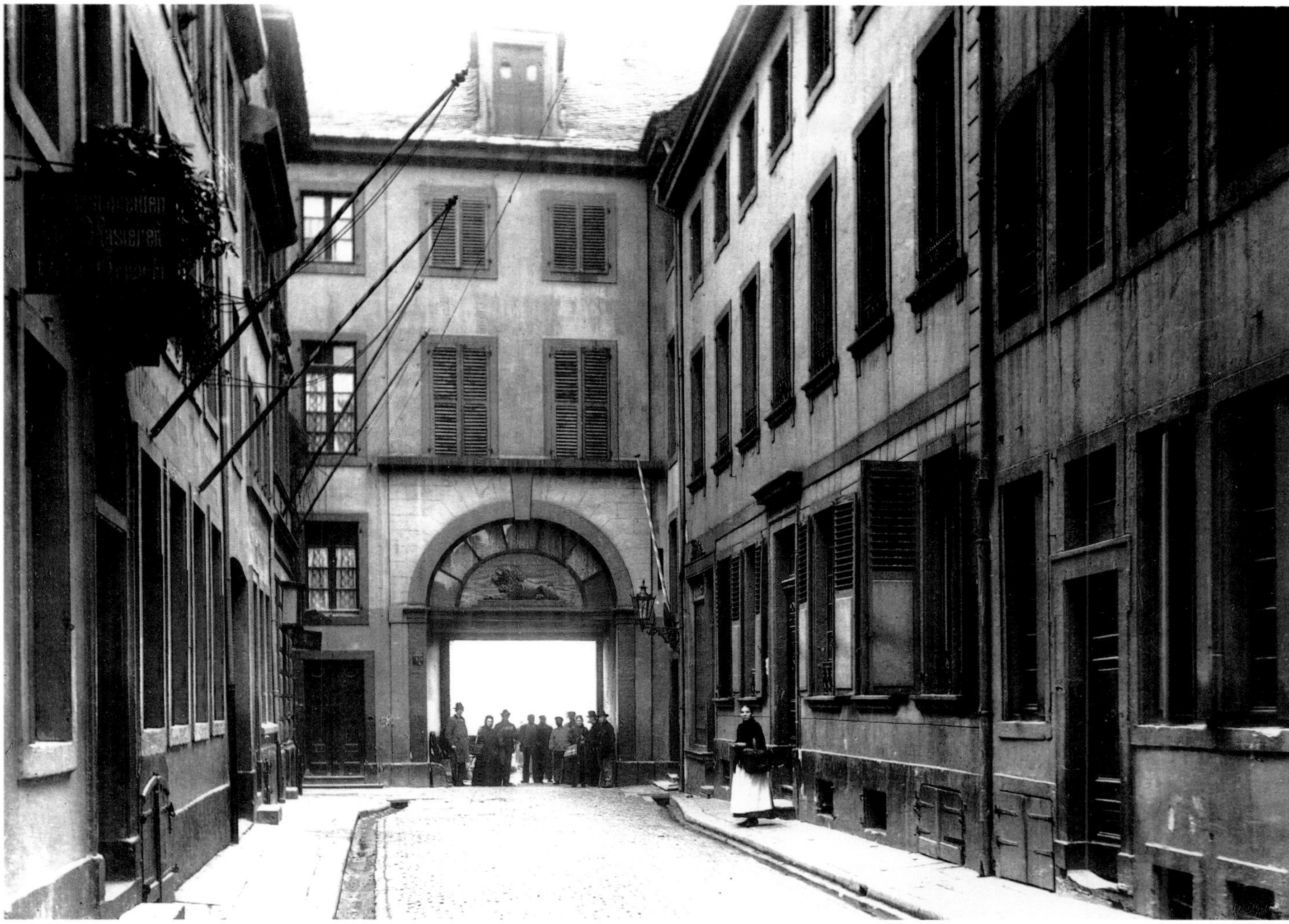

31 Zollstraße und Zolltor, um 1897 Julius Söhn

Die 1571 erstmalig erwähnte Zollstraße führte vom Marktplatz durch das von Adolf von Vagedes umgebaute Zolltor zur Auffahrt der Schiffbrücke. Das ursprüngliche Zolltor war bereits 1442 als Teil der mittelalterlichen Stadtmauer errichtet worden. Im Zuge der Anlage des neuen Rheinwerfts und des Ausbaus der Rheinuferstraße wurde es 1897 abgerissen. Im Haus Nr. 7 auf der linken Seite der Zollstraße unterhielt die Familie Maurenbrecher ab 1688 eine Poststation mit Postkutschendienst nach Köln und Ruhrort. Einige Jahre später kam ein Weinhandel dazu, in dessen Schankstube Kurfürst Johann Wilhelm in Gesellschaft befreundeter Künstler dem Moselwein zugesprochen haben soll. Das Haus trägt noch heute den Namen »In de Canon«.

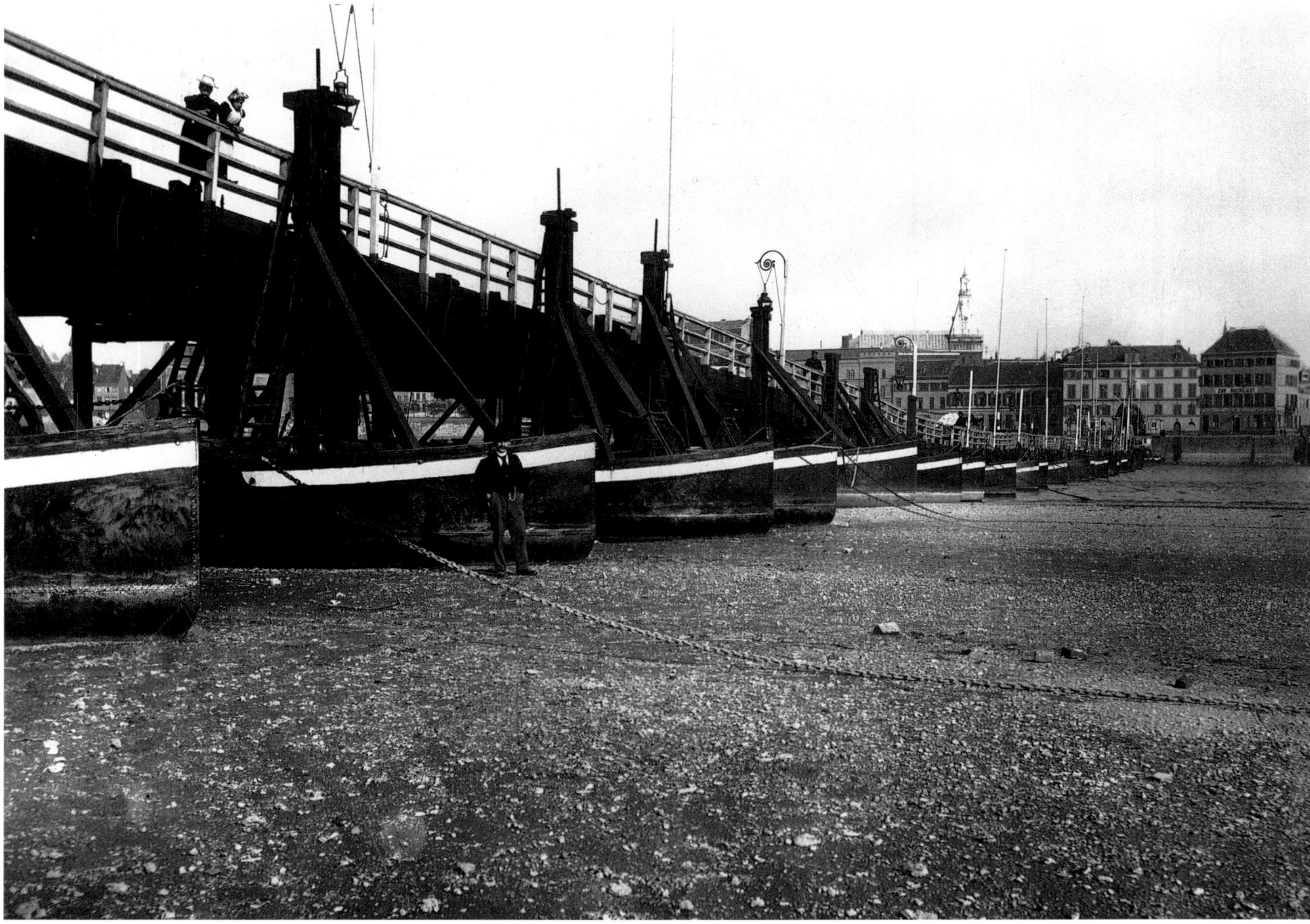

32 Schiffbrücke, um 1890 Photograph unbekannt

Die Schiffbrücke, hier bei extrem niedrigem Pegelstand des Rheins vom Oberkasseler Ufer aus gesehen, ersetzte ab 1839 die ›Fliegende Brücke‹, eine seit 1699 betriebene Rheinfähre. Der Bau wurde von der Firma Matthias Stinnes aus Mühlheim ausgeführt und kostete damals 40000 Taler. Auf Düsseldorfer Seite endet die Schiffbrücke unmittelbar vor dem Zolltor; etwas weiter links überragt das Dach des neuen Rathauses die zwei- bis dreistöckigen Häuser am Rheinufer. Über den in unmittelbarer Nähe liegenden Oberkasseler Bahnhof bestand für den Personen- und Güterverkehr seit den 50er Jahren eine Zugverbindung nach Aachen.

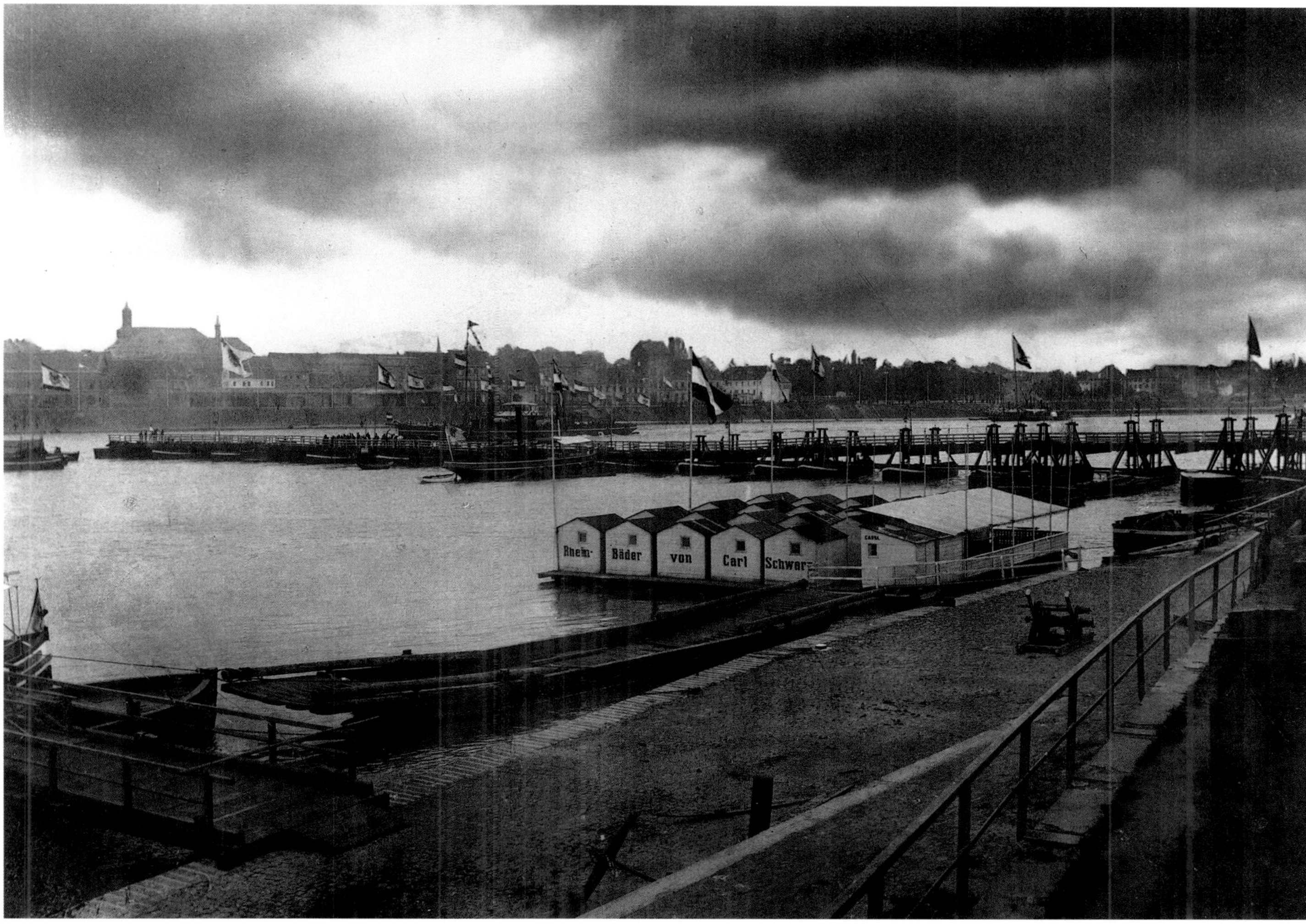

33 Oberkasseler Ufer, 1890 Photograph unbekannt

Der Blick richtet sich von Nordwesten auf die geöffnete Schiffbrücke, über der im Dunst die Maxkirche zu erkennen ist. Um eine einheitliche Regulierung des Hochwasserbetts zu erreichen, wurde 1896–1899 das linksrheinische, befestigte Oberkasseler Ufer abgetragen. Man nahm den Landverlust in Kauf, um auf Düsseldorfer Seite die Begradigung und Vorverlegung der Uferlinie – bis zu 37 m – zu ermöglichen; sie hatte einen Teil der hier sehr nahe am rechten Ufer verlaufenden Fahrrinne behindert. Dieser Maßnahme fielen auch der Oberkasseler Bahnhof und die Schiffbrücke zum Opfer, die ihre Funktion mit dem Bau der weiter nördlich gelegenen neuen Oberkasseler Brücke eingebüßt hatte.

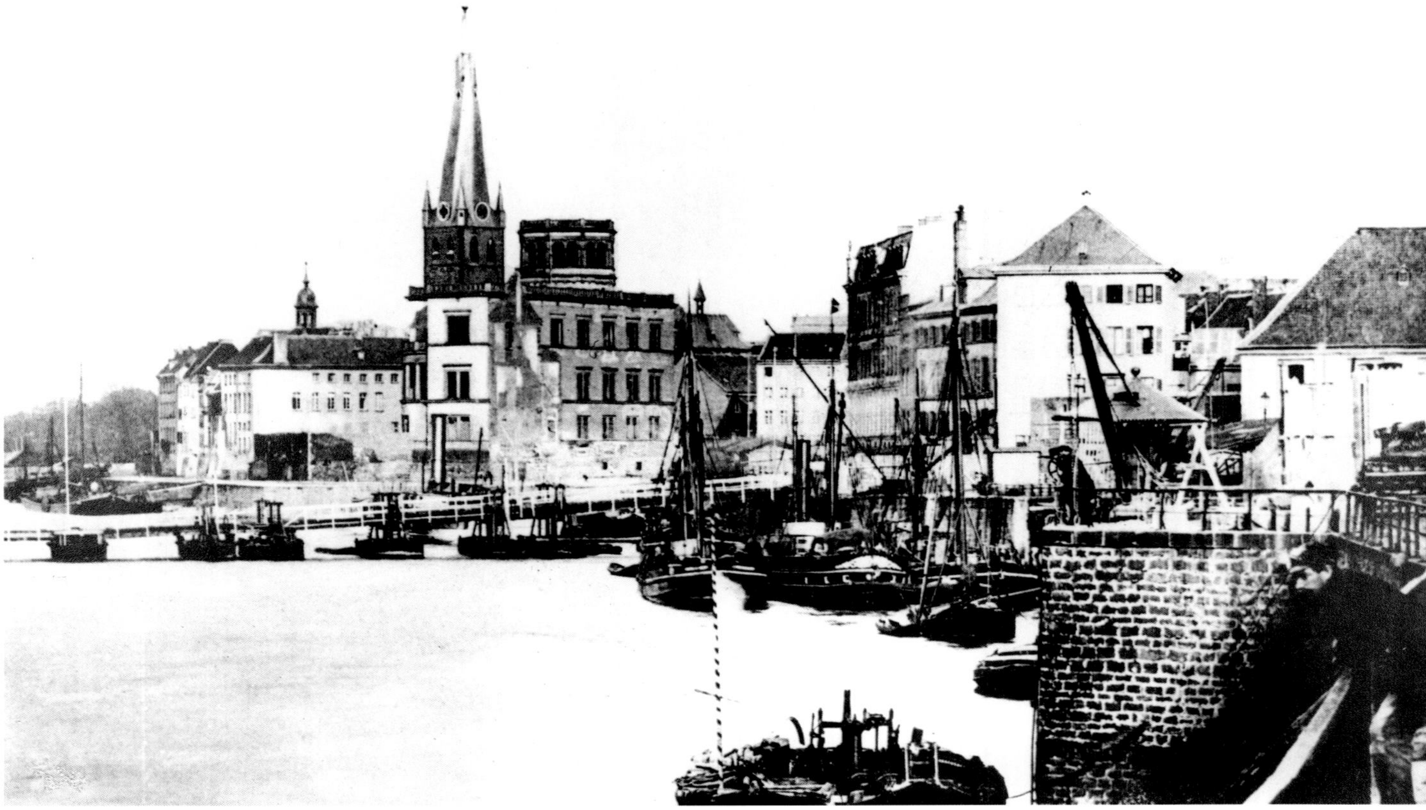

34 Rheinpanorama, um 1883 Heinemann

Am noch unregelmäßig verlaufenden Rheinufer, hier vom ehemaligen Berger Ufer aus südlicher Richtung gesehen, zeigen sich die wachsenden Probleme der Rheinschiffahrt: Bis in die vierte Reihe liegen die Lastensegler am Rheinwerft – Hafenverhältnisse, die der steigenden Frachttonnage nicht mehr gerecht werden konnten. – Vom Stadtschloß steht noch der Turm und der ausgebrannte Nordflügel, an dessen Südflanke die Giebelspuren der bereits abgerissenen Anlage zu erkennen sind. Am rechten Bildrand sieht man einen Teil des kurfürstlichen Hofbräuhauses.

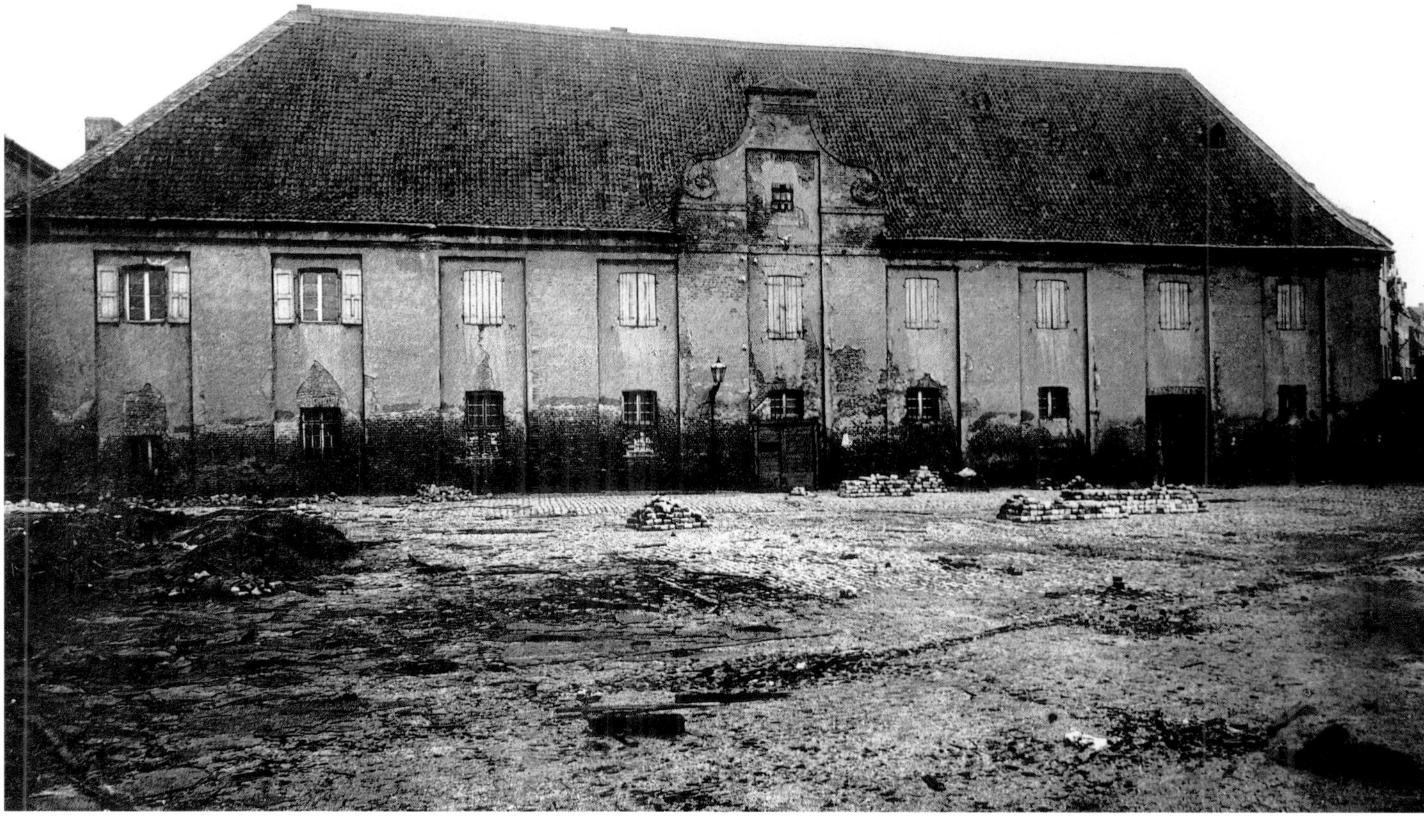

35 Rheinort, um 1896 Photograph unbekannt

Das um die Jahrhundertwende schon sehr heruntergekommene kurfürstliche Hofbräuhaus wurde etwa 1695 gebaut und besaß als einzigen Schmuck den geschwungenen Barockgiebel in der Mittelachse. Offensichtlich entstand die Aufnahme kurz vor dem Abriß im Jahr 1896. Im Hintergrund rechts sind die Häuser der Rheinstraße zu erkennen.

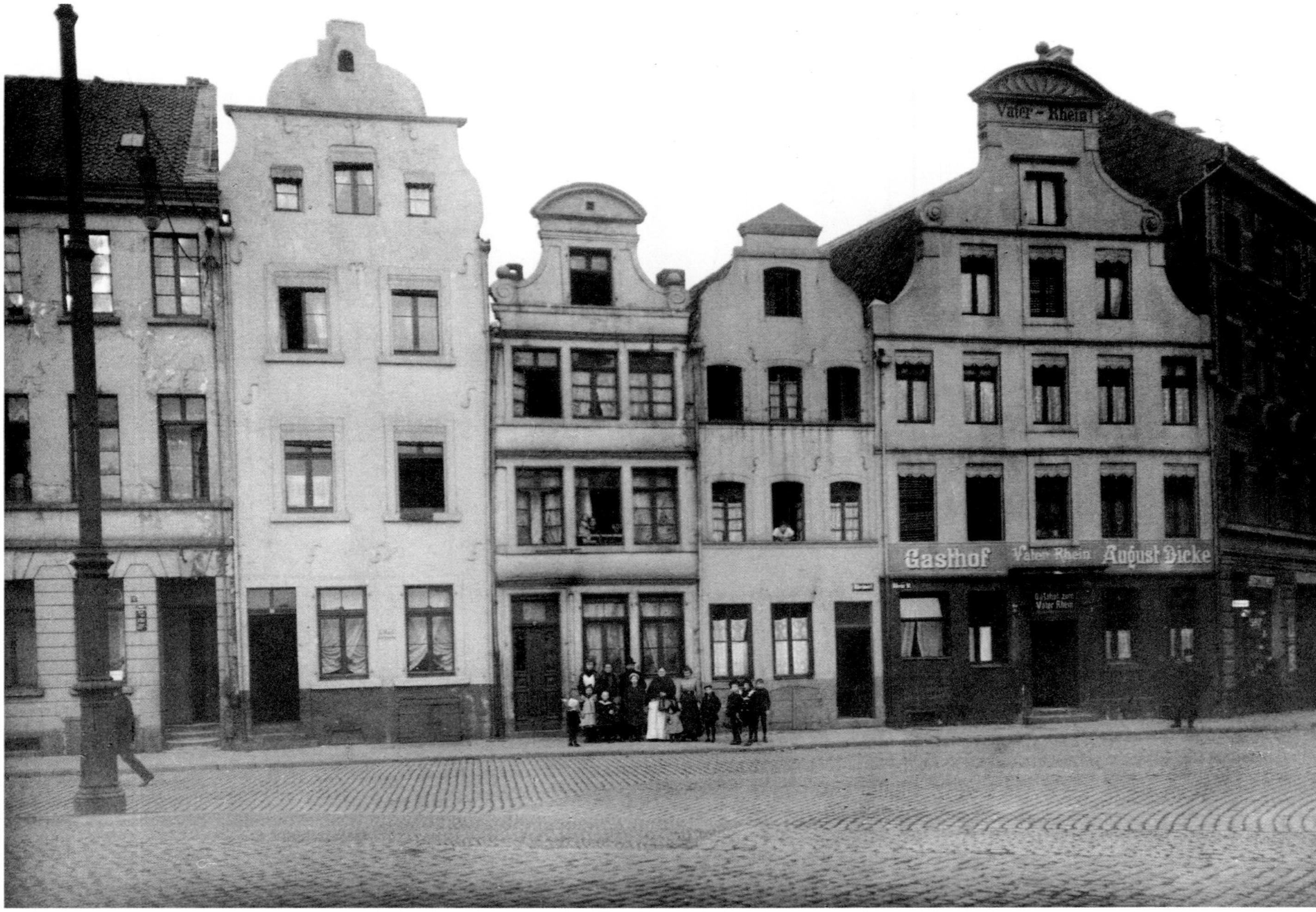

36 Rheinort von Südwesten, 1914 Photograph unbekannt

Wo Rheinort und Rheinstraße aufeinandertreffen, ist der Einfluß des niederländischen Stils auf die barokke Formenvielfalt der im 17. Jahrhundert entstandenen Giebelhäuser am besten zu erkennen. Besonders charakteristisch für den Typus des dreiachsigen niederrheinischen Wohnhauses ist die Fassade Rheinort Nr. 12, vor der sich einige Hausbewohner versammelt haben; sie hätte auch an einer holländischen Gracht ihren Platz gefunden.

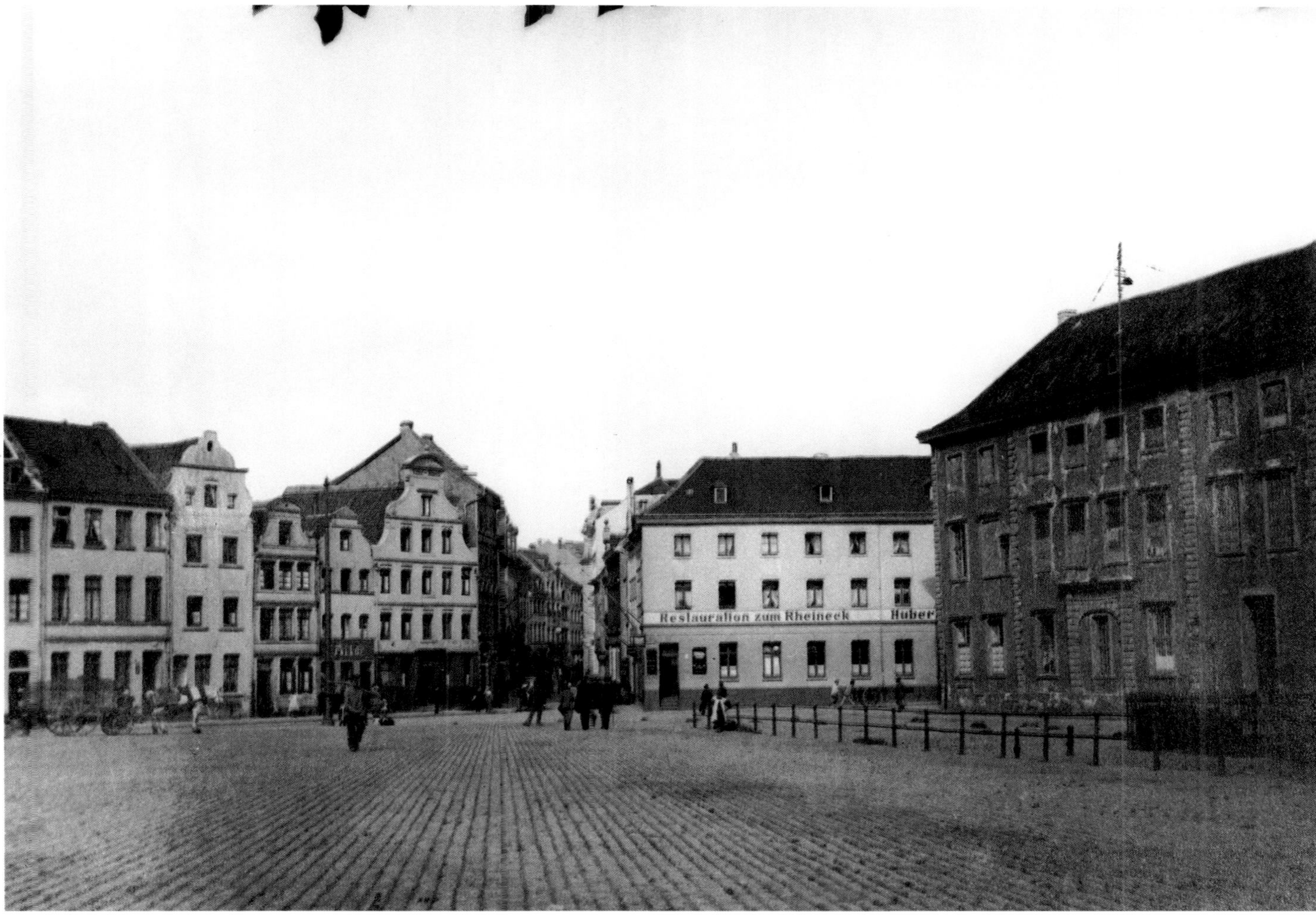

37 Rheinstraße von Westen, 1911 Dr. Erwin Quedenfeldt

Erwin Quedenfeldt hat mit dem Rücken zum Rhein seine Kamera genau auf die Mittelachse der Rheinstraße ausgerichtet, so daß der Blick bis in die Flinger Straße reicht. Zwischen der ›Restauration zum Rheineck‹ und dem Palais Hontheim am rechten Bildrand mündet die Akademiestraße dort, wo sich bis 1833 das Rheintor der 1725 erweiterten Befestigung befand. Der Standpunkt des Photographen liegt ungefähr an der ehemaligen Zufahrt des ersten, im Jahr 1811 auf Befehl Napoleons zugeschütteten Sicherheitshafens, der südlich des Hontheimschen Anwesens bis an die Hafenstraße reichte.

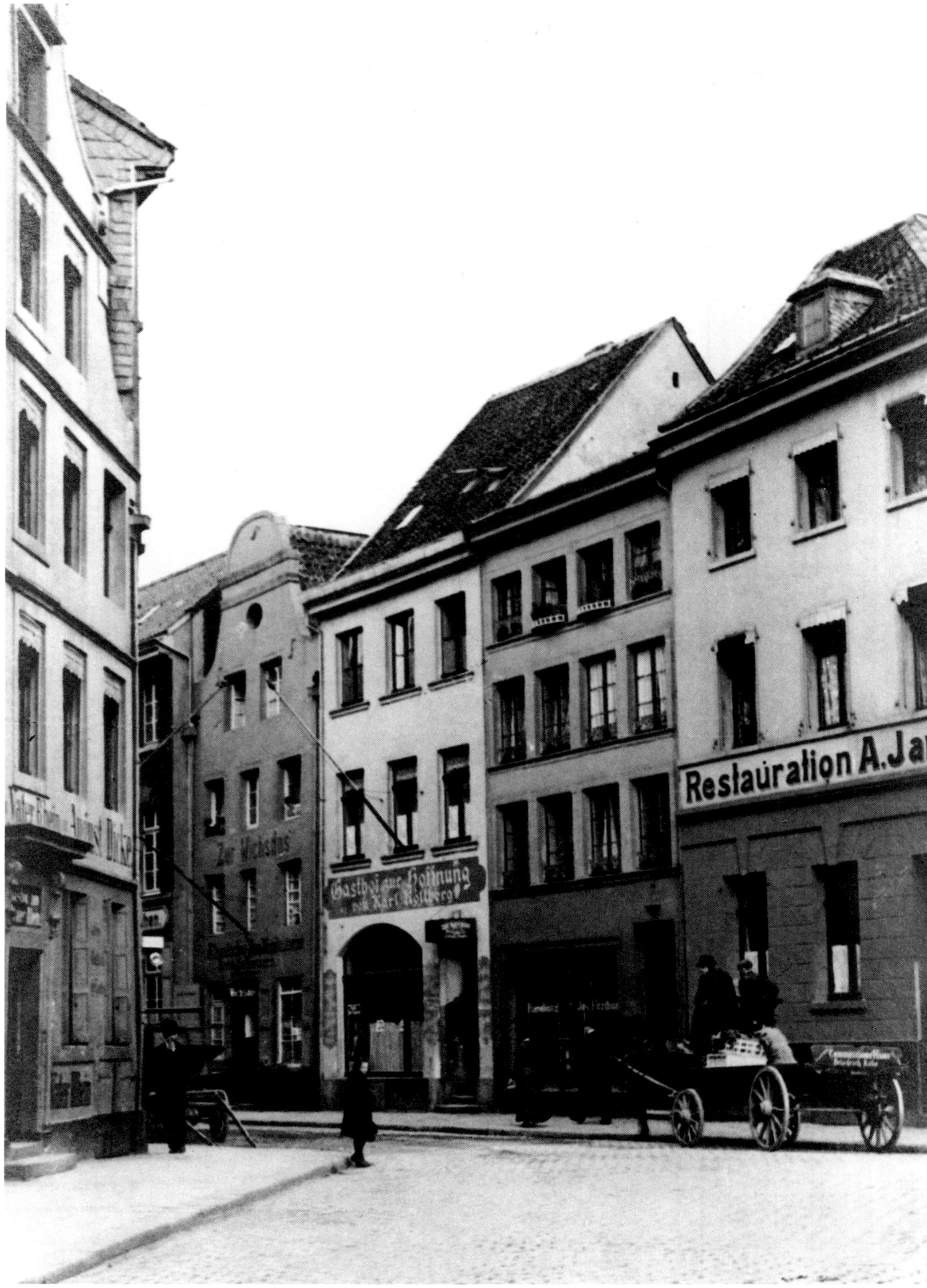

38 Rheinstraße, 1909 Dr. Erwin Quedenfeldt

In der Rheinstraße, hier vom Rheinort aus gesehen, wohnten zu Beginn des 19. Jahrhunderts, offenbar wegen des nahegelegenen Hafens, zahlreiche Fischhändler. So hieß zum Beispiel das Haus Nr. 5: ›Zu den drei Häringen‹.

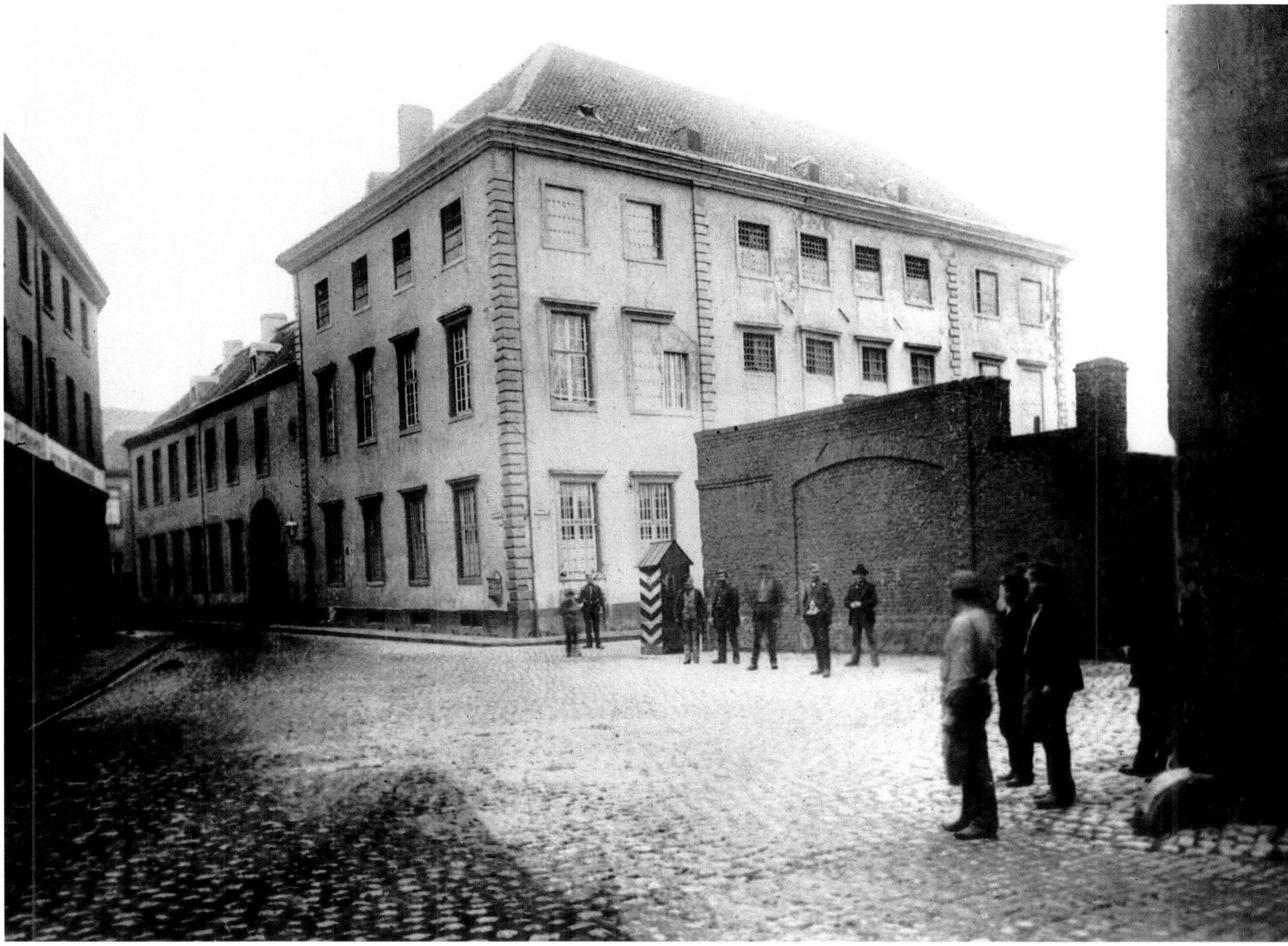

39 Akademiestraße aus nördlicher Richtung, 1890 Photograph unbekannt

Das Palais Hontheim, das zum Zeitpunkt der Aufnahme das königliche Arresthaus beherbergte, wurde 1709–1713 nach Plänen von Matteo Alberti gebaut. Alberti realisierte in seiner Düsseldorfer Zeit unter Johann Wilhelm von 1695–1715 fast ausschließlich Zivil- und Kirchengebäude im Stil des italienisch-süddeutschen Barock. Bevor das Palais Hontheim von 1783–1806 die damalige Kunstakademie aufnahm, diente es zunächst als Generalkriegskommissariat der Verwaltung der Festung Düsseldorf. Noch heute verweist der Straßenname auf die topographischen Anfänge der 1773 gegründeten Kunstakademie.

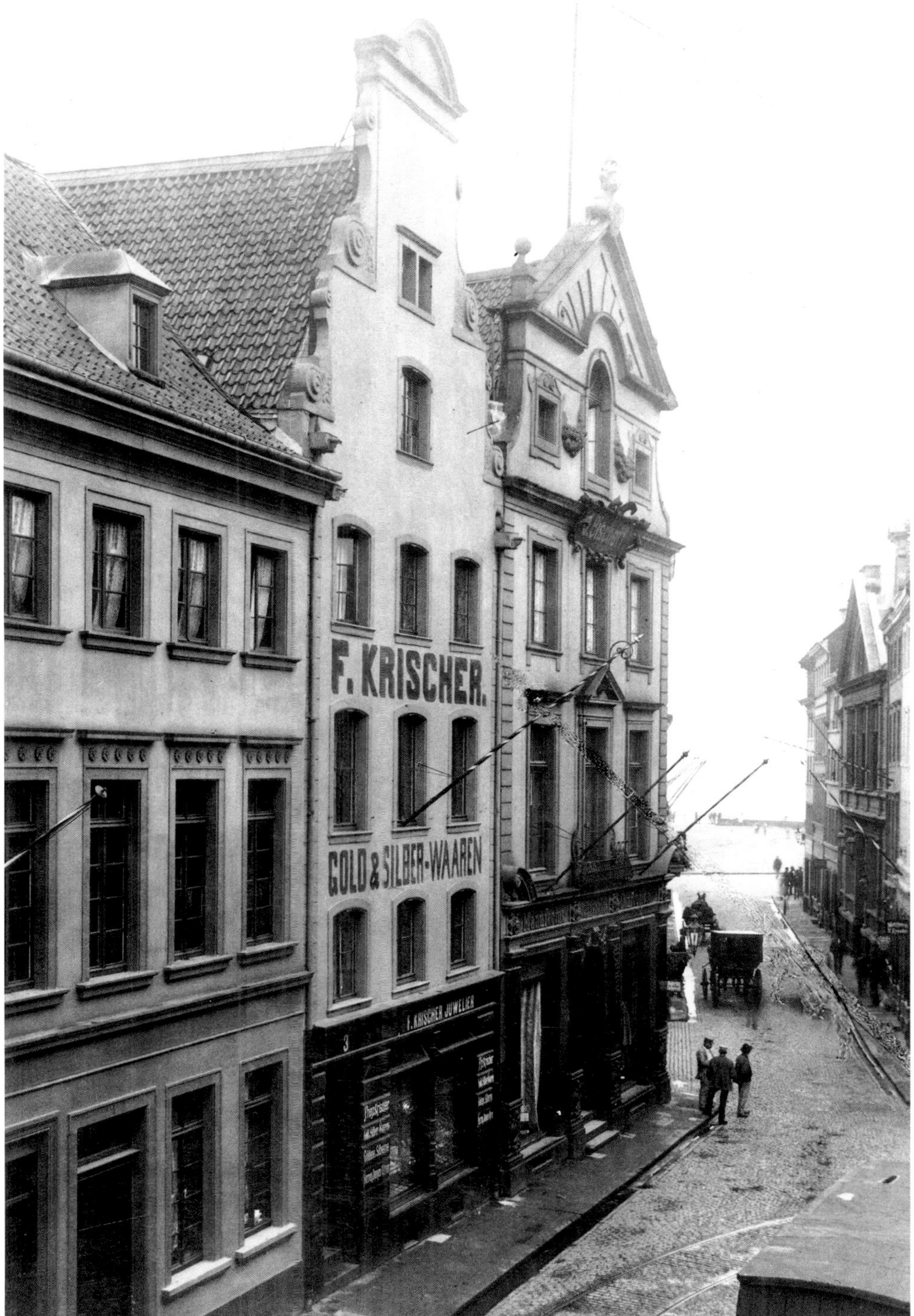

40 Flinger Straße, 1901 W. Höffert

Den Abschluß der Flinger Straße zur Rheinstraße bildete das Haus Nr. 1, ›Zum goldenen Helm‹, das seit 1657 seinen Namen dem vergoldeten Helm auf der Giebelspitze verdankt. Das Nachbarhaus hatte ursprünglich eine unverputzte Backsteinfassade, die später wieder freigelegt wurde. Beide Häuser bestechen durch ihre kunstvoll ausgearbeiteten barocken Volutengiebel. – Der erhöhte Standpunkt des Photographen ermöglicht den Blick über die Rheinstraße bis hin zum Rheinufer.

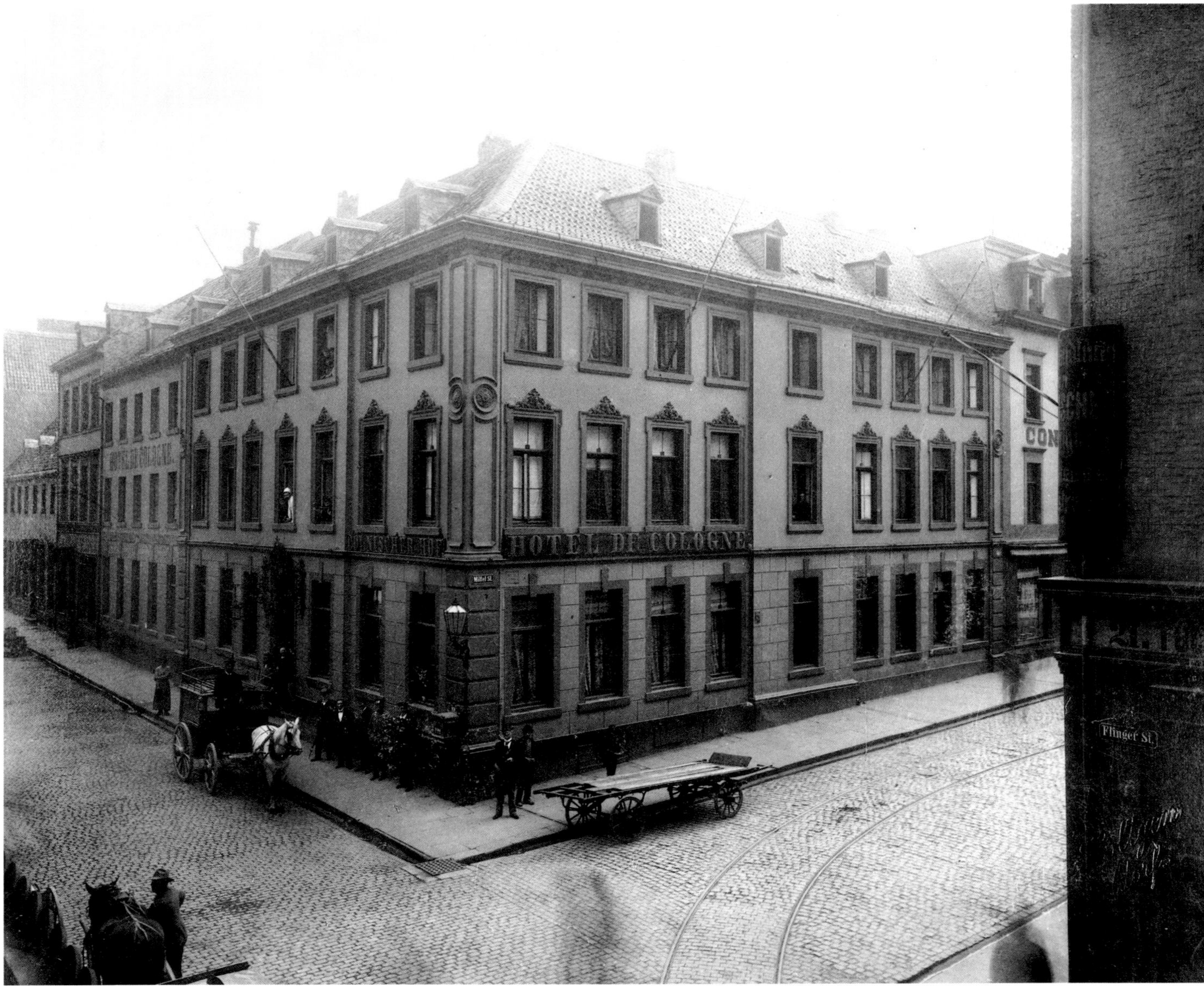

41 Flinger Straße 23, Ecke Mittelstraße, 1892 Peter Hubert Höltgen

Bis zur Säkularisation im Jahr 1803 stand an der Ecke Flinger-/Mittelstraße die 1624 vom Kölner Bischof Otto Gereon geweihte Klosterkirche der Kapuziner. Die Häuser Nr. 25, 27, 29 und 31 ersetzten die ehemaligen Klostergebäude. – Ab 1807 begann der Hotelbetrieb in dem neu errichteten Eckhaus zunächst unter dem Namen ›Zum pfälzischen Hof‹; ab 1829 hieß es ›Kölnischer Hof‹ oder auch ›Hotel de Cologne‹. Das Haus Nr. 25 wurde in den ersten Jahren des 19. Jahrhunderts, bevor es der ›Kölnische Hof‹ übernahm, als Apotheke genutzt. Noch heute erinnert die naheliegende Kapuzinergasse an das ehemalige Kloster der Kapuziner, die 1617 in Düsseldorf ihren Orden gegründet hatten.

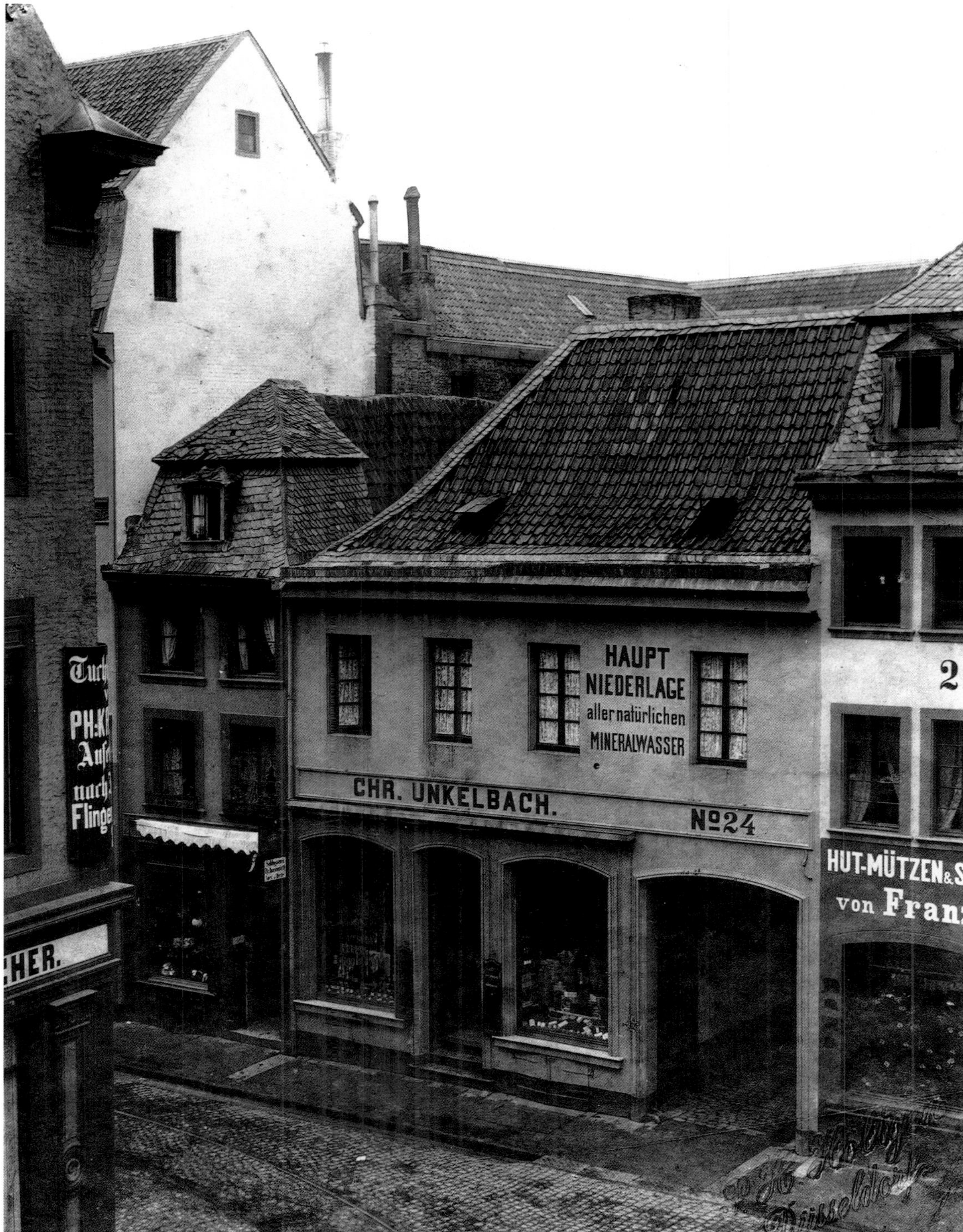

42 Flinger Straße 22–24, vor 1890 Peter Hubert Höltgen

Höltgen machte diese Aufnahme, in genau entgegengesetzter Blickrichtung zu Tafel 41, offensichtlich aus einem Fenster der oberen Stockwerke des ›Kölnischen Hofs‹ in der Mittelstraße. Die niedrigen Häuser der Flinger Straße 22–26 mußten ab 1890 einem repräsentativen Wohn- und Geschäftshaus der Firma Christian Unkelbach weichen.

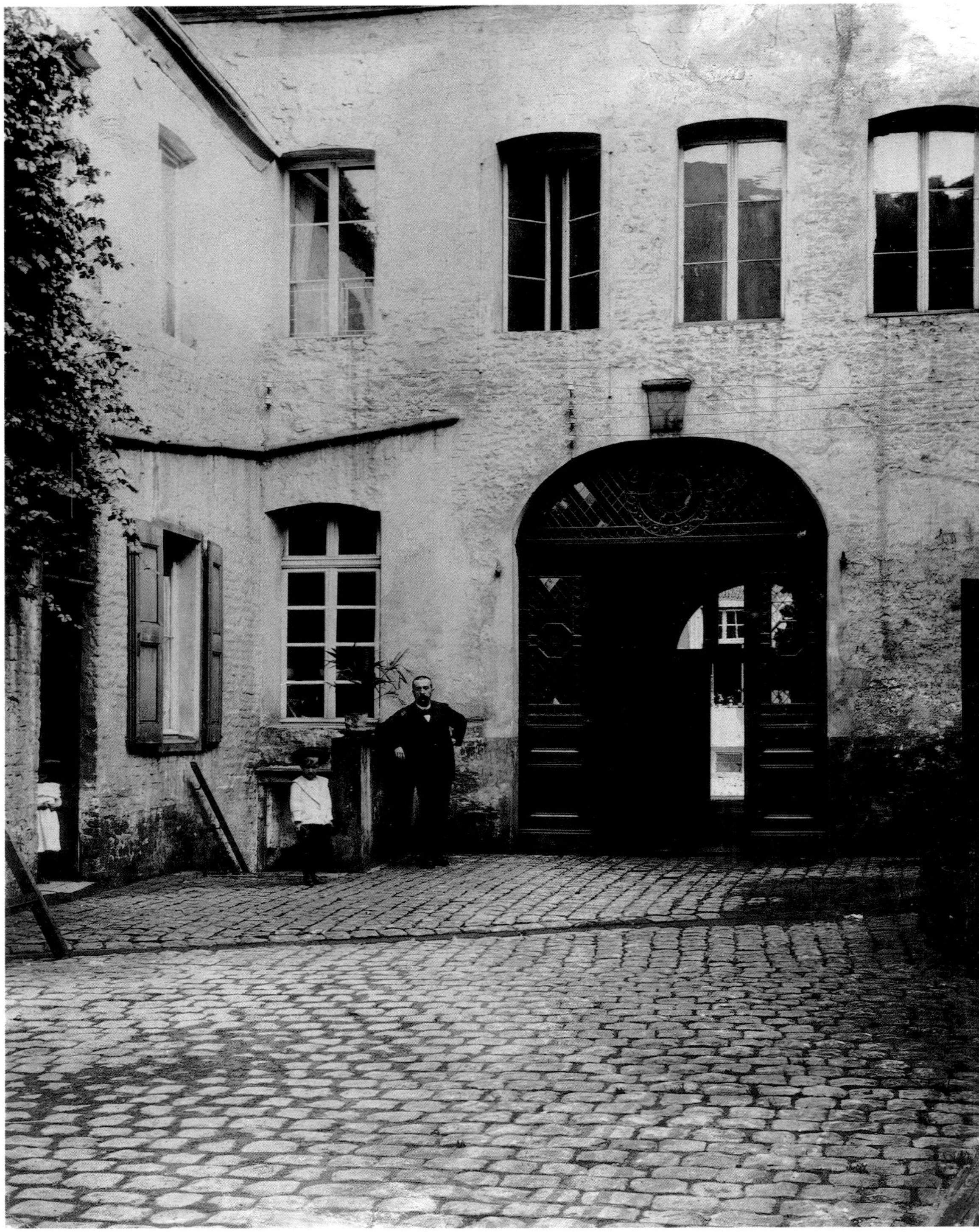

43 Ritterstraße 10, Hofseite, um 1895 Photograph unbekannt

Das Anwesen wurde im Jahr 1675 von Hofkammerrat Nicolaus Voetz gebaut, einem Vetter des damaligen Vizekanzlers Melchior Voetz. Ursprünglich hatte Melchior die Baugenehmigung erhalten, war aber am 8. März 1675 frühzeitig gestorben. – Über der Tordurchfahrt hängt noch das Wappen von Nicolaus Voetz und seiner Frau Maria Katharina Schorner.

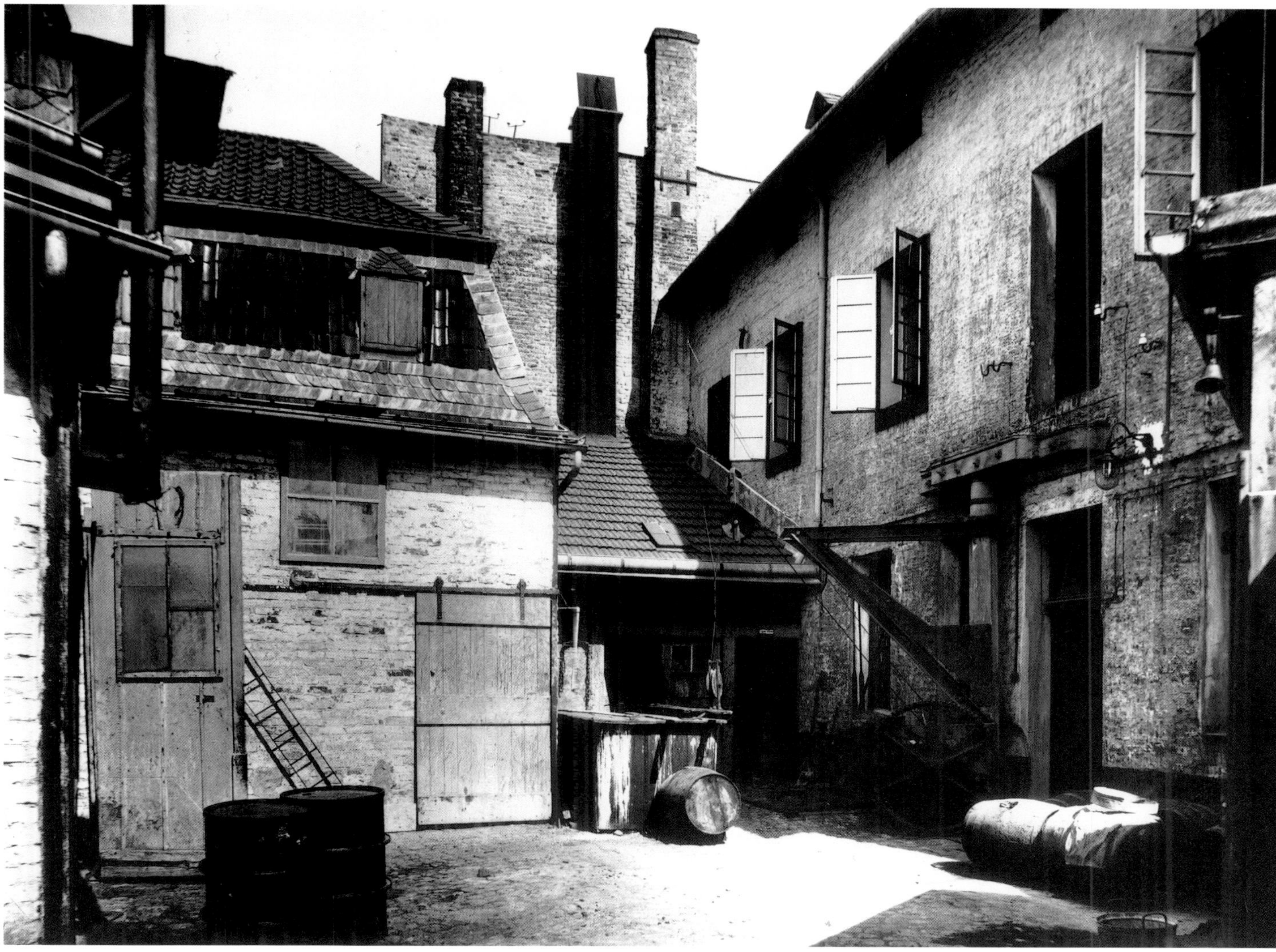

44 Ritterstraße 2–4, Hofseite, um 1900 Julius Söhn

Die ersten Manufakturen lagen noch in den dörflichen Hinterhöfen der Altstadt. Im Jahr 1811 verkaufte Graf Goltstein das Grundstück Ritterstraße 2–4 an Peter Cremer, dessen Sohn, der Kaufmann und Seifenfabrikant Engelbert Cremer, hier lange Zeit eine Kerzenfabrik betrieb.

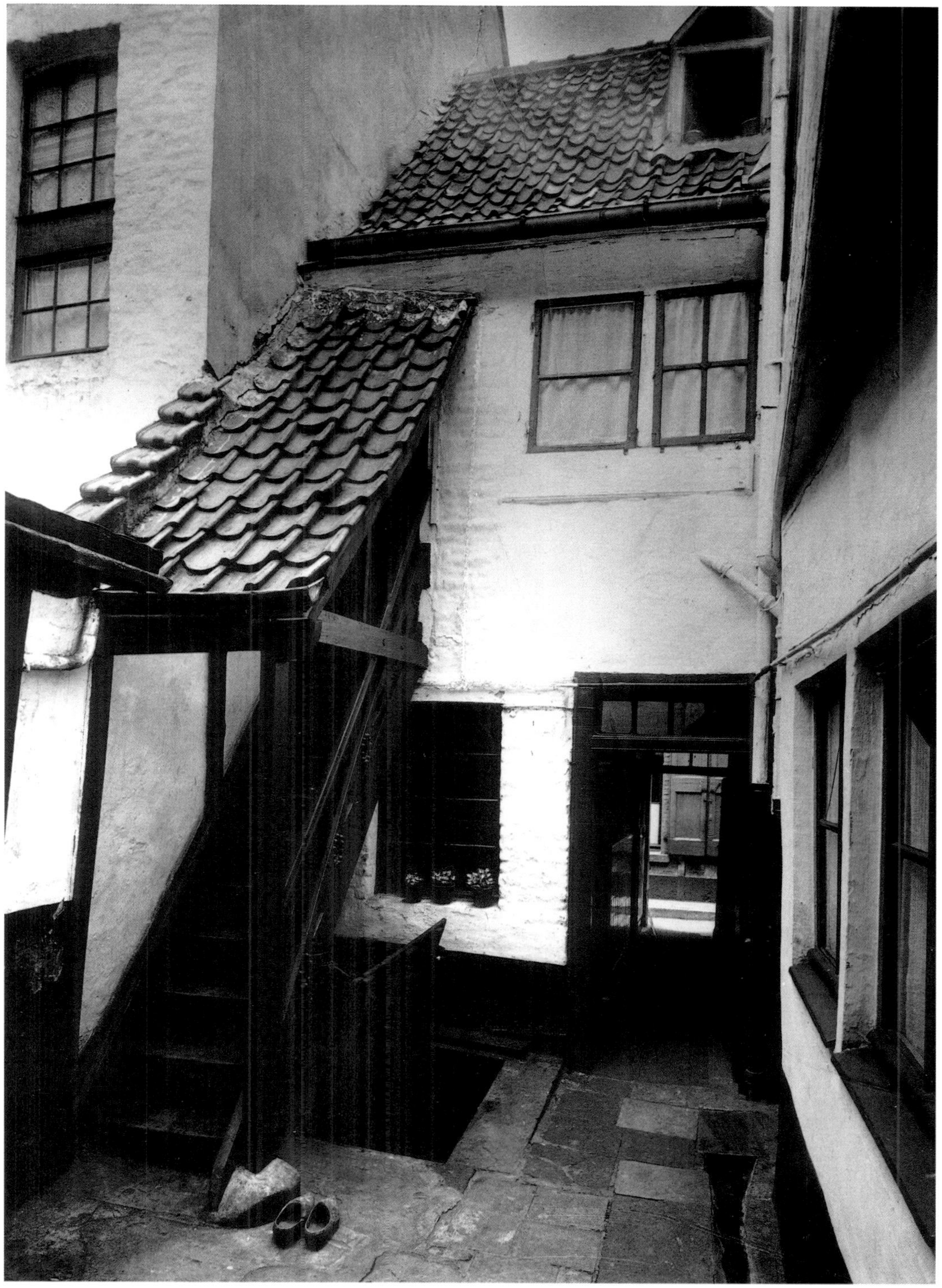

45 Wallstraße 11, 1910 Julius Söhn

Um hier die oberen Stockwerke zu erreichen, mußte man erst von der Straße durch das Haus in den Hof gelangen, von dem die überdachte Treppe in das erste Geschoß führte. Dieser bei älteren Düsseldorfer Altstadthäusern anzutreffende Gang nannte sich ›der Hengedorch‹.

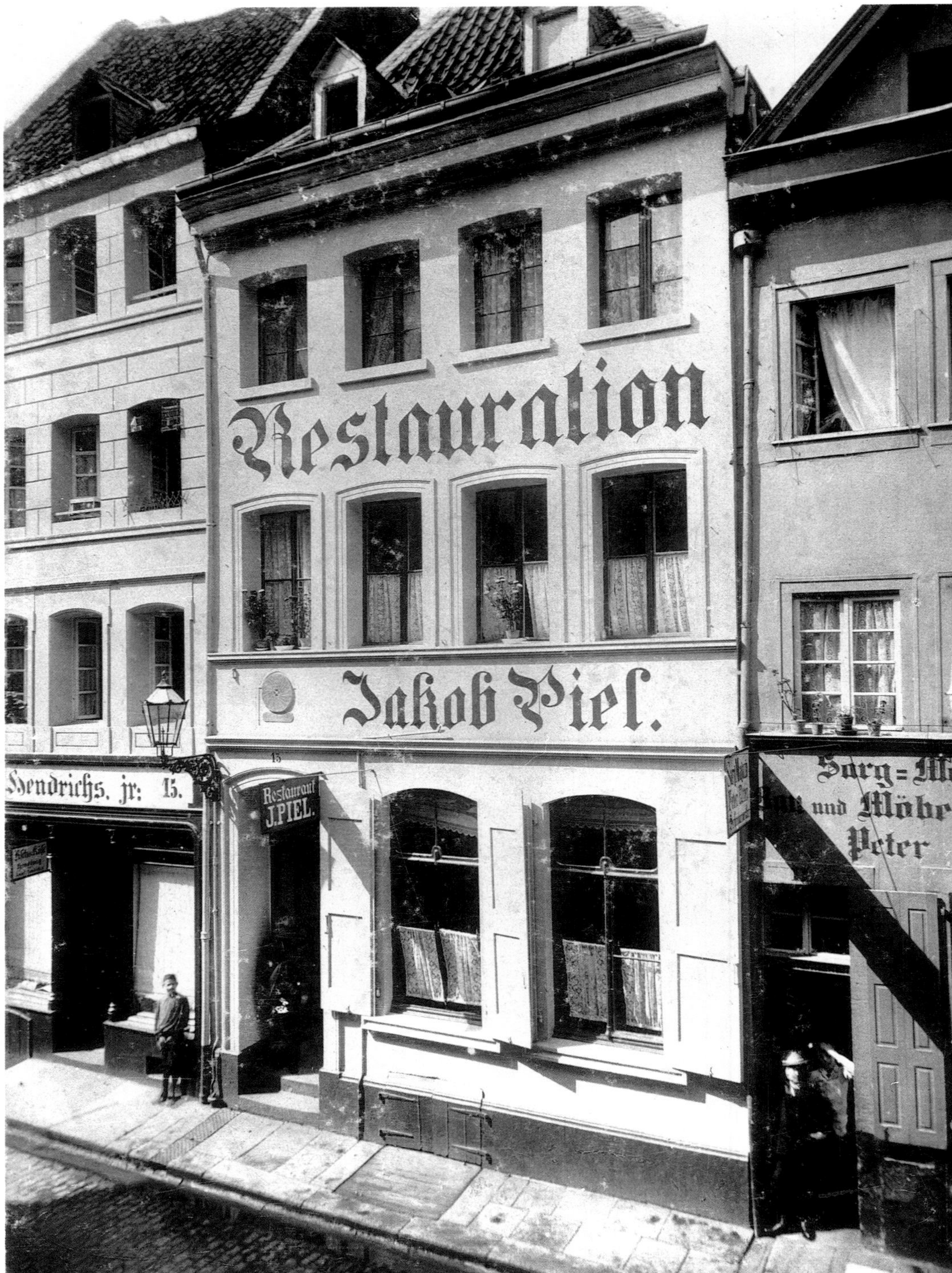

46 Hunsrückenstraße 13, um 1896 Josef Henne

Die vielfältigen Häuserbezeichnungen der Düsseldorfer Altstadt lassen sich zumeist auf die Namen ehemaliger Bauherren und Bewohner oder deren berufliche Tätigkeit zurückführen und waren oft durch Wappen oder Symbole an den Fassaden dokumentiert. Am Haus Hunsrückenstraße 13, von einem erhöhten Standpunkt aus um die Mittagszeit photographiert, erkennt man über der Tür ein Relief in Form eines kleinen Mühlensteins. Dementsprechend lautete der Name des Hauses schon um 1701 ›Zum Mühlenstein‹.

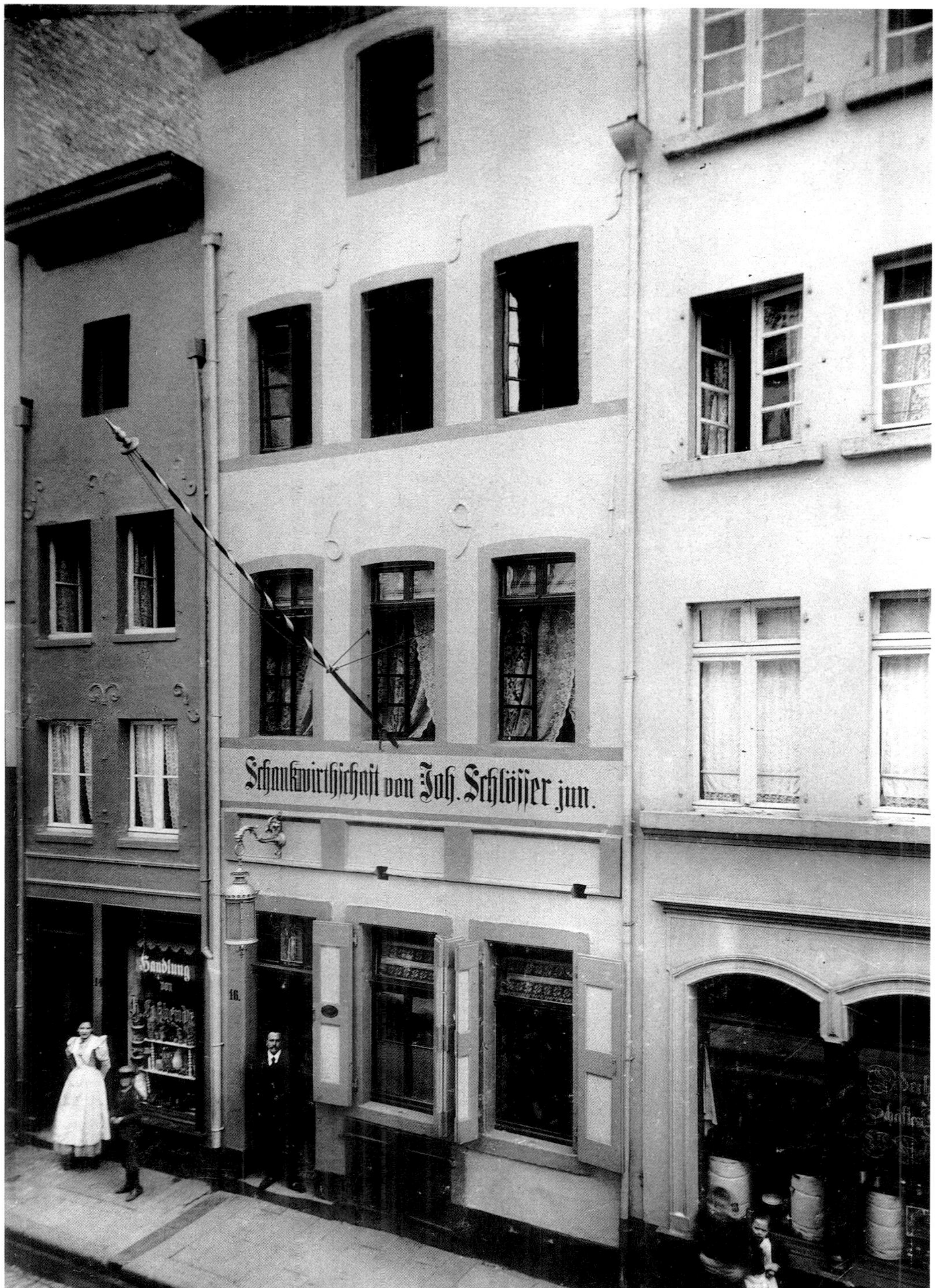

47 Hunsrückenstraße 14 und 16, um 1896 wahrscheinlich Josef Henne

Wie bei vielen anderen Altstadthäusern wurden die schmalen Backsteinfassaden von Nr. 14 und 16 gegen Ende des 18. Jahrhunderts hell verputzt, die ehemaligen Spitz- oder Treppengiebel des 17. Jahrhunderts aufgestockt und mit einem klassizistisch anmutenden, horizontalen Gesimsabschluß versehen. Das Haus Nr. 14 (linker Bildrand), ›Im Malteserkreuz‹ genannt, gilt als eines der schmalsten Häuser der Düsseldorfer Altstadt.

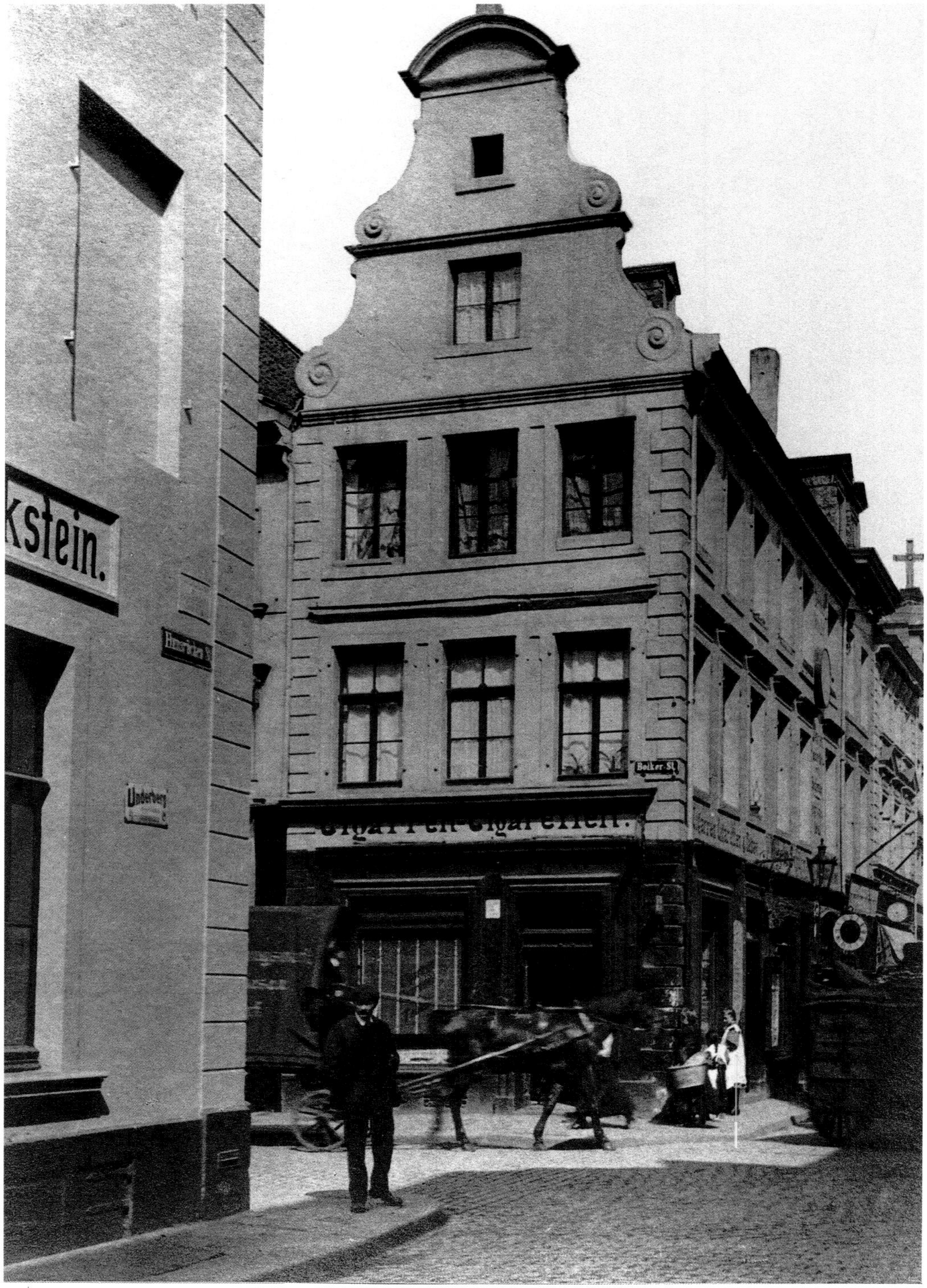

48 Hunsrückenstraße, Ecke Bolkerstraße, 1909 Dr. Erwin Quedenfeldt

Der Name Hunsrückenstraße bezieht sich nicht auf den gleichnamigen Höhenzug in Rheinland-Pfalz, sondern ist von dem Begriff ›Hunderücken‹ abgeleitet. Schon 1513 lautet eine Hausbezeichnung ›op ten Huntzrüggen‹, um 1632 hieß die Straße kurz ›Hundtsrück‹, gegen Ende des 19. Jahrhunderts wurde sie dann ›Hundsrückenstraße‹ genannt. – Der Blick ist hier auf die westliche Einmündung der Bolkerstraße gerichtet; am rechten Bildrand ist in halber Höhe der Südgiebel von St. Andreas zu erkennen.

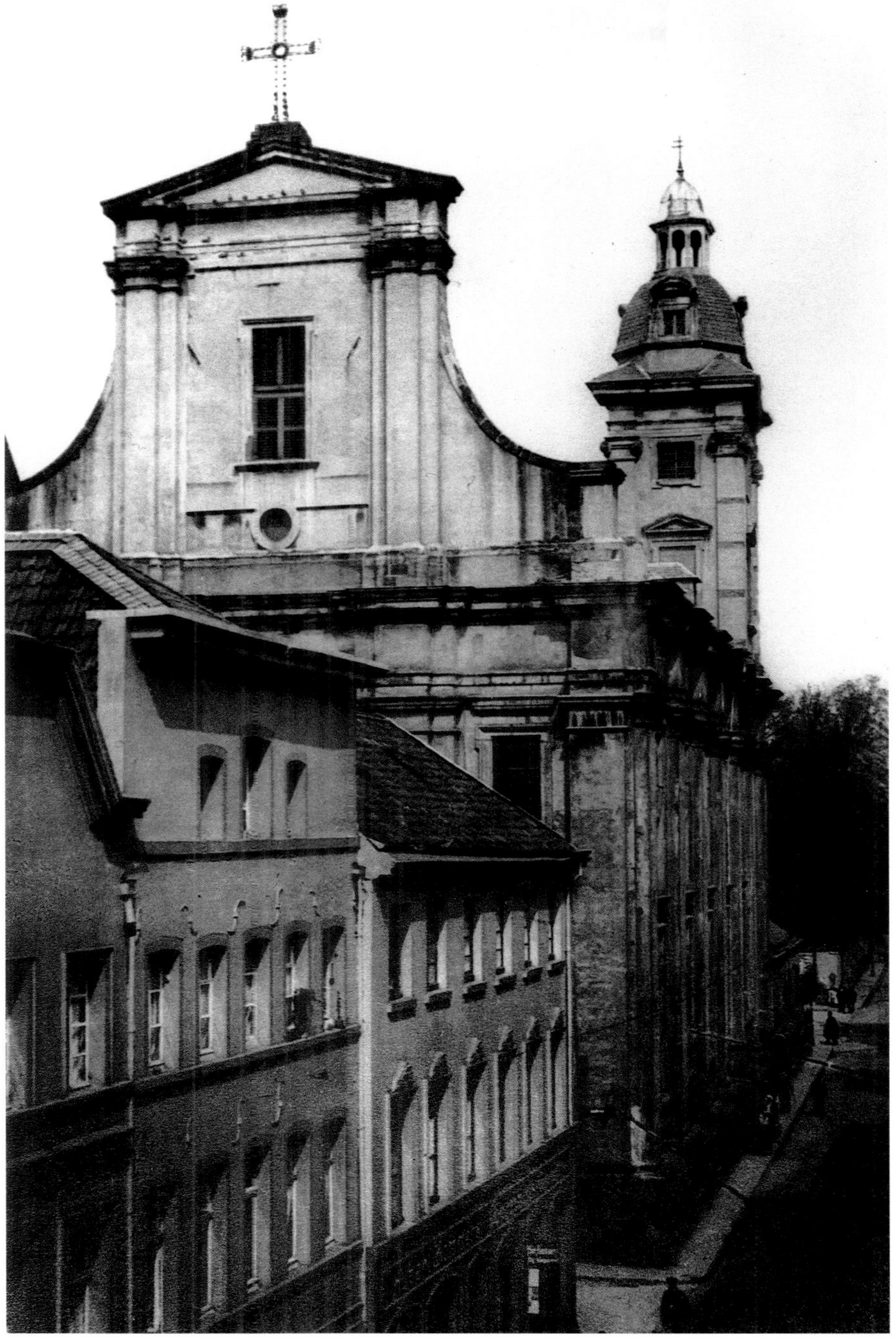

49 Hunsrückenstraße, St. Andreas, 1911 Dr. Erwin Quedenfeldt

Über den Dächern der Hunsrückenstraße erhebt sich der barocke Südgiebel von St. Andreas, dahinter einer der Chortürme. Die Sicht, von erhöhtem Standpunkt aus südöstlicher Richtung, führt an St. Andreas vorbei über die querverlaufende Mühlenstraße zum ehemaligen Garten der Statthalterresidenz.

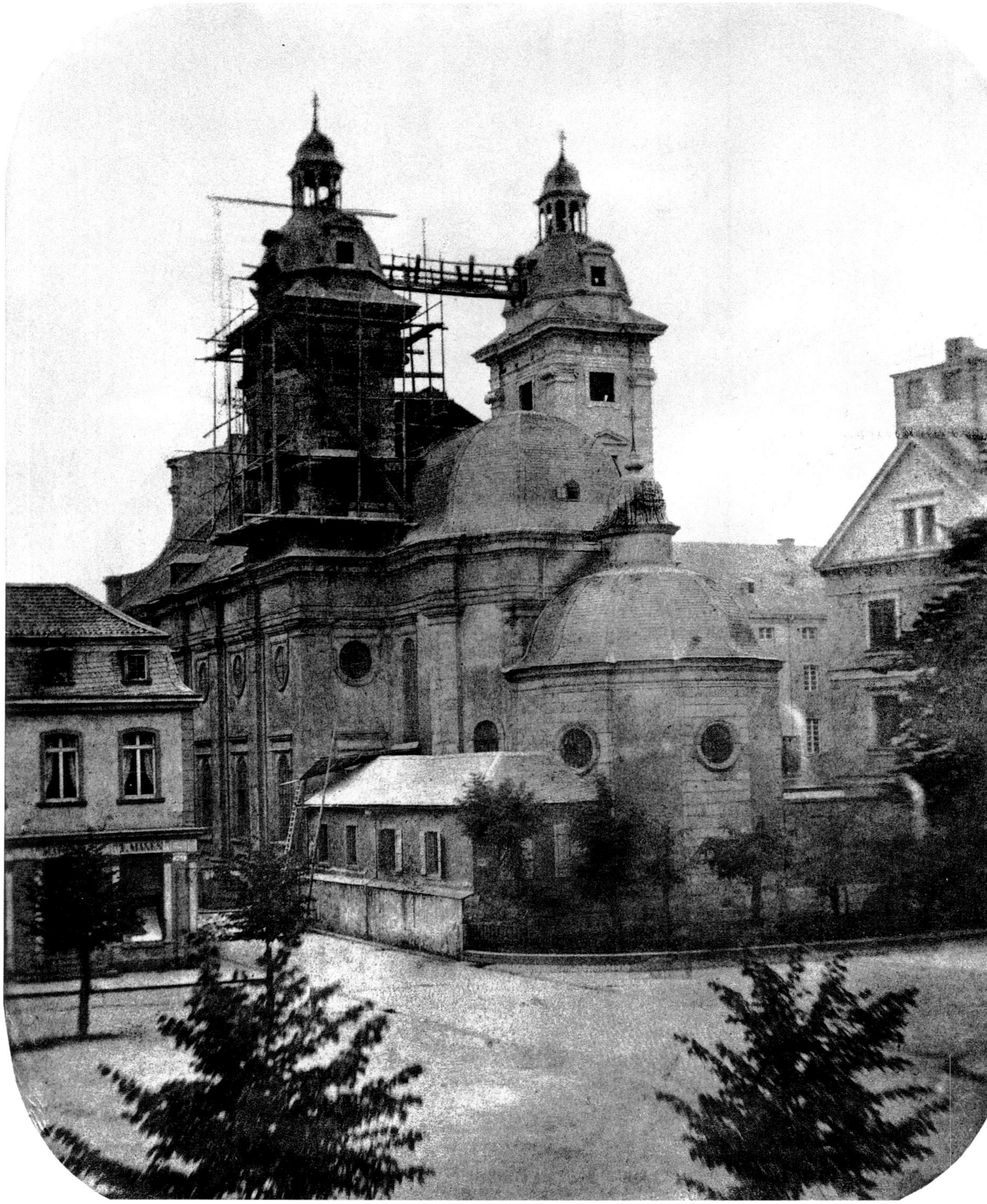

50 St. Andreas, um 1860 Photograph unbekannt

St. Andreas, eine dreischiffige Hallenkirche im Stil des italienisch-süddeutschen Barock, hier von Nordosten aufgenommen, wurde unter Herzog Wolfgang Wilhelm von 1622–1629 als Klosterkirche für die seit 1619 in Düsseldorf niedergelassenen Jesuiten gebaut. Wahrzeichen der Altstadt-Silhouette sind die um 1637 errichteten Türme mit ihren charakteristischen, laternen-bekrönten Haubendächern. Das zwölfeckige, dem Chorabschluß vorgesetzte ›Mausoleum‹ entstand 1651 nach Plänen des Hofarchitekten Johann-Lollio-Sadeler; hier ruht der letzte in Düsseldorf residierende und beigesetzte Kurfürst, Johann Wilhelm II., genannt ›Jan Wellem‹.

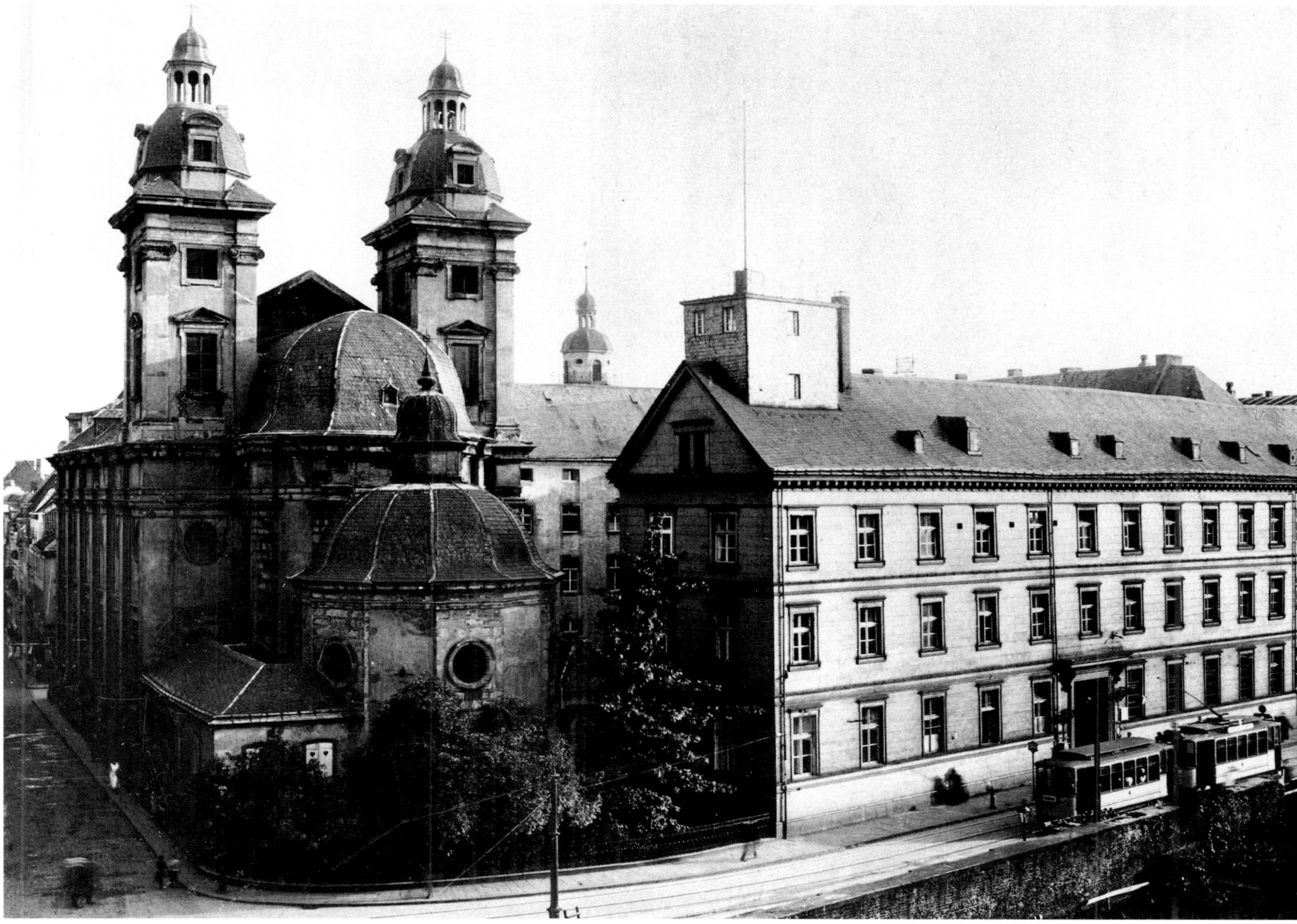

51 Mühlenstraße, um 1912 Julius Söhn

Von einem weiter westlich gelegenen, erhöhten Standpunkt gewinnt man einen Überblick über die ehemalige Klosteranlage der Jesuiten an der Mühlenstraße. An St. Andreas, heute katholische Pfarrkirche, schließt sich nach Westen das 1625 errichtete Jesuitenkolleg an. 1823 wurde der zur Mühlenstraße gelegene Teil nach einem Entwurf Karl Friedrich Schinkels umgebaut und diente als Sitz der preußischen Bezirksregierung. Die Fenster wurden durch zusätzliche Rahmung betont, die Fassade durch Gesimse und Quaderputz strukturiert. Auf dem steilen Dach befand sich an der St. Andreas zugewandten Giebelseite eine Sternwarte. – Die ehemalige Statthalterresidenz auf dem gegenüberliegenden Grundstück ist hier bereits abgerissen und der sie umschließende Garten gerodet.

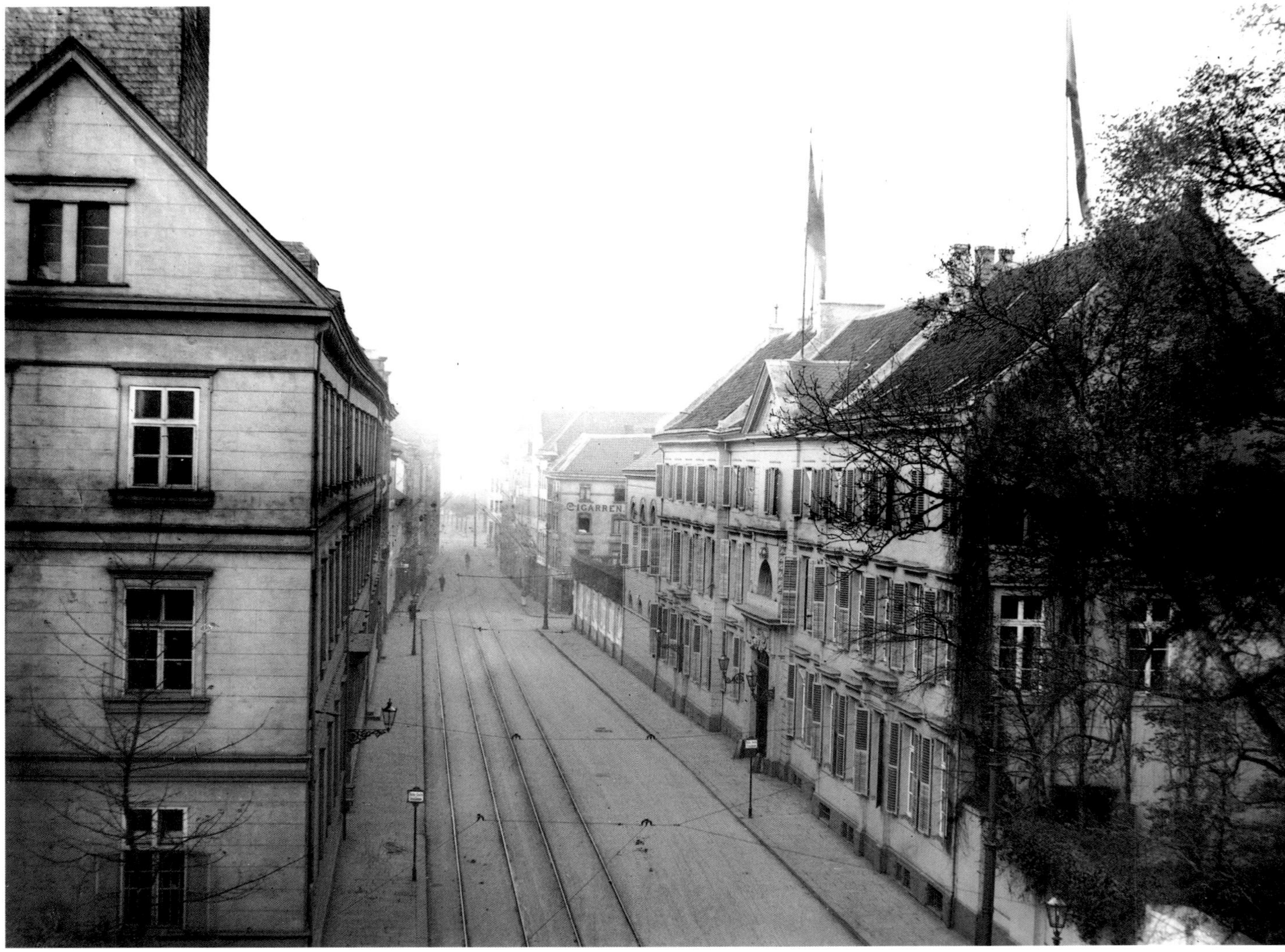

52 Mühlenstraße, um 1900 Photograph unbekannt

Die gleichberechtigt einander gegenüberstehenden Gebäude des ehemaligen Jesuitenkollegs, links, und der Residenz des Regierungspräsidenten bestimmen das ausgewogene Bild der oberen Mühlenstraße. 1766 von Hofbaumeister Ignatius Kees als Sitz des kurfürstlichen Statthalters errichtet, zeichnete sich das frühklassizistische Palais durch eine noble, rhythmisch gegliederte Fassade mit Mittelrisalit und Giebelvorbau aus. Graf von Goltstein residierte hier 1768–1776 als erster Statthalter unter Kurfürst Karl Theodor. Joachim Murat, der Schwager Napoleons, bewohnte das Anwesen in seiner Zeit als Großherzog von Berg, bevor es ab 1815, nach dem Anschluß der Rheinlande an Preußen, als Regierungspräsidialgebäude diente. Die Anlage wurde nach der Jahrhundertwende abgerissen und durch den pompösen Neubau eines Justiz-Palastes ersetzt.

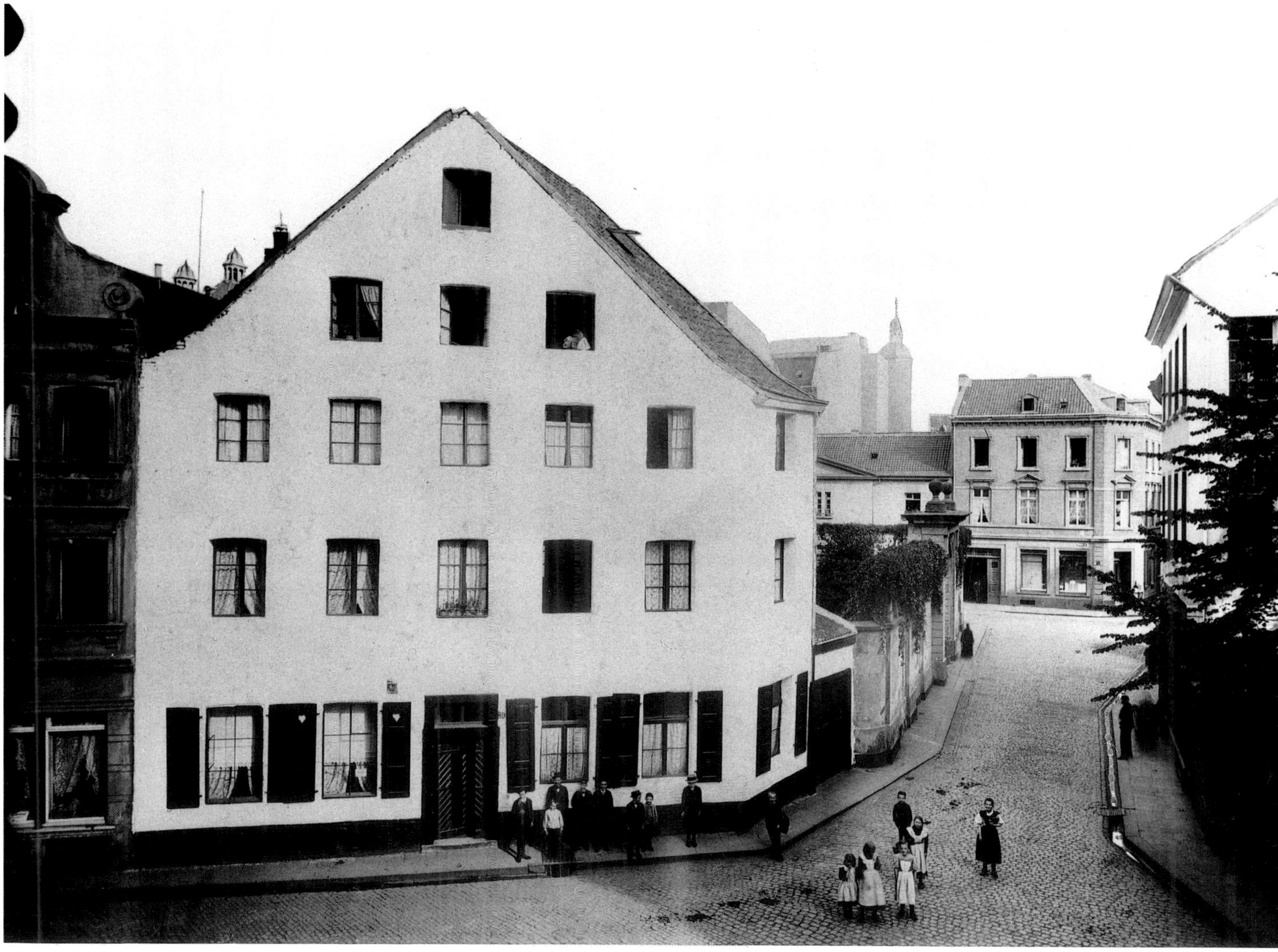

53 Liefergasse, um 1880 Photograph unbekannt

Blickpunkt ist das Haus Liefergasse Nr. 30, in dem zur Zeit der Aufnahme die Familie des Sattlermeisters Meyer wohnte. Bemerkenswert ist die dem Straßenverlauf der Liefergasse angepaßte hell getünchte Fassade, an die sich die Gartenmauer der ehemaligen Statthalterresidenz anschließt. Am Ende der Mauer mündet die Liefergasse in die Mühlenstraße.

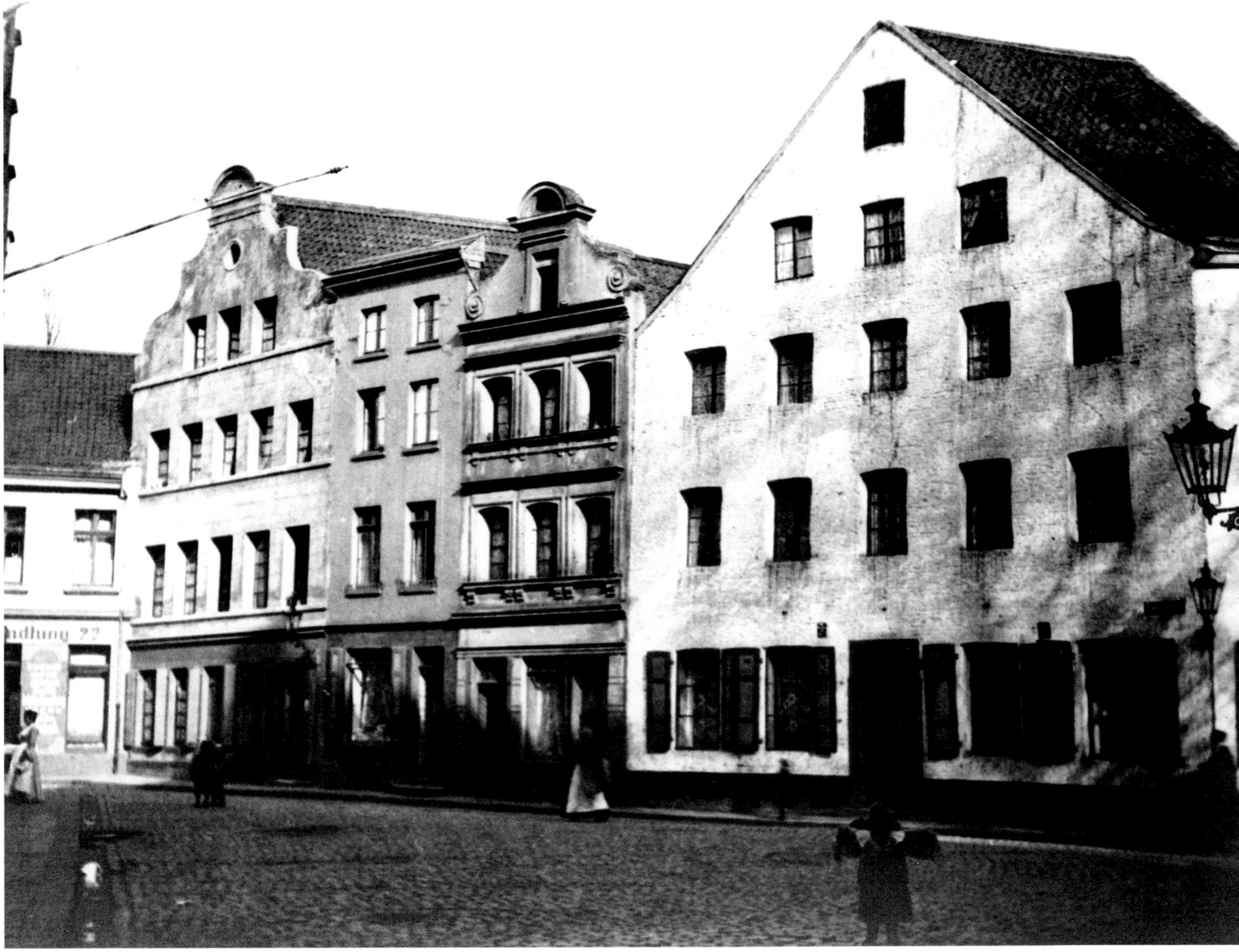

54 Liefergasse, 1909 Dr. Erwin Quedenfeldt

Die Liefergasse macht an dieser Stelle, von Süden kommend, einen Knick nach Osten und verläuft weiter in nördlicher Richtung. Zwischen den Barockgiebeln der Häuser 24 und 28 wirkt der mit einem horizontalen Gesimsabschluß modernisierte Giebel des Hauses Nr. 26 regelrecht bescheiden.

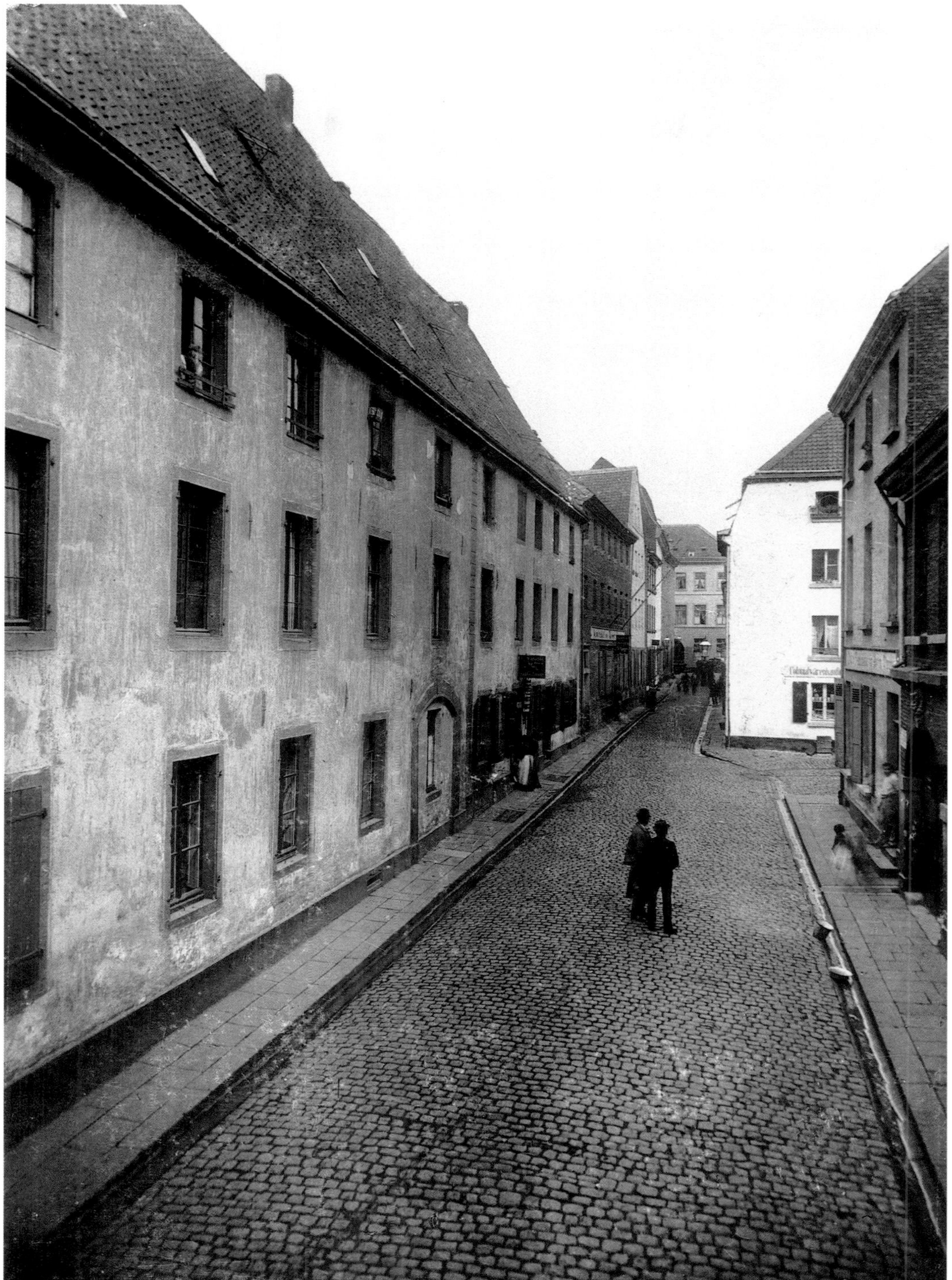

55 Liefergasse, 1896 Photograph unbekannt

Der ältere Teil der Liefergasse, ursprünglich Lewen- oder Löwengasse genannt, wurde hier aus dem 1. Stock des Hauses Nr. 24 in Richtung Alte Stadt aufgenommen. Bei dem langgezogenen Bau auf der linken Seite handelt es sich um das Löwenhaus, das erstmalig 1382 urkundlich erwähnt wurde, vermutlich aber schon vor der Stadterhebung im Jahr 1288 einen Teil der Stadtbefestigung bildete. 1396 nennt es Herzog Wilhelm I. »unser Haus, das geheissen ist das Lewenhaus«. In der Mitte der Löwenhaus-Fassade ist die zugemauerte Toreinfahrt zu erkennen, durch die man bis 1860 in die Lambertusgasse gelangen konnte.

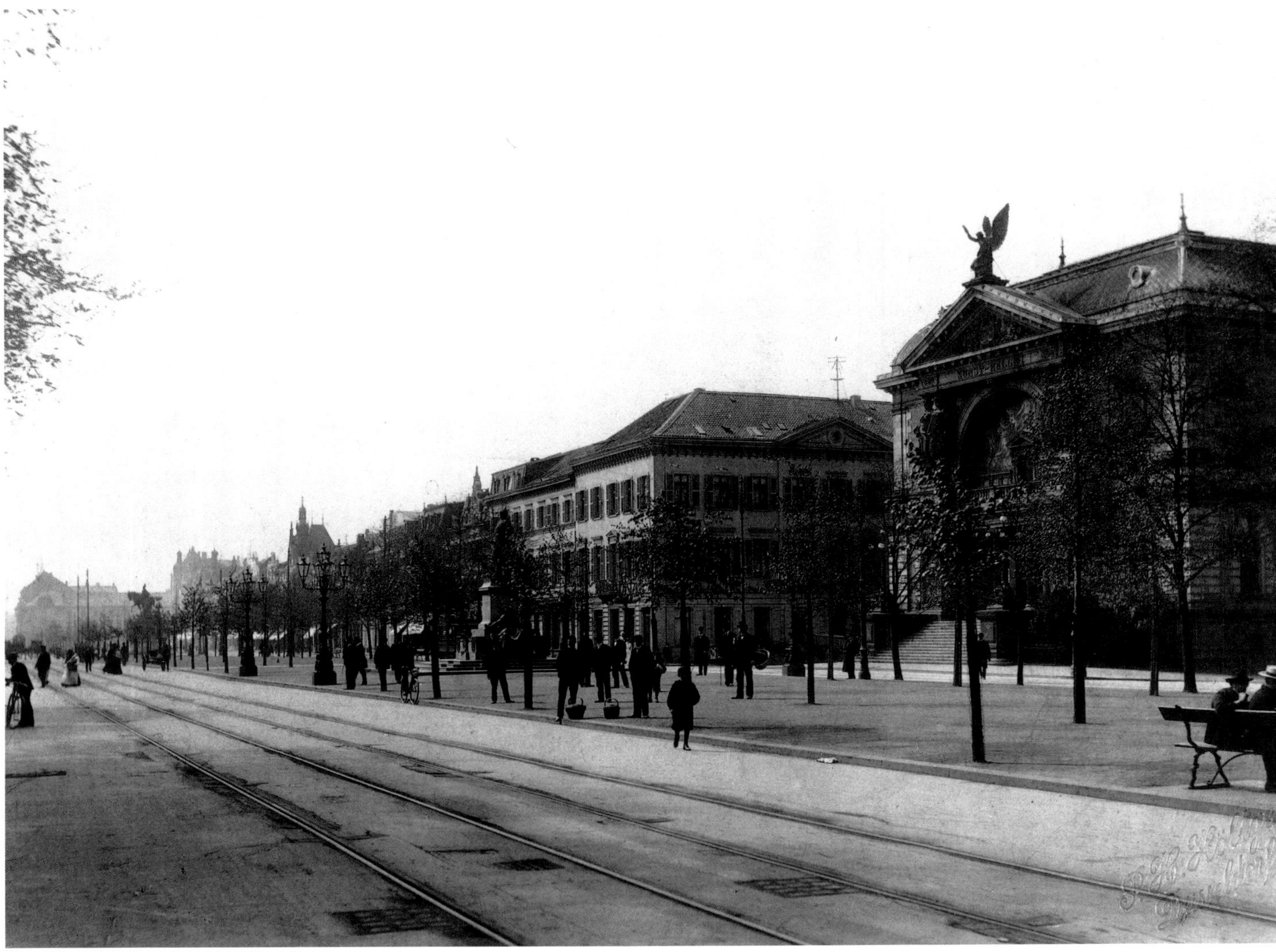

56 Alleestraße, um 1900 Peter Hubert Höltgen

Auf dem Gelände der ab 1801 geschleiften Festung wurde die Alleestraße, heute Heinrich-Heine-Allee, 1808–1810 als breiter Prachtboulevard mit baumbepflanztem Mittelstreifen angelegt; sie bildete in ihrem nördlichen Teil den Abschluß des Hofgartens nach Westen, zur Altstadt hin. Vor dem Bau der Oberkasseler Brücke endete sie ungefähr in Höhe des Eiskellerbergs. Der Blick ist von Nordosten auf die Kunsthalle gerichtet, vor der sich auf dem Mittelstreifen die 1899 von August Bauer und Johann Röttger entworfene Bismarckstatue befand, die mit den weiter südlich gelegenen Denkmälern von Kaiser Wilhelm I. und Graf Moltke als Dreiergruppe konzipiert war.

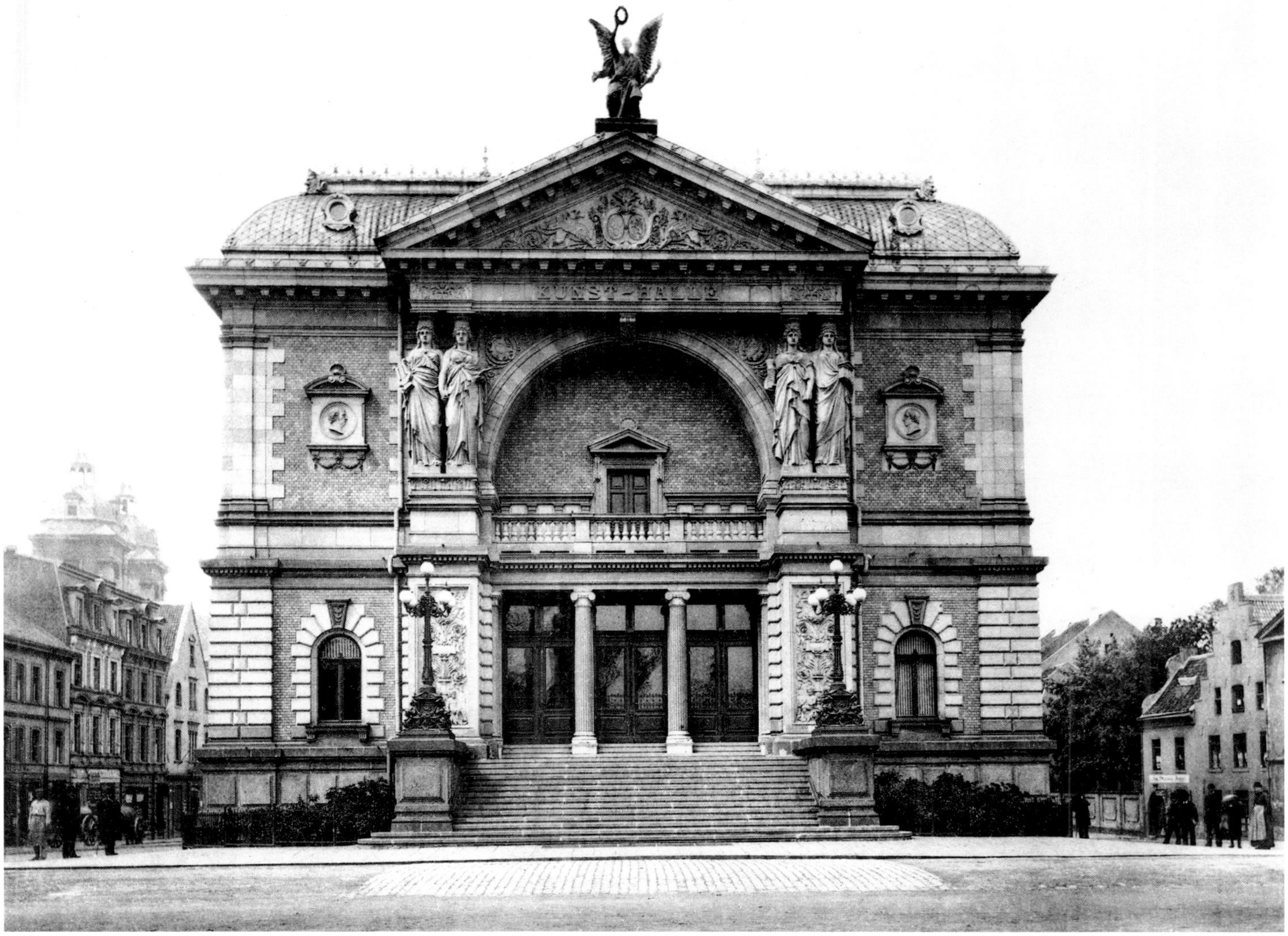

57 Friedrichplatz, um 1893 Photograph unbekannt

Auf einem der frühesten Paradeplätze Düsseldorfs, dem heutigen Grabbeplatz, entstand 1878–1881 nach einem Entwurf der Dresdener Architekten Ernst Giese und Paul Weidner die Kunsthalle im Stil der italienischen Renaissance mit neoklassizistischen Elementen. Die der Alleestraße zugewandte, reich verzierte Schmalseite wurde über dem Eingang als kolossaler Triumphbogen mit Giebeldach ausgeführt. Die den Dreiecksgiebel tragenden, im oberen Geschoß als Karyatidenpaare ausgebildeten Pfeiler stellen allegorisch Musik und Malerei, Skulptur und Architektur dar. An den Seitenwänden erkennt man die Profile der ersten Direktoren der 1819 neugegründeten Düsseldorfer Kunstakademie – Peter von Cornelius und Wilhelm von Schadow. Die Kunsthalle war nach ihrer Einweihung nicht unumstritten – viele bemängelten die Proportionslosigkeit des Bauwerks, die das Gefüge des damaligen Friedrichplatzes stark belastete.

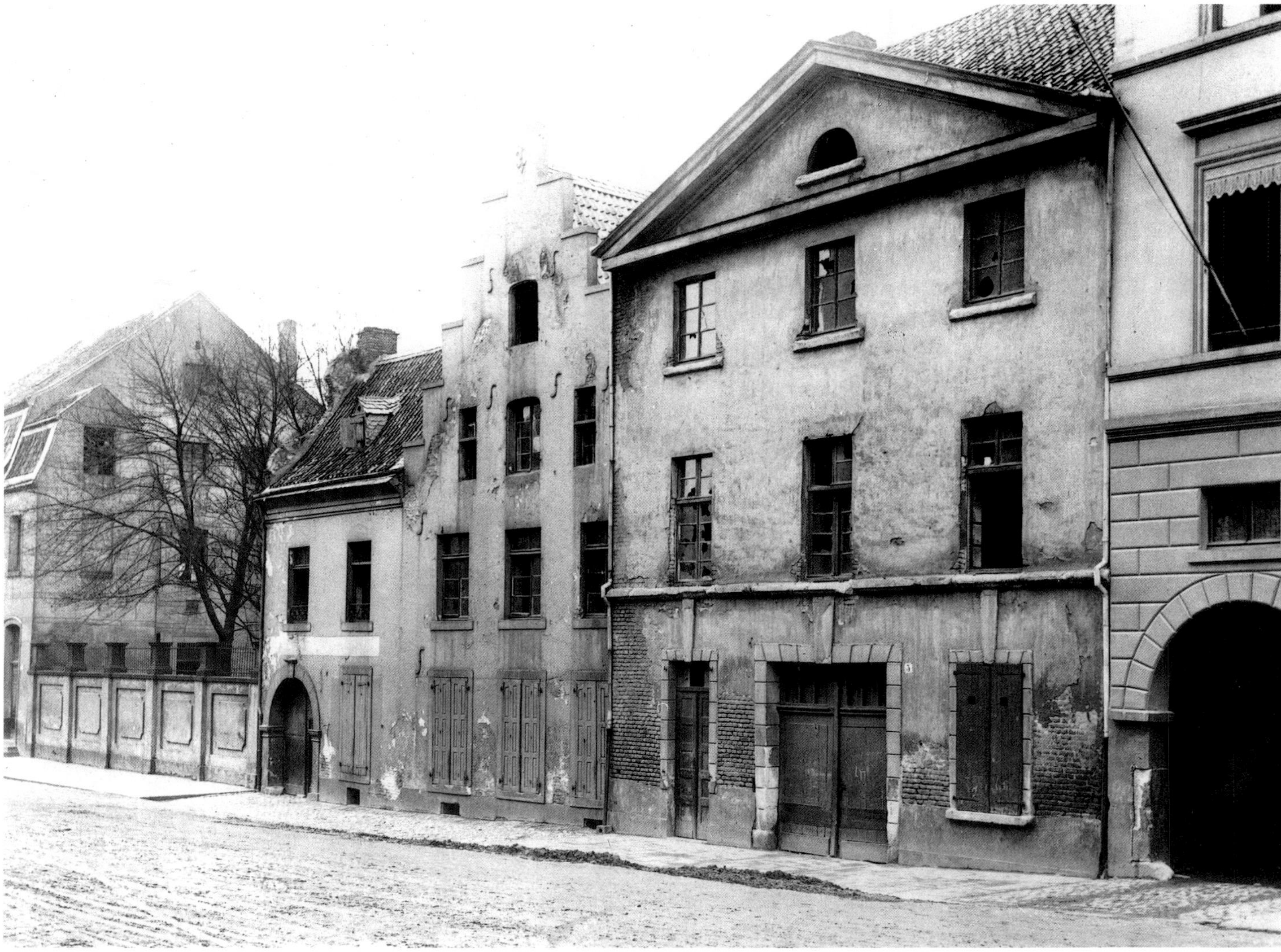

58 Friedrichplatz 3, um 1893 Photograph unbekannt

Die am nördlichen Rand des Friedrichplatzes gelegene alte Stadtmühle, auch ›Platzmühle‹ genannt, wurde 1893 mit den westlich angrenzenden Gebäuden abgetragen, um dem Neubau des Kunstgewerbemuseums Raum zu schaffen.

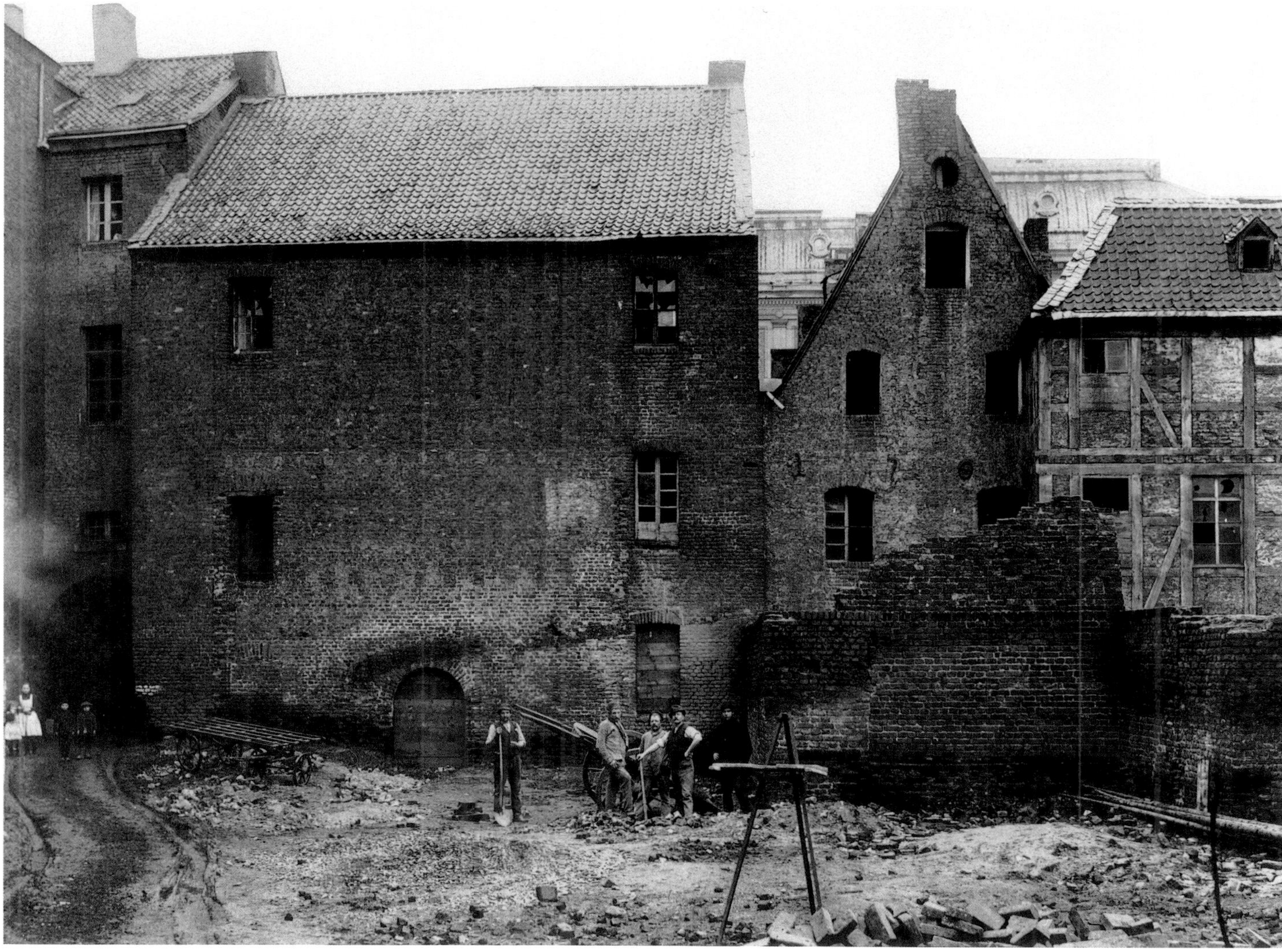

59 Friedrichplatz 5, Hofseite, um 1893 Photograph unbekannt

Der desolate Zustand der Stadtmühle und der sie angrenzenden Gebäude läßt den unmittelbar bevorstehenden Abriß vermuten. Über dem Treppengiebel des Hauses Nr. 5 erkennt man das Dach der Kunsthalle.

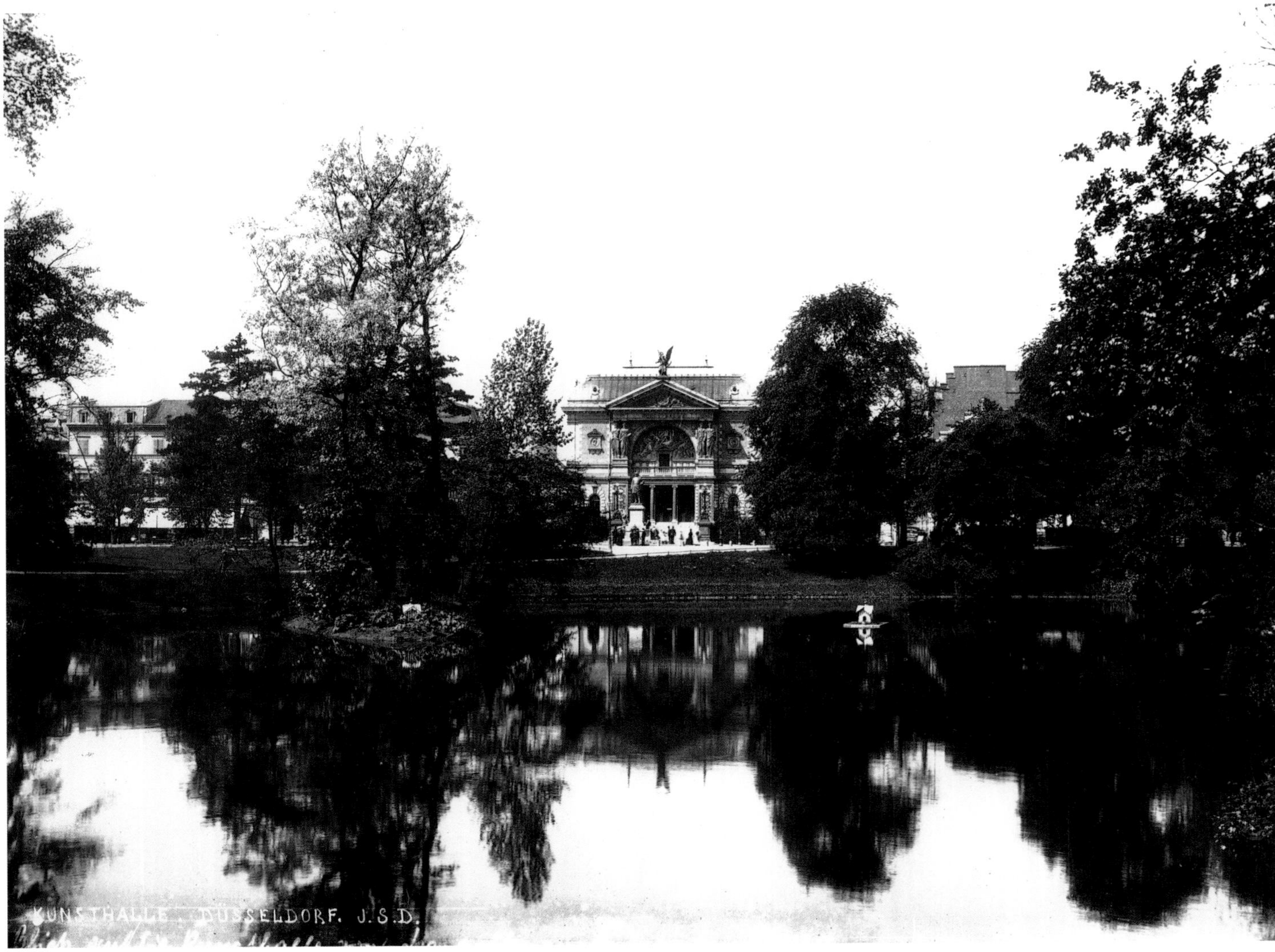

60 Alleestraße, um 1900 Julius Söhn

Julius Söhn hat seine Kamera vom ›Goldenen Brückchen‹ im Hofgarten auf die Kunsthalle gerichtet, deren Fassade sich im Wasser der Landskrone widerspiegelt. – Um 1900 kostete der Eintritt in die Kunsthalle 50 Pfennig, das jährliche Abonnement 4 Mark, für jedes weitere Familienmitglied 2 Mark; Mittwochnachmittags war ab 13 Uhr der Eintritt frei. Nach schweren Beschädigungen im Zweiten Weltkrieg wurde sie 1967 abgerissen. Die vier Karyatiden sind – neben einigen weiteren Resten des ehemals reich dekorierten Portals, die jetzt den Hof des Düsseldorfer Rathauses schmücken – erhalten geblieben und stehen vor der Seitenfront der neu erbauten Kunsthalle am Grabbeplatz.

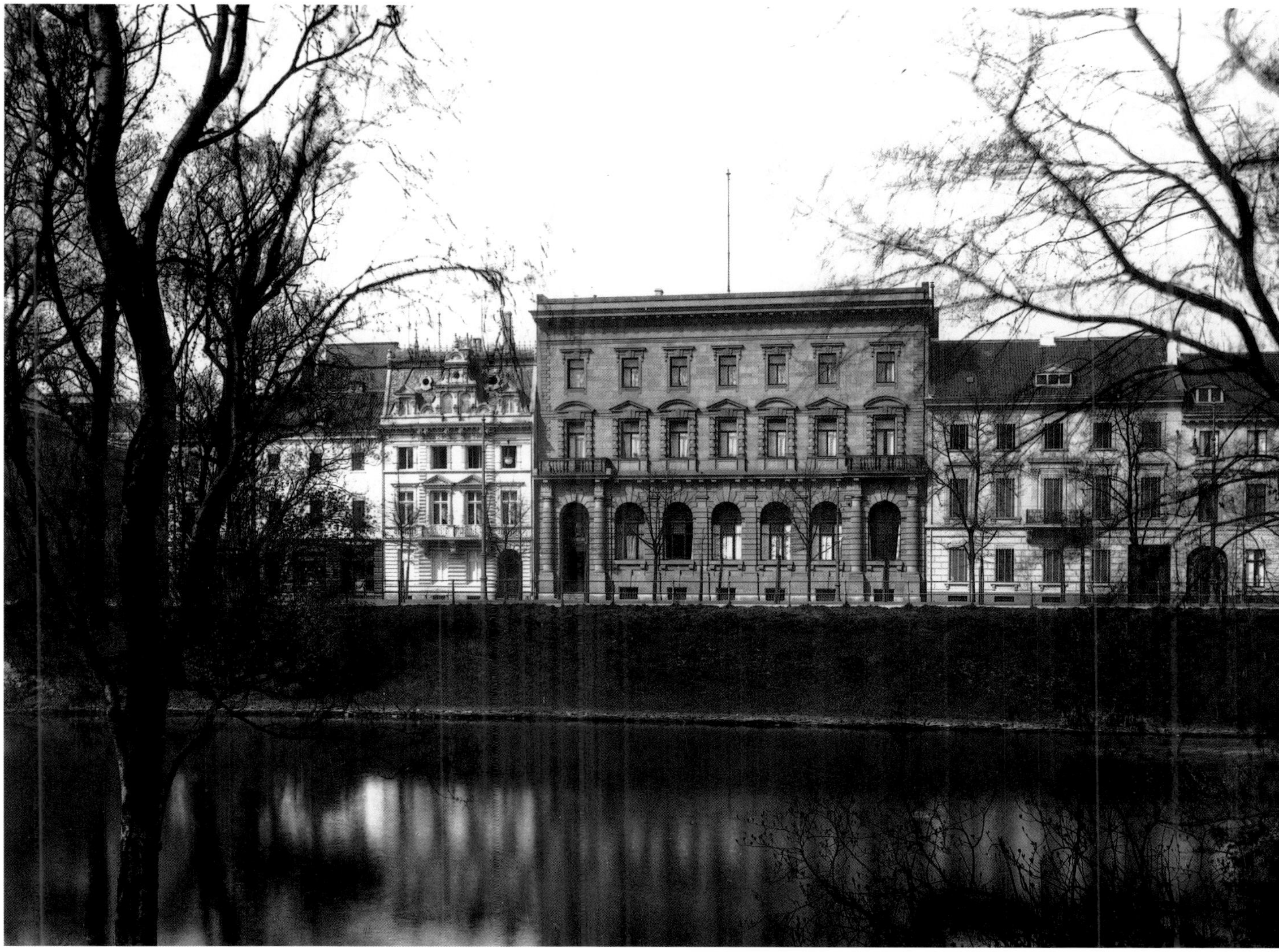

61 Alleestraße, um 1900 Julius Söhn

An der Alleestraße entstand – einige Meter nördlich der Kunsthalle – 1894 nach Plänen des Architekten Stiller ein Geschäftsgebäude der Deutschen Reichsbank im Stil der Florentiner Renaissance. Überreste des im Zweiten Weltkrieg weitgehend zerstörten Baus wurden als historisches Zitat in die schwarz glänzende, geschwungene Fassade der neuerbauten Kunstsammlung Nordrhein-Westfalen integriert.

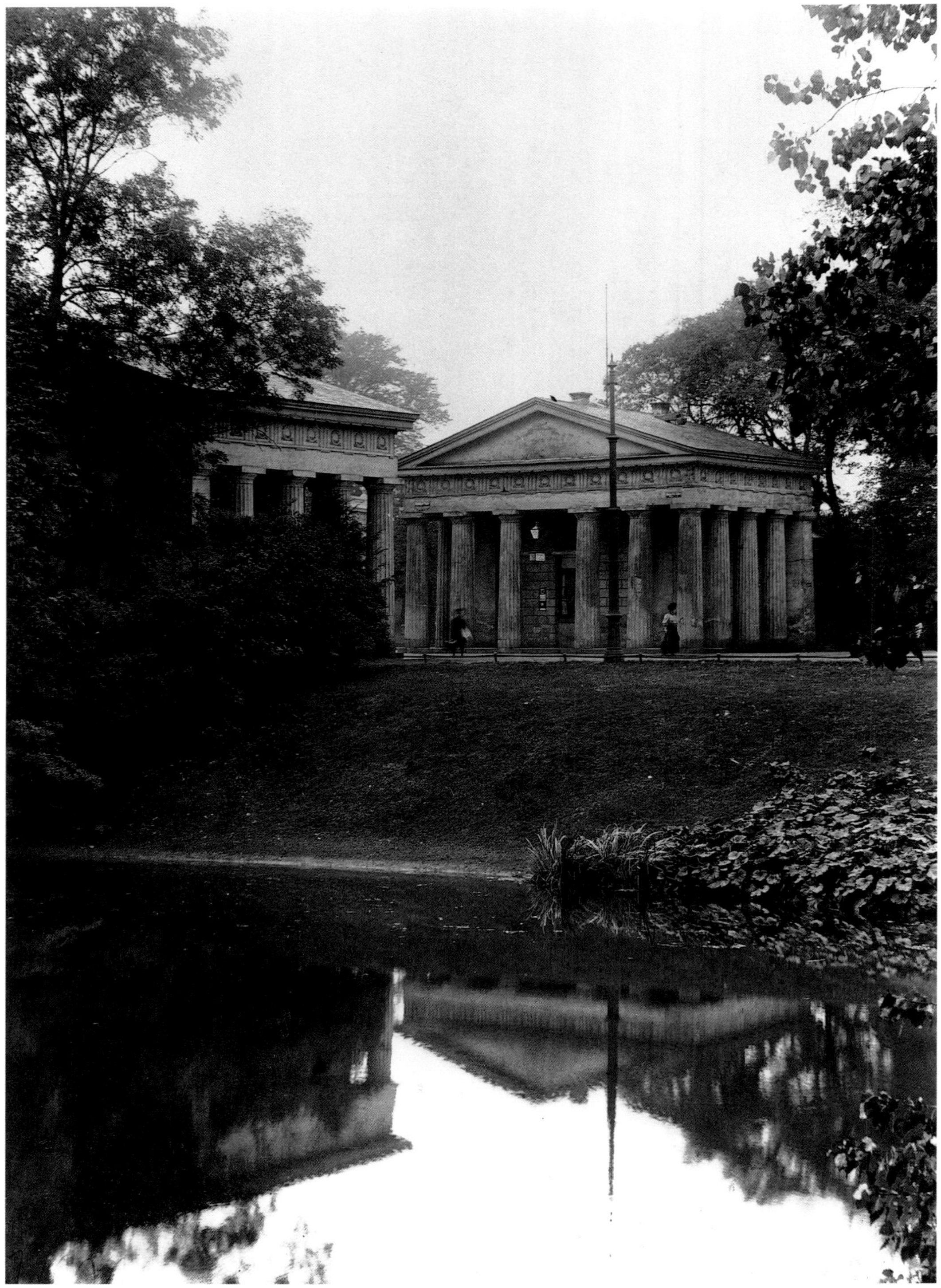

62 Ratinger Tor, 1910 Photograph unbekannt

Das Ratinger Tor entstand 1812 unter Adolf von Vagedes. Es ersetzte das alte, weiter stadteinwärts gelegene Tor, das 1809 im Zuge der Schleifung der Festungswerke abgerissen worden war, durch zwei an der heutigen Maximilian-Weyhe-Allee einander gegenüberliegende Wachhäuser. Vagedes Vorbild, die Propyläen der Athener Akropolis, ist leicht wiederzuerkennen. – Das Ratinger Tor ist das früheste Bauwerk seiner Art in Deutschland und kann als Vorbild für Karl Friedrich Schinkels Neue Wache in Berlin gelten.

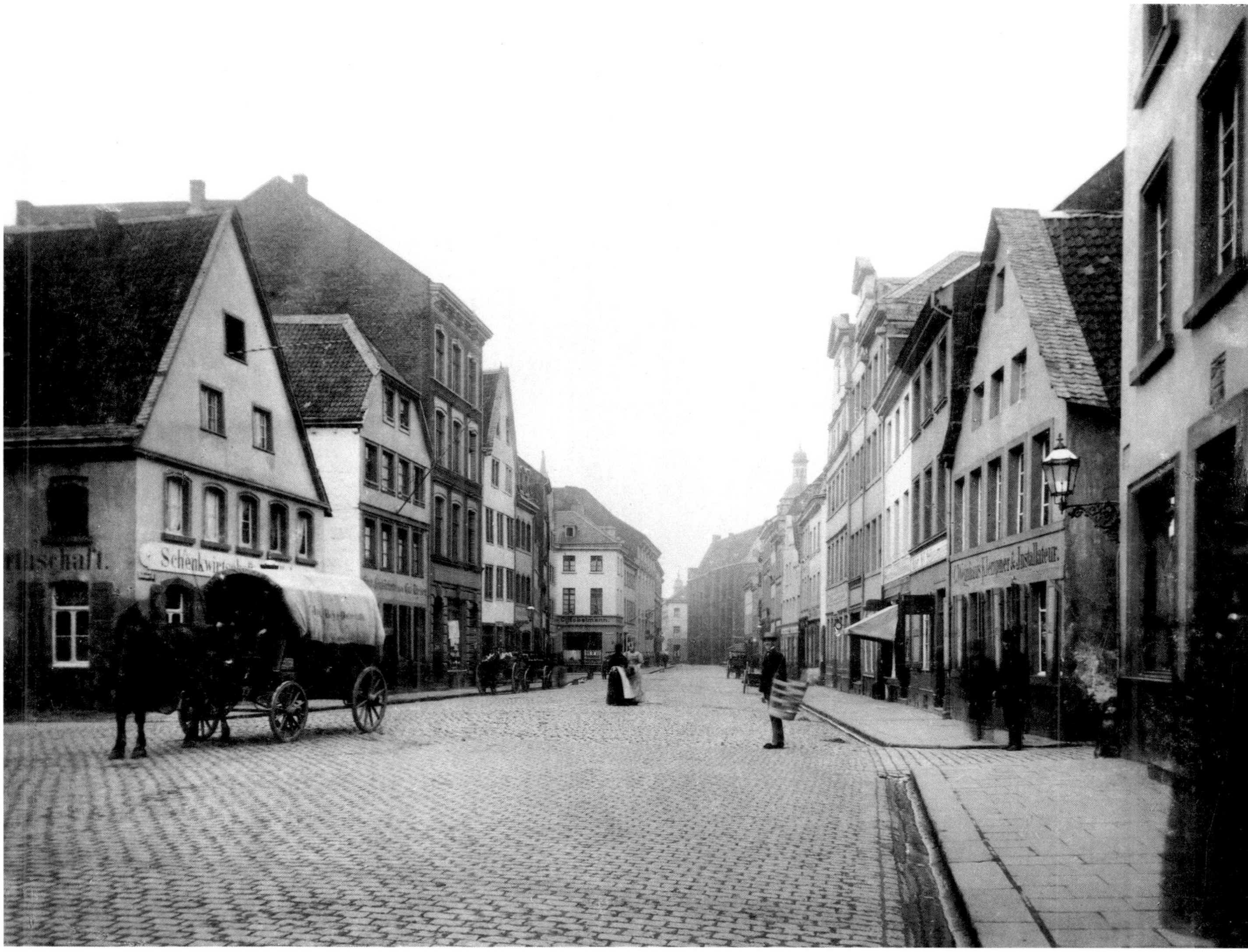

63 Ratinger Straße, um 1890 Photograph unbekannt

Der Kamerastandpunkt befindet sich ungefähr an der Stelle des alten Ratinger Tors am östlichen Ende der Ratinger Straße. Die Sicht endet an der ehemaligen Kreuzherrenkirche, die einige Jahre nach ihrer Säkularisation bis 1918 dem preußischen Militär als Depot diente. Die Ratinger Straße galt Mitte des 19. Jahrhunderts wegen ihrer engen Bebauung, der Überbelegung der Wohnungen und mangelhafter sanitärer Versorgung als schlechte Wohngegend. Die dort lebende Bevölkerung verdiente sich ihren Lebensunterhalt als Tagelöhner bei den Düsseldorfer Einzelhändlern, am Rheinwerft oder bei den Obst- und Gemüsebauern der näheren Umgebung.

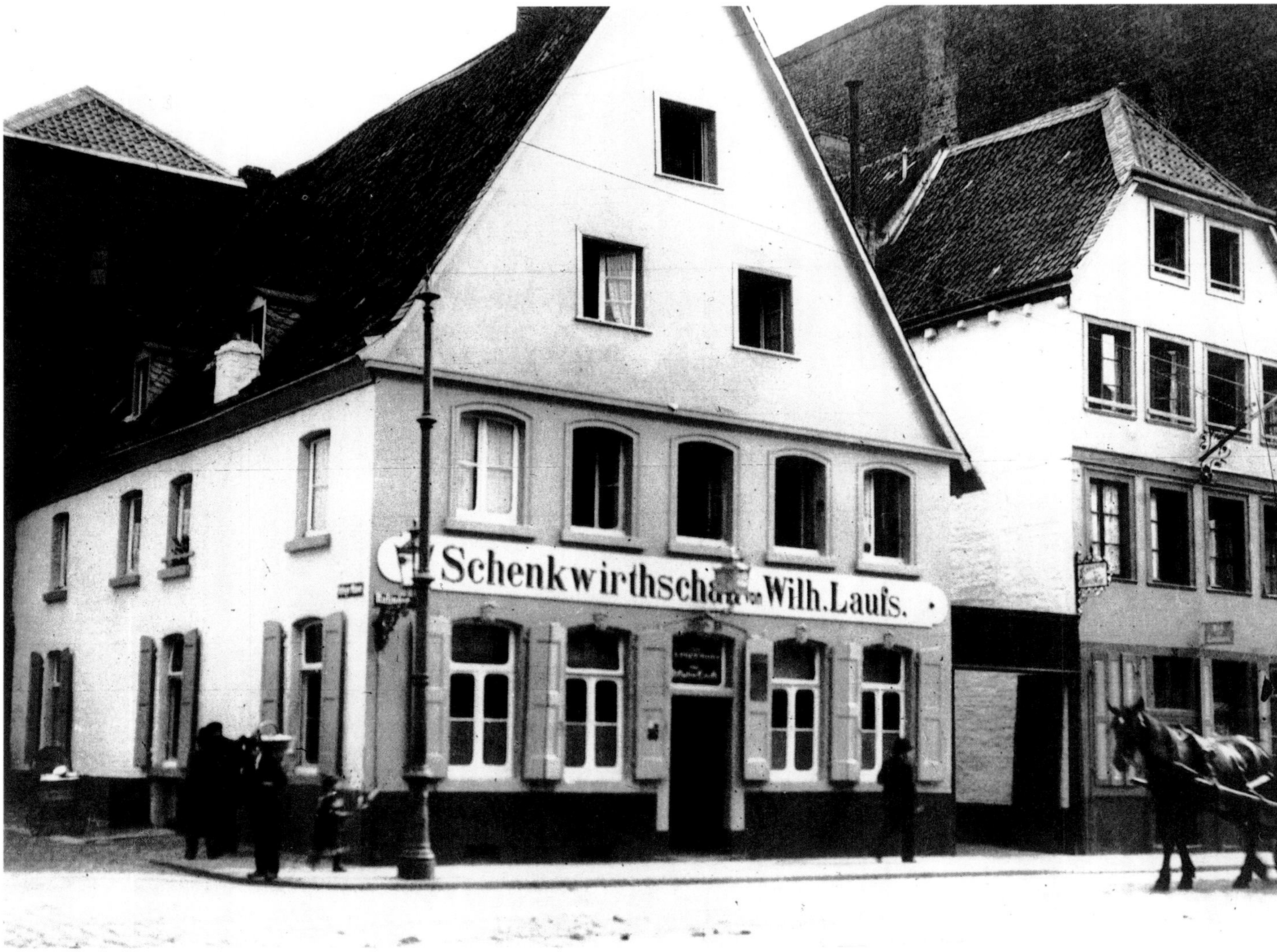

64 Ratinger Straße, 1909 Dr. Erwin Quedenfeldt

Der Blick richtet sich von Nordosten auf das Eckhaus der Ratinger Straße bzw. Ratinger Mauer. An der Ratinger Mauer verlief bis zur Schleifung der Festung der innerstädtische Wall. Vor dem Zweiten Weltkrieg waren hier noch einige Reste einer zinnengekrönten Mauer vorhanden.

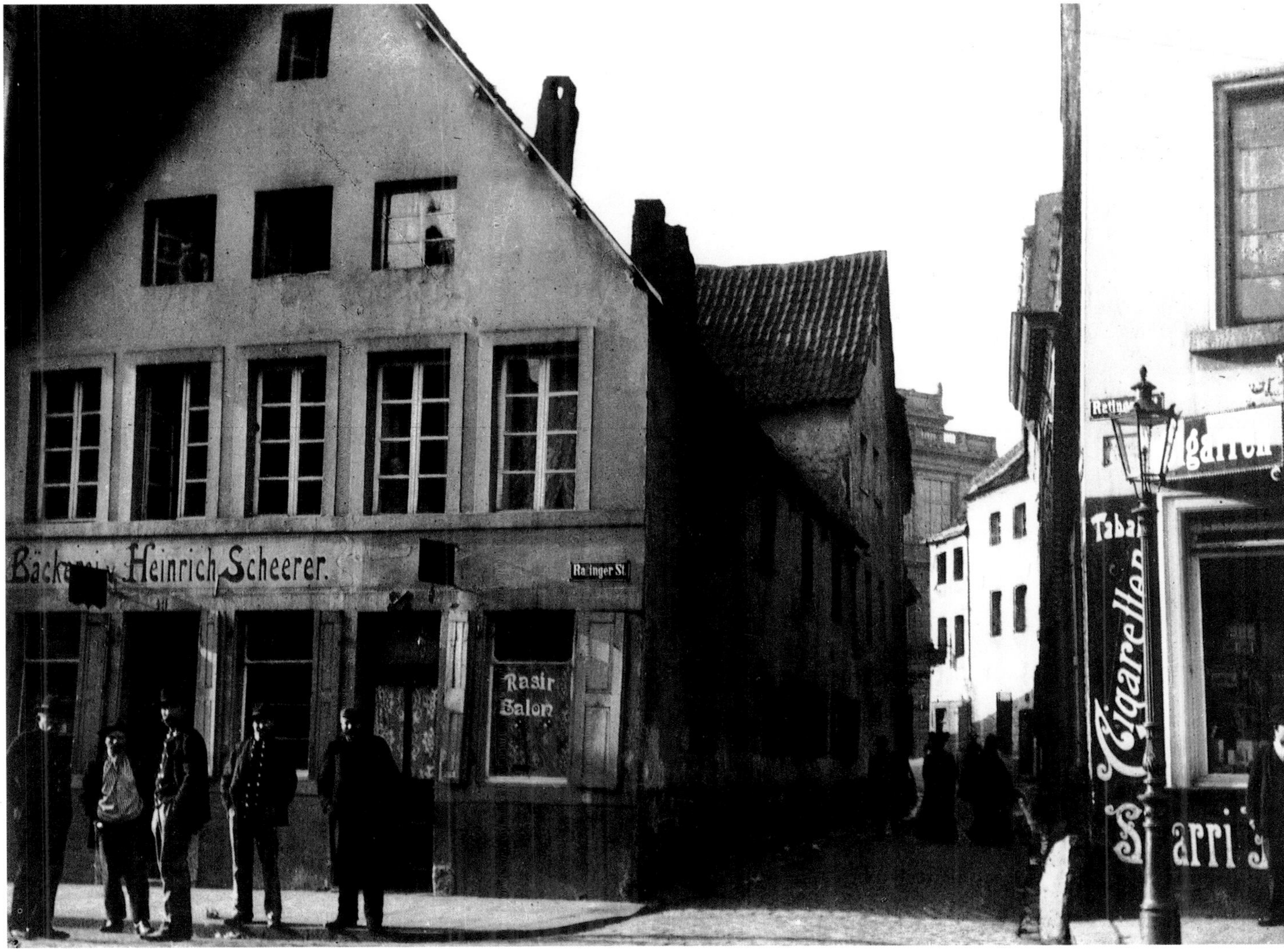

65 Mühlengasse, 1909 Dr. Erwin Quedenfeldt

Durch die schmale Mühlengasse kann man den östlichen Flügel der neuen Kunstakademie erkennen. Bereits 1618 hieß das Eckhaus zur Ratinger Straße ›Zum Schlüssel‹, ablesbar am Symbol der zwei gekreuzten Schlüssel über der Haustür. Die Vermutung liegt nahe, daß hier die Schlüssel des alten Ratinger Tors verwahrt wurden. Ab 1704 wurde zudem unter Meister Peter Klein eine Bäckerei betrieben – eine Tradition, die sich offensichtlich bis zum Zeitpunkt der Aufnahme fortgesetzt hat.

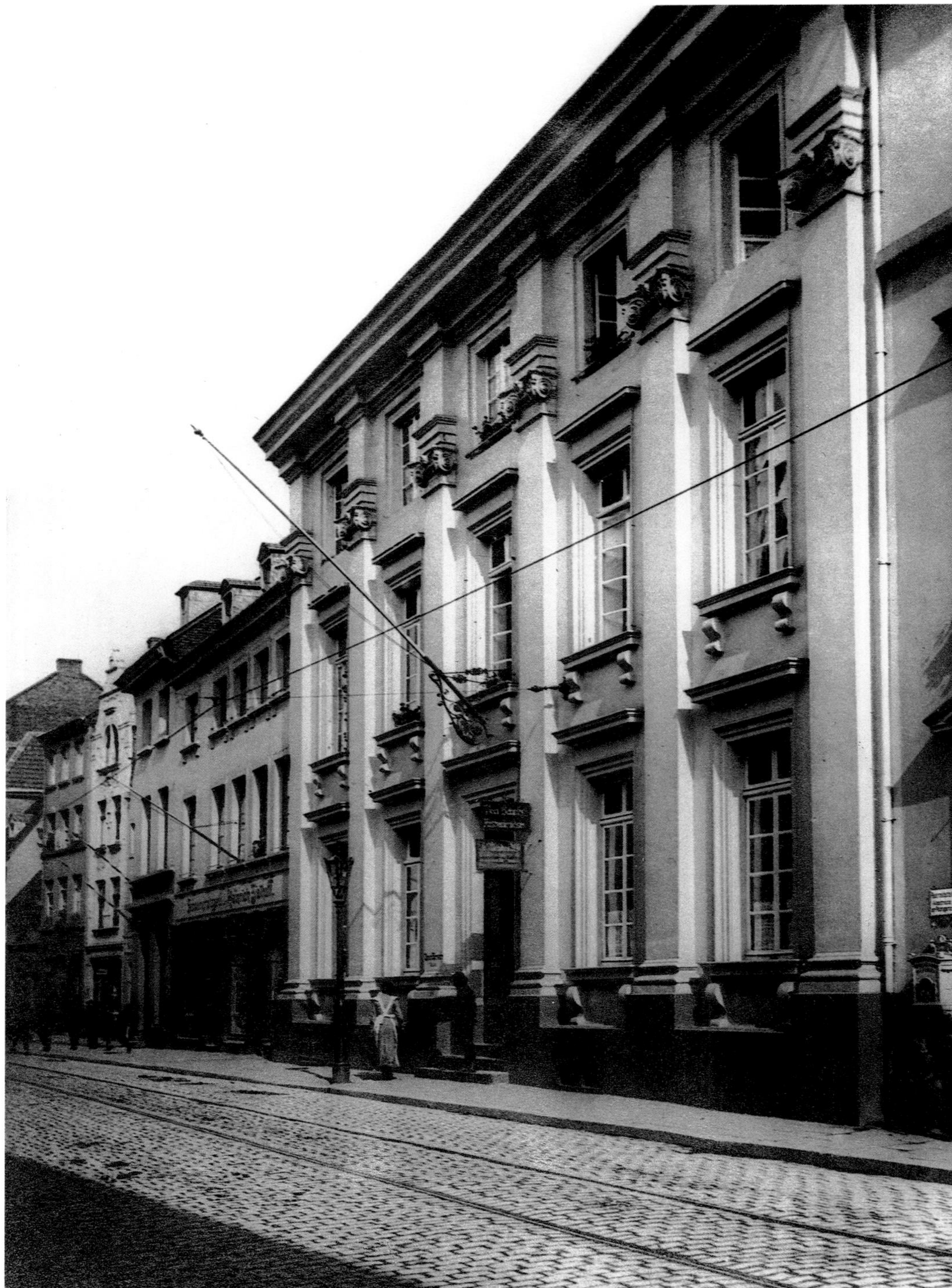

66 Ratinger Straße 15, 1911 Dr. Erwin Quedenfeldt

Die Klosterkirche der Coelestinerinnen in der Ratinger Straße entstand 1696–1701 nach Plänen von Matteo Alberti. Nach der Säkularisation 1805, der die meisten Klöster zum Opfer fielen, wurde sie von Adolf von Vagedes um ein Mezzaningeschoß aufgestockt. Im 19. Jahrhundert diente es Laurenz Spinrath als Palais. Von dem Gebäude ist heute nur noch die Fassade erhalten.

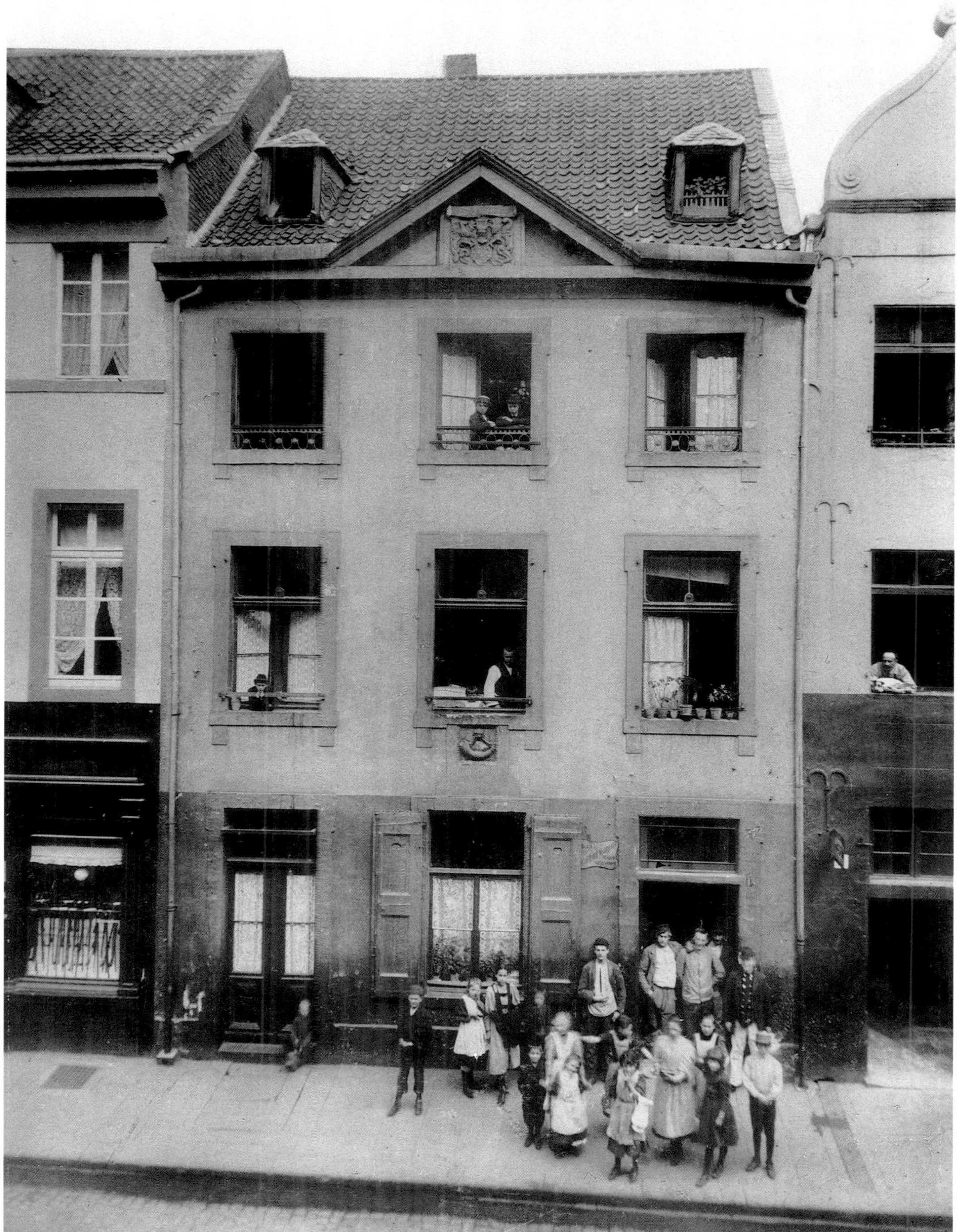

67 Ratinger Straße, um 1890 Josef Henne

Das Haus Ratinger Straße 6, ›Im Schwarzen Horn‹, dessen Name durch ein in Stein gemeißeltes Horn unter dem mittleren Fenster im 1. Stock dokumentiert wird, diente von 1470–1500 vorübergehend als Düsseldorfer Rathaus. In dem kleinen Giebel befindet sich das herzogliche Wappen mit der Inschrift »in deo spes Ao 71« (»In Gott ist Hoffnung, Anno 71«). Um 1581 gehörte das Anwesen dem Stadtrentmeister Johann von Berk, genannt Schwarzhorn. Ihm verdankt das Haus offenbar seinen Namen. Als Gasthof wurde das ›Schwarze Horn‹ im 18. Jahrhundert über Düsseldorfs Stadtgrenzen hinaus bekannt.

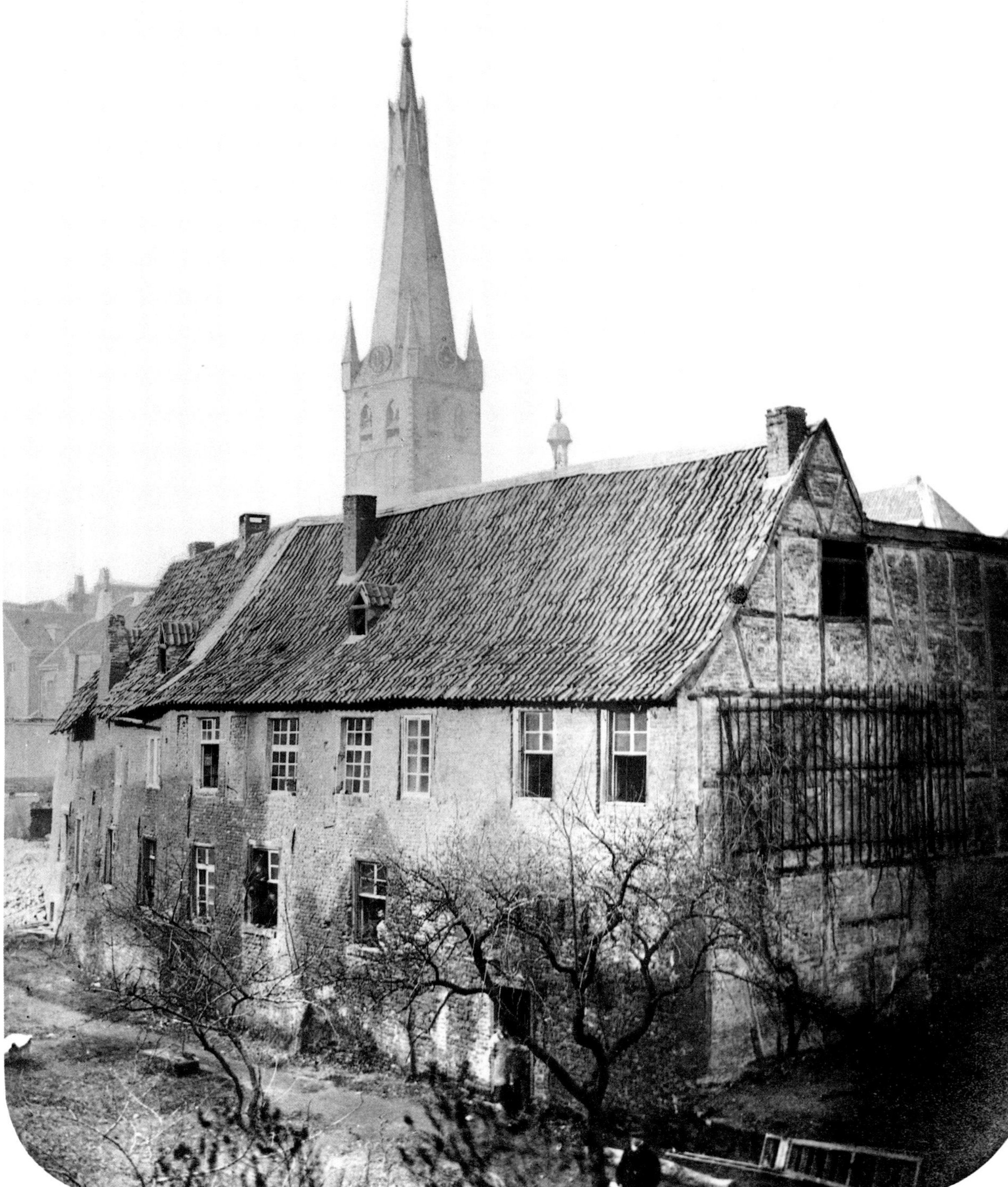

68 St. Lambertus und Lambertusgasse, um 1860 Photograph unbekannt

Die aus westlicher Richtung aufgenommene Photographie zeigt die bereits stark heruntergekommenen Häuser der Lambertusgasse, die um 1860 abgerissen wurden. Die Bewohner der weiter südlich neu entstandenen Lambertusgasse legten damals großen Wert auf die Bezeichnung ›Straße‹, um nicht in Verbindung mit der altertümlichen Enge der Lambertusgasse gebracht zu werden.

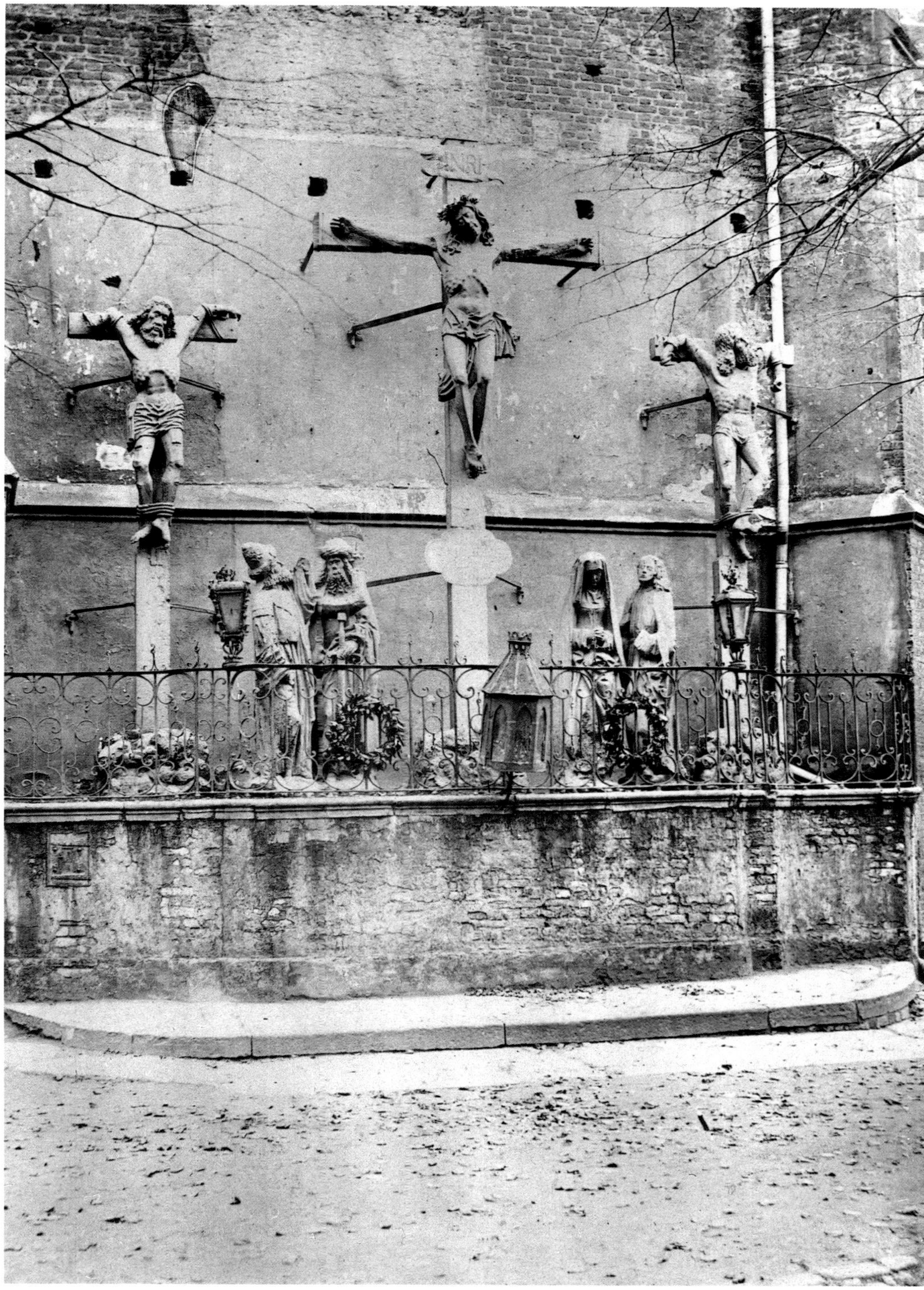

69 Der Kalvarienberg, St. Lambertus, vor 1887 Photograph unbekannt

Der alte Kalvarienberg bestand aus einer siebenköpfigen, lebensgroßen Figurengruppe aus Sandstein, die die Kreuzigung Christi und der beiden Schächer darstellt. Zu Füßen der Gekreuzigten stehen links der Hauptmann und Longinus, auf der rechten Seite Maria und Johannes. – Die Aufnahme entstand offensichtlich kurz vor dem Abriß der verwitterten Skulpturengruppe, die 1887 durch eine von Josef Anton Reiss entworfene Fassung, bei der man auf Longinus und den Hauptmann verzichtete, ersetzt wurde.

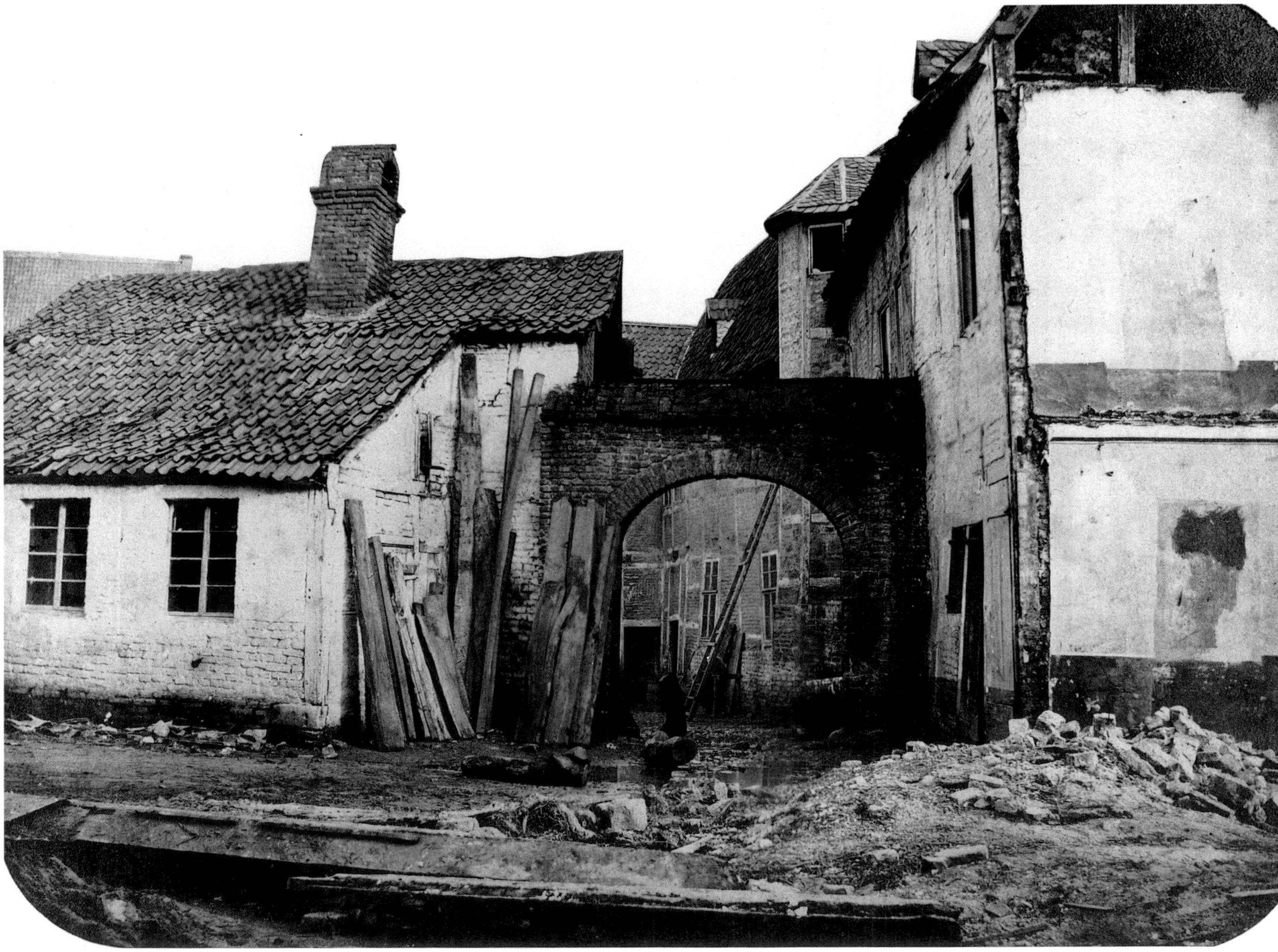

70 Lambertusgasse, um 1860 Photograph unbekannt

Diese und die folgende Aufnahme dokumentieren den Abriß der Häuser in der Lambertusgasse, die, nördlich der heutigen Lambertusstraße gelegen, den Stiftsplatz mit der Liefergasse verband. Der Blick richtet sich auf die Toreinfahrt, durch die man vom Stiftsplatz aus die Lambertusgasse betrat.

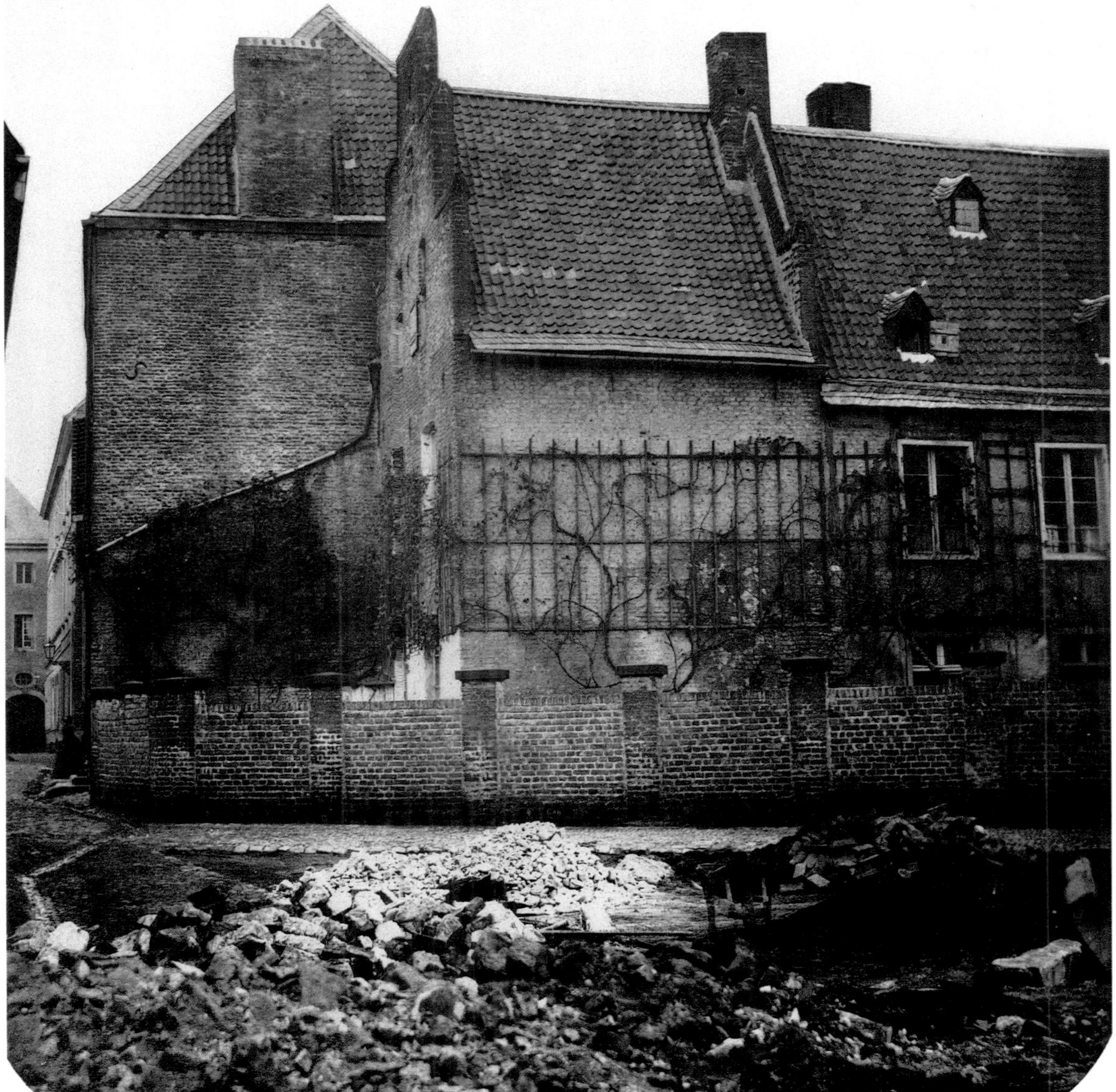

71 Lambertusgasse, um 1860 Photograph unbekannt

Die Lambertusgasse traf im Hintergrund auf die Tordurchfahrt des Löwenhauses, durch das man zur Liefergasse gelangte (siehe Tafel 55).

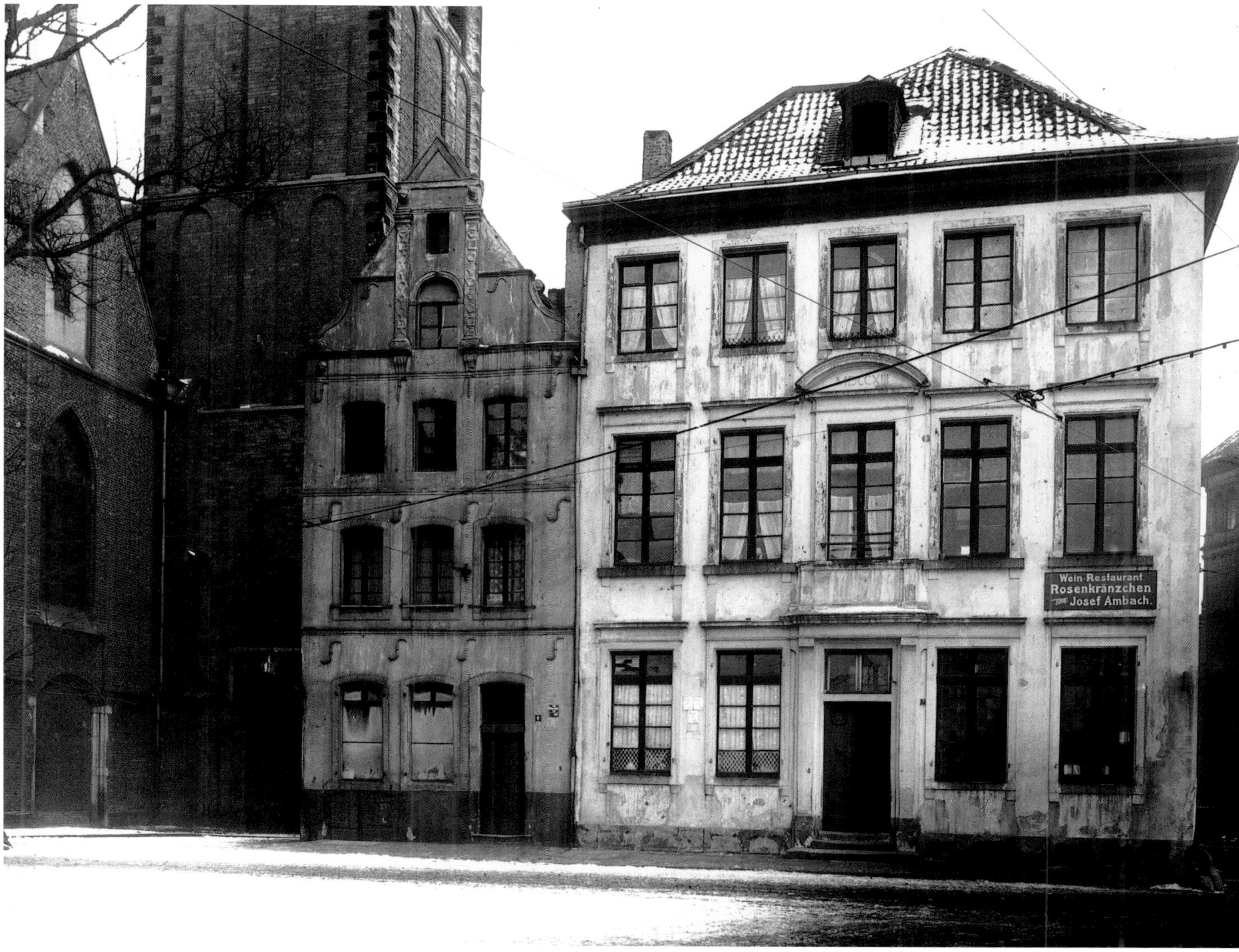

72 Alte Stadt, um 1902 Julius Söhn

An der Ecke Alte Stadt/Krämerstraße ließ sich der kurfürstliche Hofmaler Jan Frans Douven 1713 ein Wohnhaus im frühklassizistischen Stil bauen, das er allerdings hochverschuldet 1740 wieder verkaufen mußte. Links davon entstand bereits um 1600 im niederrheinischen Renaissancestil das Haus Nr. 3, hinter dem sich der Turm von St. Lambertus erhebt. Am rechten Bildrand sieht man durch die Krämerstraße den Schloßturm mit seinem neu gedeckten Dach.

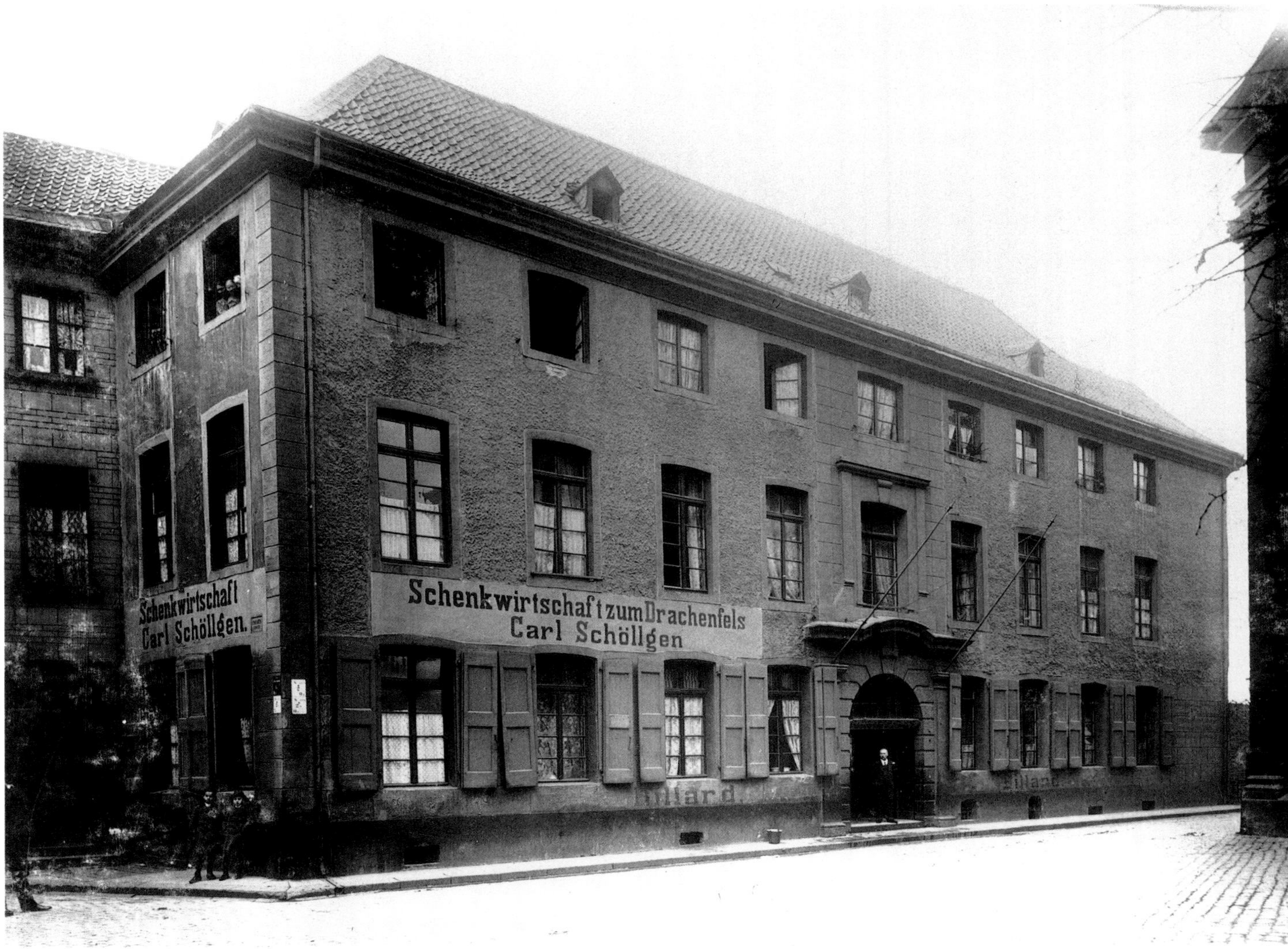

73 Krämerstraße 1, um 1895 Photograph unbekannt

Der Standpunkt des Photographen befindet sich jetzt vor dem ›Douvenhaus‹. Zwischen der Schenkwirtschaft und der Karmelitessenklosterkirche, am rechten Bildrand, ging es hinunter zum Rheinwerft. Das 1708 errichtete Haus bildete bis zu seinem Abriß im Zuge der Rheinuferverbreiterung den Abschluß zwischen Alte Stadt und Rheinufer.

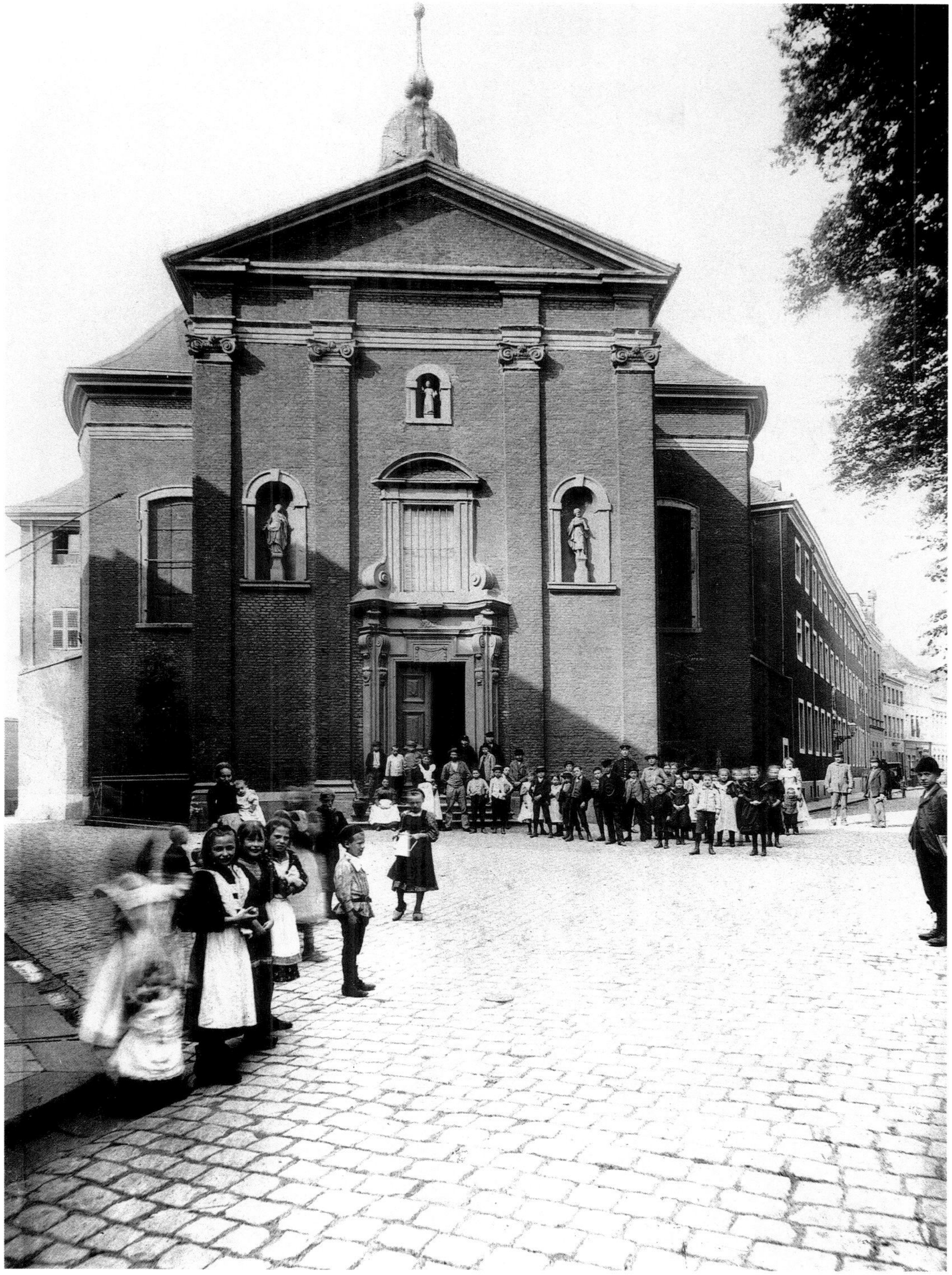

74 Karmelitessenklosterkirche, um 1895 Photograph unbekannt

Auf dem Gelände des 1634 explodierten Pulverturms errichtete Matteo Alberti 1712 bis 1716 ein Kloster für die seit 1643 unter Anna von Krippenberg aus Köln niedergelassenen Karmeliterinnen. – Der Blick richtete sich auf die im Volksmund auch ›Delikatessklösterke‹ genannte Klosterkirche, einen Backsteinbau auf kreuzförmigem Grundriß. Das reich dekorierte Rokoko-Portal wird von je zwei Pilastern mit ionischem Kapitell flankiert. Nach der Säkularisation wurde das Kloster 1831 zu einer Krankenanstalt umgebaut, die zum Zeitpunkt der Aufnahme unter der Obhut der Schwestern vom Heiligen Kreuz stand.

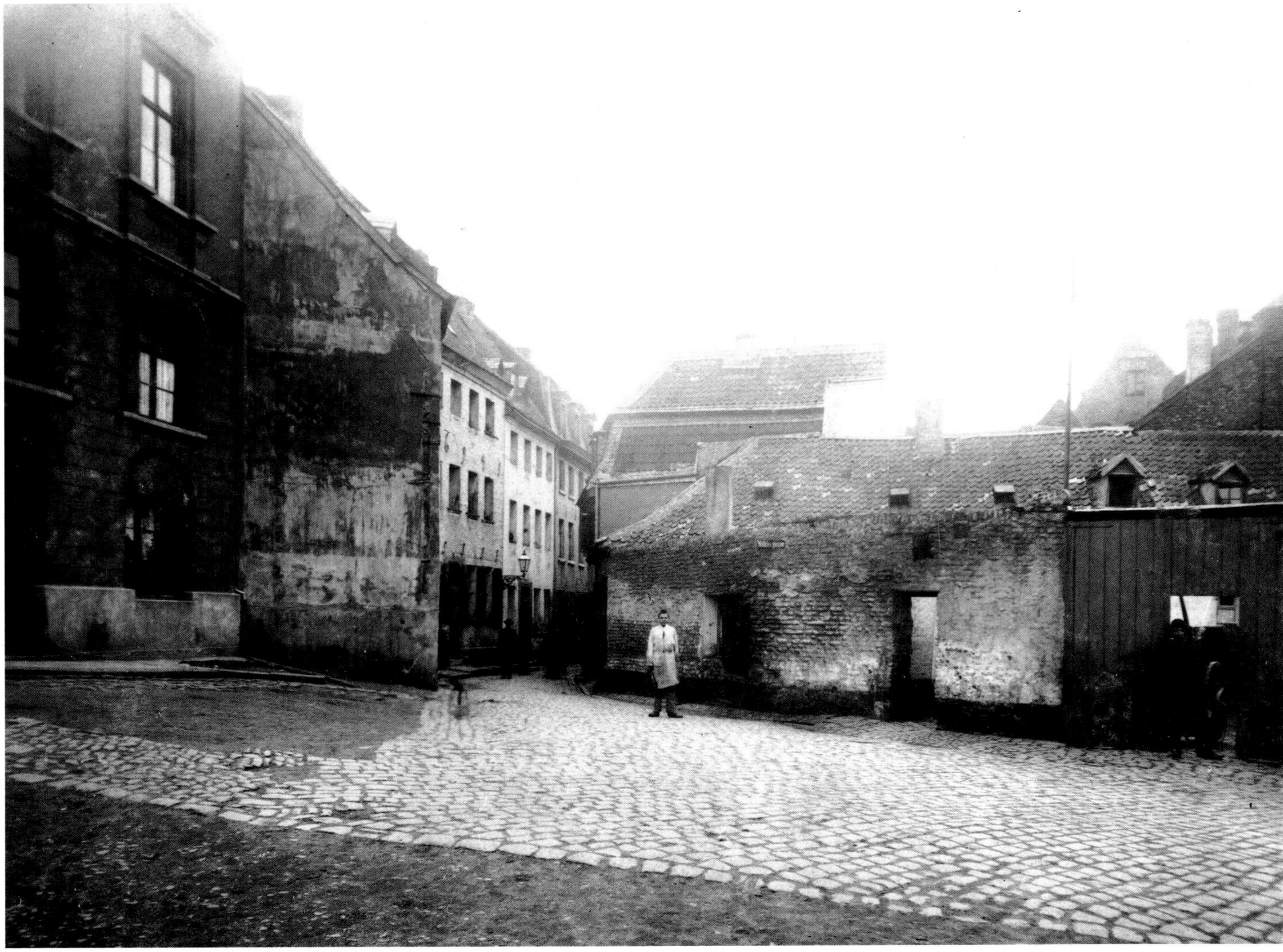

75 Mühlengasse, 1885 Photograph unbekannt

Die Szene, aus nördlicher Richtung photographiert, veranschaulicht die düstere Enge der damaligen Mühlengasse. Die kopfsteingepflasterte Fläche im Vordergrund verbindet die Mühlengasse mit der von rechts einmündenden Ritterstraße.

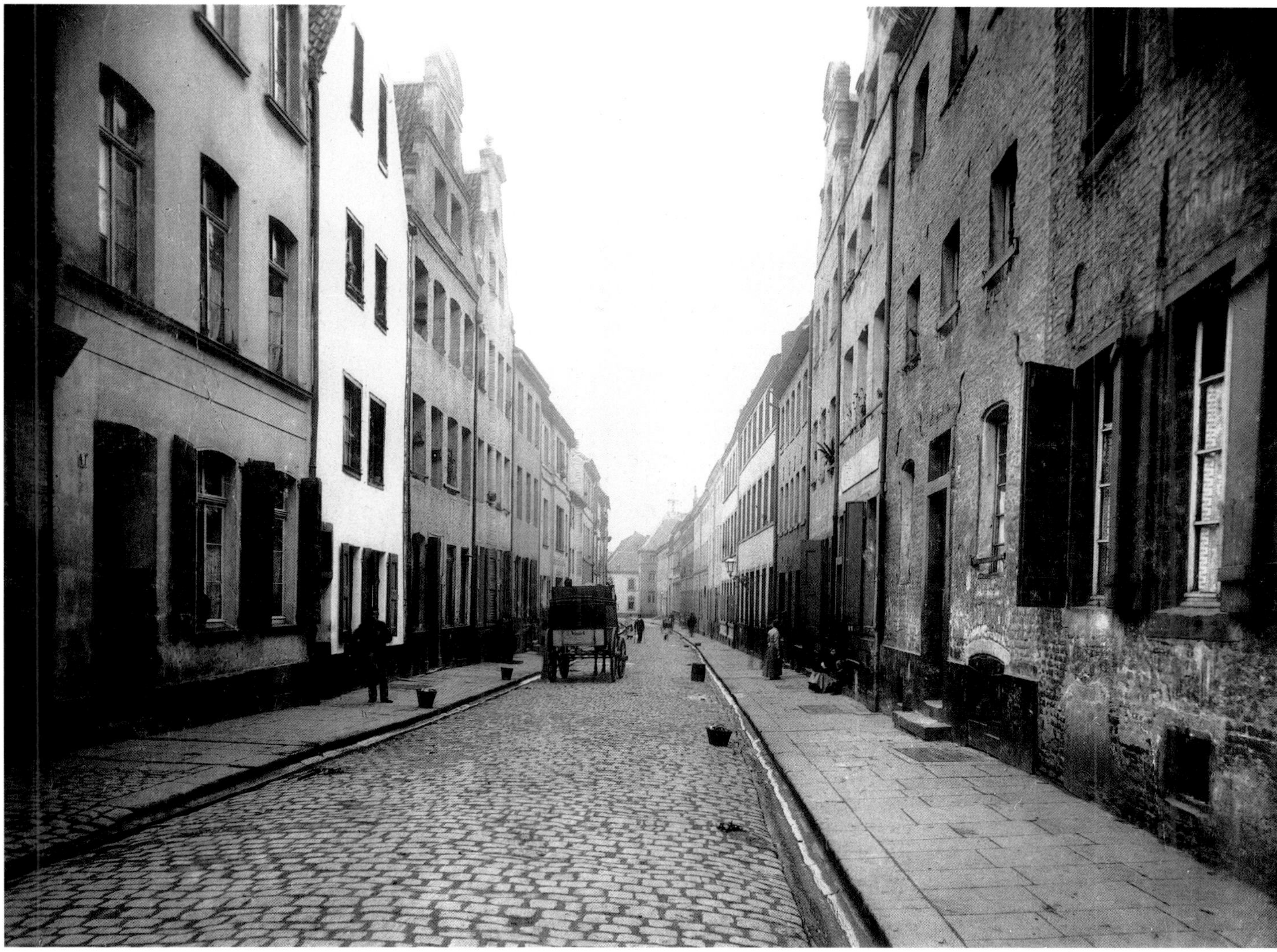

76 Ritterstraße 1885 Photograph unbekannt

Der nördliche Teil der Ritterstraße wurde ab 1684 auf dem Gelände des ›Neuen Werks‹ der erweiterten Stadtbefestigung bebaut. In der ›Stadt Venlo‹, dem Haus Nr. 30, begann Gottfried Esser 1773 mit der Produktion einer später weltberühmten Spezialität, dem Düsseldorfer Senf. Am Ende der Ritterstraße trifft der Blick auf den vorspringenden Teil des 1686 eingeweihten Ursulinenklosters. Entlang der Gosse der kopfsteingepflasterten Straße stehen Mistkübel zur Leerung durch den städtischen Fuhrpark bereit.

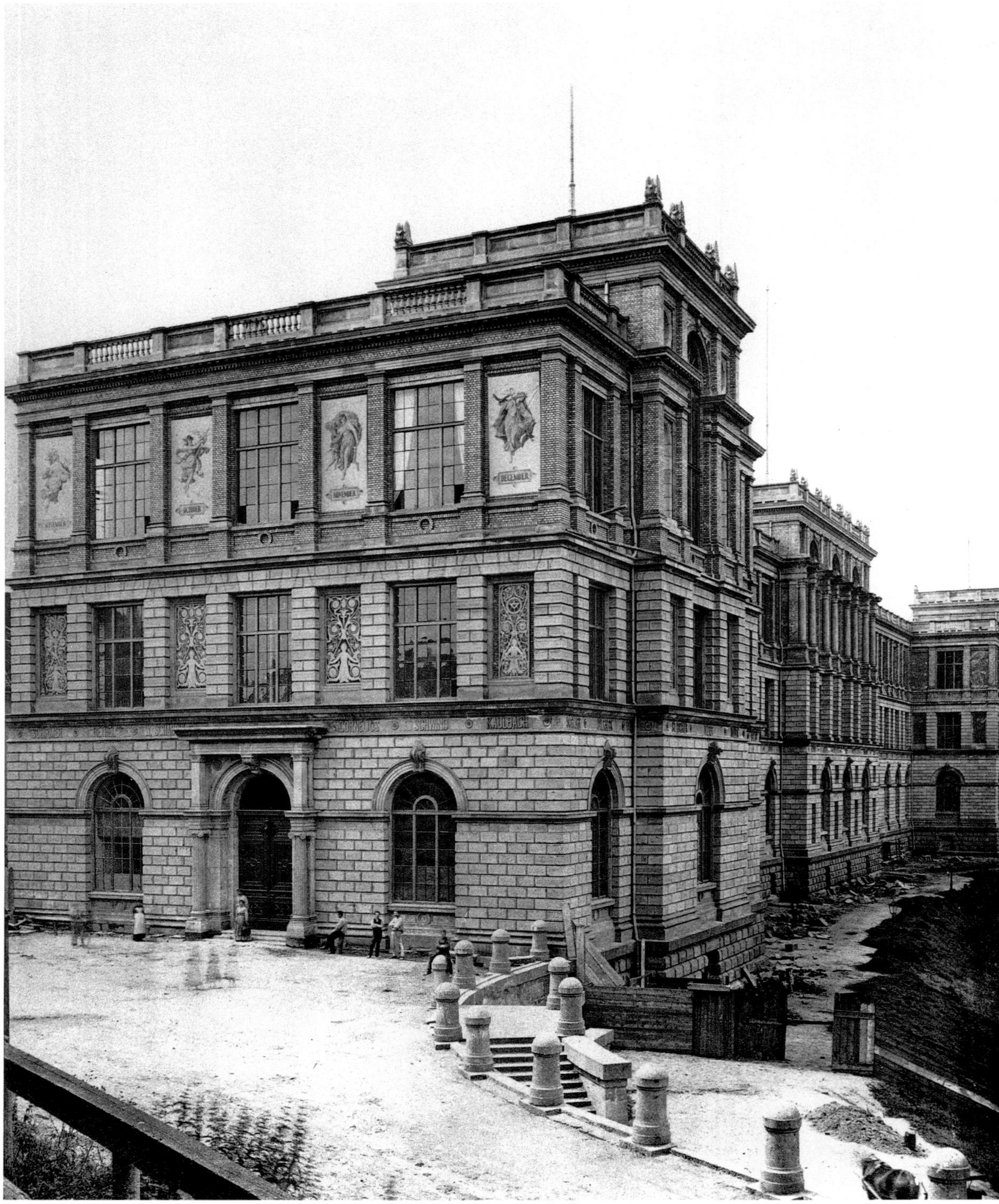

77 Kunstakademie, Eiskellerstraße, um 1890 Photograph unbekannt

Der an der östlichen Schmalseite gelegene Haupteingang der Kunstakademie wirkt eher bescheiden im Vergleich zu der prachtvoll ausgearbeiteten Fassade des symmetrisch angelegten Bauwerks. Um möglichst viele Nordlichtateliers einrichten zu können, verzichtete man jedoch auf einen – architektonisch konsequenteren – Haupteingang im Mittelrisalit der nördlichen Schauseite. Über dem Erdgeschoß verläuft entlang der gesamten Ost-, Nord- und Südfront ein Fries mit den Namen von zweiundsechzig Künstlern verschiedener Epochen.

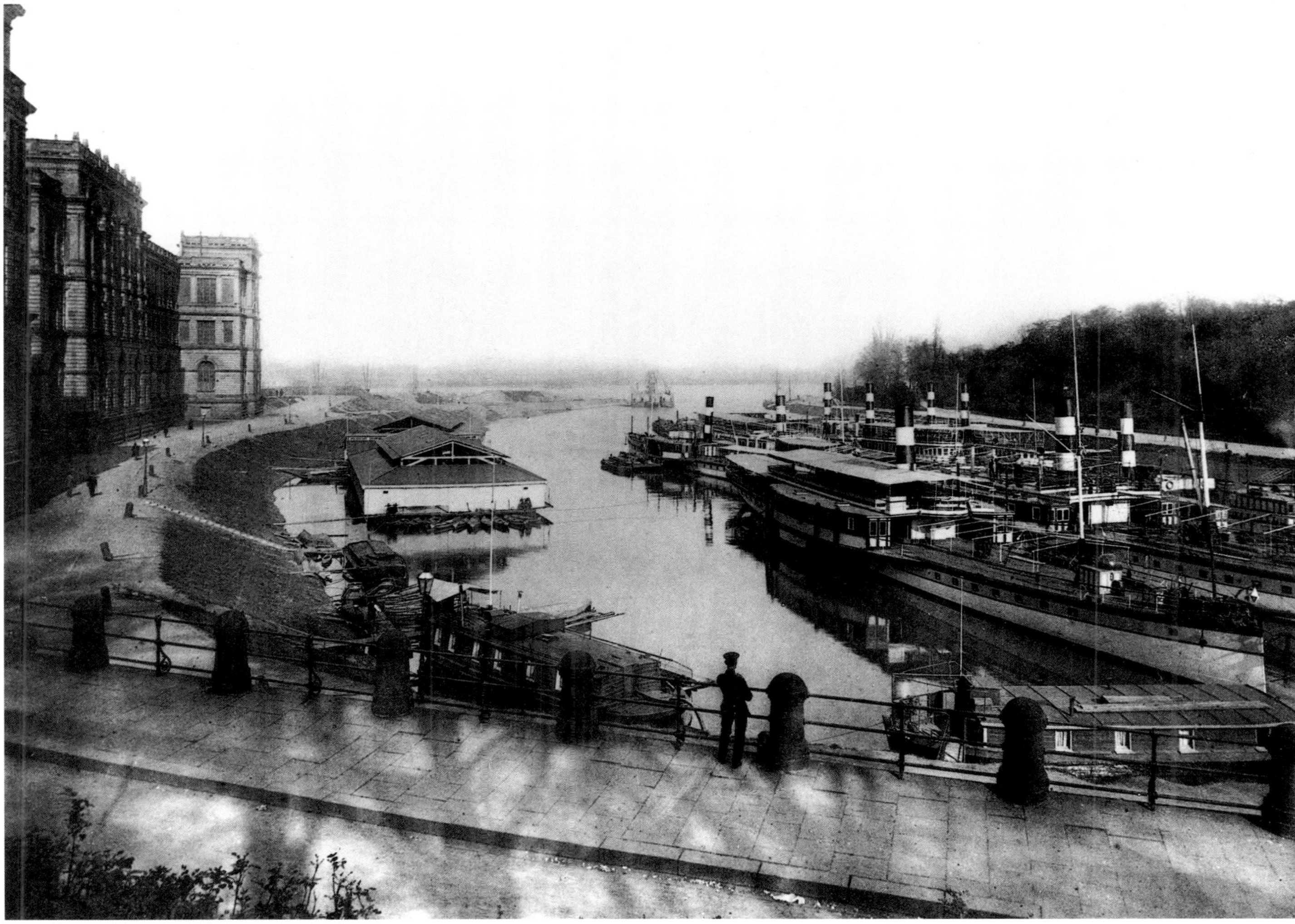

78 Sicherheitshafen, Frühjahr 1897 Photograph unbekannt

Auf Geheiß Napoleons wurde 1812 – als Ersatz für den zugeschütteten Hafen südlich des Rheinorts – der Sicherheitshafen angelegt, der den vor Anker liegenden Schiffen Schutz vor Hochwasser und Treibeis bot. Die damaligen Erdaushubarbeiten sind der Geschichte nach von französischen Galeerensklaven ausgeführt worden, die den Abraum im Hofgarten aufschütteten, dem heutigen Napoleonsberg. Am rechten Bildrand erstreckt sich – oberhalb des Sicherheitshafens – der Hofgarten bis zum Rhein: An seiner äußersten Spitze, der ›Schönen Aussicht‹, genoß man bis zum Bau der Oberkasseler Rheinbrücke den Blick auf das Düsseldorfer Rheinpanorama.

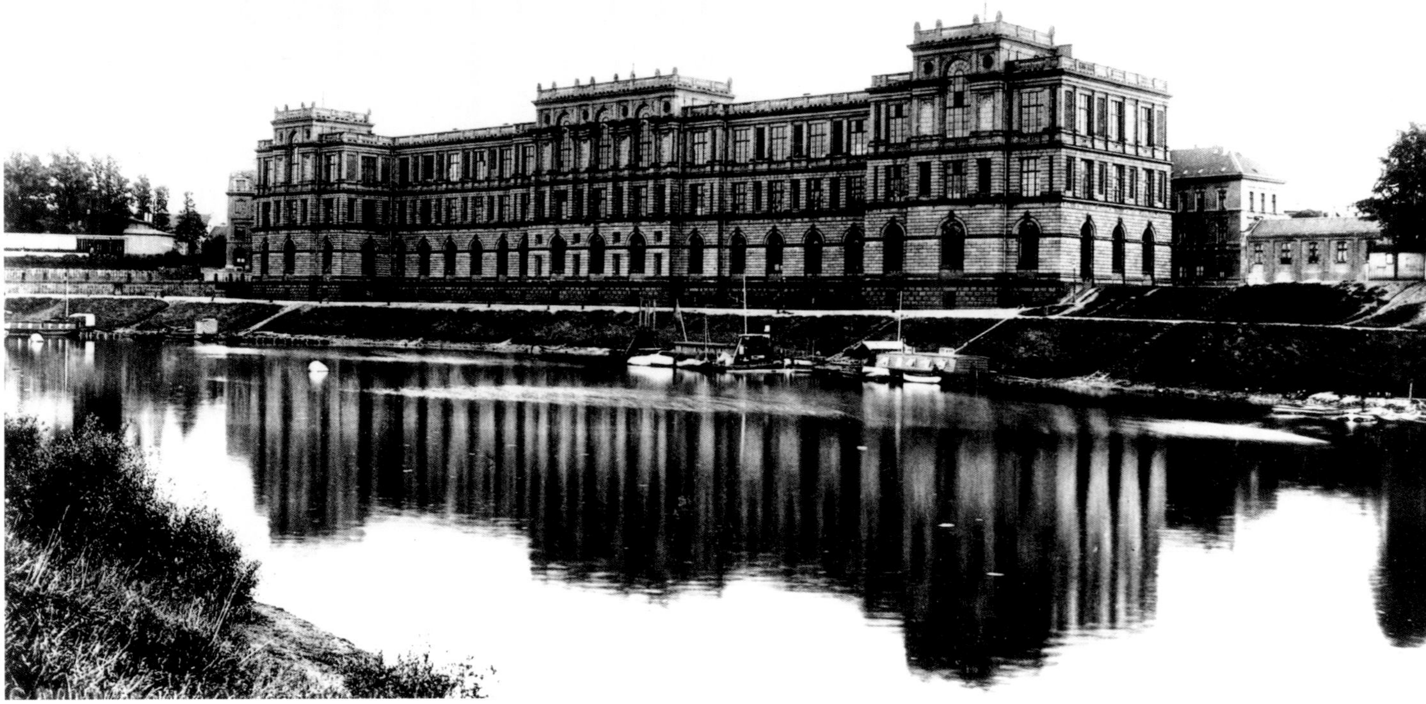

79 Sicherheitshafen und Kunstakademie, um 1897 Julius Söhn

Nach vierjähriger Bauzeit konnte 1879 die von Hermann Riffart im Stil der italienischen Renaissance entworfene Kunstakademie eingeweiht werden. Der repräsentative Bau erstreckte sich mehr als 150 m entlang des Sicherheitshafens, der 1897 während des Baus der neuen Rheinbrücke zugeschüttet wurde. Links der Kunstakademie befindet sich der Eiskellerberg, dessen Name sich auf die Kasematten der ehemaligen Ratinger Bastion bezieht, in denen bis in die 80er Jahre des 19. Jahrhunderts Eis gelagert wurde.

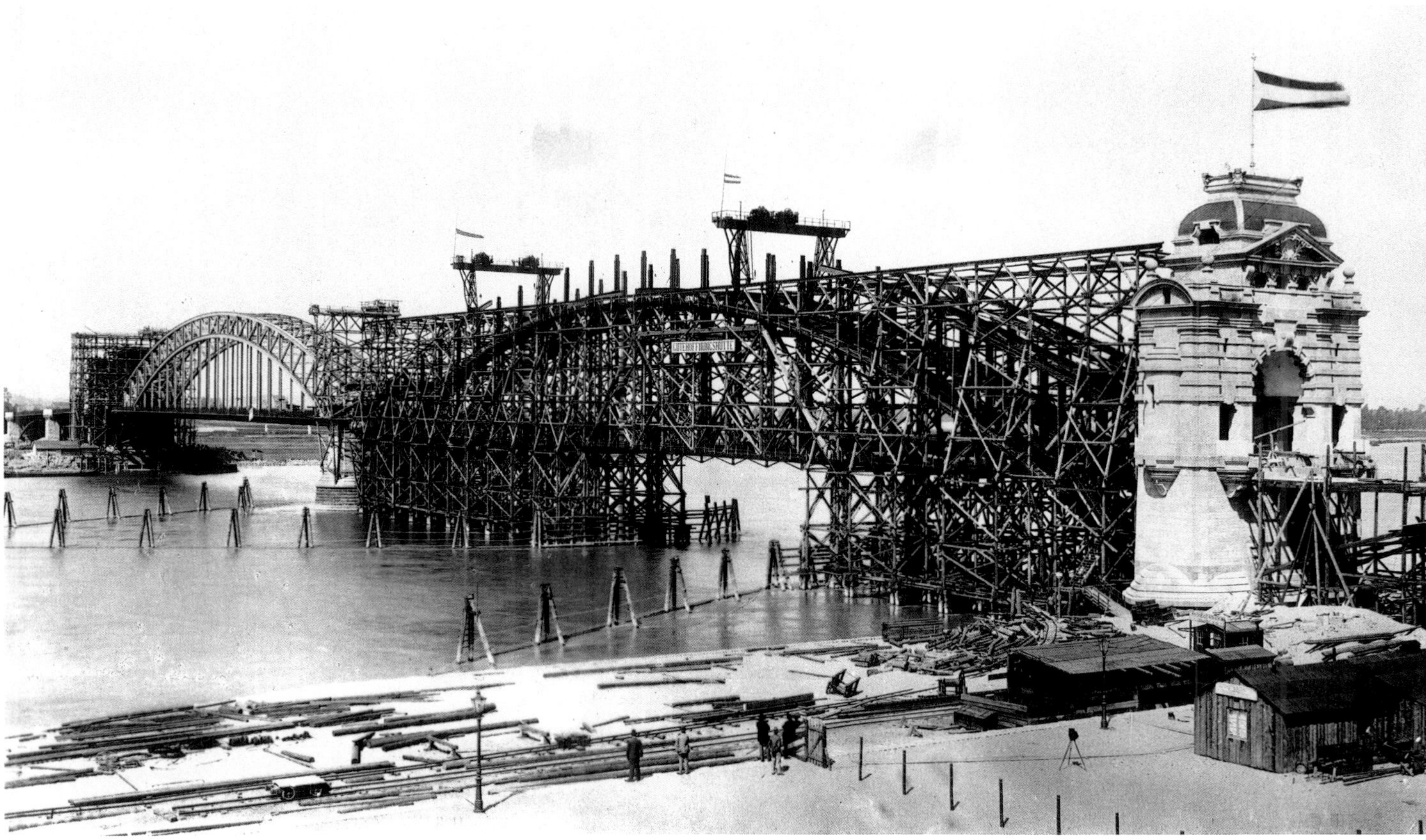

80 Bau der Oberkasseler Brücke, 1898 Julius Söhn

Der Bau der Oberkasseler Brücke konnte 1897–1898 nach langer Planung in die Tat umgesetzt werden. Sie ersetzte die völlig veraltete Schiffbrücke und verband Düsseldorf über eine Kleinbahn mit dem Industriegebiet der Krefelder Spinnereien. Am eingerüsteten rechtsrheinischen Brückenbogen erkennt man den Namenszug der mit dem Bau beauftragten Firma: die Gutehoffnungshütte.

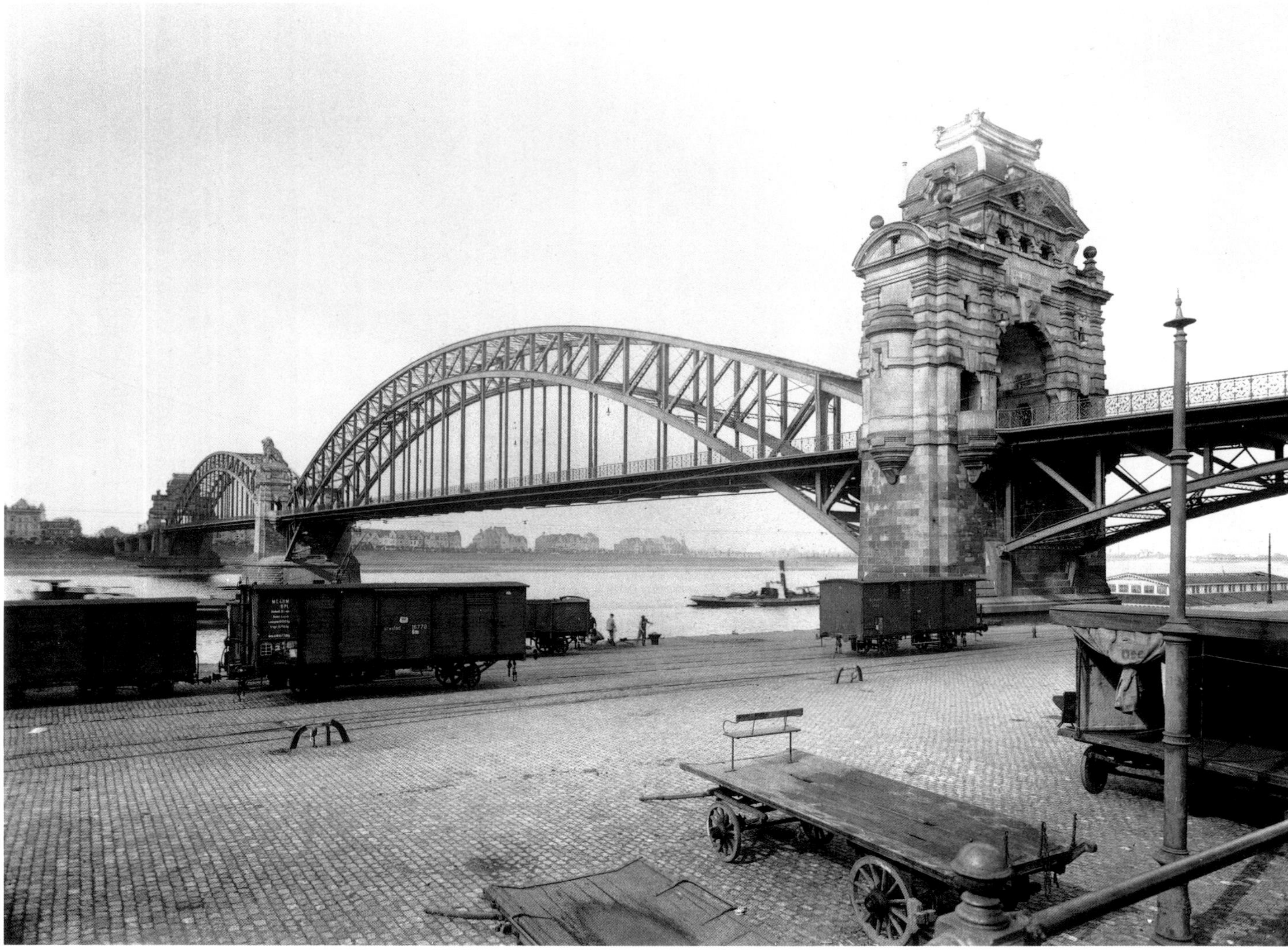

81 Oberkasseler Brücke und Rheinwerft, 1912 Julius Söhn

Die rechte Uferseite ist bis zum ersten Brückenpfeiler vorgezogen und als Rheinwerft ausgebaut und gepflastert worden. Auf dem Mittelpfeiler der symmetrisch angelegten Bogenbrücke erhebt sich ein stromaufwärts blickender, in Stein gemeißelter Löwe mit Anker: das Düsseldorfer Wappenbild.

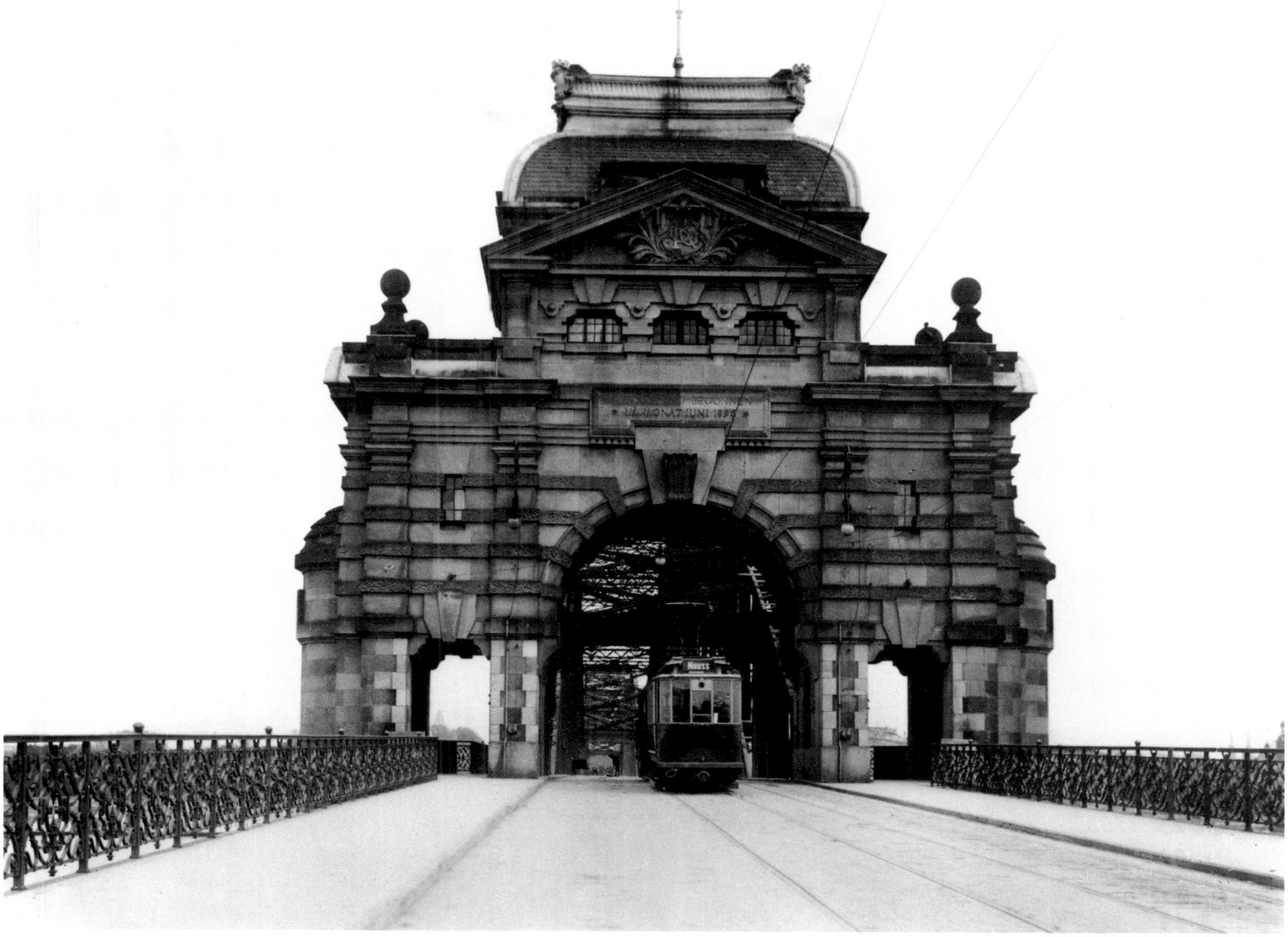

82 Oberkasseler Rheinbrücke, Westliches Portal, 1900 Julius Söhn

Die mächtigen Portale behinderten bald den wachsenden Straßenverkehr und wurden 1926 im Zuge der Brückenerweiterung entfernt. Das mit der Rheinbrücke im Zweiten Weltkrieg zerstörte, reich dekorierte Geländer geht auf einen Entwurf von Adolf Schill zurück, dem 1880 an die Kunstakademie berufenen Professor für Ornamentik und Dekor.

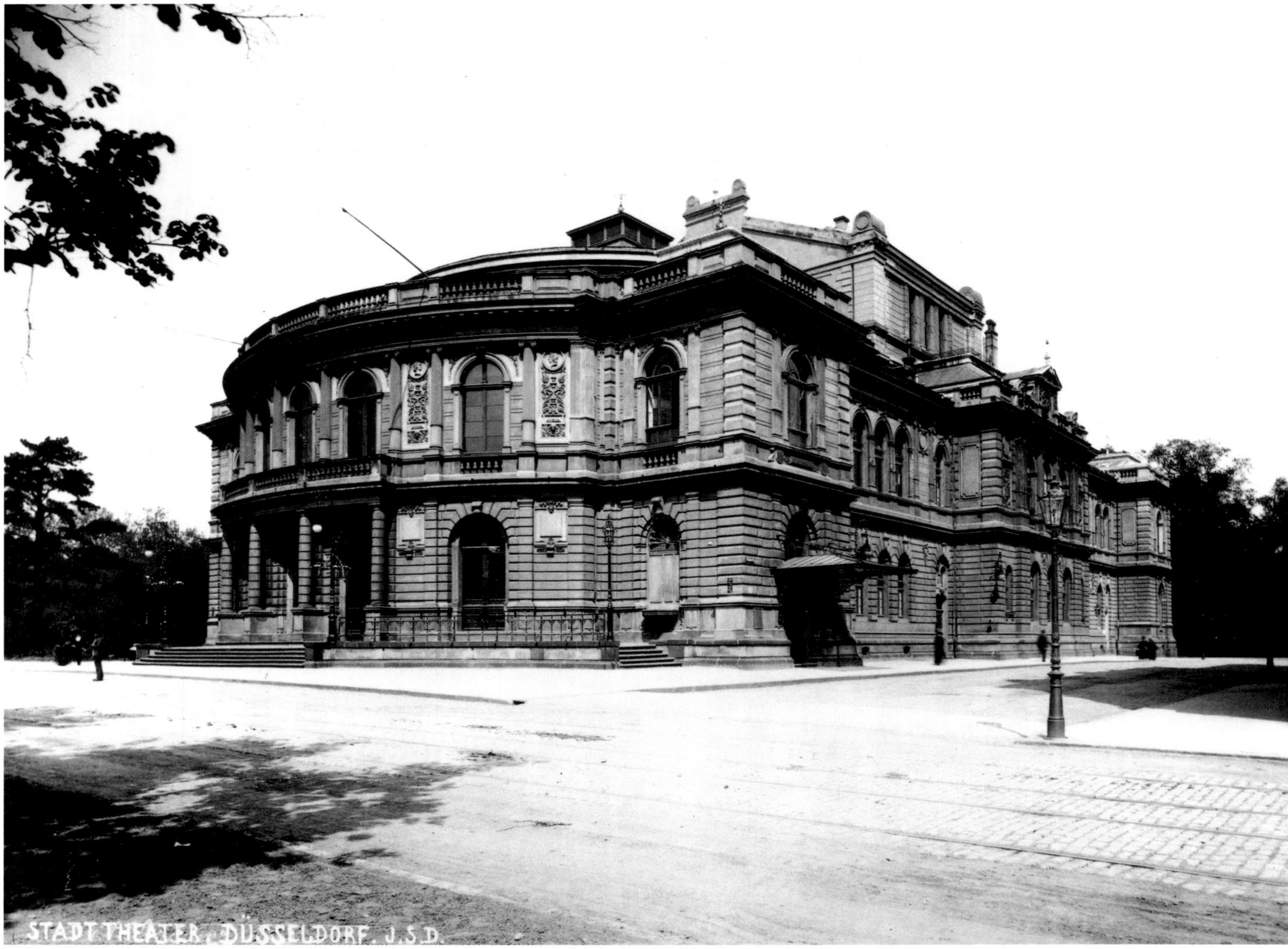

83 Alleestraße, Stadttheater, um 1914 Julius Söhn

Das im italienischen Renaissancestil der Dresdner Schule von Ernst Giese entworfene Stadttheater ersetzte das baufällige Komödienhaus am Marktplatz. Nach zweijähriger Bauzeit fand am 29. November 1875 die erste Vorstellung statt.

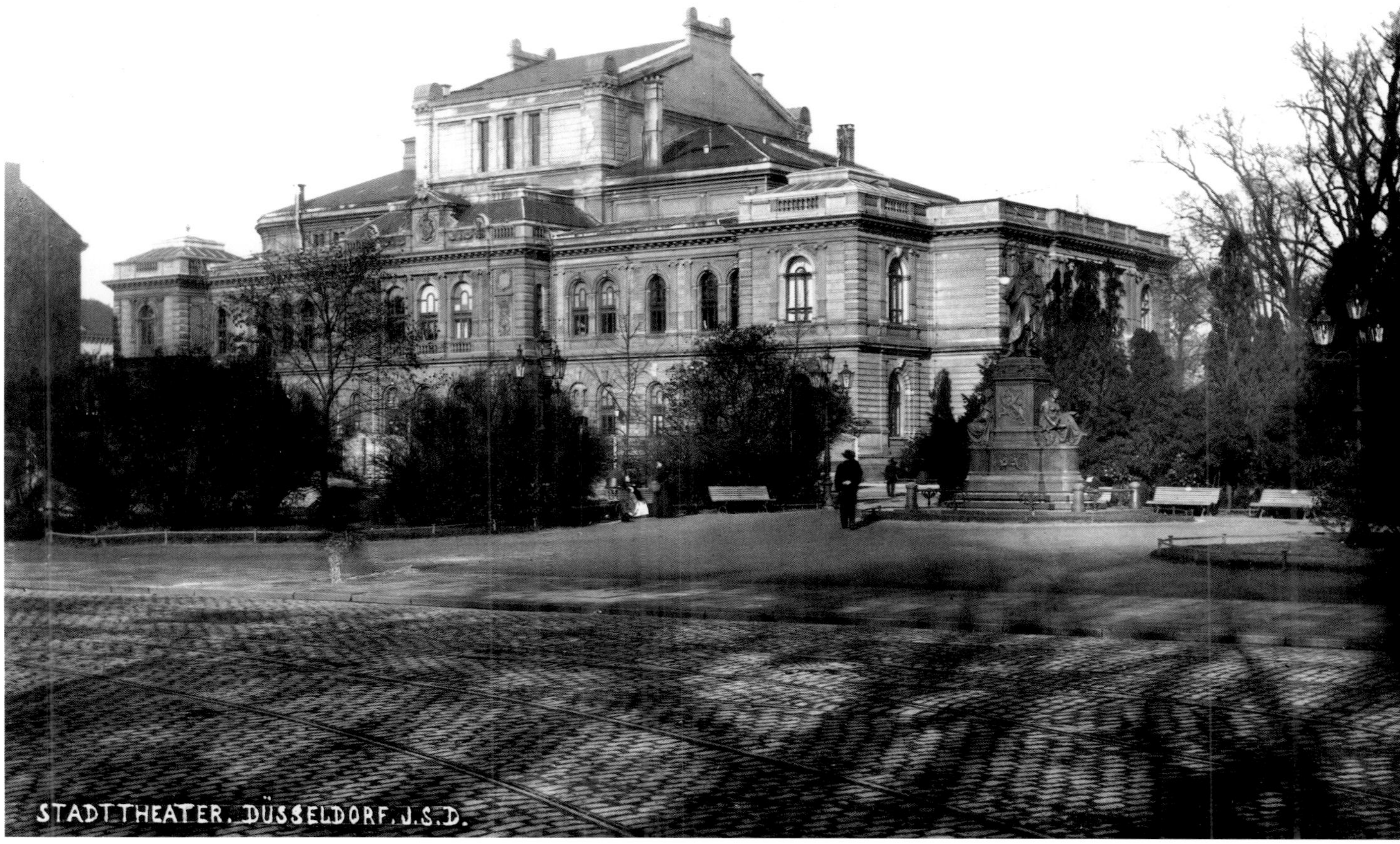

84 Corneliusplatz, um 1900 Julius Söhn

Das Stadttheater, hier aus südöstlicher Richtung photographiert, wurde auf dem Gelände des an den Hofgarten grenzenden Botanischen Gartens errichtet. Typisch für den Stil der Dresdner Schule ist die Ablesbarkeit des Bühnenhauses und des 1350 Sitzplätze umfassenden Zuschauerraums am Außenbau. Auf dem Platz vor dem Stadttheater steht das 1879 von Adolf Donndorf ausgeführte Corneliusdenkmal.

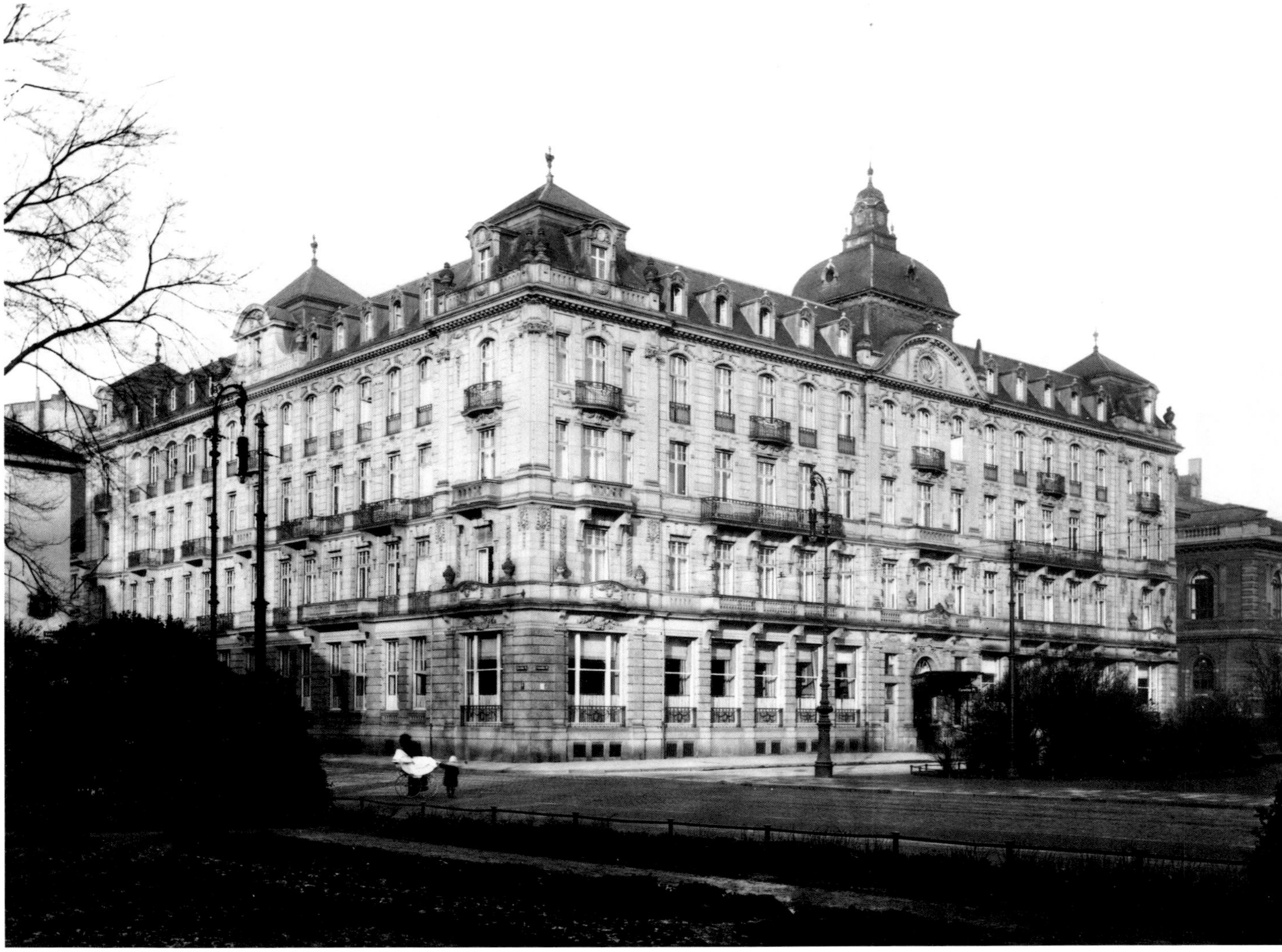

85 Corneliusplatz, um 1905 Julius Söhn

Derselbe Aufnahmestandpunkt (siehe Tafel 84), etwa fünf Jahre später: Das neben dem Stadttheater von den Architekten Kayser, von Grossheim und Wöhler entworfene Parkhotel prägt ab 1902 das Gesicht des Corneliusplatzes. Der noble, im Stil der italienischen Renaissance errichtete Bau verfügte über 90 luxuriös ausgestattete Zimmer mit 120 Betten.

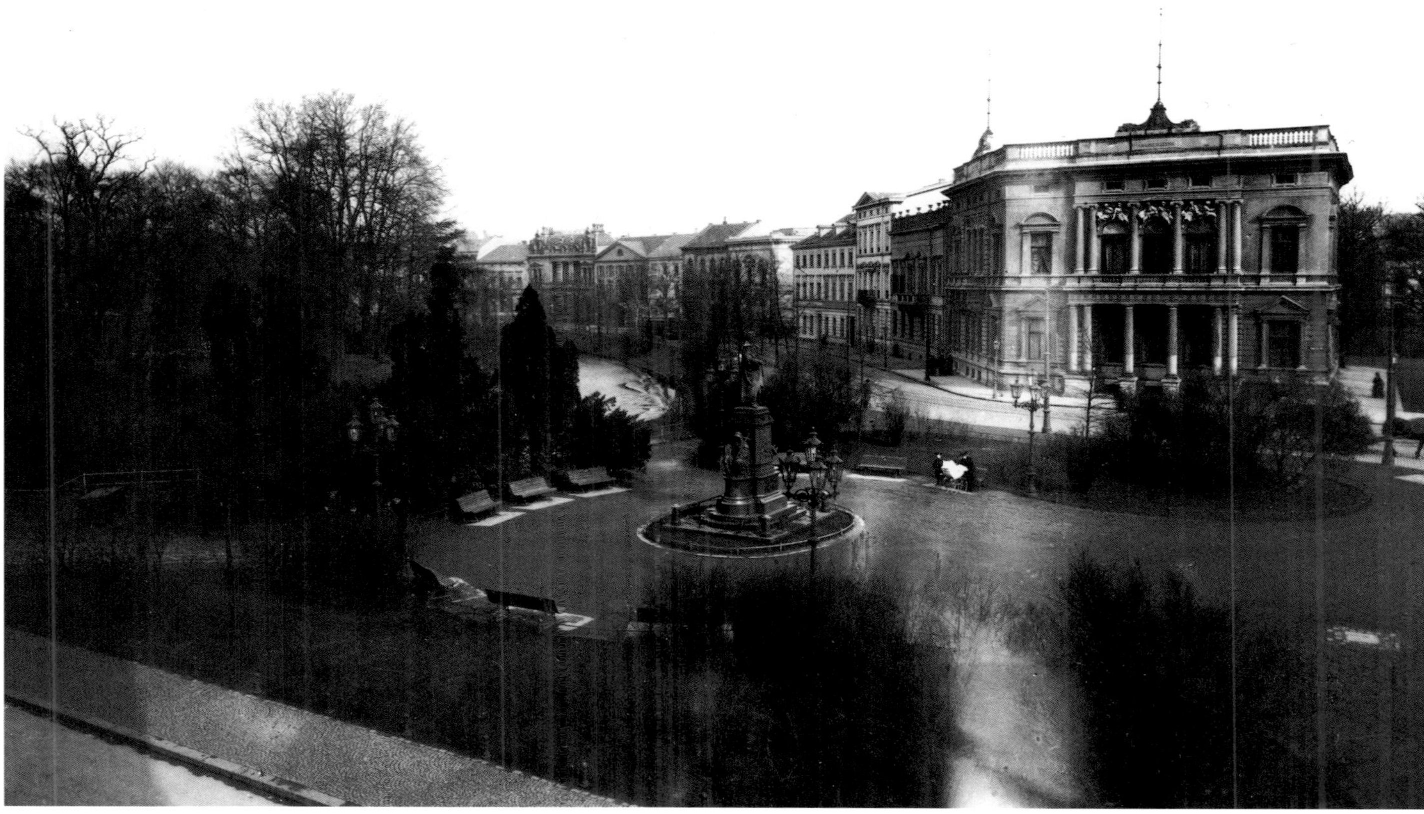

86 Corneliusplatz und Hofgartenstraße, um 1905 Julius Söhn

Von einem erhöhten Standpunkt im Parkhotel reicht der Blick über den Corneliusplatz bis in die Hofgartenstraße. Der elegant am Ufer der Landskrone verlaufende Straßenzug galt im 19. Jahrhundert als eine der vornehmsten Düsseldorfer Adressen. Bestimmten zunächst Adelige, Bankiers und berühmte Künstler die Einwohnerstruktur, so drängten im Zuge der Industrialisierung deren führende Vertreter in die ehemaligen Palais des bergischen Adels. Nach dem Zweiten Weltkrieg ist von dem noblen Flair der Hofgartenstraße nichts mehr erhalten geblieben.

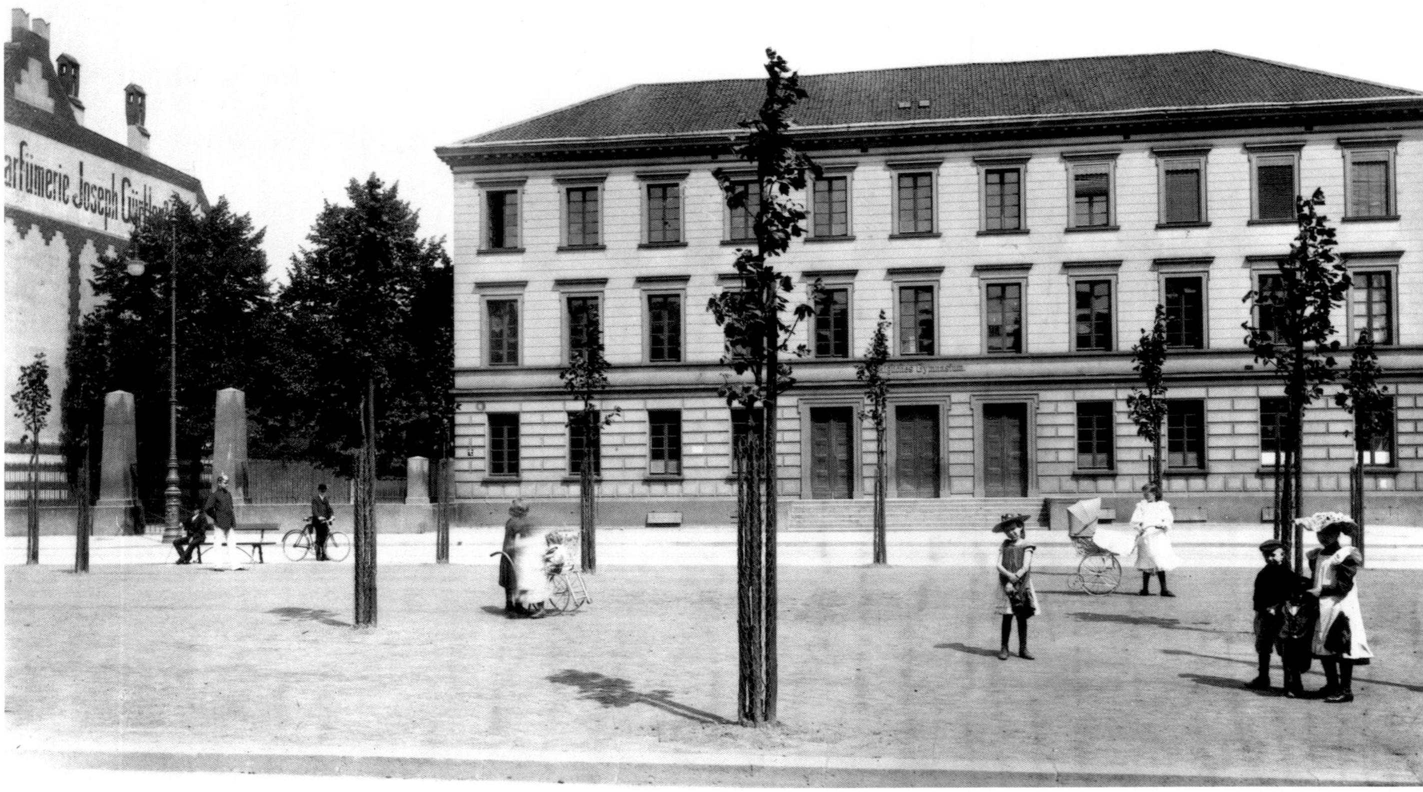

87 Alleestraße, Königliches Gymnasium, 1890 Photograph unbekannt

Die Aufnahme zeigt die westliche Fassade des an der Alleestraße gelegenen Königlichen Gymnasiums. Nach mehrfach abgeänderten Plänen von Adolf von Vagedes und Karl Friedrich Schinkel übernahmen 1828 Landbauinspektor Felderhoff und Baukondukteur Werner die Ausführung des nüchternen klassizistischen Putzbaus, der 1833 eingeweiht wurde. Das im Volksmund ›Der alte Kasten‹ genannte Gebäude wurde 1904 abgerissen und durch einen Neubau an der Ecke Breite Straße/Bastionstraße ersetzt.

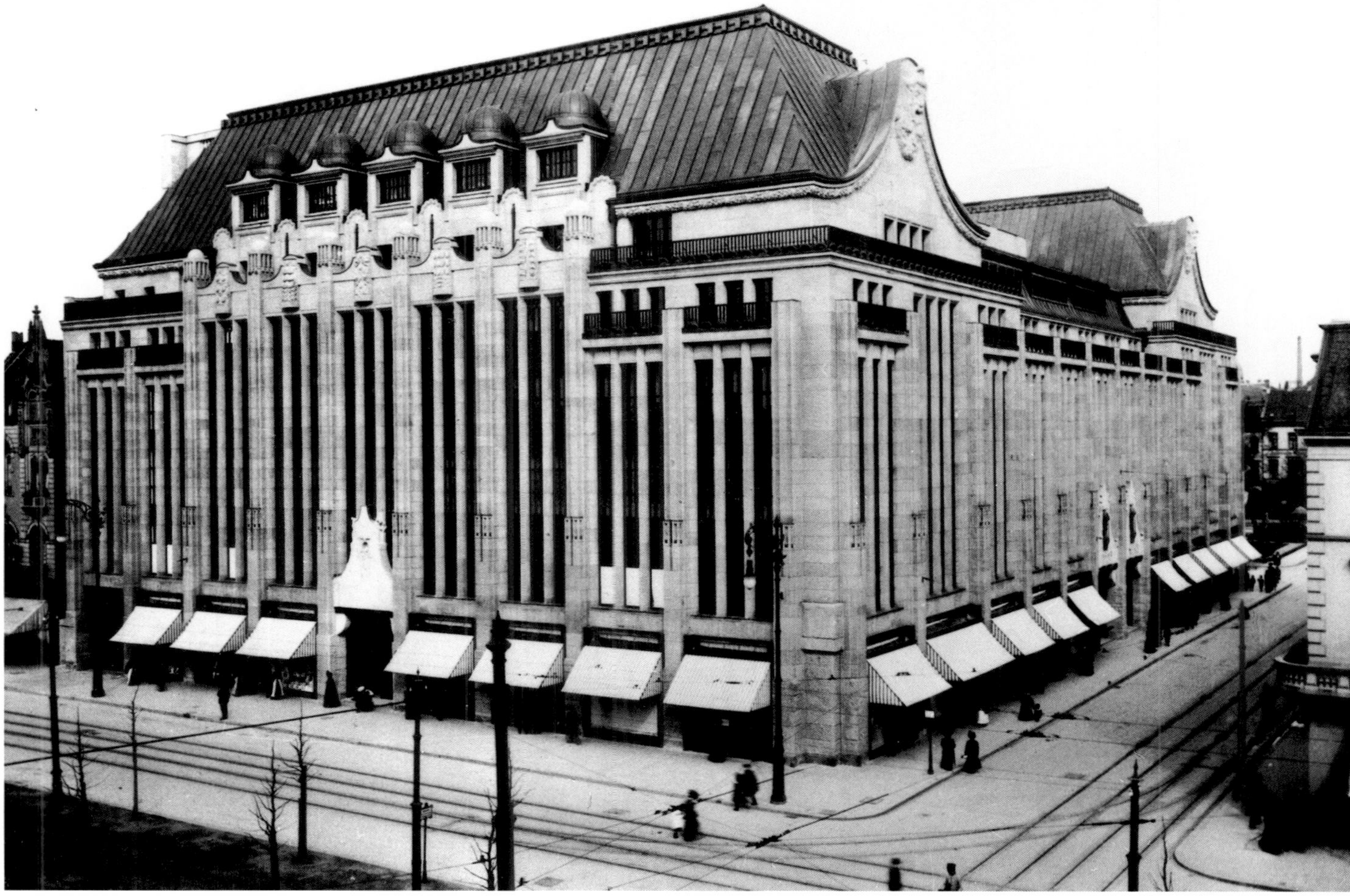

88 Alleestraße, Warenhaus Leonhard Tietz AG, um 1908 Photograph unbekannt

Auf dem großzügig bemessenen, zwischen Heinrich-Heine-Allee, Königsallee und Elberfelder Straße gelegenen Gelände des abgebrochenen Königlichen Gymnasiums entstand ab 1907 das Warenhaus der Leonhard Tietz AG, der heutige Kaufhof. Das vertikal gegliederte Jugenstilbauwerk stellte nicht nur für Düsseldorf einen in seiner Funktion und Konzeption völlig neuartigen Gebäudetyp dar, sondern galt in den ersten beiden Jahrzehnten des 20. Jahrhunderts als wegweisend für die gesamte deutsche Warenhausarchitektur. Der gesamte Komplex gruppiert sich um drei überdachte Lichthöfe, die im Erdgeschoß als zusätzliche Verkaufsflächen genutzt wurden. Die an den beiden Alleestraßen gelegenen Seitenflügel betonten den Bau zusätzlich durch prachtvoll gegliederte Dächer. Die bis ins Detail gehende Planung oblag Joseph Maria Olbrich, der die Einweihung des Hauses 1909 nicht mehr erlebte.

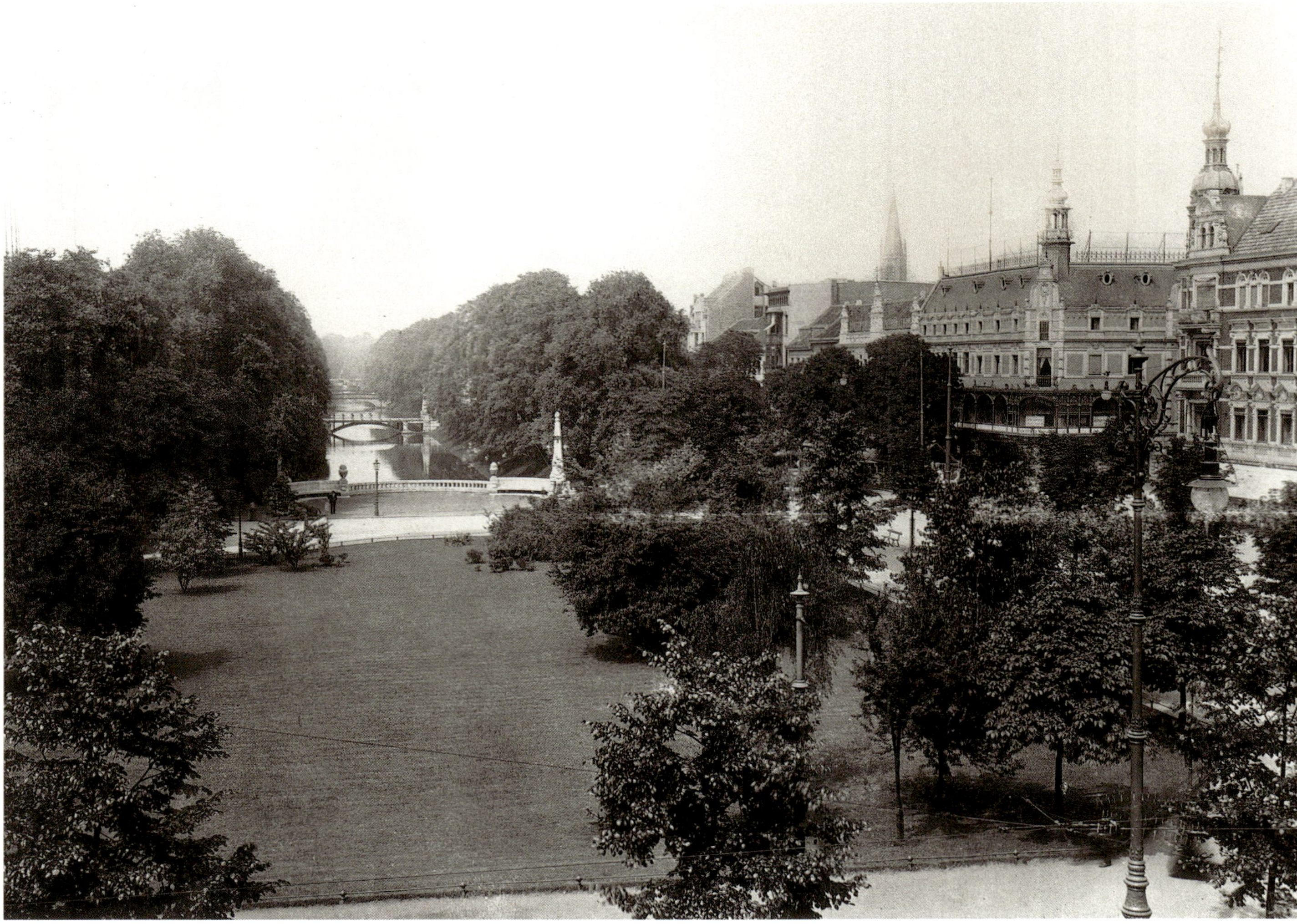

89 Stadtgraben und Königsallee, 1910 Julius Söhn

Von erhöhtem Standpunkt geht der Blick vom Graf-Adolf-Platz nach Norden über den Stadtgraben und die Königsallee. Der ehemalige Festungsgraben wurde 1802–1818 nach Plänen des kurfürstlichen Hofbaumeisters Kaspar Anton Huschberger begradigt und zum Prachtboulevard ausgebaut. Die Bepflanzung erfolgte zunächst nur auf östlicher Seite durch den Gartenbauinspektor Maximilian Weyhe. – Der Name der Allee bezieht sich auf ein Ereignis im Revolutionsjahr 1848, als König Friedrich Wilhelm IV. bei einem Besuch Düsseldorfs am 14. August von der aufgebrachten Bevölkerung verhöhnt und mit Pferdeäpfeln beworfen wurde. Nach dem Ende der blutigen Revolutionskämpfe und der preußischen Macht am Rhein erhielt der Straßenzug am Stadtgraben zu Ehren der verunglimpften Monarchie den Namen ›Königsallee‹.

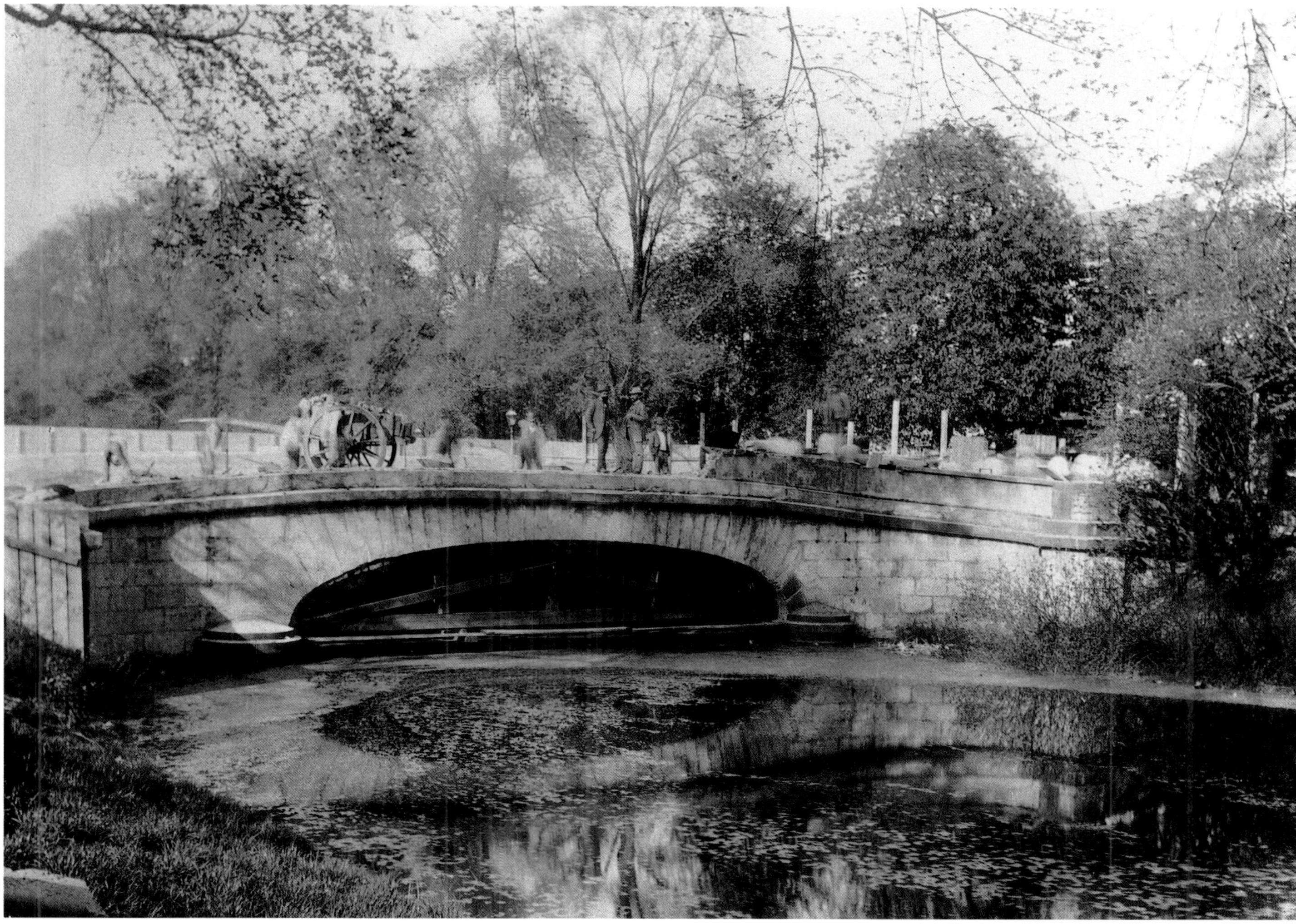

90 Benrather Brücke über dem Stadtgraben, um 1885 Photograph unbekannt

Die Aufnahme dokumentiert die Instandsetzungsarbeiten an der 1813–1814 von Adolf von Vagedes entworfenen Benrather Brücke, die infolge von Korrosionsschäden einzustürzen drohte.

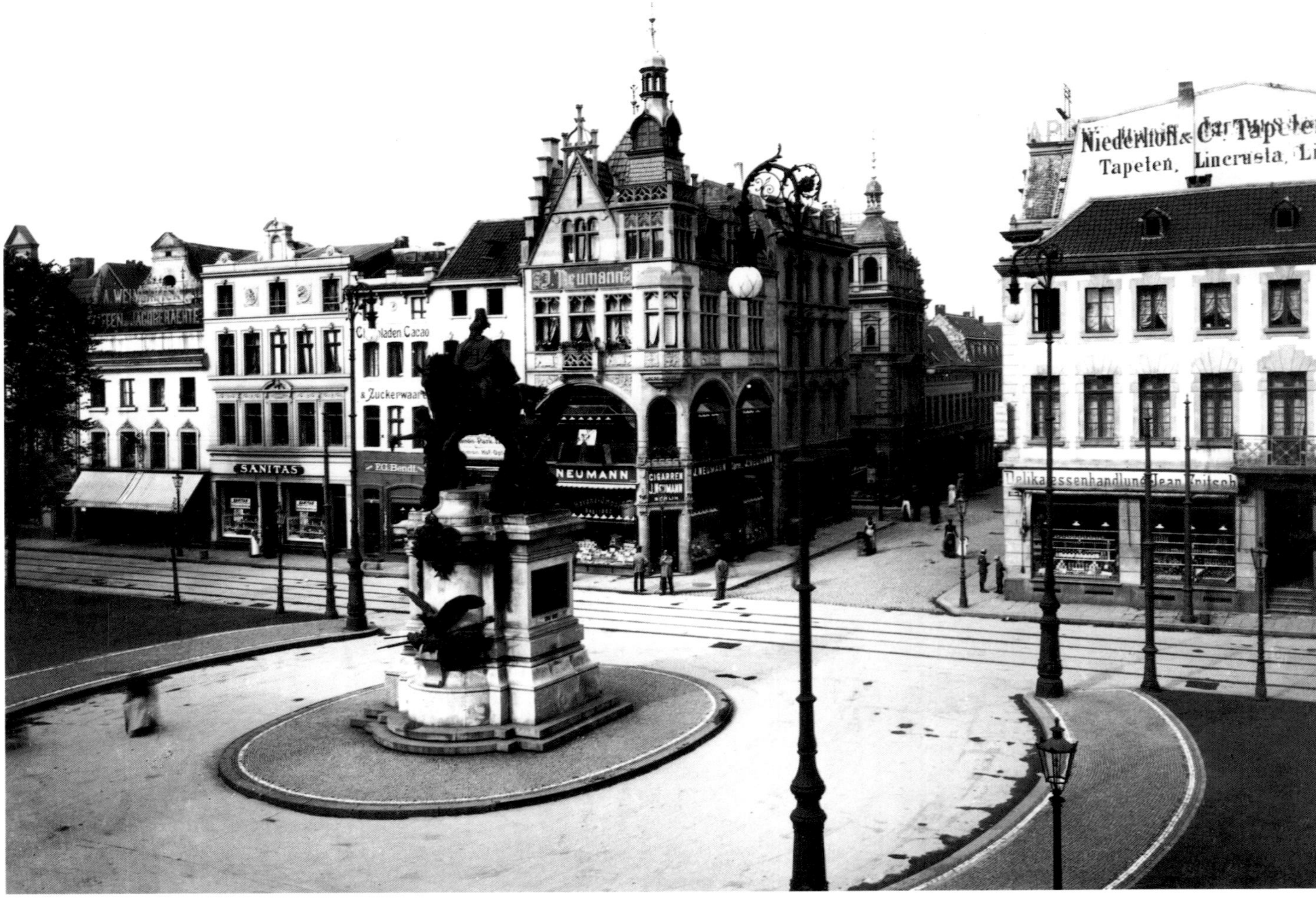

91 Alleestraße, Ecke Kommunikationsstraße, 1898 Julius Söhn

Der Photograph befindet sich in der gleichen Höhe wie die Reiterstatue Kaiser Wilhelms I., die eindeutig die Szene beherrscht. Hinter dem 1896 von Carl Janssen entworfenen Denkmal mündet die Kommunikationsstraße in die Alleestraße, die heutige Heinrich-Heine-Allee. Das Eckhaus auf der linken Seite ließ sich die Firma J. Neumann 1898 in neogotischem Stil als Wohn- und Geschäftshaus errichten.

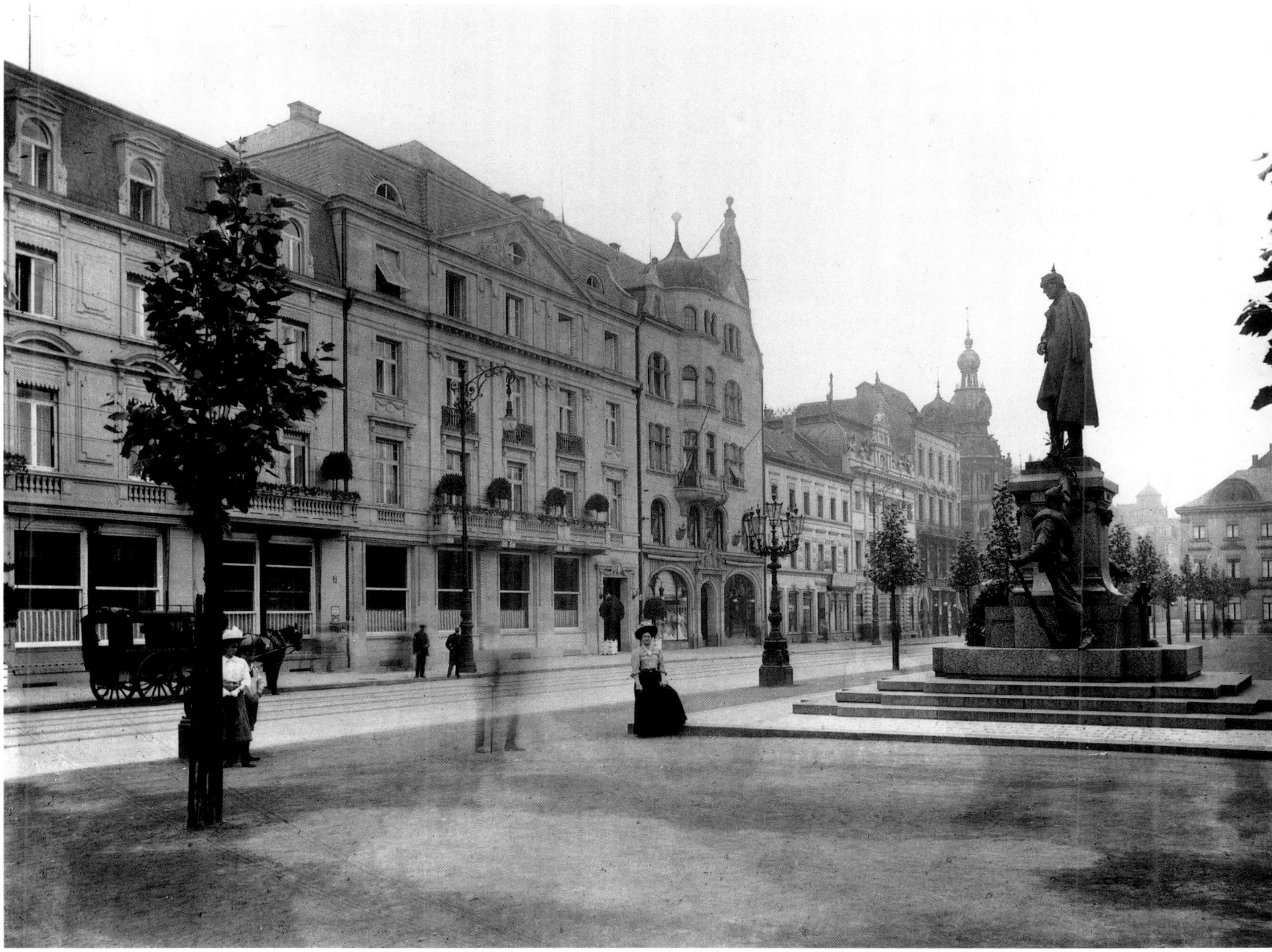

92 Alleestraße mit Moltkedenkmal, um 1905 Julius Söhn

Das 1901 von Josef Tüshaus ausgeführte Moltkedenkmal bildete das letzte Element der drei Standbilder umfassenden Gruppe auf der Alleestraße. Gegenüber der leicht gebeugten Figur Graf Moltkes parkt eine Pferdedroschke vor dem Hoteleingang des Breidenbacher Hofs. Im Hintergrund endet die Alleestraße am Alleeplätzchen.

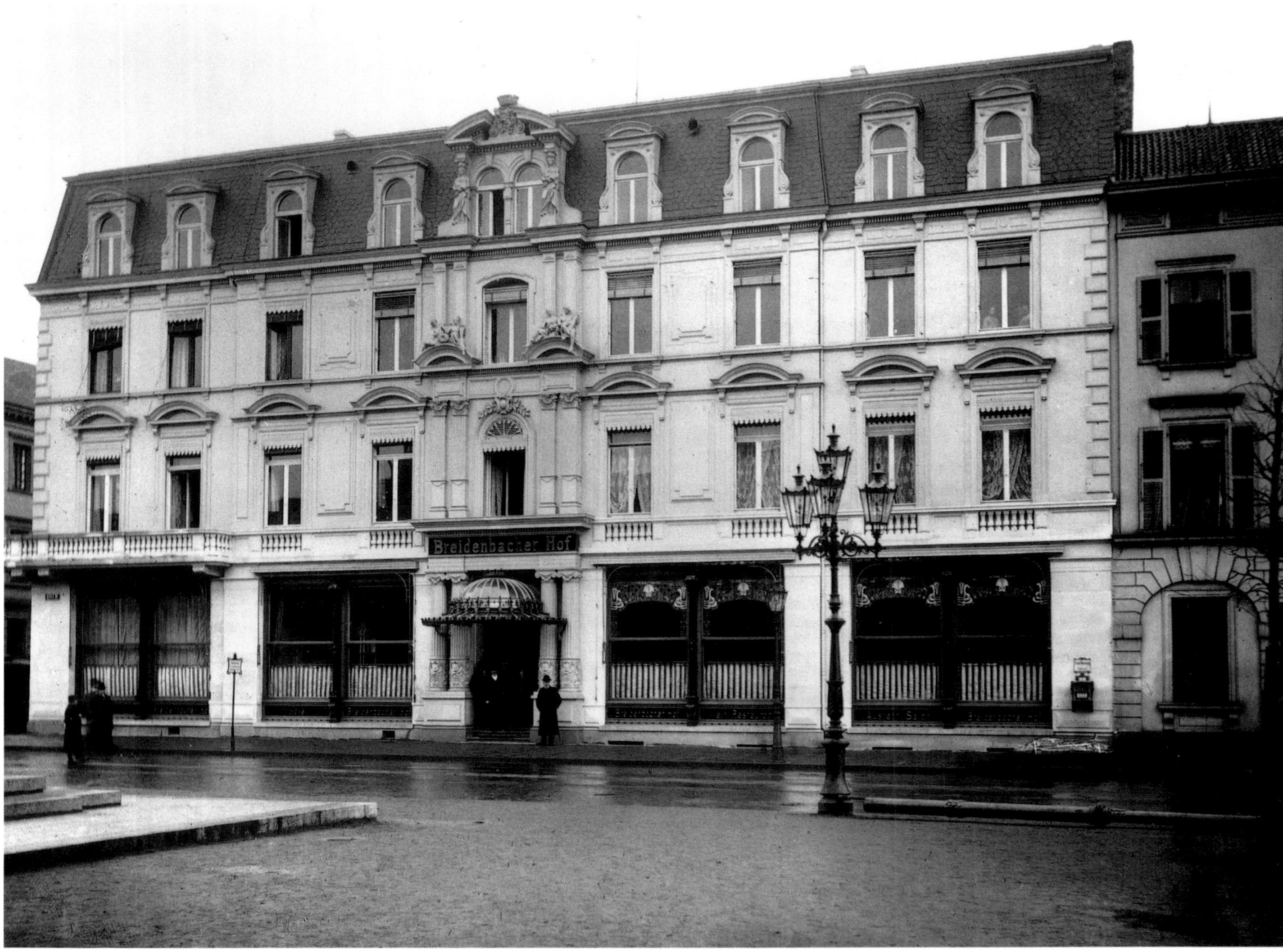

93 Alleestraße, Hotel Breidenbacher Hof, um 1901 Julius Söhn

Der Breidenbacher Hof war um die Jahrhundertwende mit 100 Zimmern und 148 Betten Düsseldorfs größtes Hotel. Ein erster Gasthof, um 1817 von Wilhelm Breidenbach betrieben, wurde 1872 durch einen Neubau der Architekten Boldt & Frings ersetzt. Die Aufnahme entstand kurz nach dem Umbau in den Jahren 1899–1901. Am linken Bildrand erkennt man die flachen Sockelstufen des Moltkedenkmals.

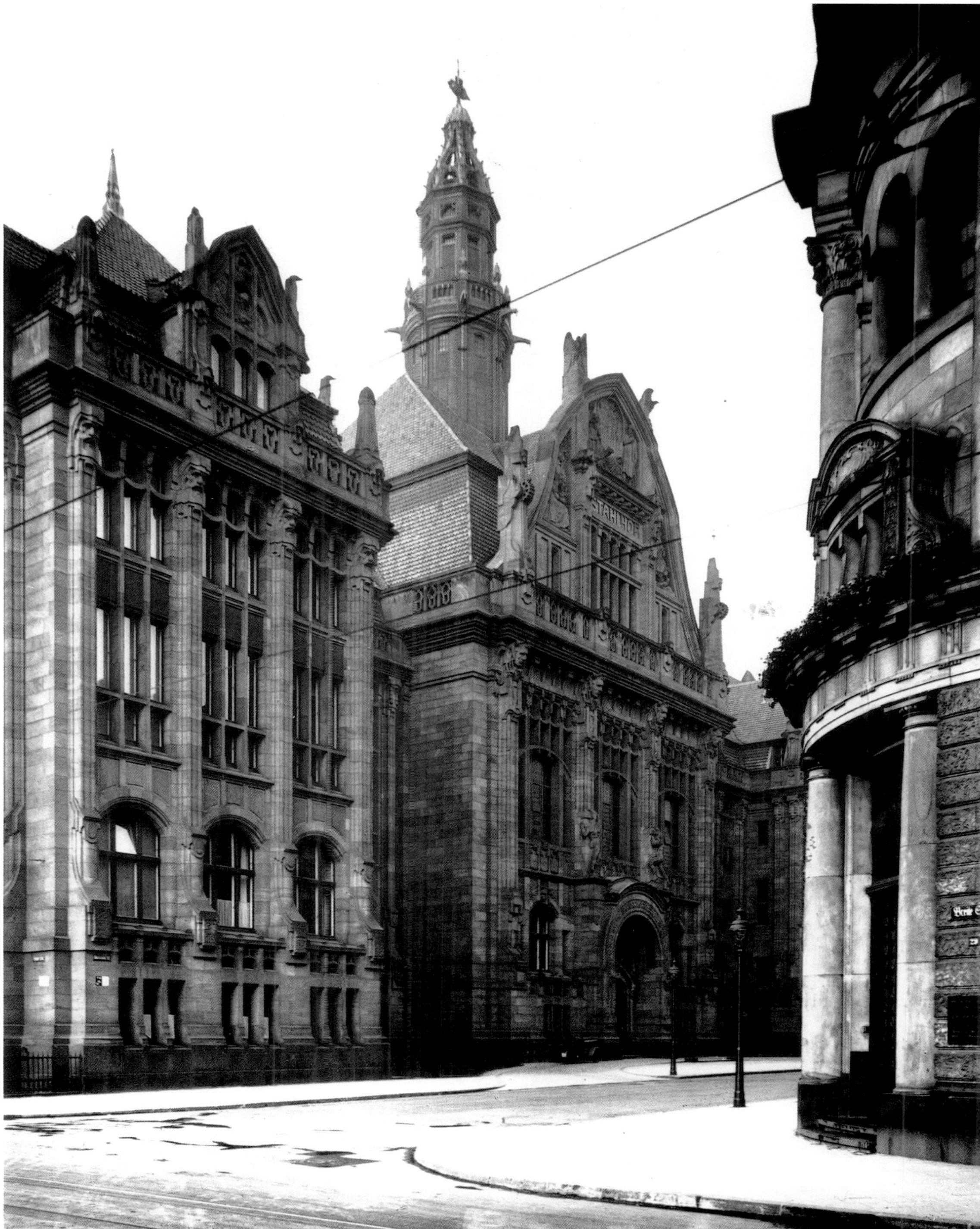

94 Breite Straße, Ecke Bastionstraße, um 1910 Julius Söhn

Die Aufnahme aus nordöstlicher Richtung zeigt das Domizil des Stahlwerkverbandes, den 1908 auf dem Gelände der ehemaligen Kasernen errichteten ›Stahlhof‹. Der bereits 1904 gegründete Stahlwerkverband machte Düsseldorf vor dem Ersten Weltkrieg zur führenden Handelsmetropole für Stahl und Eisenprodukte.

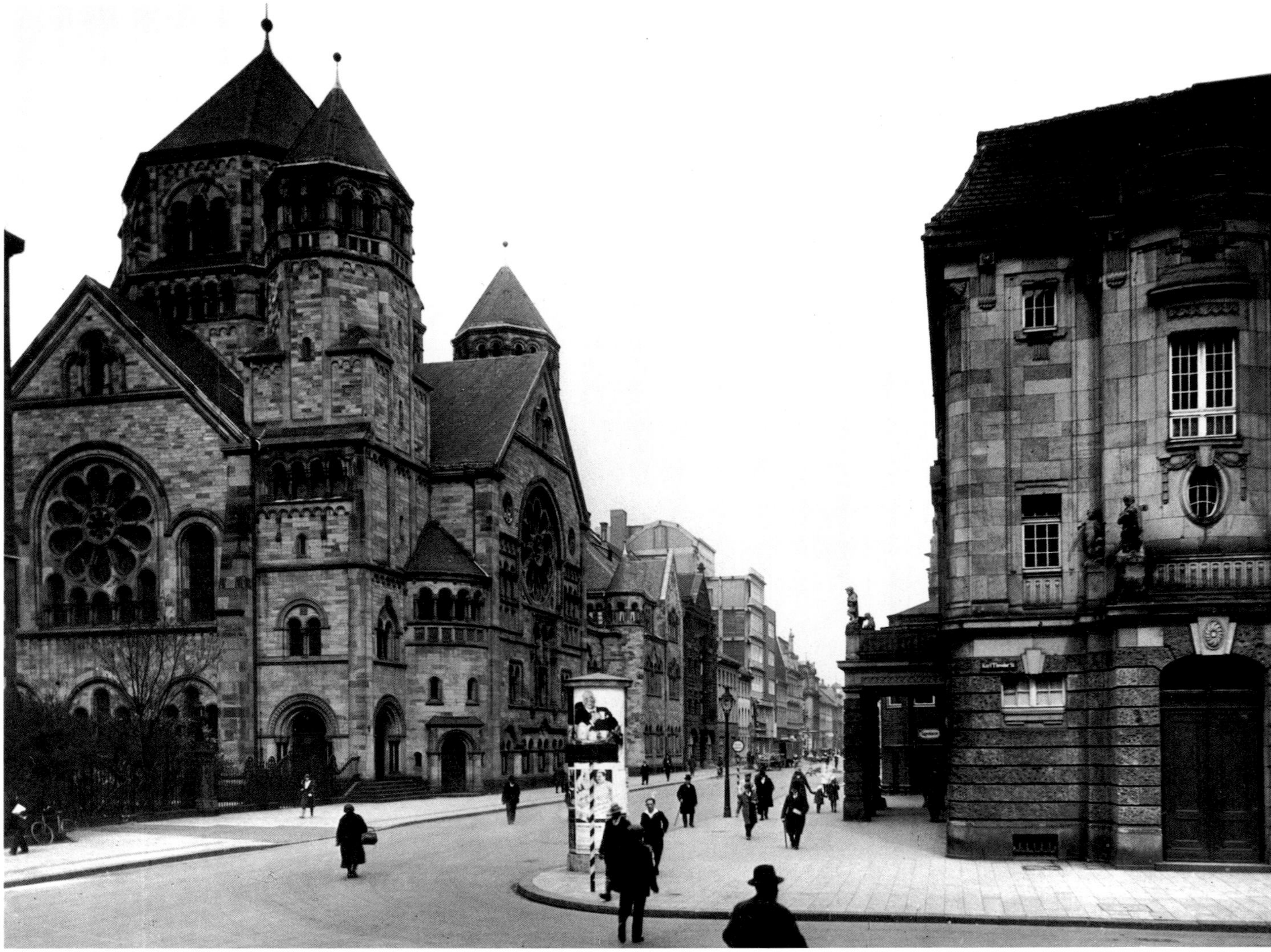

95 Kasernenstraße, Synagoge, um 1905 Julius Söhn

Die Synagoge, hier aus der Einmündung der Karl-Theodor-Straße aufgenommen, wurde 1904 nach Plänen und unter der Bauleitung von Josef Kleesattel errichtet. Sie ersetzte das weiter nördlich gelegene, den räumlichen Anforderungen nicht mehr genügende Gotteshaus von 1875. Der Zentralbau wird von einem mächtigen, oktogonalen Turm beherrscht, vor dem zwei kleinere Türme die Synagoge zur Kasernenstraße flankieren. Über eine Säulengalerie schließt sich nach Norden das Schul- und Gemeindehaus an. Die großzügig bemessene Anlage gilt als letzte neoromanische Synagoge im Rheinland. Die Zeit des Nationalsozialismus überstand sie nicht; durch Brandstiftung wurde sie im November 1938 zerstört.

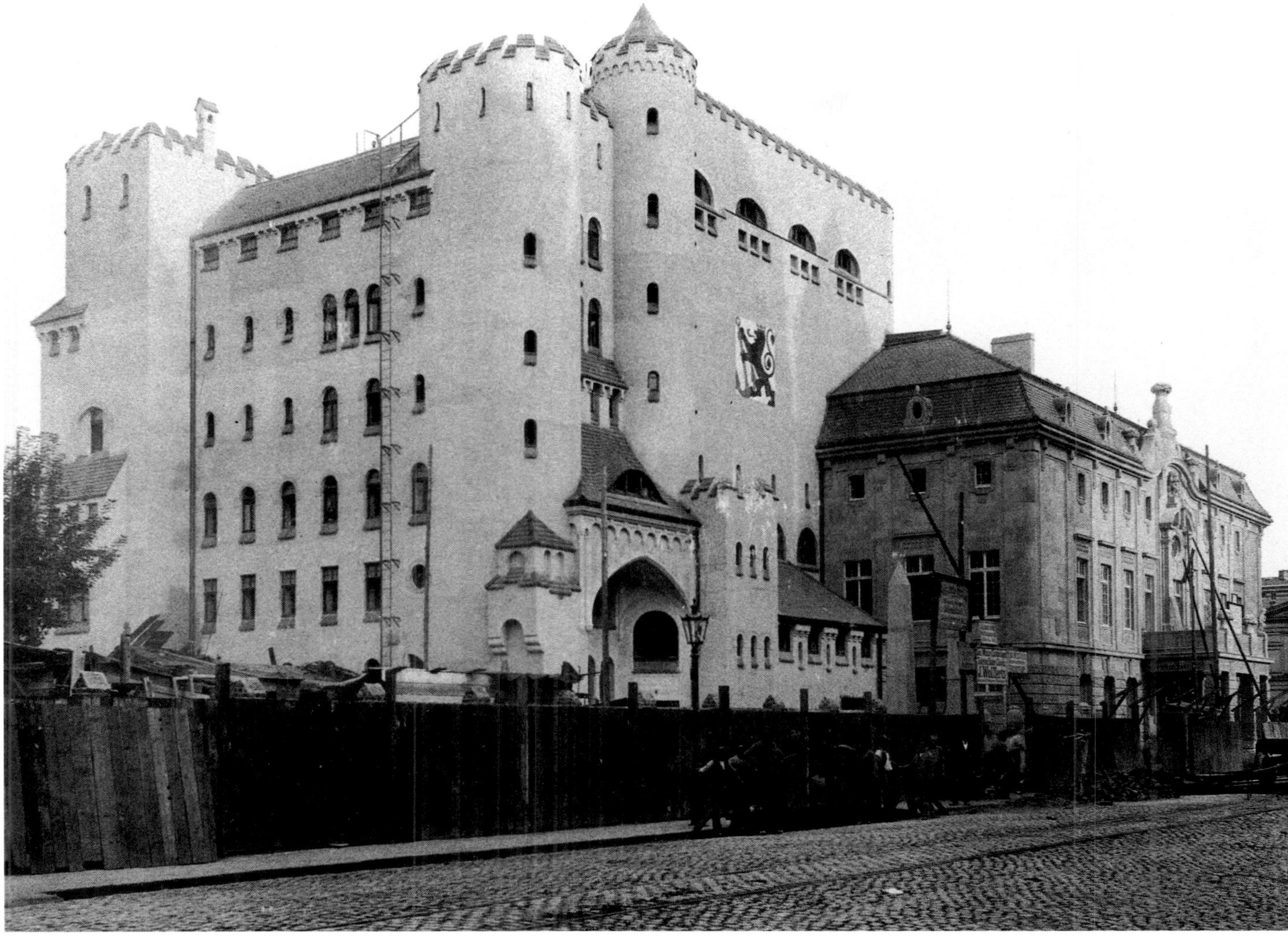

96 Kasernenstraße, Schauspielhaus, um 1905 Josef Henne

Ein Jahr später als die gegenüberliegende Synagoge wurde das neue, von Bernhard Sehring entworfene Schauspielhaus eröffnet. Bemerkenswert ist der architektonische Bruch zwischen dem neobarocken Zuschauerhaus an der Karl-Theodor-Straße und dem mittelalterlich wirkenden, mit Rundtürmen und Zinnenkranz geschmückten Bühnenhaus.

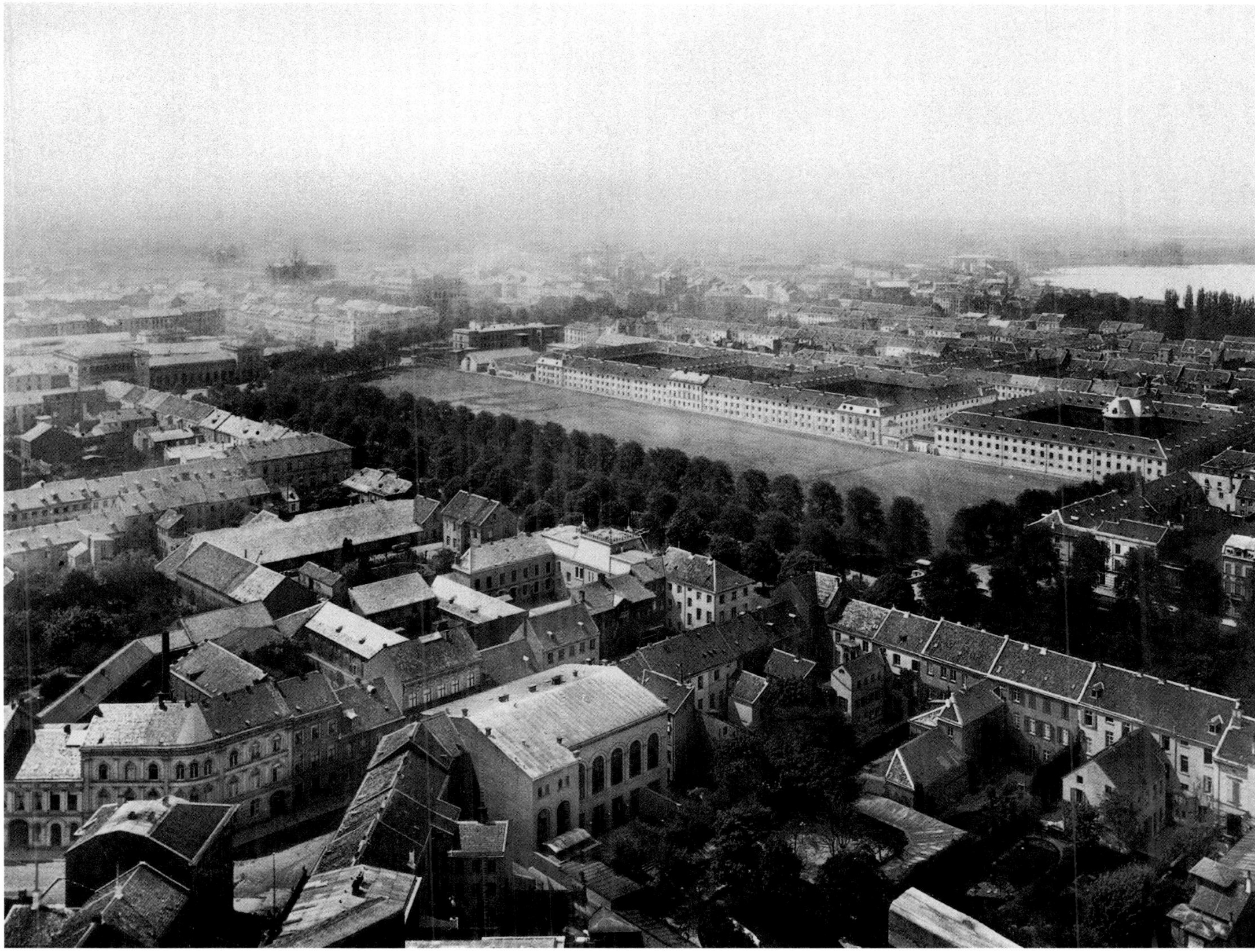

97 Königsallee mit Kasernenanlage, 1878 Wilhelm Otto

Vom Turm der im Bau befindlichen Johanniskirche hat Wilhelm Otto seine Kamera nach Südwesten ausgerichtet. Blickpunkt ist die im 18 Jahrhundert entstandene Kasernenanlage mit dem 1809 auf dem ehemaligen Festungsgelände angelegten, über 200 m langen Exerzierplatz. Die parallel verlaufende Königsallee endet im Süden vor dem Bahnhofsgebäude der Bergisch-Märkischen Eisenbahn am Graf-Adolf-Platz. Zwischen der Rheinbiegung – am rechten oberen Bildrand – und dem Kasernengelände erkennt man die rechtwinklig gerasterte Anlage der Karlstadt.

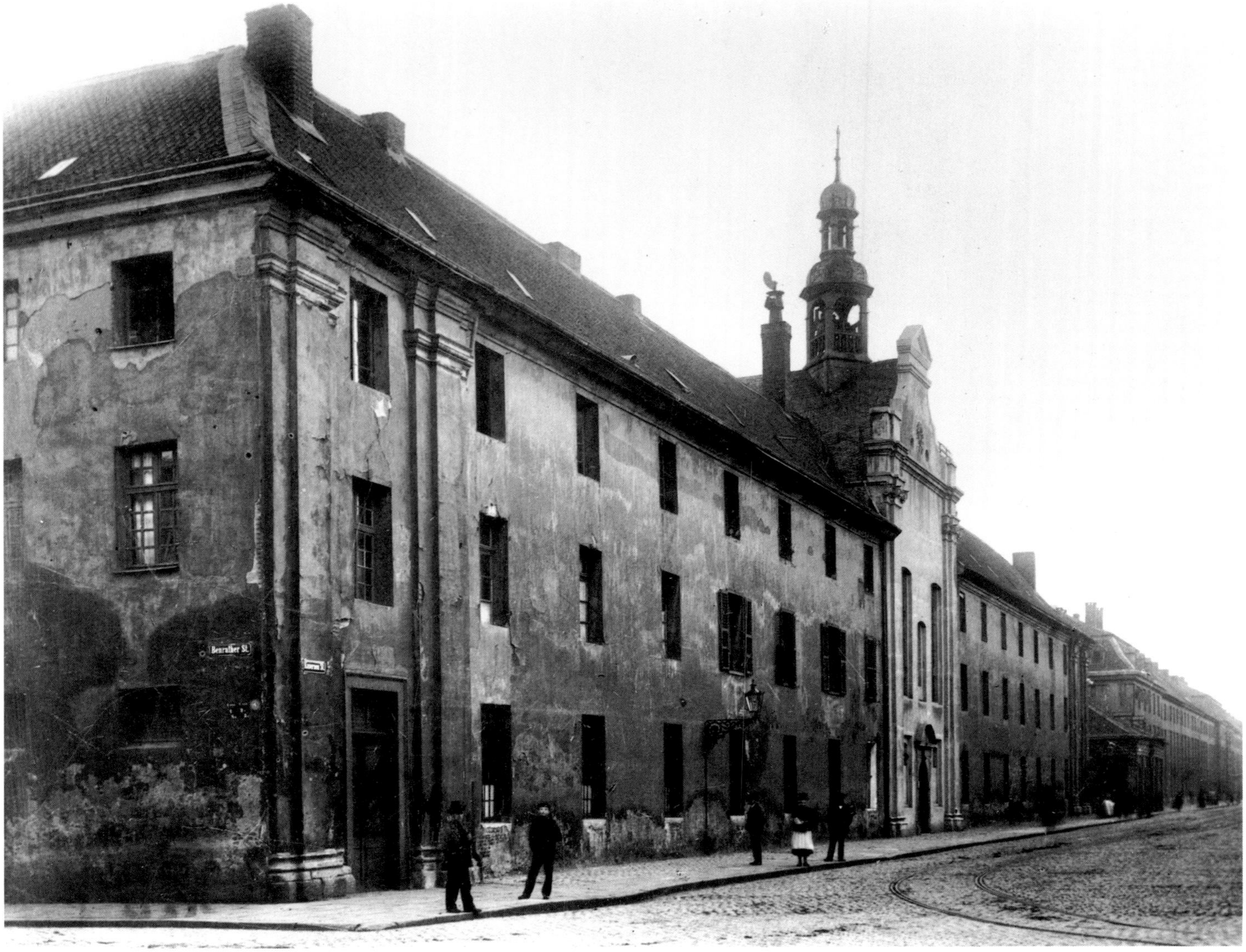

98 Kasernenstraße, Ecke Benrather Straße, um 1905 Julius Söhn

Der an der Kreuzung Benrather Straße/Kasernenstraße gelegene Kasernentrakt war 1712 nach dreijähriger Bauzeit als kurfürstliches Hubertushospital eingeweiht worden. Die ursprünglich dreiflügelige Anlage wurde nach dem Umzug des Hubertusstifts in die Neusser Straße um 1770 den im Hintergrund erkennbaren Kasernen angegliedert und 1818 am Exerzierplatz um einen vierten Flügel erweitert. Der desolate Zustand des ehemaligen Hospitals läßt den bevorstehenden Abbruch vermuten.

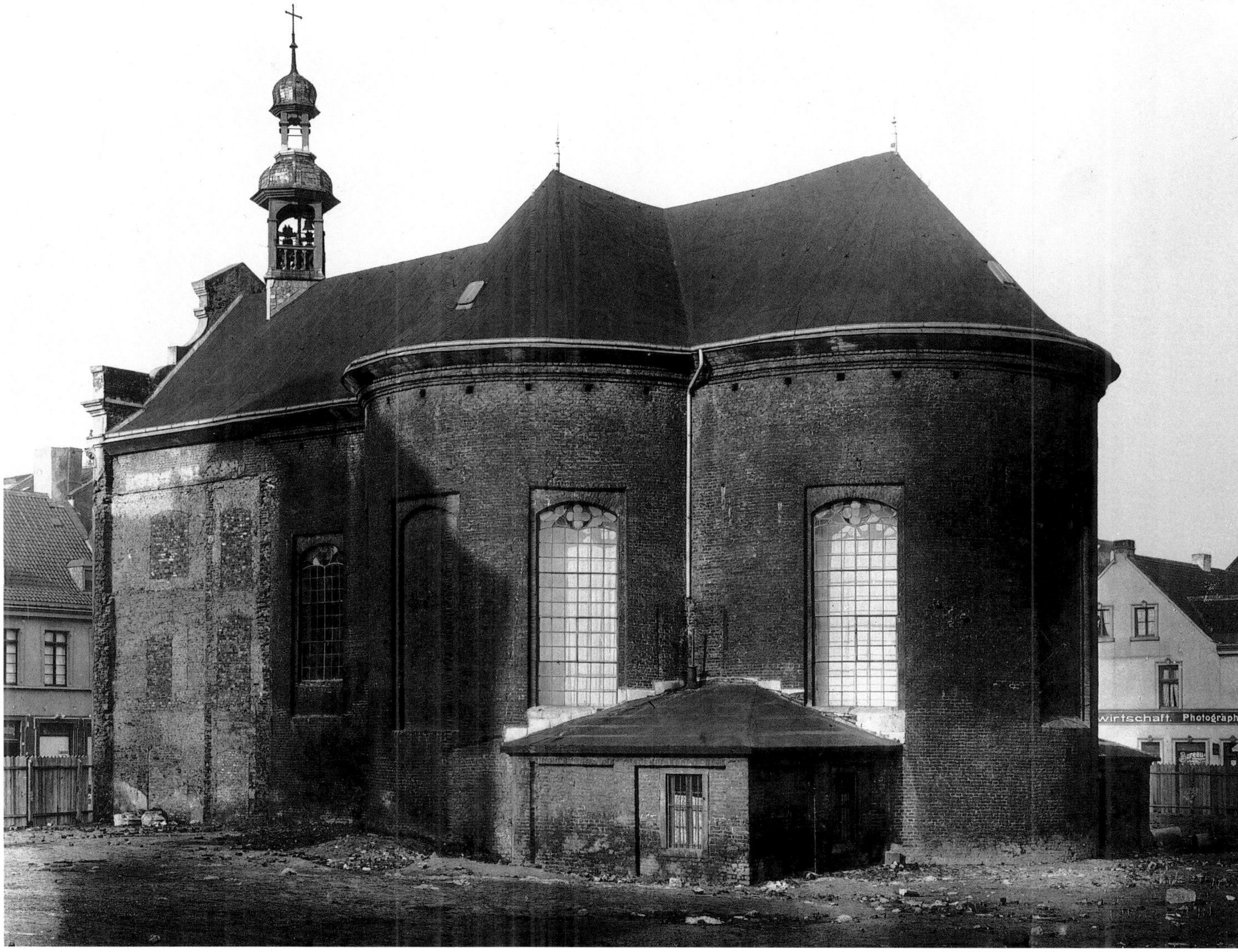

99 Kasernenstraße, Garnisonskirche, um 1905 Julius Söhn

Die Kasernenanlagen sind bereits geschleift. Die 1712 als Kirche des Hubertushospitals eingeweihte spätere Garnisonskirche wurde 1906 abgerissen.

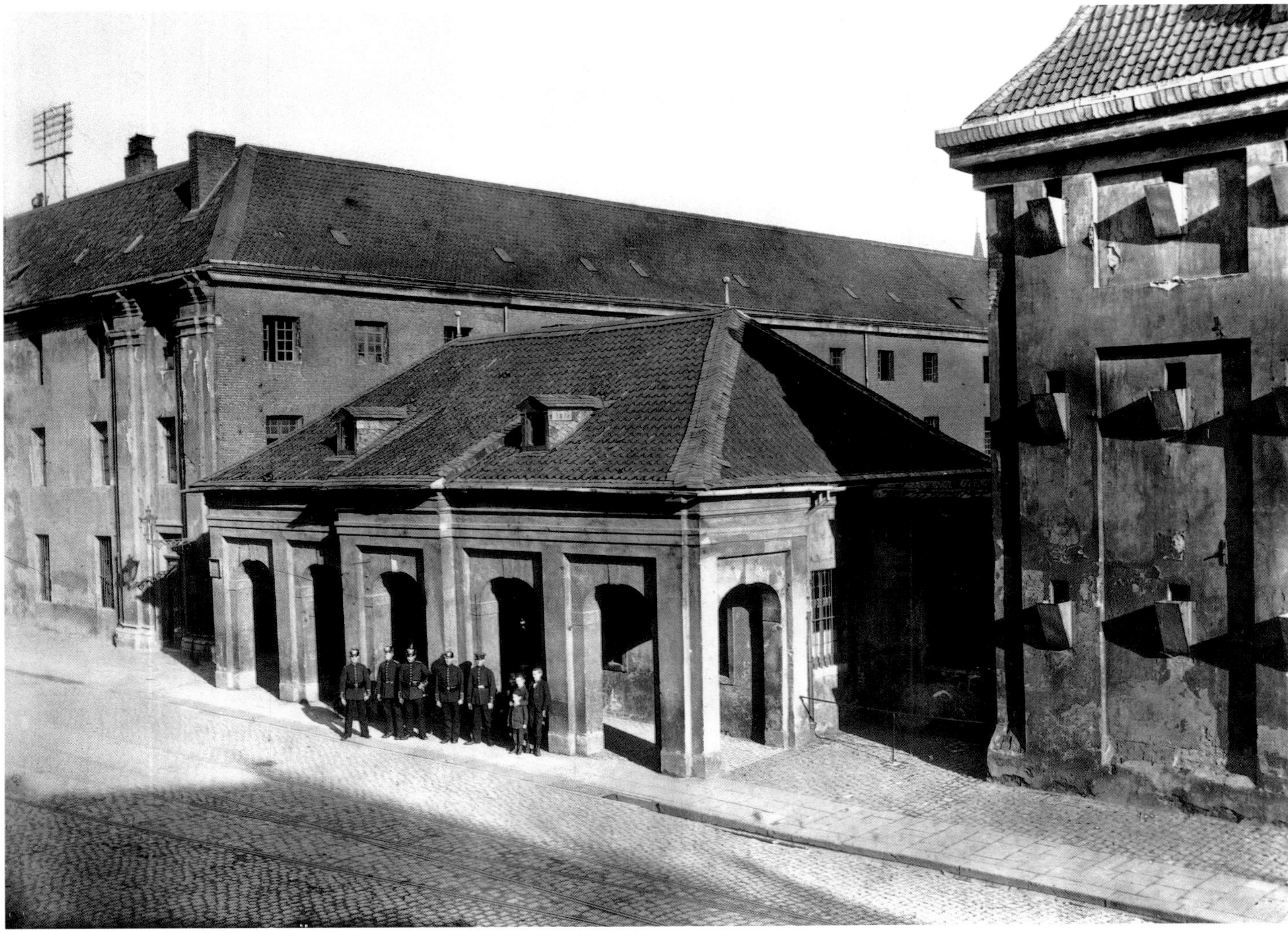

100 Kasernenstraße, Hauptwache, um 1905 Julius Söhn

Die um die Mittagszeit photographierte Hauptwache befand sich auf dem ursprünglich freien Gelände zwischen dem ehemaligen Hubertushospital im Hintergrund und den um 1701 nach Plänen von Michael Cagnon errichteten Kasernen am rechten Bildrand. Im Zuge der Schleifung der gesamten Anlage wurde auch die Hauptwache abgerissen.

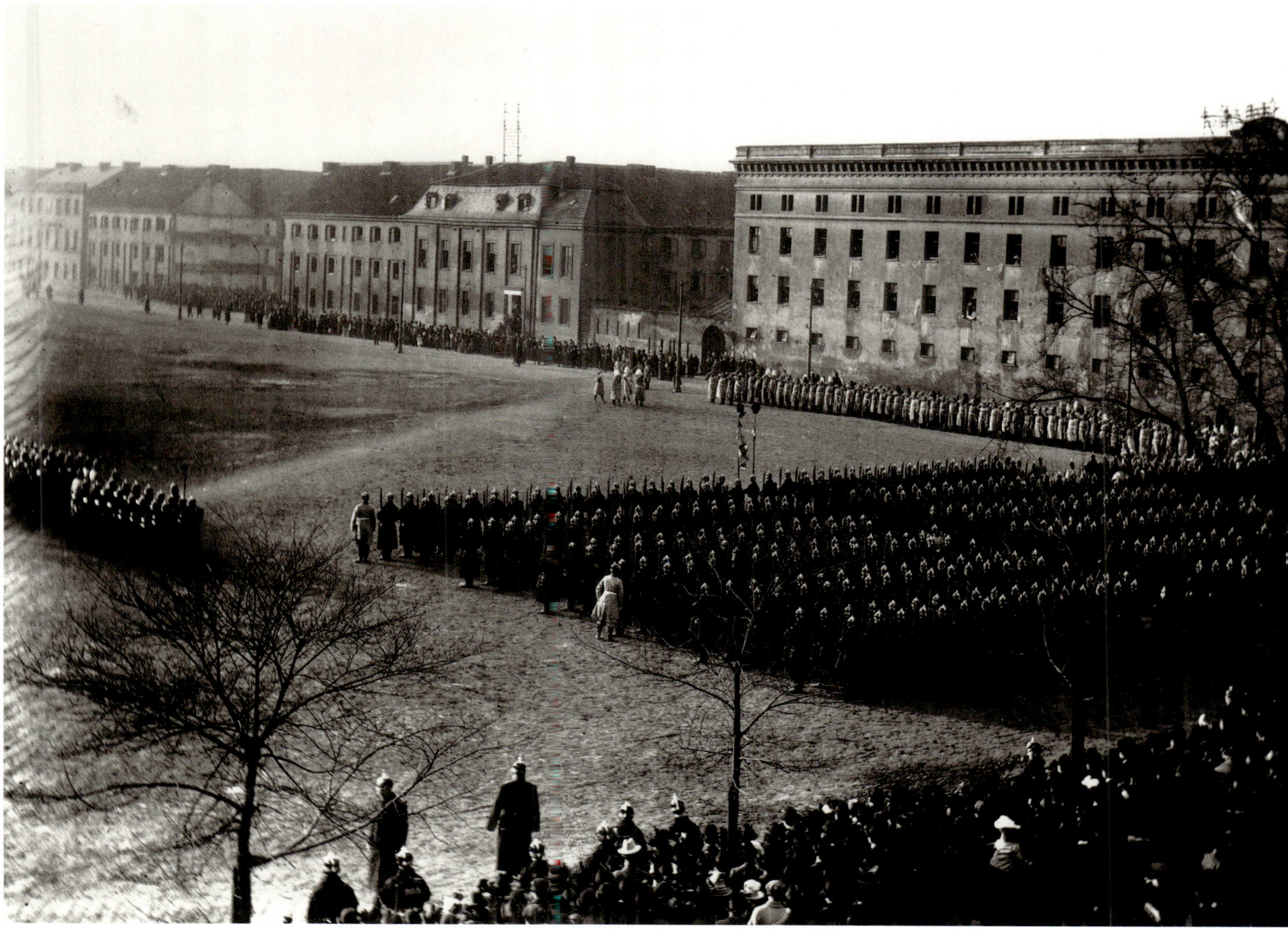

101 Exerzierplatz vor den Kasernen, um 1905 Julius Söhn

An den nordwestlichen Teil des Exerzierplatzes grenzt die Kaserne des 5. Ulanenregiments, hier am rechten oberen Bildrand. Der Blick führt weiter südlich zum ehemaligen Offizierskasino, an das sich der ältere Teil der Kasernern anschließt, deren Abbruch bereits begonnen hat. Die gesamte Kasernenanlage einschließlich des Exerzierplatzes, auf dem zum Zeitpunkt der Aufnahme eine Truppenparade stattfindet, umfaßte mehr als 32 Morgen.

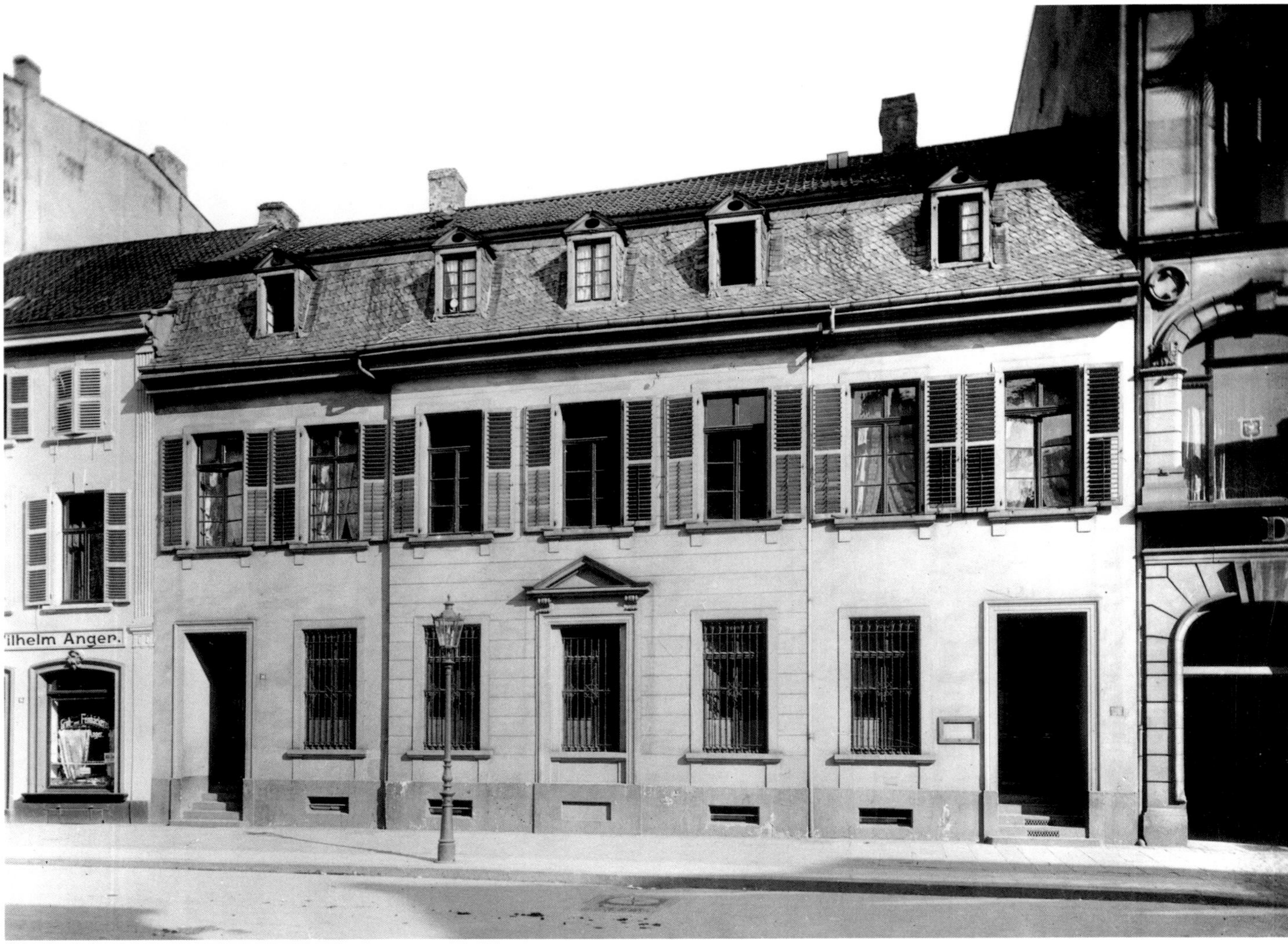

102 Kasernenstraße, um 1900 Julius Söhn

An vielen Häusern der Karlstadt ist das Vorbild der 1766 erbauten Statthalterresidenz in der Mühlenstraße ablesbar. Auch das Bankhaus Fleck & Scheuer, Kasernenstraße 20–22, war deren frühklassizistischer Fassade nachempfunden.

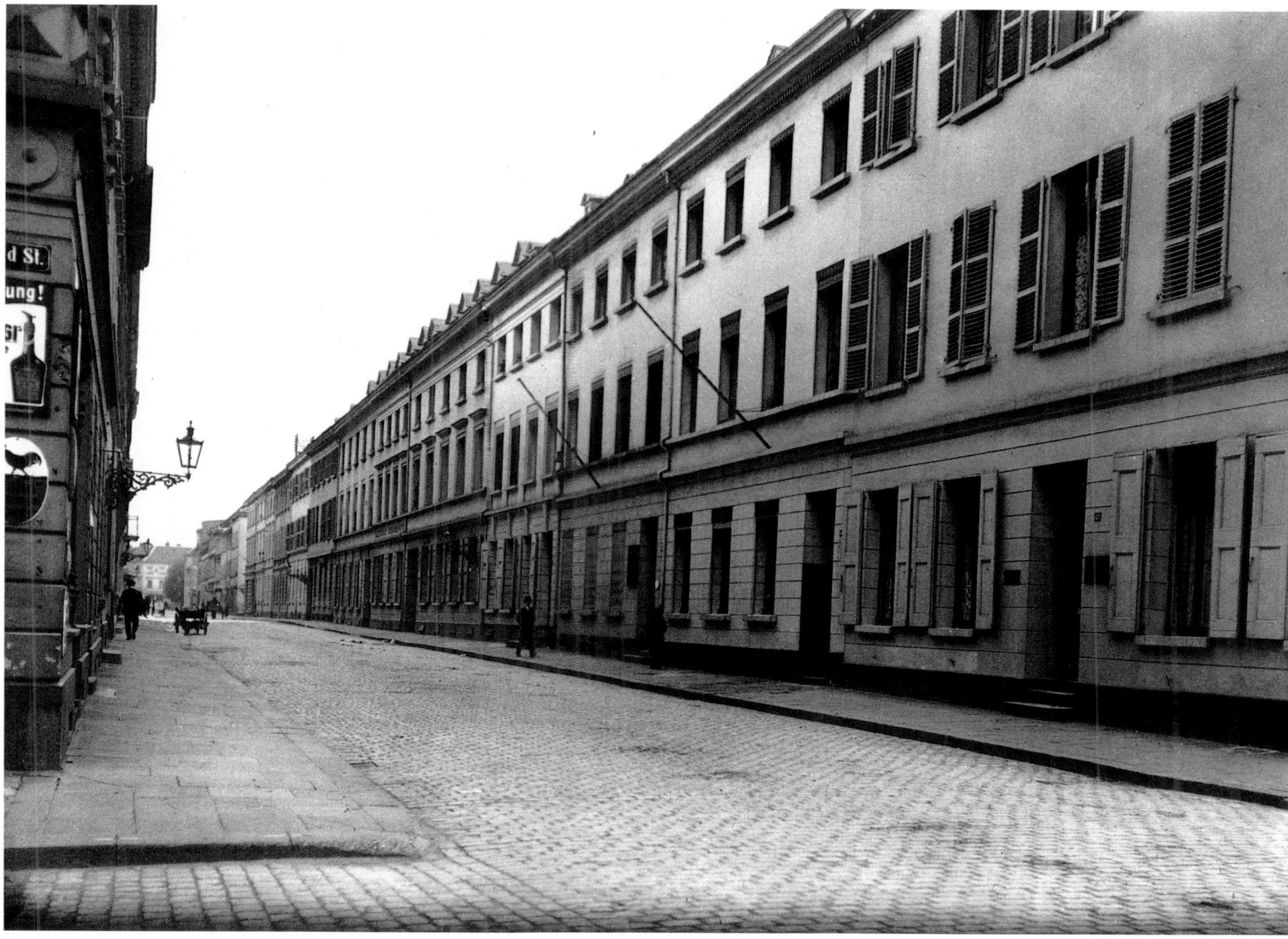

103 Bilker Straße, um 1900 Photograph unbekannt

Die vornehme, ab 1787 unter Karl Theodor in regelmäßigen, rechtwinkligen Baublöcken angelegte Karlstadt besticht durch den noblen, zurückhaltenden Klassizismus ihrer Wohn- und Geschäftsbauten. Die aus südlicher Richtung entstandene Aufnahme zeigt eine typische Häuserzeile in der Bilker Straße.

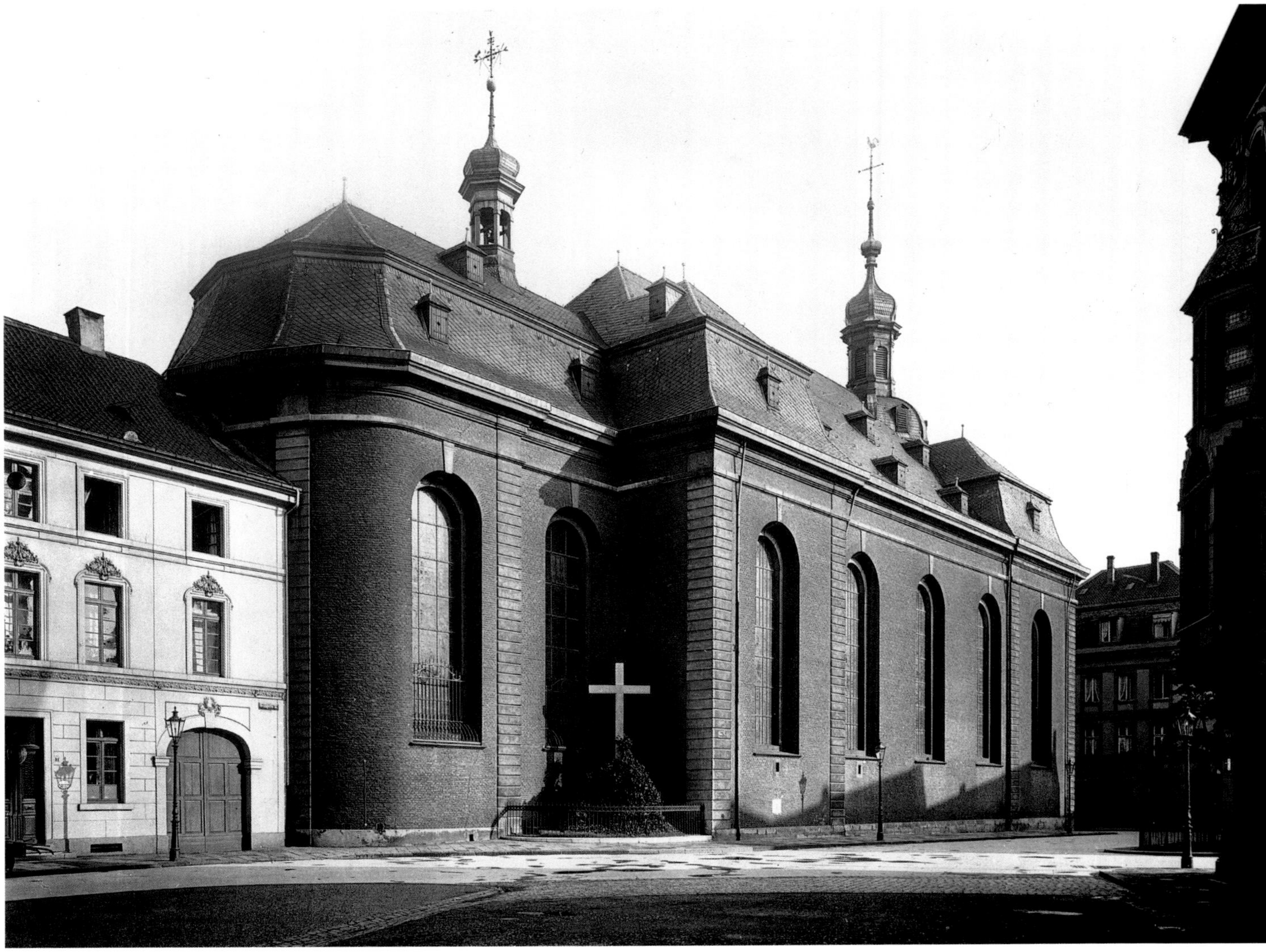

104 St. Maximilian, 1912 Photographie: Preußische Meßbildanstalt

Die frühmorgens in grellem Sonnenlicht aufgenommene Maxkirche war ursprünglich Klosterkirche des seit 1651 in Düsseldorf niedergelassenen Franziskanerordens. Nach dreijähriger Bauzeit konnte der dreischiffige Rokokobau am 4. Oktober 1737 mit einem feierlichen Gottesdienst eingeweiht werden. Das tief einfallende Seitenlicht läßt das in der Chornische angebrachte Kreuz vor dem dunklen Hintergrund hell hervortreten.

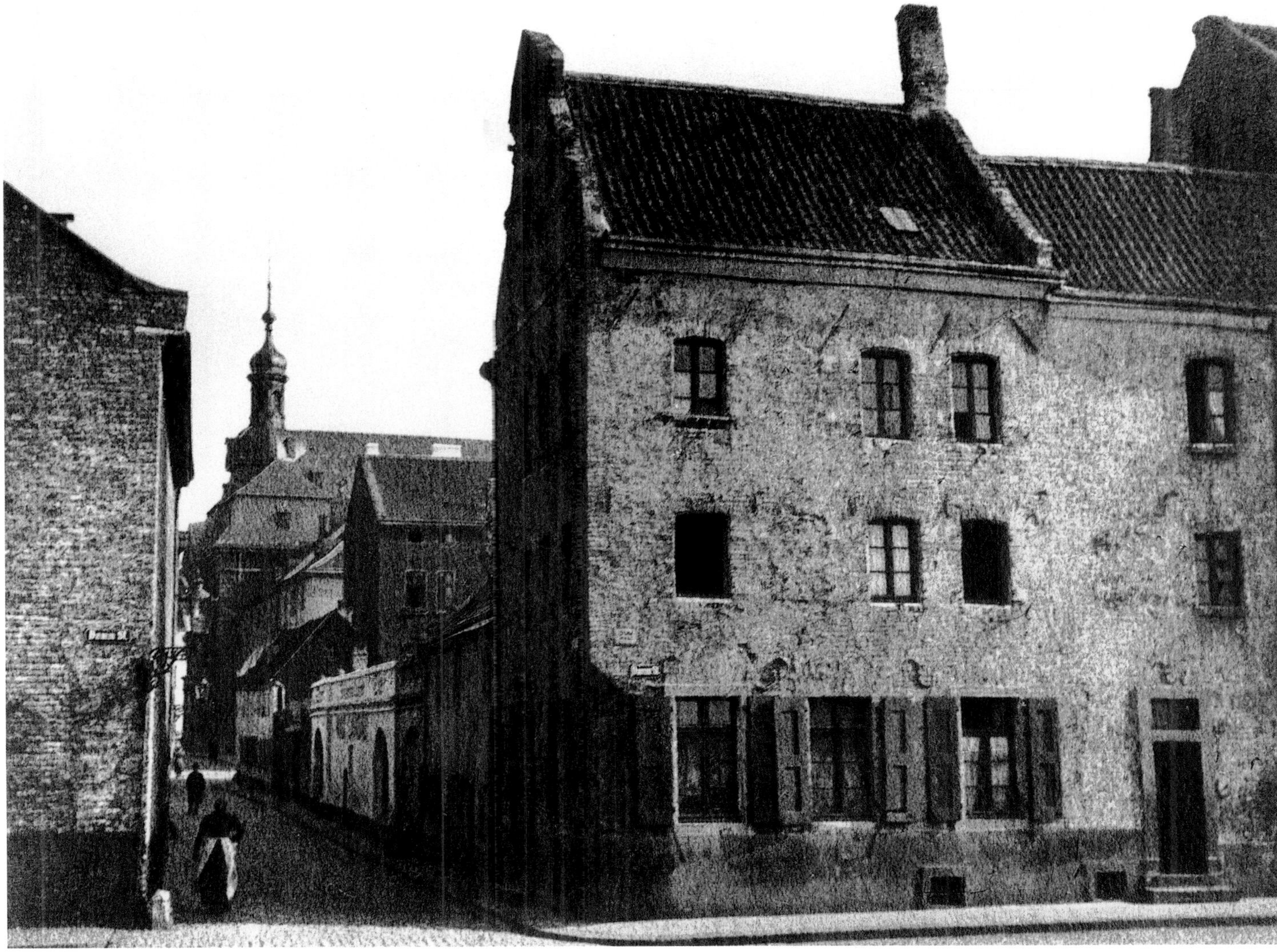

105 Schulstraße, Ecke Dammstraße, 1909 Dr. Erwin Quedenfeldt

Erwin Quedenfeldt hat seine Kamera von Westen, mit dem Rücken zum Rheinufer, auf die Schulstraße gerichtet, die zur Maxkirche führt. Auf der rechten Straßenseite befanden sich in dem hell getünchten, einstöckigen Gebäude mit den zwei Tordurchfahrten zu Beginn des 19. Jahrhunderts die Stallungen und Remisen des Palais Nesselrode. Typisch für Düsseldorf ist das Backsteinhaus mit seinem unverputzten Barockgiebel an der Ecke zur quer verlaufenden Dammstraße.

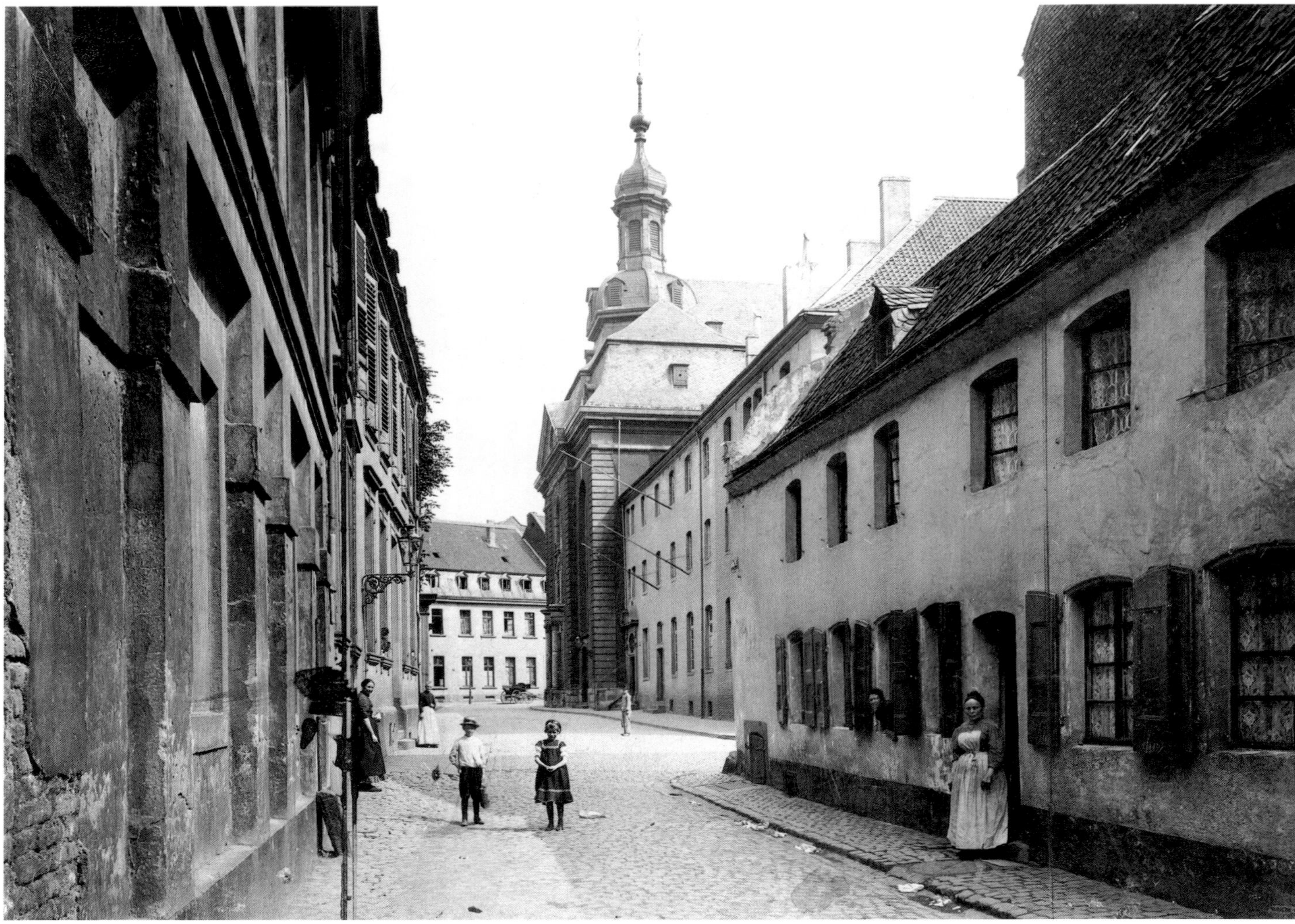

106 Schulstraße, 1890 Peter Hubert Höltgen

Der Aufnahmestandpunkt befindet sich jetzt in der Schulstraße etwas weiter östlich. Die Gebäude des ehemaligen Franziskanerklosters schließen, von der Straßenfront etwas zurückgenommen, westlich der Maxkirche an. Gegenüber der von rechts einmündenden Citadellstraße liegt das Palais Nesselrode, der heutige Sitz des Hetjensmuseums.

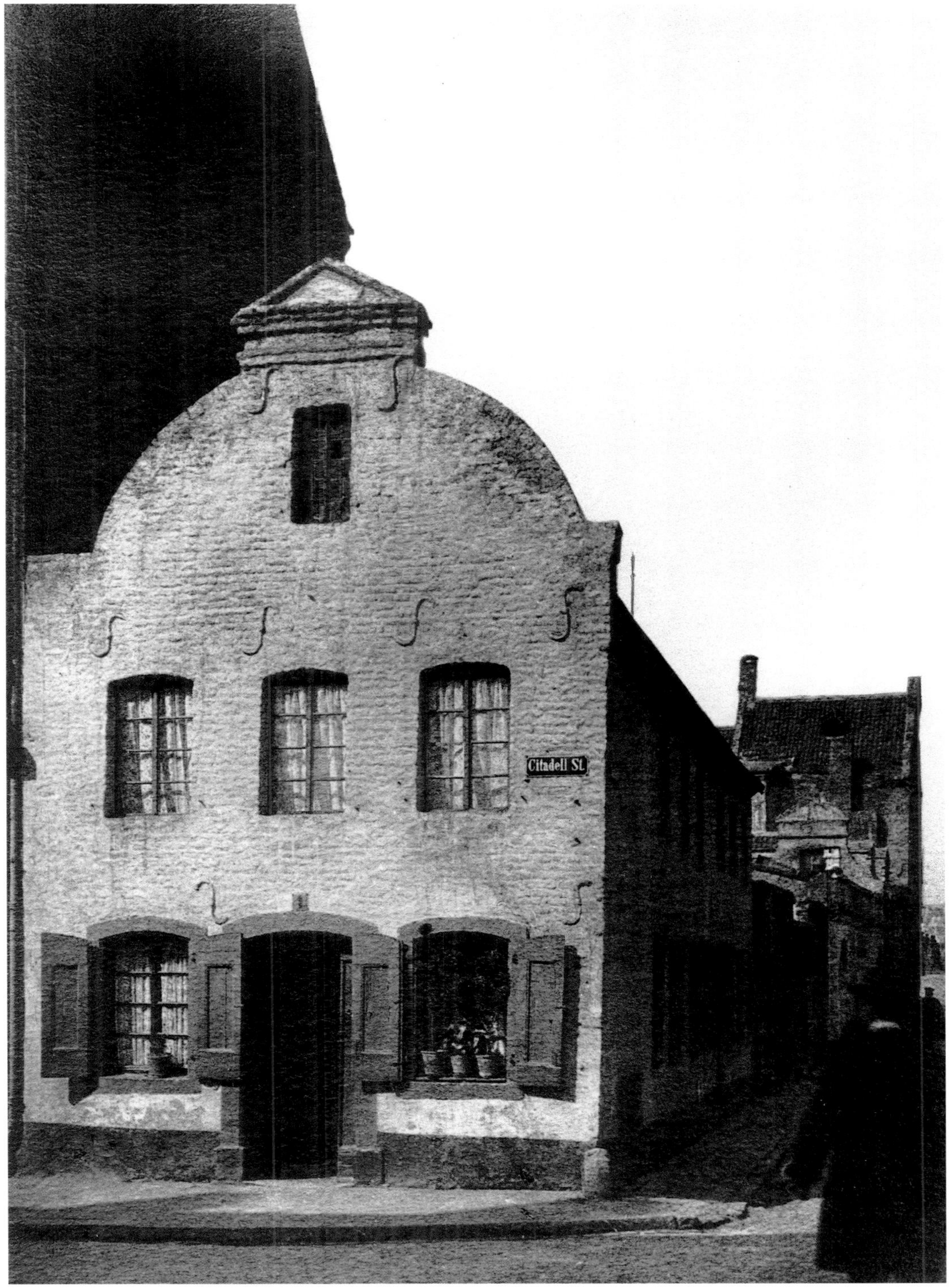

107 Citadellstraße, Ecke Schulstraße, 1909 Dr. Erwin Quedenfeldt

Das Viertel um Citadellstraße, Schulstraße, Bäckerstraße und Orangeriestraße befindet sich auf dem ehemaligen Gelände der Zitadelle, die ab 1540 im Zuge der Bastionsbefestigung angelegt wurde. In dem zweistöckigen Backsteinhaus, dessen Eingangsfront durch einen kleinen Dreiecksgiebel bekrönt wird, wurde früher eine Gastwirtschaft betrieben, worauf auch der ehemalige Name »Im Schenkschen« hinweist.

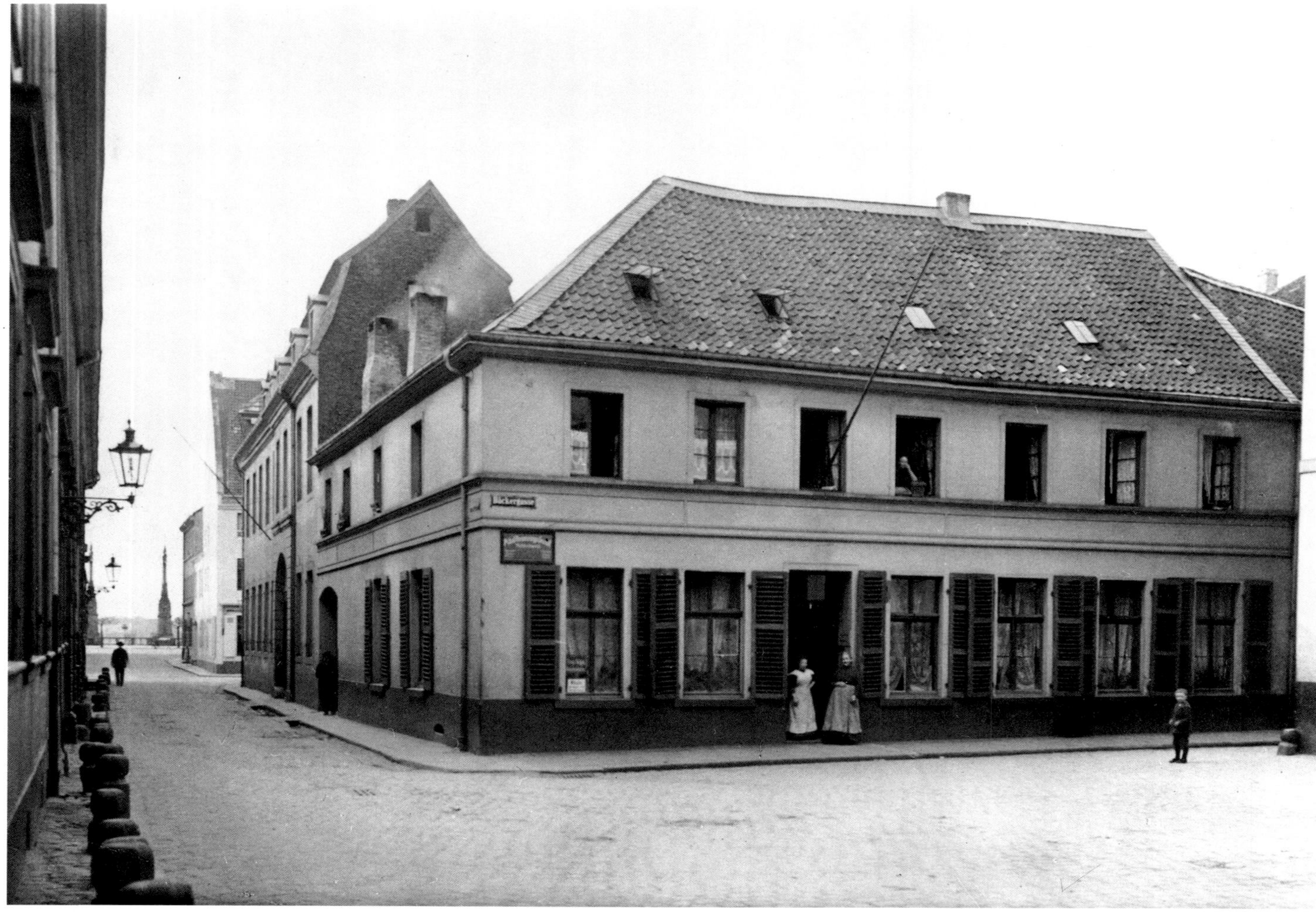

108 Bäckerstraße, Ecke Bäckergasse, um 1905 Photograph unbekannt

Die Bäckerstraße verläuft hier vor dem ehemaligen Palais des Grafen Wilhelm von Spee, dessen Fassade am linken Bildrand zu erkennen ist, in Richtung des neu angelegten Rheinwerfts. Von rechts mündet die Bäckergasse auf den kleinen Platz im Vordergrund. In unmittelbarer Umgebung der beiden Straßen befand sich früher das Kommißbackhaus.

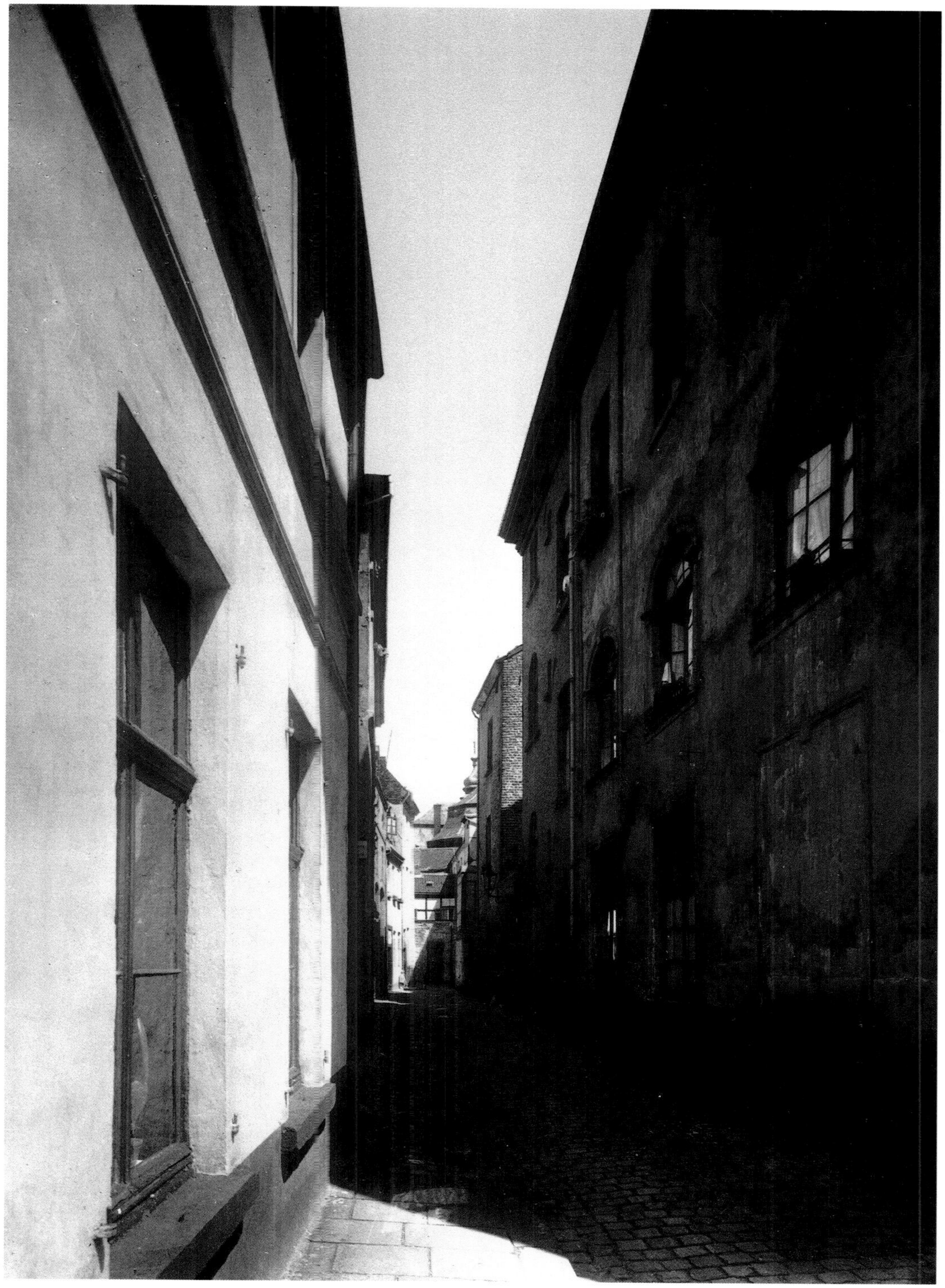

109 Bäckergasse, um 1900 Julius Söhn

Die Bäckergasse, im Volksmund auch ›Pefferhött‹ genannt, verläuft parallel zur Orangeriestraße und endet hinter der Maxkirche. Um 1860 befand sich in der schmalen Gasse die Gewürzmühle Kaulzgen, auf die sich der Name ›Pefferhött‹ bezieht.

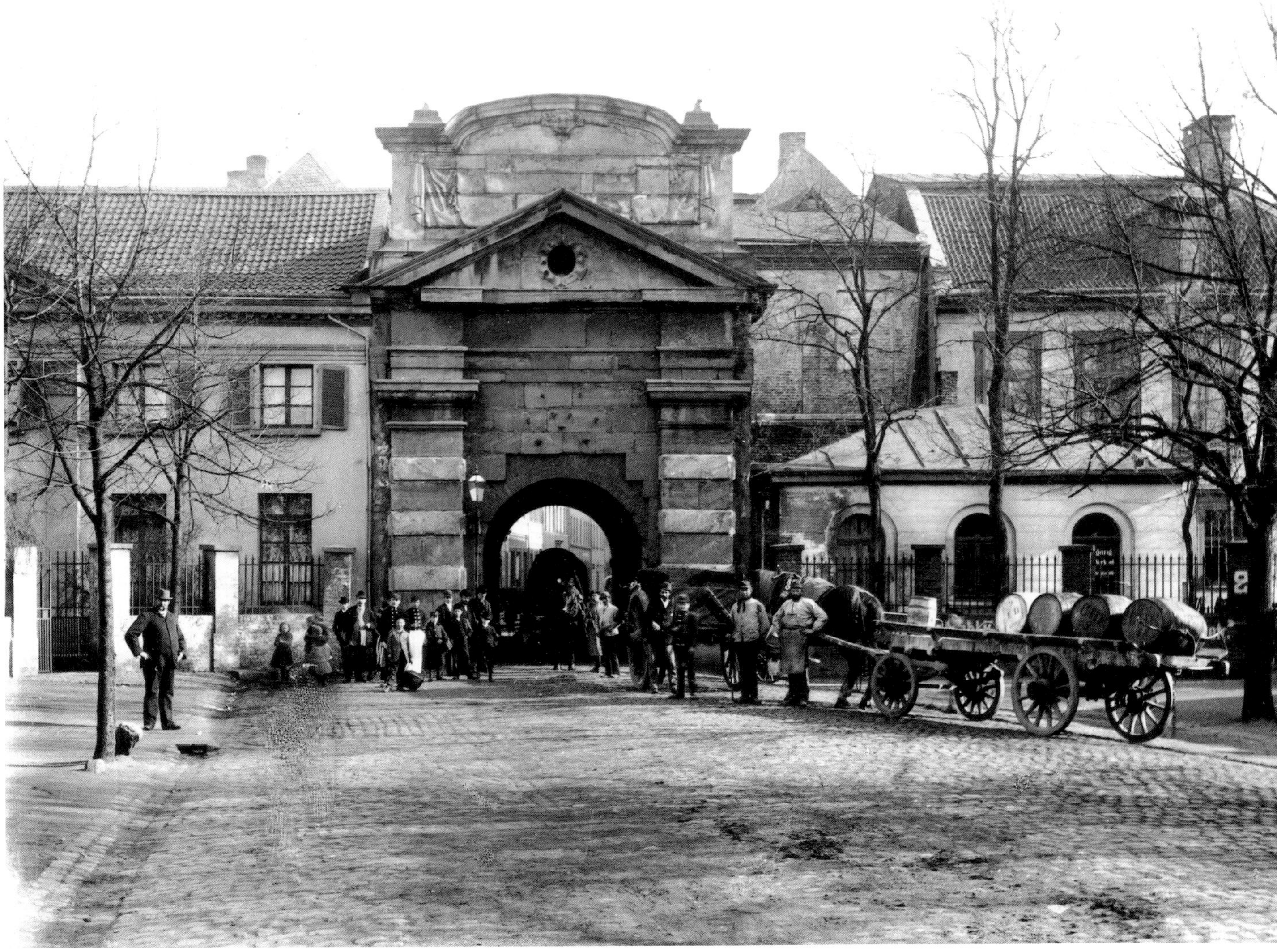

110 Berger Tor, um 1895 Photograph unbekannt

Der Name des Berger Tors, das hier von der Feldseite aufgenommen wurde, bezieht sich auf zwei ›up dem Berghe‹ an der Straße nach Bilk gelegene Bauernhöfe. Im Zuge des Ausbaus der Zitadelle wurde das Tor 1621 nach einem Entwurf des Festungsbaumeisters Antonio Serro angelegt. Einem Umbau im Jahr 1751 durch den Ingenieurmajor J. Hubert van Douwen verdankt es seine endgültige Form. Die relativ schmale Tordurchfahrt wird zu beiden Seiten von mächtigen Pilastern flankiert. Über dem Dreiecksgiebel erhebt sich der zweite, 1751 hinzugekommene, reich dekorierte Giebel mit korbförmigem Gesimsabschluß.

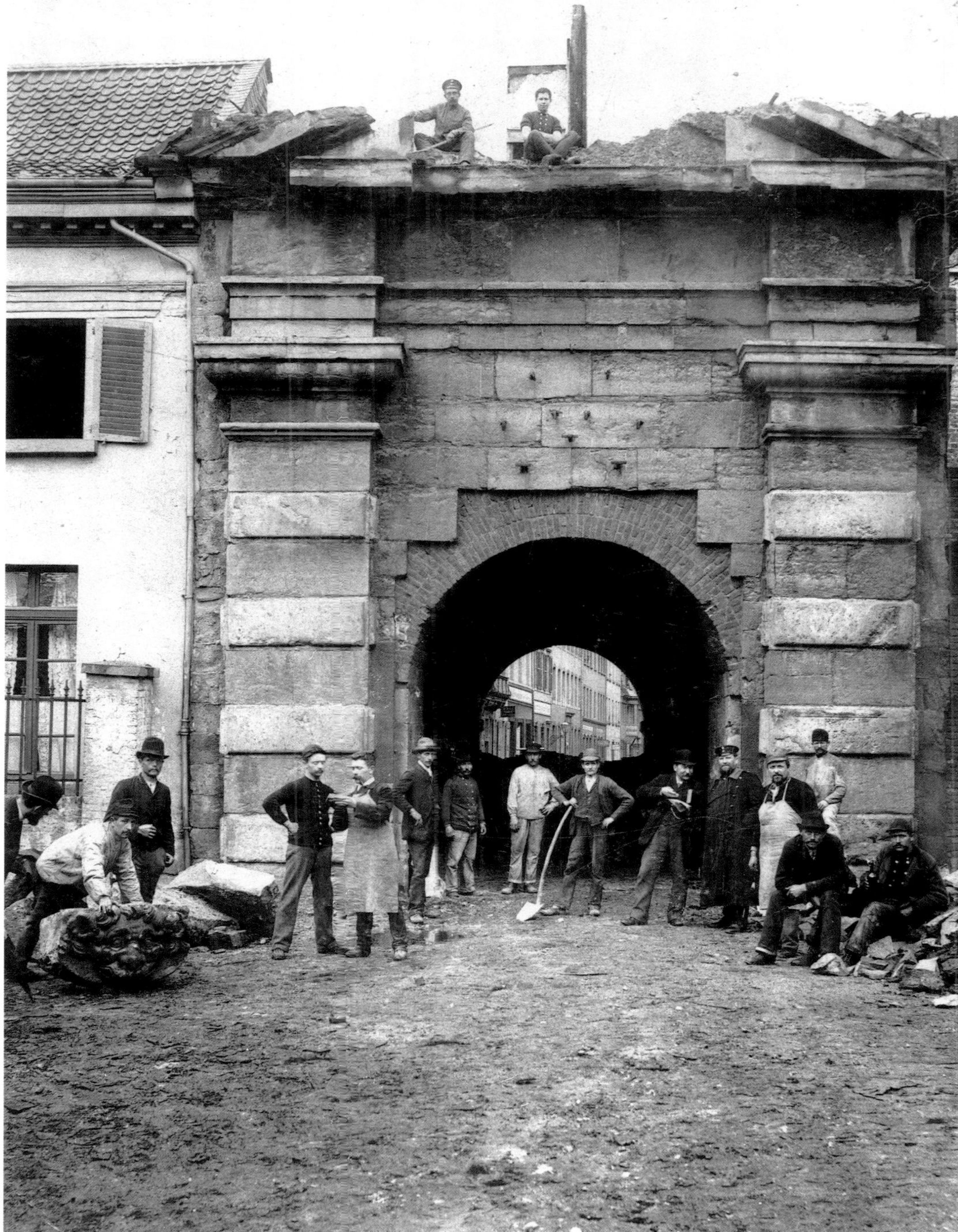

111 Schleifung des Berger Tors, April 1895 Photograph unbekannt

Der Abriß des Berger Tors, erstmalig 1831 im Bebauungsplan von Adolf von Vagedes vorgesehen, wurde überstürzt am 24.4.1895 von der Bürgerschaft in die Wege geleitet, um die preußische Regierung, die mehrfach den Anträgen der Stadtverordnetenversammlung zum Abriß des Tors widersprochen hatte, vor vollendete Tatsachen zu stellen. Das Dach ist hier bereits abgetragen. Am linken Bildrand stützt sich ein Arbeiter auf den in Stein gemeißtelten Löwenkopf, der den oberen Gesimsabschluß dekorierte.

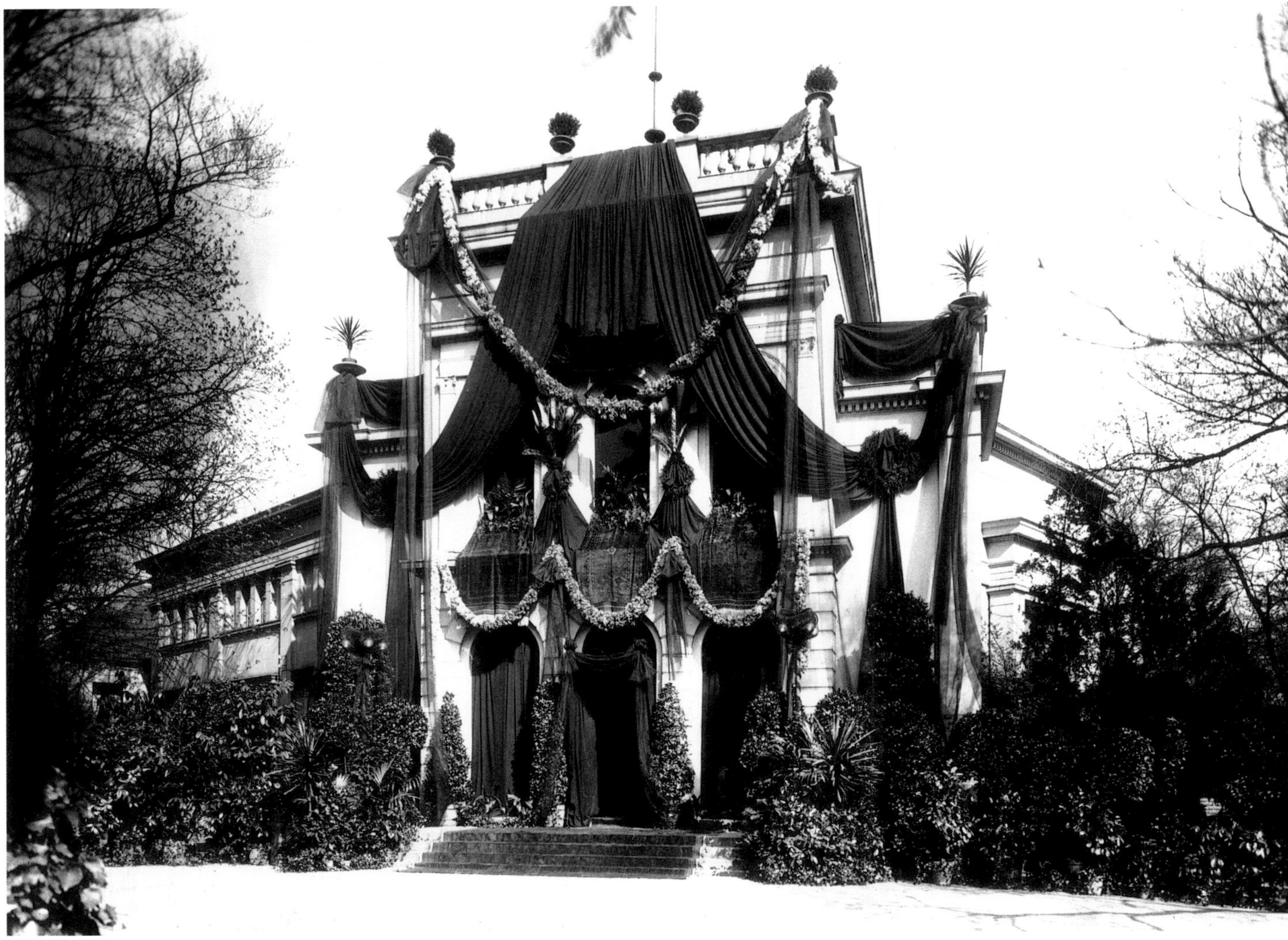

112 ›Malkasten‹, Jacobistraße, April 1910 Julius Söhn

Die Düsseldorfer Künstler des 19. Jahrhunderts genossen seitens der Bürgerschaft allerhöchste Achtung und Wertschätzung. Die pompöse Trauerbeflaggung des ›Malkastens‹ anläßlich der Beerdigung des 95jährig verstorbenen Andreas Achenbach dokumentiert das besondere Ansehen des Malers, der bereits mit zwölf Jahren an der Kunstakademie studierte.

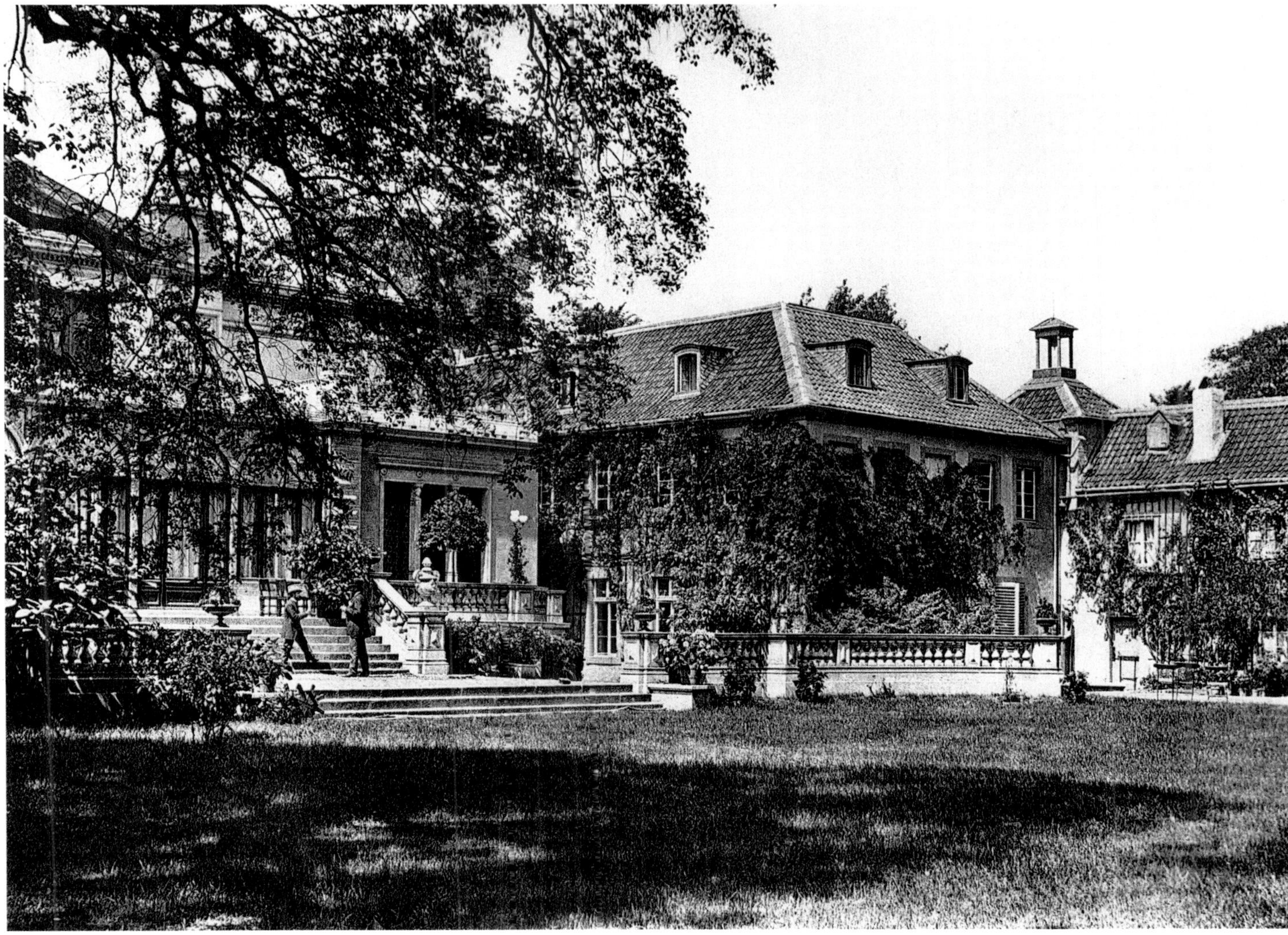

113 ›Malkasten‹ und ehemaliges Jacobihaus, 1910 Wilhelm Otto

Das Haus der Familie Jacobi wurde im 18. Jahrhundert der ›Musenhain von Pempelfort‹ genannt. Berühmte Künstler und Philosophen trafen sich bei den Brüdern Johann-Georg und Friedrich-Heinrich zur Diskussion. Unter französischer Besatzung brach dieser Kreis durch die Flucht der Jacobis um 1794 auseinander. Der im Revolutionsjahr 1848 von Düsseldorfer Künstlern gegründete ›Malkasten‹ setzte 1857 durch die Übernahme des Anwesens die kulturelle Tradition der Brüder Jacobi in veränderter Form fort. 1867 erweiterte der Architekt und Maler Ludwig Blank, der sich u.a. Louis De Blanc nannte, die Anlage um einen zweistöckigen Bau, der am linken Bildrand zu erkennen ist. Der ›Malkasten‹ bot fortan auch den Rahmen für die weit über Düsseldorfs Stadtgrenzen hinaus bekannten und beliebten, glanzvollen Feste und Geselligkeiten der Düsseldorfer Künstlerschaft.

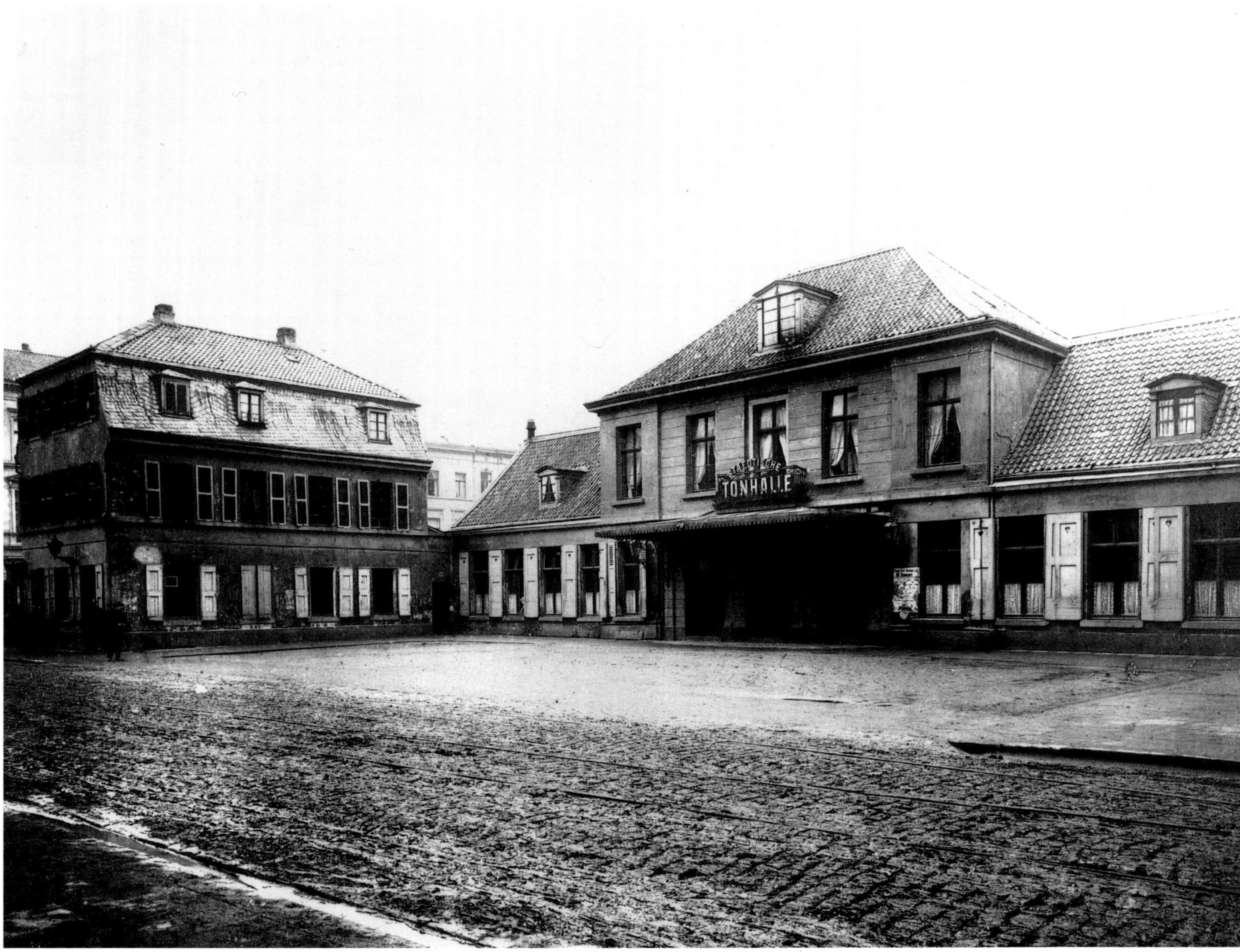

114 Schadowstraße, Städtische Tonhalle, um 1884 Photograph unbekannt

Die Aufnahme zeigt – aus nordwestlicher Sicht – die erste städtische Tonhalle am Flinger Steinweg, der heutigen Schadowstraße. Sie ersetzte nach zweijähriger Bauzeit 1865 das Geislersche Lokal, in dem 1818 das erste ›Niederrheinische Musikfest‹ stattgefunden hatte. Der über 2800 Zuschauer fassende Kaisersaal zeichnete sich durch seine hervorragende Akustik aus und blieb wie der Rittersaal beim weiteren Ausbau der Tonhalle in den Jahren 1889–1892 erhalten.

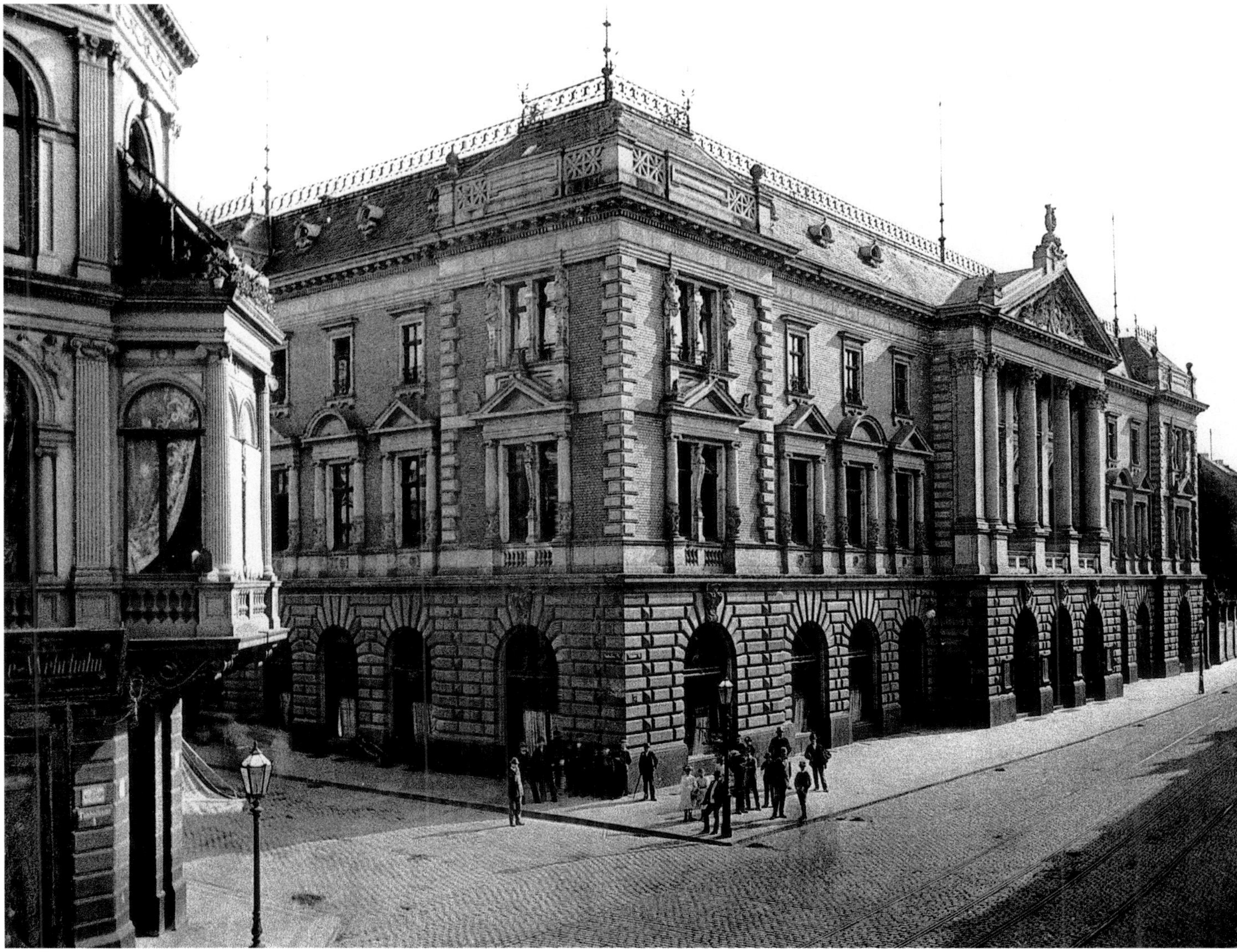

115 Schadowstraße, Ecke Tonhallenstraße, 1894 Josef Henne

Auf der zehn Jahre später entstandenen Aufnahme ist die Tonhalle nach dem Umbau durch die Stadtbaumeister Westhofen und Peiffhoven nicht mehr wiederzuerkennen. Der gesamte Komplex wurde bis an die Schadowstraße vorgezogen und umfaßte nun neben den übernommenen Konzertsälen zahlreiche neue Gesellschaftsräume, Ladenlokale und Restaurants. Die Düsseldorfer Karnevalsvereine hielten hier ihre Sitzungen ab und der Künstlerverein ›Malkasten‹ lud jeden Winter zu seinem berühmt-berüchtigten Maskenball. Die schwer beschädigte Tonhalle wurde nach dem Zweiten Weltkrieg nicht wieder aufgebaut. Heute befindet sich der Musiksaal im ehemaligen Planetarium an der Oberkasseler Brücke.

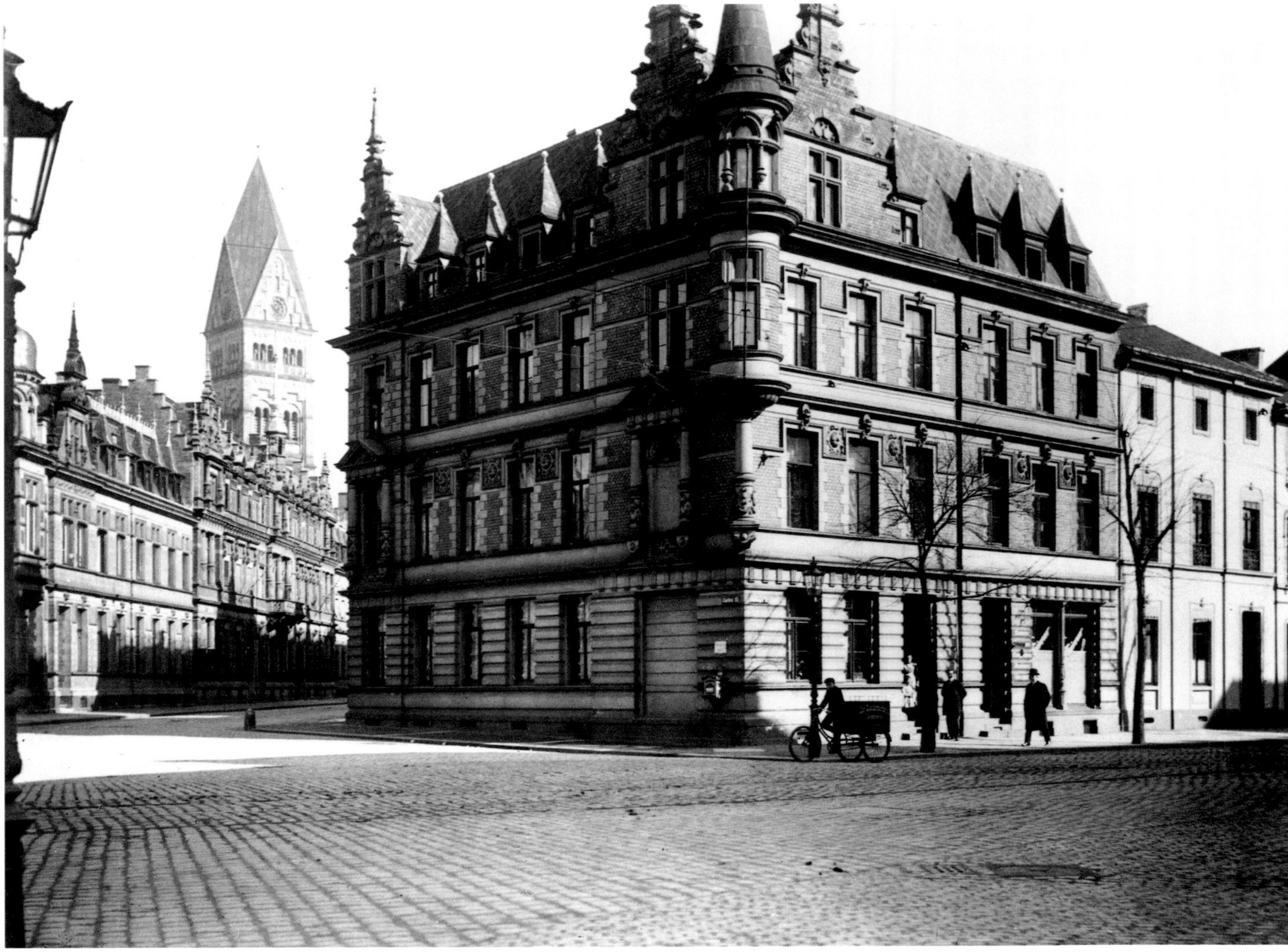

116 Duisburger Straße, Ecke Gartenstraße, um 1900 Julius Söhn

Bei der Stadterweiterung von 1854 folgte die Straßenbebauung östlich der Königsallee und nördlich des Hofgartens bewußt dem Verlauf vorhandener Wege. Die daraus resultierenden stumpfwinkligen Kreuzungsbereiche gaben den Blick auf entfernt gegenüberliegende Gebäude frei, wie hier auf die 1897 eingeweihte Rochuskirche.

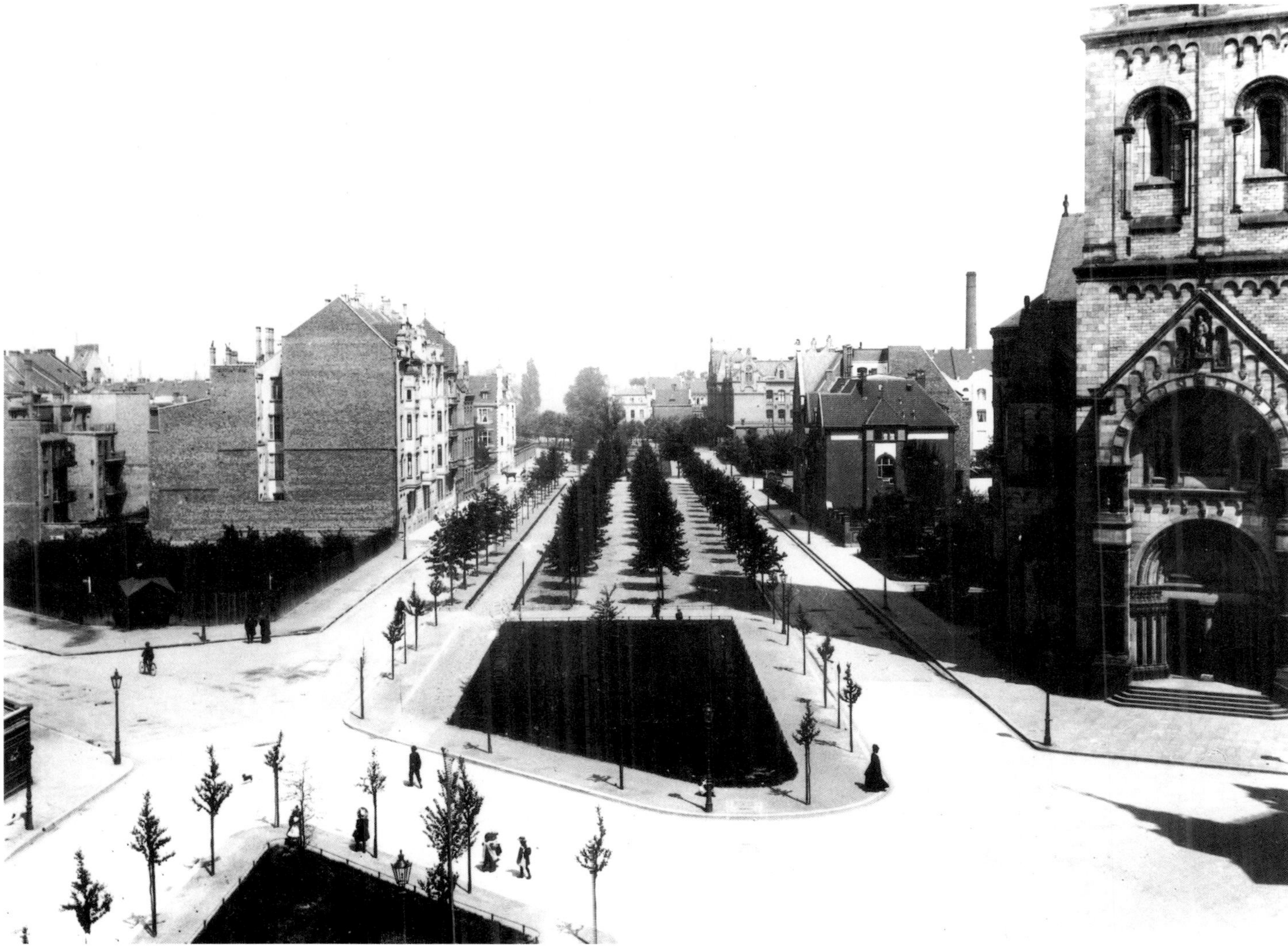

117 Prinz-Georg-Straße, um 1900 Julius Söhn

Das neue, gelockerte Prinzip der Straßenführung wird auch an der von erhöhtem Standpunkt streng auf die Mittelachse der Prinz-Georg-Straße ausgerichteten Aufnahme ablesbar. Rechts erhebt sich der Turm der neoromanischen Rochuskirche, die 1894–1897 nach dem Vorbild der Kölner Kirche St. Aposteln errichtet wurde.

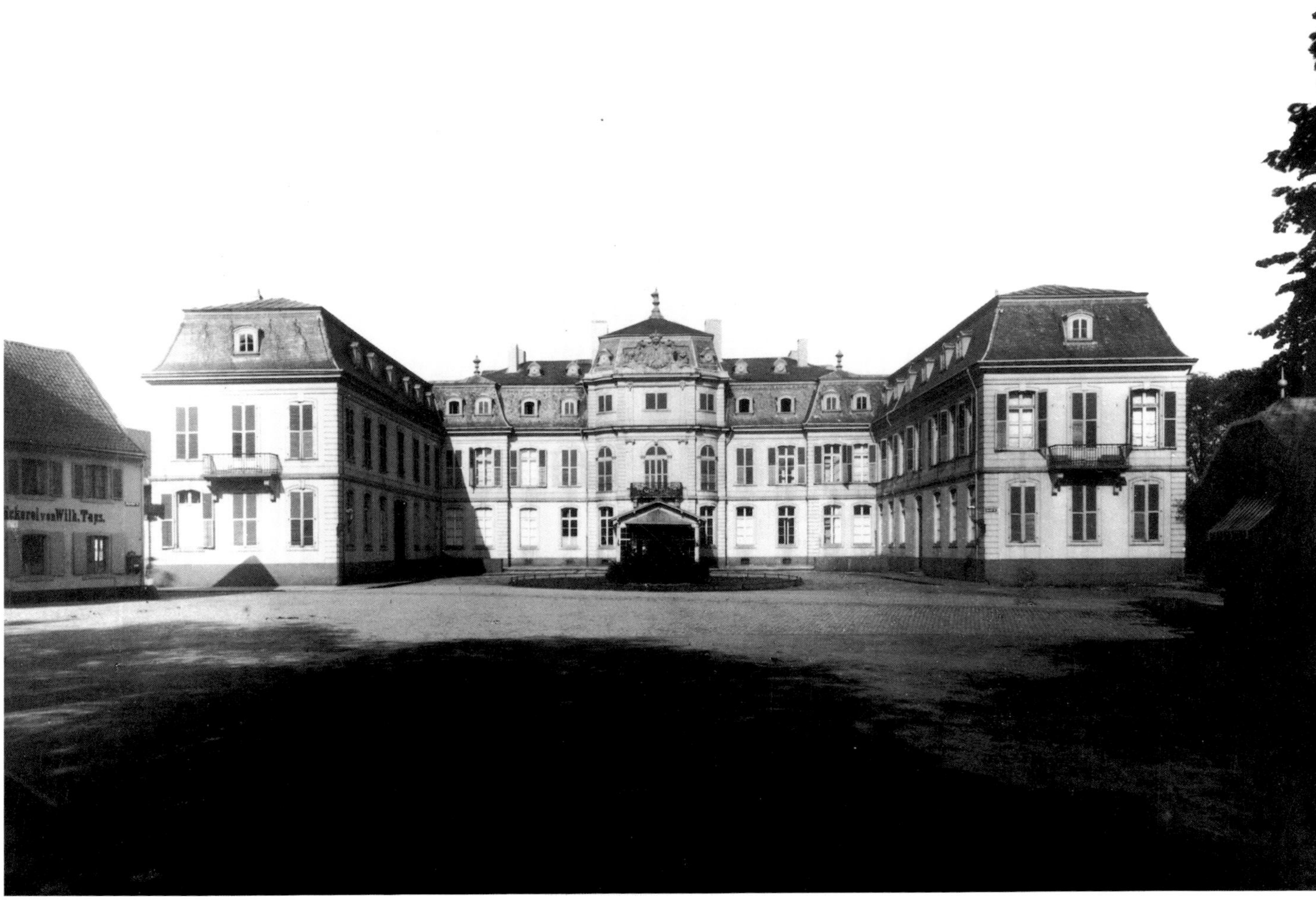

118 Schloß Jägerhof, 1900 Robert Franck

Die Aufnahme zeigt das in der zweiten Hälfte des 18. Jahrhunderts nach Plänen von Johann Joseph Couven errichtete Schloß Jägerhof. Das reizvoll am nordöstlichen Rand des Hofgartens gelegene Schloß, einst Wohnsitz der Bergischen Oberjägermeister, bildete den gelungenen optischen Abschluß der vom Runden Weiher im Hofgarten kommenden Reitallee. Im 19. Jahrhundert residierte hier der Truppenkommandant der preußischen Rheinprovinz, Prinz Friedrich; er beauftragte 1826 Adolf von Vagedes mit der Ausführung der zwei Seitenflügel, die 1909 abgerissen wurden.

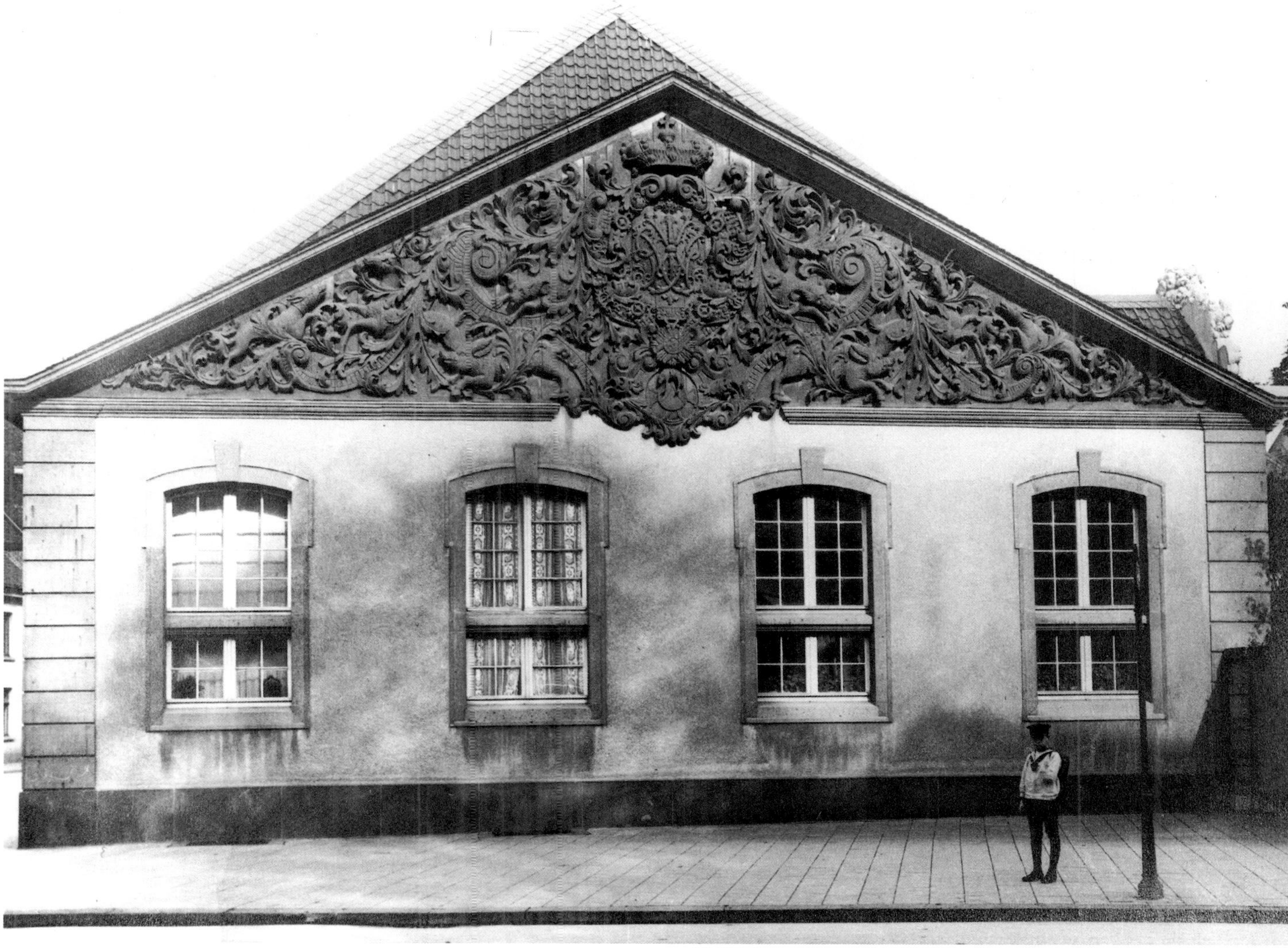

119 Jacobistraße, 1911 Dr. Erwin Quedenfeldt

Die detailliert ausgearbeiteten Giebel des Marstalls an der Pempelforter Straße, heute Alt Pempelfort, stammten aus der berühmten Werkstatt Gabriel Grupellos. Die Aufnahme zeigt den zur Jacobistraße weisenden nördlichen Giebel mit seinem reich dekorierten Wappenornament.

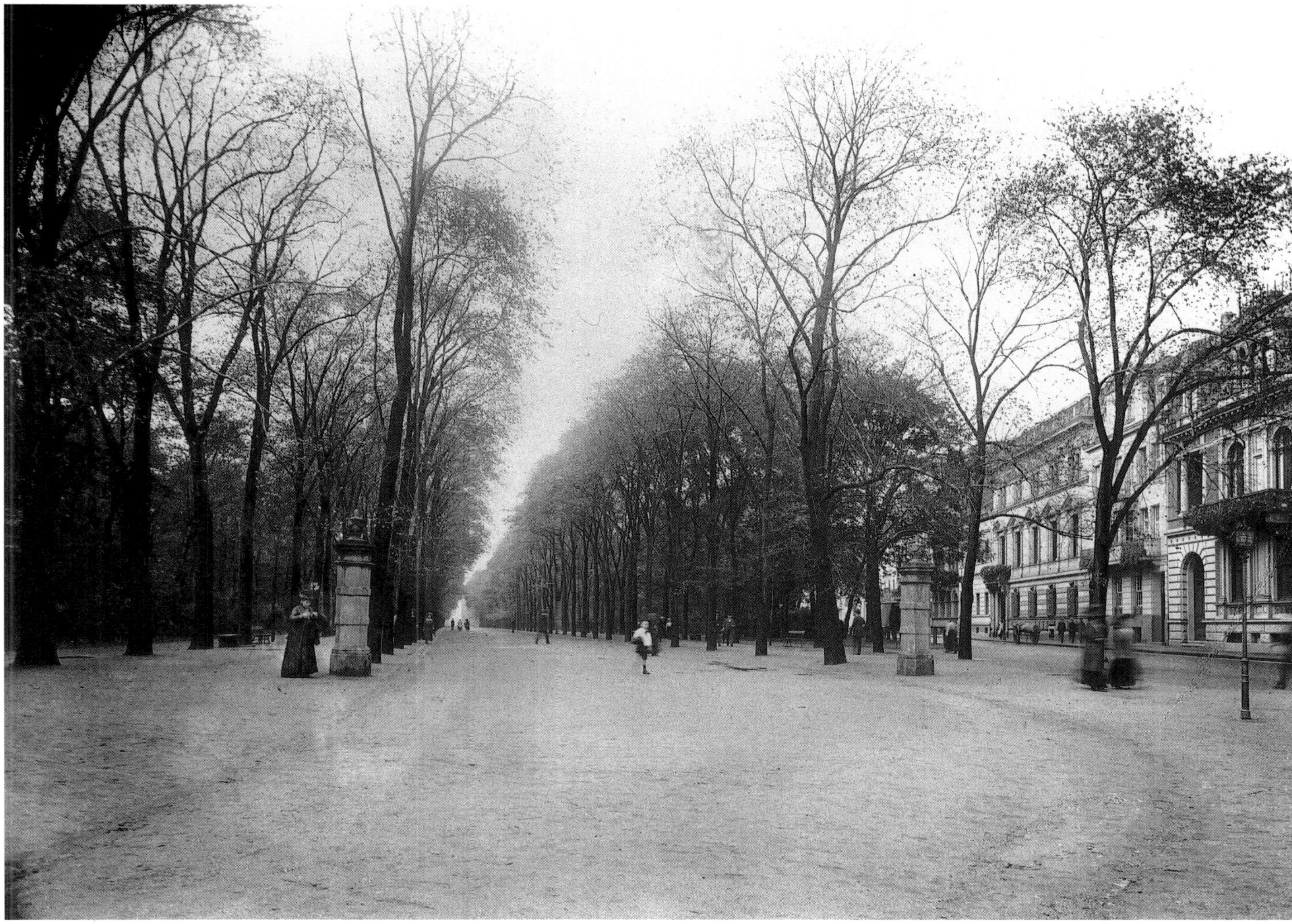

120 Reitallee im Hofgarten, 1905 Julius Söhn

Der Blick geht vom Schloß Jägerhof nach Südwesten in die geradlinig angelegte Reitallee des Hofgartens, der in diesem Teil bereits 1763–1770 nach Plänen Nicolas de Pigages entstanden war. Am rechten Bildrand trifft die Reitallee auf die Jägerhofstraße, die den nördlichen Abschluß des ursprünglichen Hofgartens bildete.

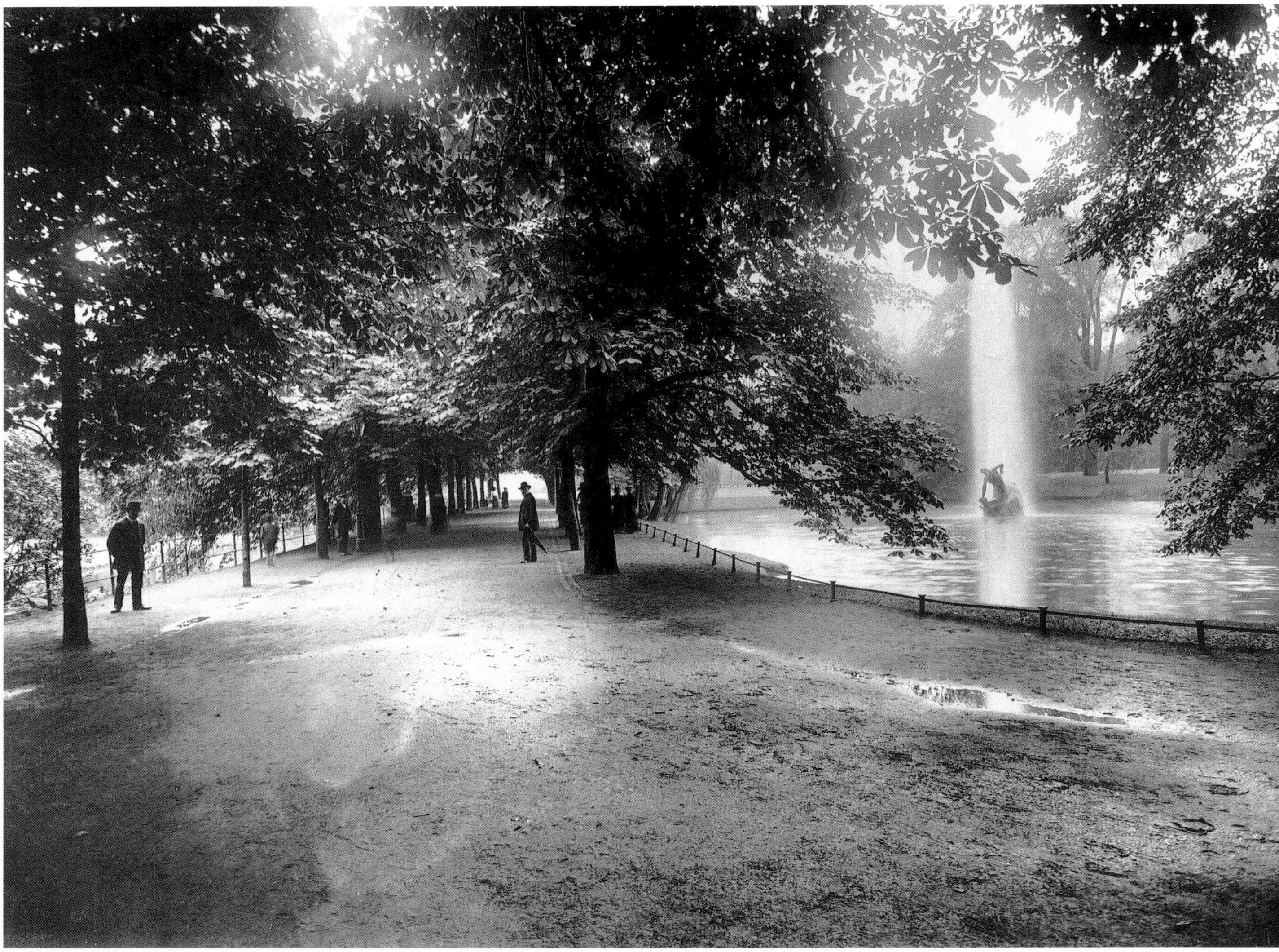

121 Hofgarten, 1910 Julius Söhn

Die Reitallee teilte sich vor dem ›Runden Weiher‹ in zwei das Bassin umschließende schmale Alleen, deren südliche den Hofgartenbesucher zwischen der ruhig vorbeifließenden Düssel, hier am linken Bildrand erkennbar, und der durch den Springbrunnen belebten Wasserfläche des Weihers hindurchführte. Der wegen seiner Patina »Gröne Jong« genannte Brunnen stammt aus der Werkstatt des Bildhauers J. C. Hammerschmidt und ziert seit der Jahrhundertwende die Mitte des Runden Weihers.

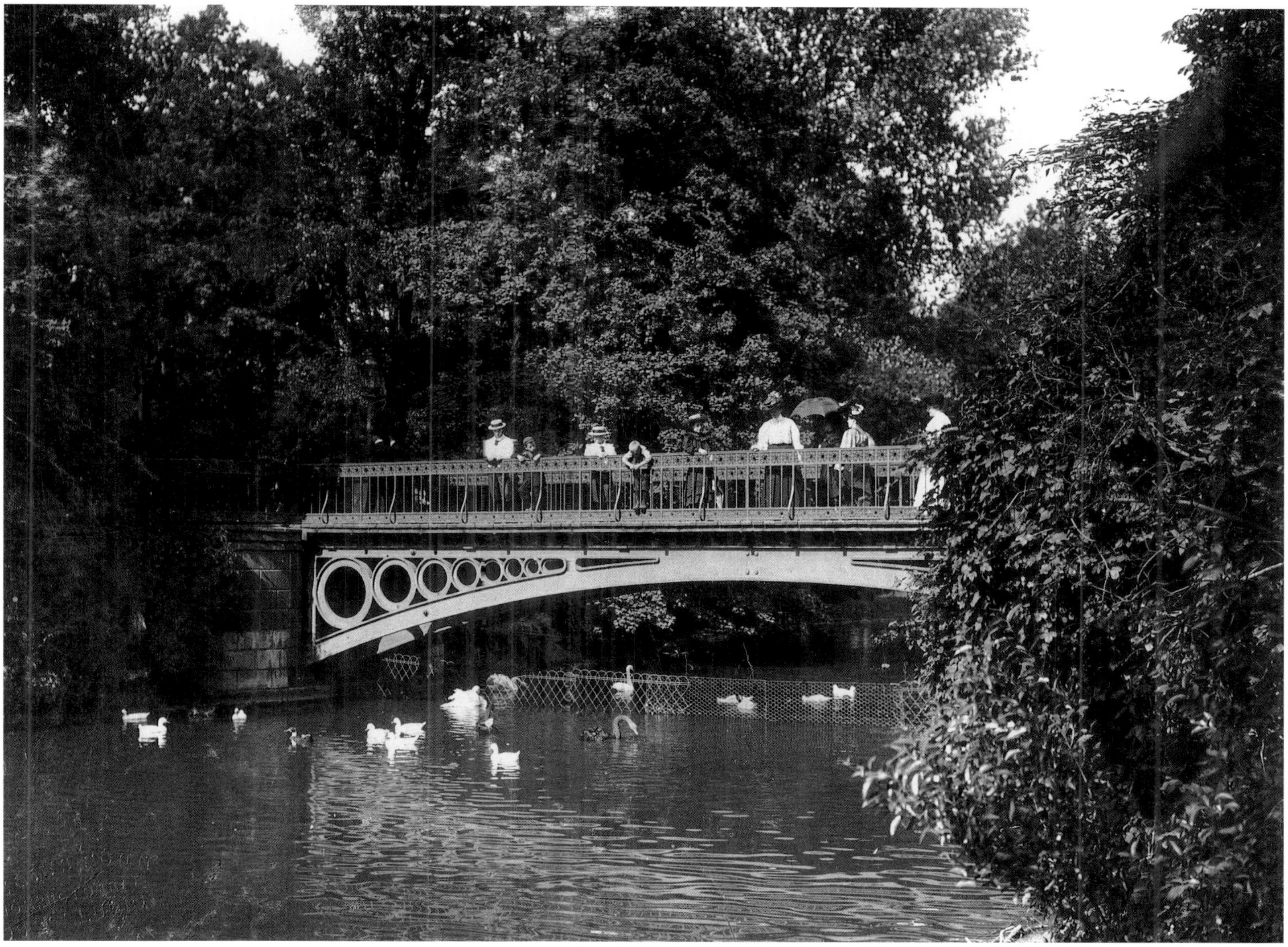

122 Goldene Brücke im Hofgarten, 1912 Julius Söhn

Die Goldene Brücke, offensichtlich schon vor dem Ersten Weltkrieg ein beliebter Ort zur Entenfütterung, verband den Hofgarten mit dem ehemaligen Gelände des Botanischen Gartens, der dem Bau des Stadttheaters weichen mußte. 1852 ersetzte Anton Schnitzler die bei der Anlage des Hofgartens entstandene hölzerne Brücke durch eine eiserne Konstruktion.

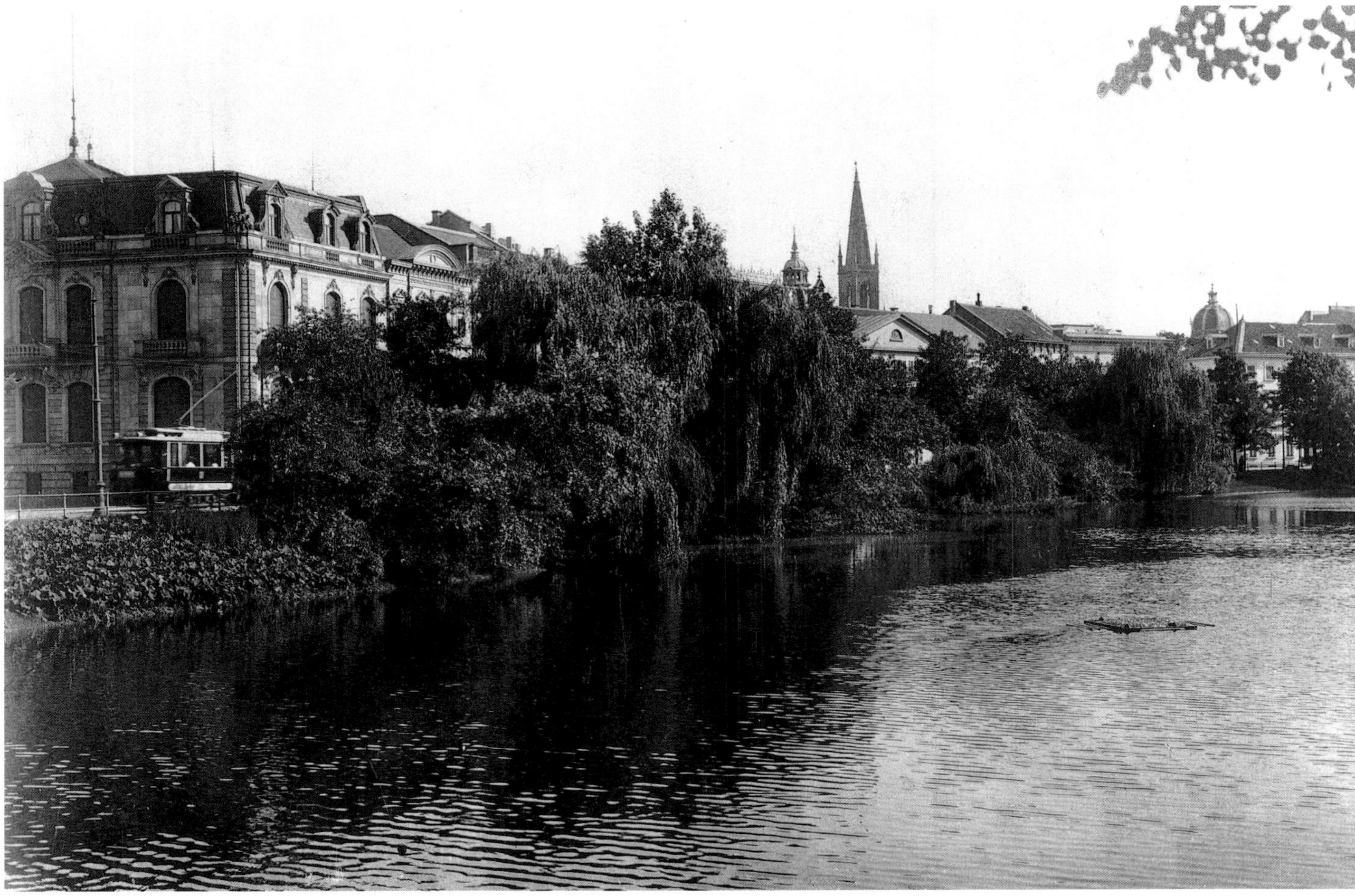

123 Landskrone im Hofgarten, 1905 Julius Söhn

An dieser und der folgenden Aufnahme wird der Ruf als vornehme Gartenstadt ablesbar, den sich Düsseldorf durch den großzügigen Ausbau des Hofgartens in der ersten Hälfte des 19. Jahrhunderts erwerben konnte. – Julius Söhn hat seine Kamera am Fuß des Ananasbergs aufgebaut. Der Blick geht über die Wasserfläche der Landskrone zu einer der edelsten Wohngegenden Düsseldorfs, der Hofgartenstraße und der von links einmündenden Goltsteinstraße. Im Hintergrund erhebt sich über den Dächern der Hofgartenstraße, die zum Zeitpunkt der Aufnahme bereits an das Verkehrsnetz der elektrischen Straßenbahn angeschlossen ist, der Turm der Johanniskirche am Königsplatz, dem heutigen Martin-Luther-Platz. Darunter ist ein hell verputzter Dreiecksgiebel zu erkennen; er gehört zum Wohnhaus des 1862 verstorbenen Direktors der Kunstakademie, Wilhelm von Schadow (siehe Tafel 86).

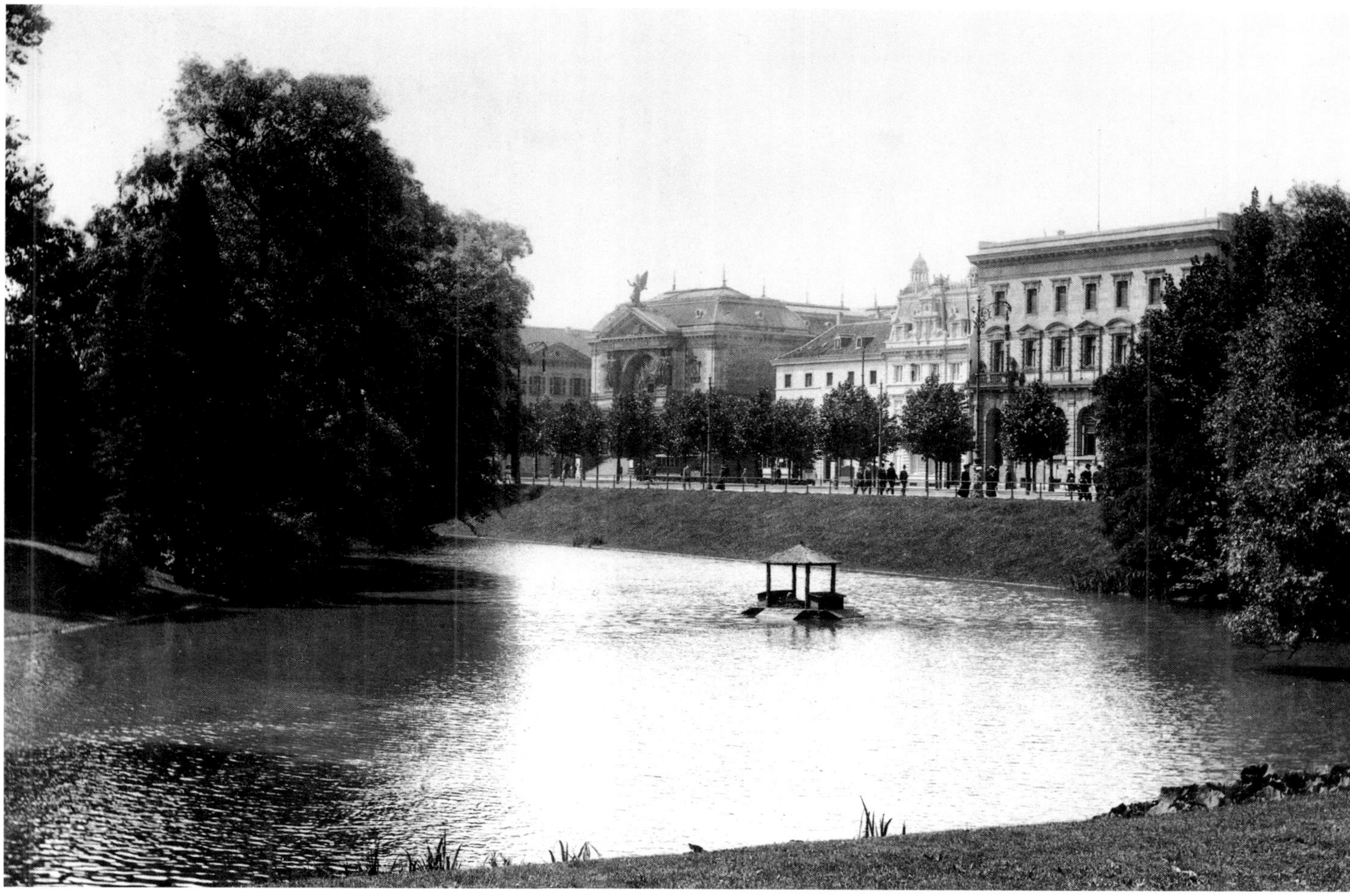

124 Hofgarten und Alleestraße, 1910 Julius Söhn

Der Standpunkt des Photographen befindet sich jetzt unterhalb des Ratinger Tors am nördlichen Ufer der Landskrone. Der dem Vorbild englischer Landschaftsgärten nachempfundene neuere Teil des Hofgartens bot inmitten der sich hektisch wandelnden Großstadt Gelegenheit zu ausgedehnten Spaziergängen. An der gegenüberliegenden Alleestraße sieht man die im letzten Drittel des 19. Jahrhunderts entstandenen, repräsentativen Bauten der Kunsthalle und der Deutschen Reichsbank (siehe Tafeln 60 und 61).

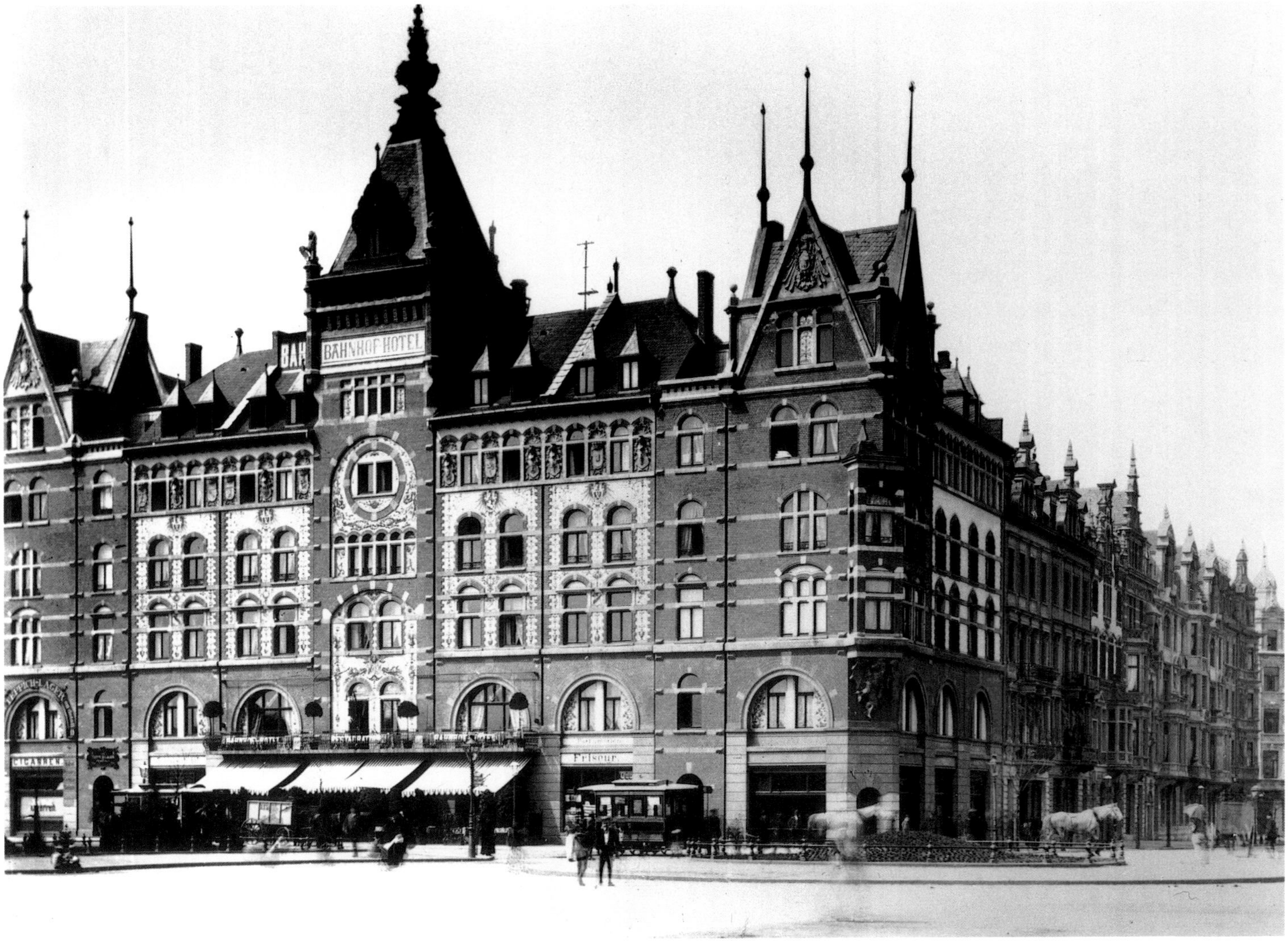

125 Wilhelmplatz, um 1896 Julius Söhn

Nachdem 1891 der neue Hauptbahnhof an der damaligen Peripherie Düsseldorfs eingeweiht wurde, entstanden bis zur Jahrhundertwende rund um das neue Verkehrszentrum zahlreiche Hotels und Pensionen. Über das am Wilhelmplatz, dem heutigen Konrad-Adenauer-Platz, im Stil der deutschen Neorenaissance errichtete Bahnhofs-Hotel heißt es in einem Führer von 1898: »Bahnhof-Hôtel, bestens empfohlen. – Elektrisches Licht. Central-Heizung. – Separates Wein- und Bier-Restaurant mit Terrasse und Balcon. – Aussicht auf Bahn-Uhr und Perron. Abschliessbare Appartements mit Closet und Bäder. Mässige Preise.«

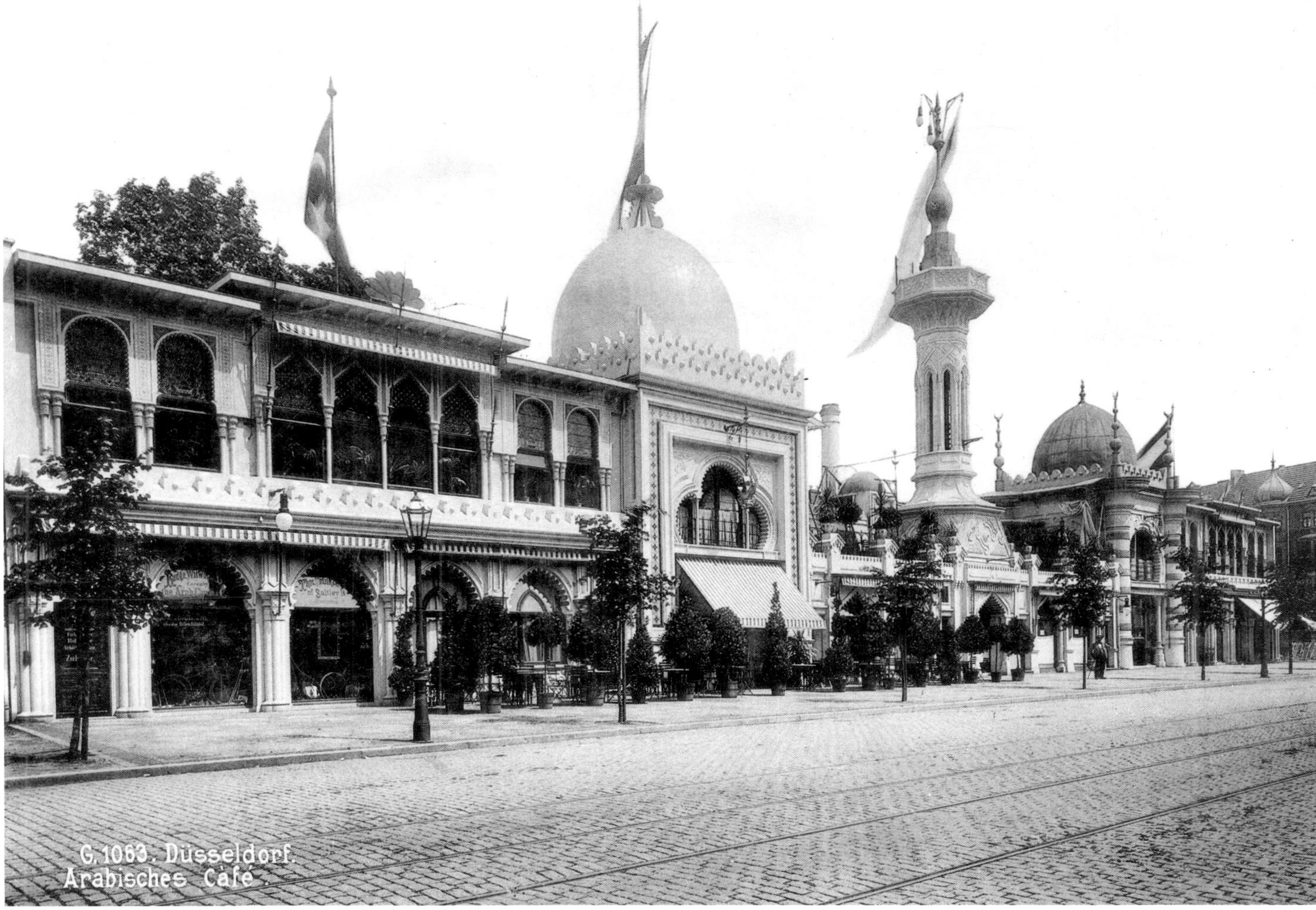

126 Arabisches Café, vor 1900 Photograph unbekannt

Auf dem stillgelegten Bahnkörper der Bergisch-Märkischen Eisenbahn an der Graf-Adolf-Straße errichtete 1895 der Architekt Peters das Arabische Café. An dem im maurischen Stil gehaltenen Bau wird der exotisch-orientalische Einfluß der Kolonialzeit um die Jahrhundertwende ablesbar.

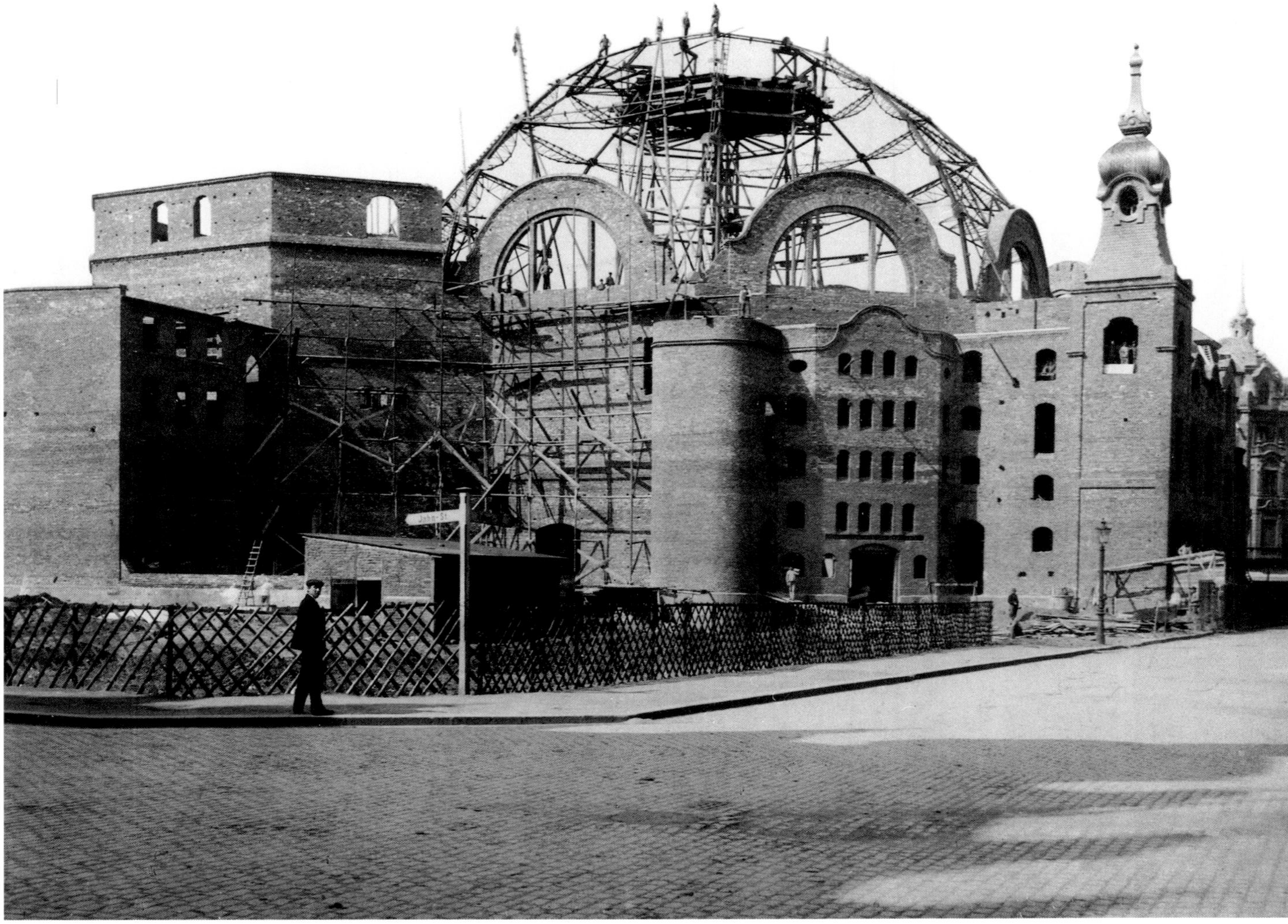

127 Adersstraße, Ecke Jahnstraße, Bau des Apollotheaters, um 1898 Peter Hubert Höltgen

Etwas weiter südlich entstand einige Jahre später auf dem ehemaligen Bahnhofsgelände der zweiten stillgelegten Eisenbahnlinie, der Köln-Mindener Gesellschaft, unter der Leitung des Architekten Hermann vom Endt das Apollotheater. Die Aufnahme zeigt die an der Adersstraße gelegene Rückseite der Baustelle aus östlicher Sicht. Am linken Bildrand zweigt die Jahnstraße nach Süden ab.

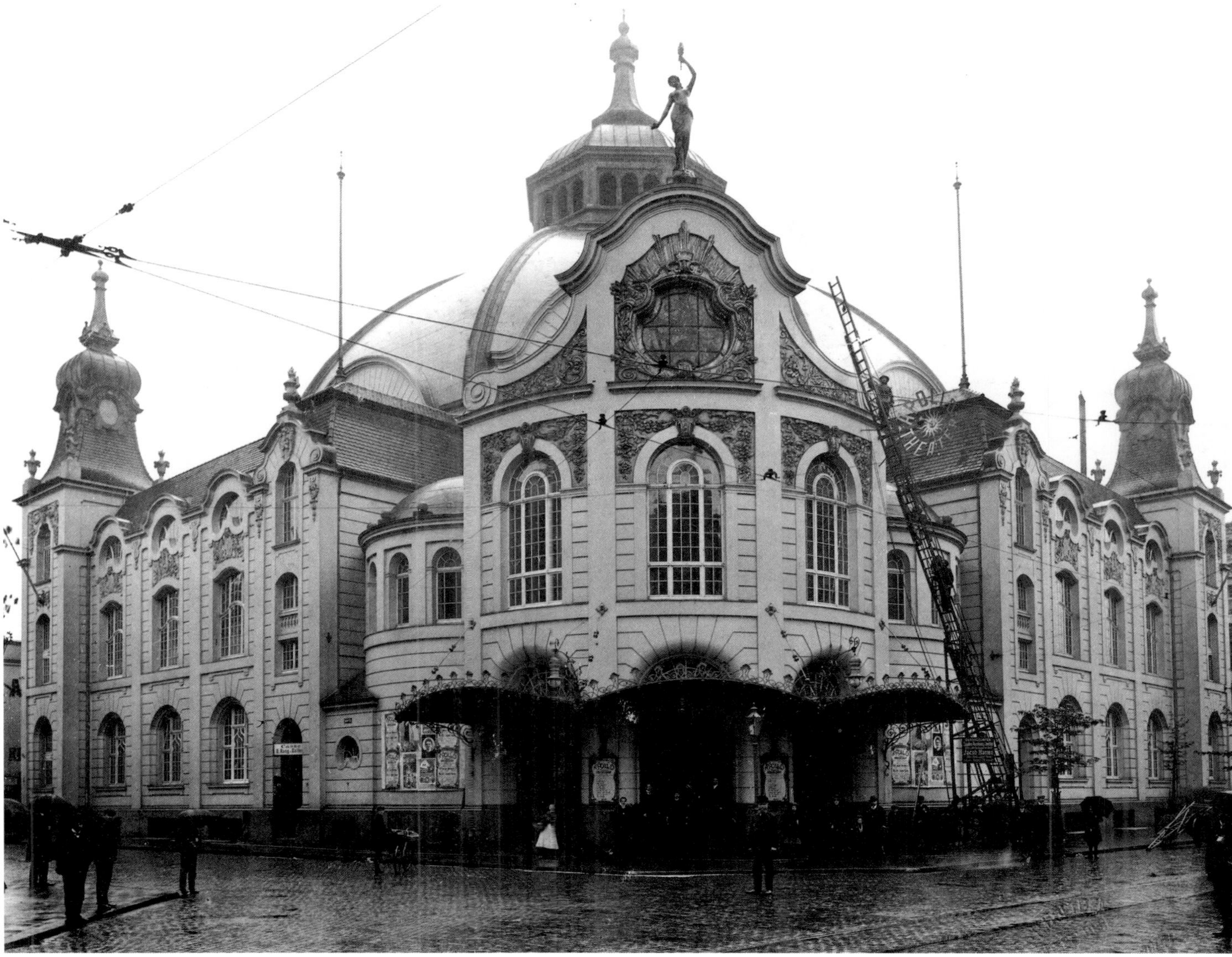

128 Königsallee, Ecke Adersstraße, Apollotheater, 1909 Peter Hubert Höltgen

Am 16. Dezember 1899 konnte das Apollotheater nach nur eineinhalbjähriger Bauzeit mit der ersten Vorstellung vor geladenem Publikum eröffnet werden. Das im Stil des Neobarock entworfene Theater beherbergte fortan Artisten und Akrobaten, Komödianten und Varietékünstler. Der nahezu 3000 Personen fassende Zuschauerraum war durch einfache Umbauten innerhalb kürzester Zeit in eine Manege zu verwandeln, die sogar Zirkusvorstellungen ermöglichte. Deutlich ist die mächtige, über 57 m hohe Kuppel zu erkennen, die den Zuschauerraum auf quadratischem Grundriß überspannt. Die ausgefahrene Drehleiter rechts des Eingangs läßt eine Feuerwehrübung vermuten.

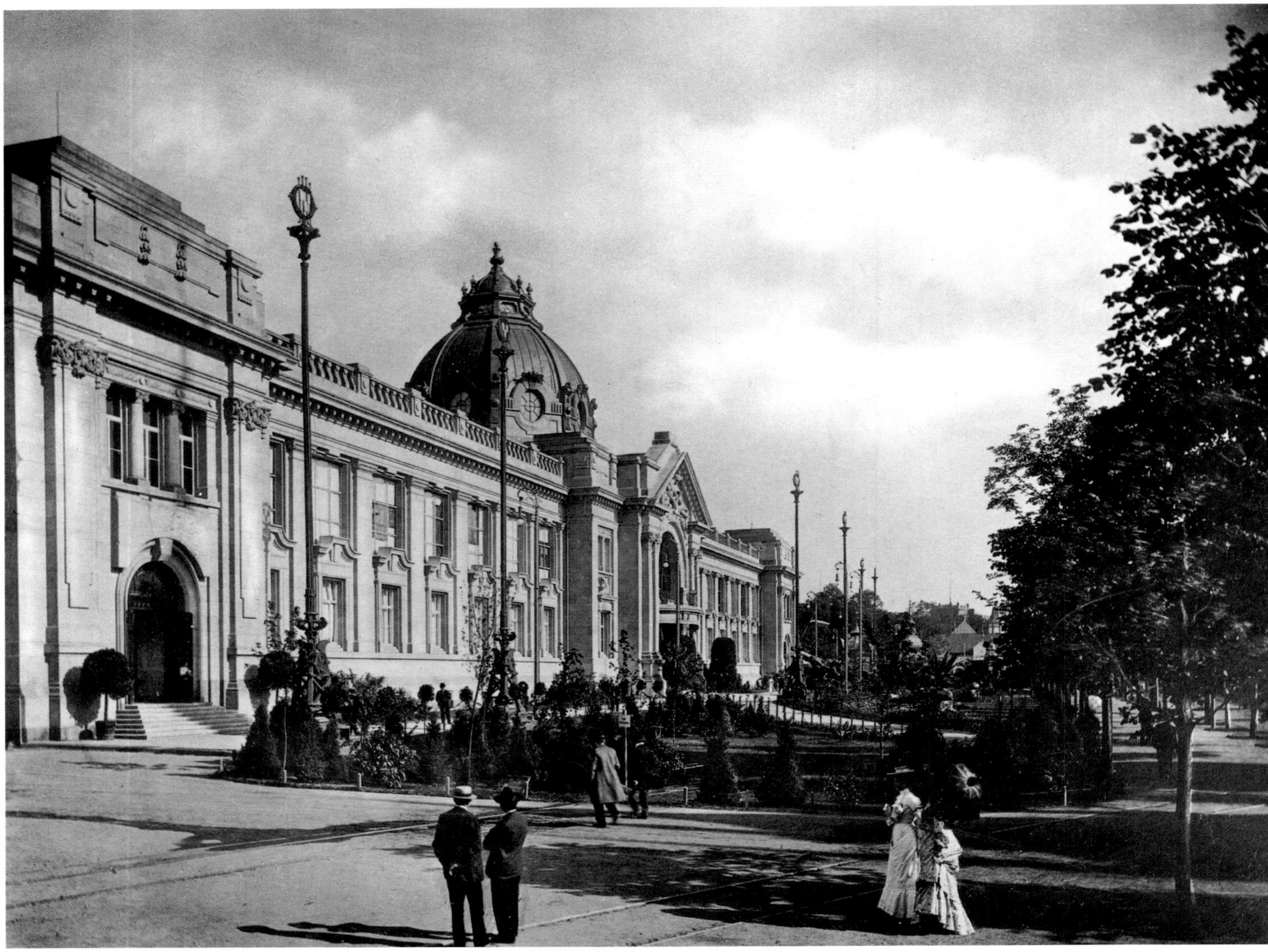

129 Kunstpalast, um 1902 Photograph unbekannt

Der anläßlich der Industrie-, Kunst- und Gewerbeausstellung von 1902 auf einem aufgeschütteten Ufergelände nördlich der Oberkasseler Brücke eröffnete Kunstpalast bot den Düsseldorfer Künstlern, die – abgesehen von der unzulänglichen Kunsthalle am Friedrichplatz – über keine adäquaten Ausstellungsräume verfügten, die Möglichkeit, ihre Arbeiten in repräsentativem Rahmen einem internationalen Publikum vorzustellen. Die Künstlerschaft erhoffte, durch die Ausstellung wieder die außergewöhnliche Anerkennung und Wertschätzung der weltberühmten Düsseldorfer Malerschule des 19. Jahrhunderts zu erreichen. Die Aufnahme aus nördlicher Richtung zeigt die dem Rheinufer zugewandte neobarocke, monumentale Fassade des symmetrisch angelegten Bauwerks, das 1926 von Wilhelm Kreis zum heutigen Ehrenhof umgebaut und erweitert wurde.

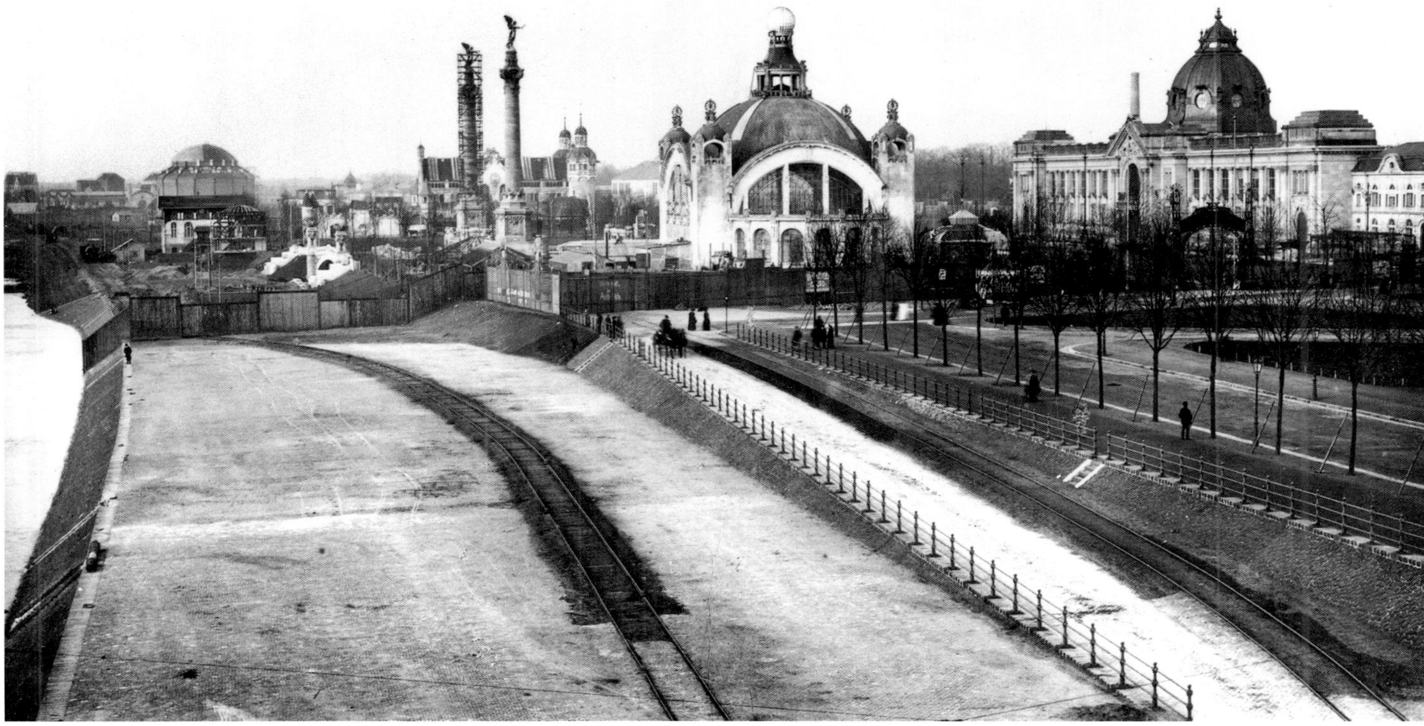

130 Kaiser-Wilhelm-Park, Gartenbauausstellung, 1904 Julius Söhn

Zwei Jahre später wurde eine Gartenbauausstellung organisiert, deren letzte Vorbereitungsarbeiten durch diese Aufnahme dokumentiert werden. Der Standpunkt des Photographen befand sich auf der Oberkasseler Brücke; rechts des zentralen, quadratischen Ausstellungspavillons ist der langgezogene Bau des Kunstpalastes zu erkennen.

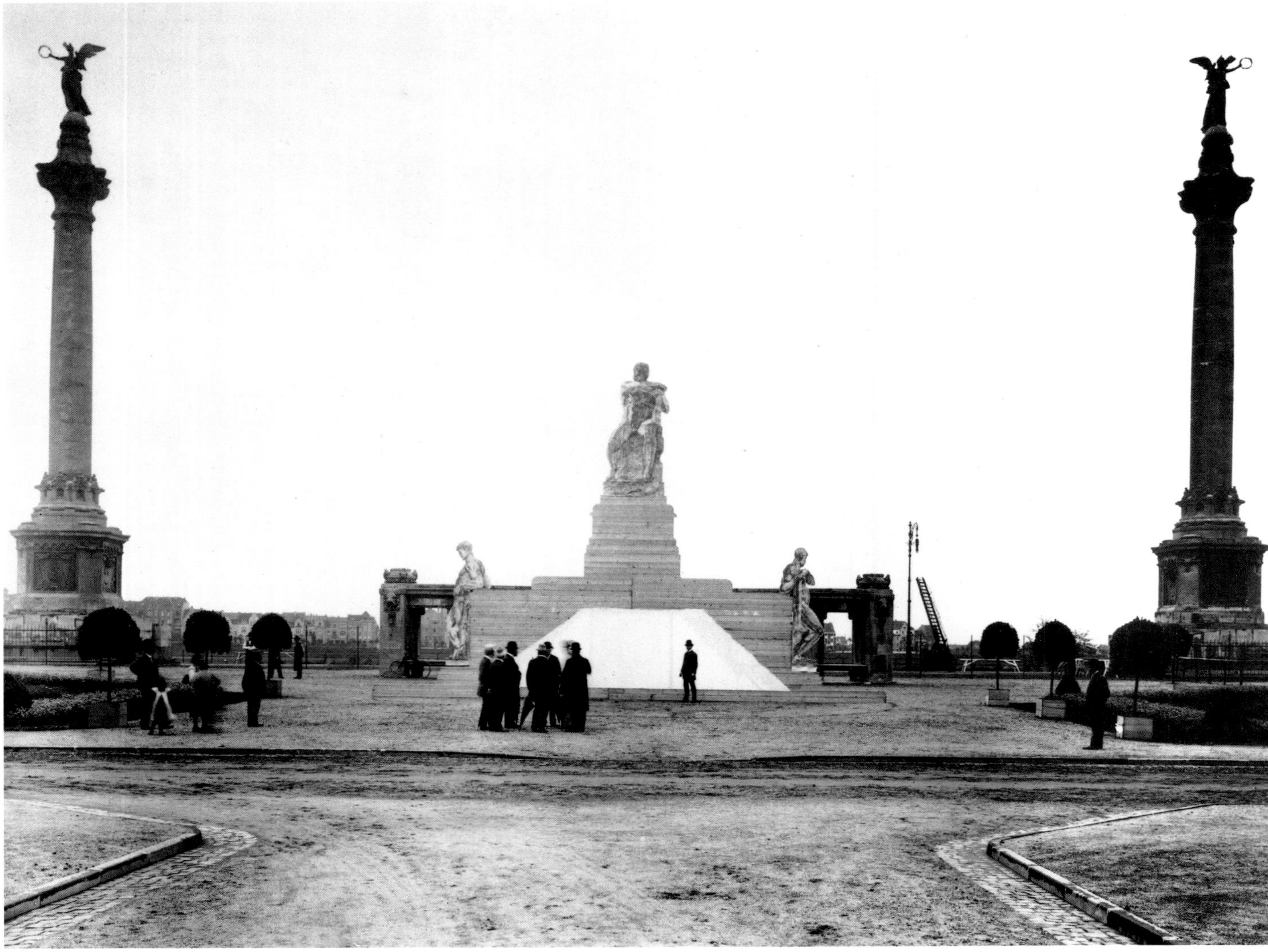

131 Kaiser-Wilhelm-Park, 1913 Julius Söhn

Der 1913 nach einem Entwurf von Fritz Coubillier am Fürstenplatz gebaute Industriebrunnen wurde 1902 zunächst als Modell auf dem ehemaligen Gelände der Industrie-, Kunst- und Gewerbeausstellung ausgeführt. Die ihn flankierenden Siegessäulen entstanden 1904 anläßlich der Gartenbauausstellung (siehe auch Tafel 130). Zwischen der Säule am linken Bildrand und dem Brunnenmodell sieht man im Hintergrund das linksrheinische Ufer mit der Häuserfront von Oberkassel.

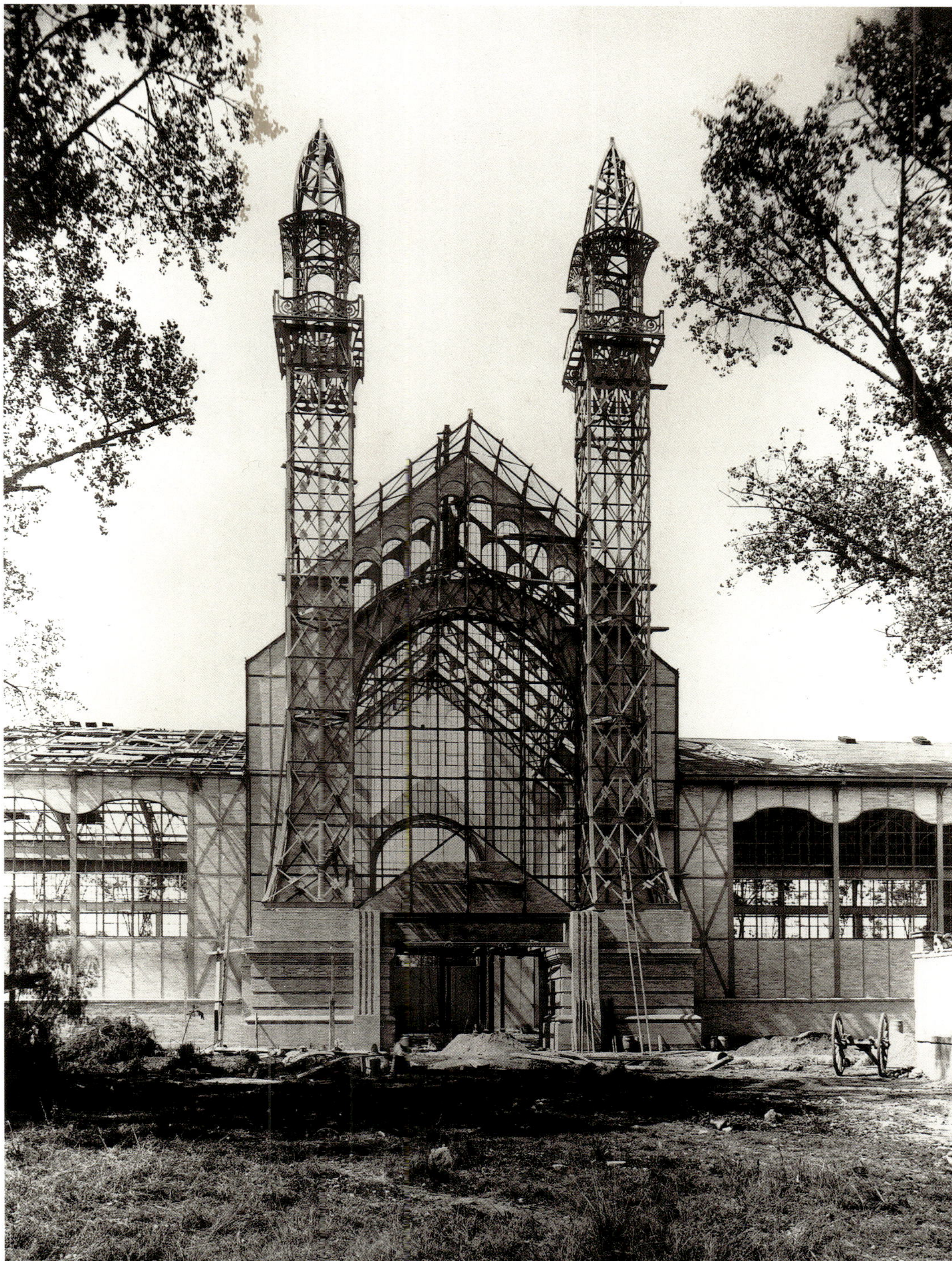

132 Aufbau der Industrie-, Kunst- und Gewerbeausstellung, um 1902 Photograph unbekannt

Unter dem Eindruck der Pariser Weltausstellung von 1900 wurde die zwei Jahre später geplante Industrie-, Kunst- und Gewerbeausstellung in Düsseldorf mit sehr großem bautechnischen Aufwand vorbereitet. Den Initiatoren schwebte offensichtlich ein ›Klein Paris‹ am Rhein vor. Die Aufnahme dokumentiert den Bau des Ausstellungspavillons der Gutehoffnungshütte. Bemerkenswert sind die zwei der Eingangsfront vorgesetzten Türme, die entfernt an den Eiffelturm erinnern.

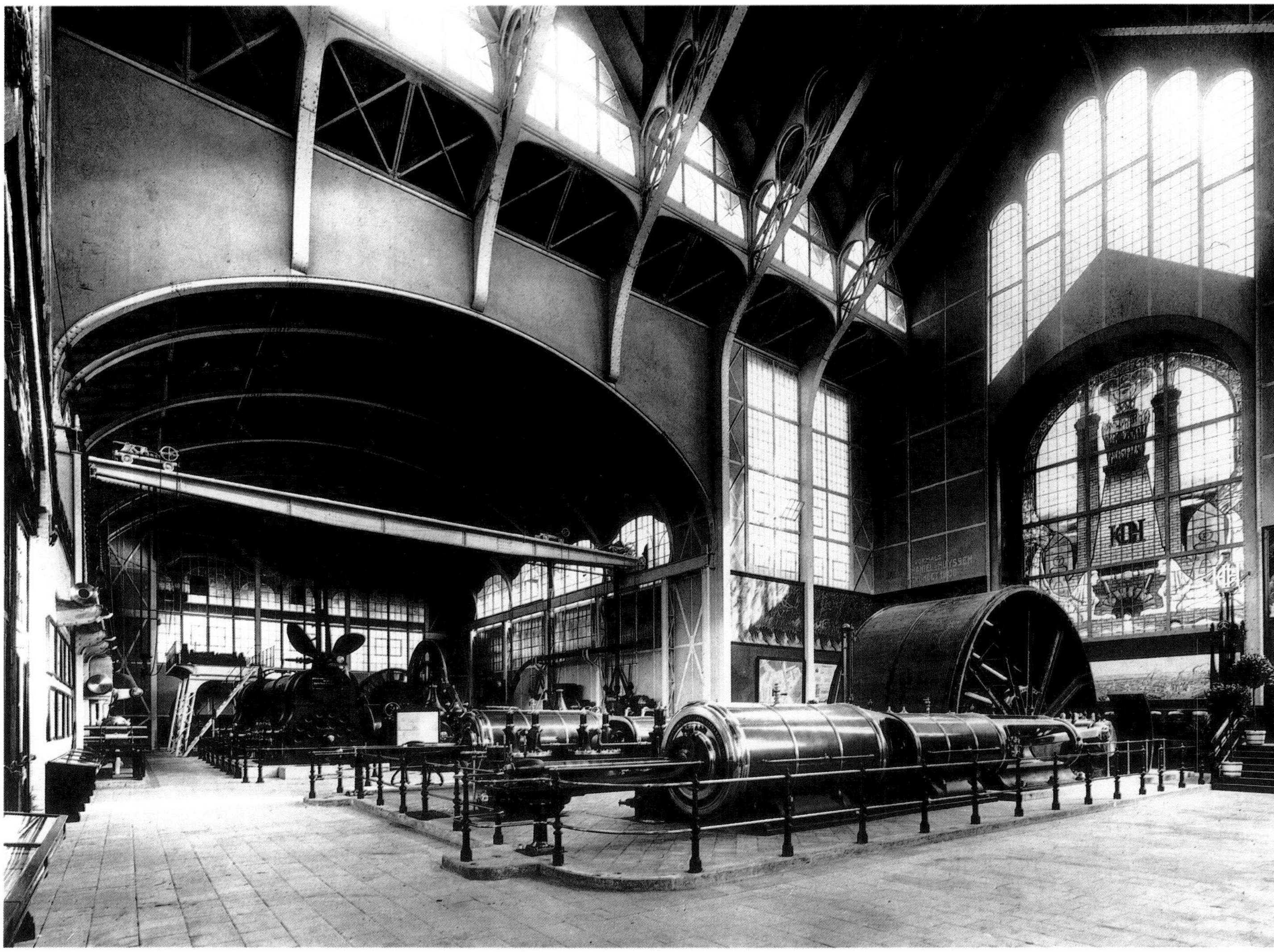

133 Das Innere des Pavillons der Gutehoffnungshütte, 1902 Otto Renard

In der an einen Sakralbau erinnernden Halle präsentiert die Gutehoffnungshütte aus Oberhausen, die 1873 aus dem Unternehmen Jacobi, Haniel & Huyssen hervorgegangen war, ihre Produkte für den Schiffsbau, Hütten- und Bergwerksbedarf. Am rechten Bildrand ist in der Mitte des prächtig gestalteten Glasfensters das Signet der Gutehoffnungshütte zu erkennen, darunter ein Stich des Oberhausener Hauptwerks aus dem Jahr 1901.

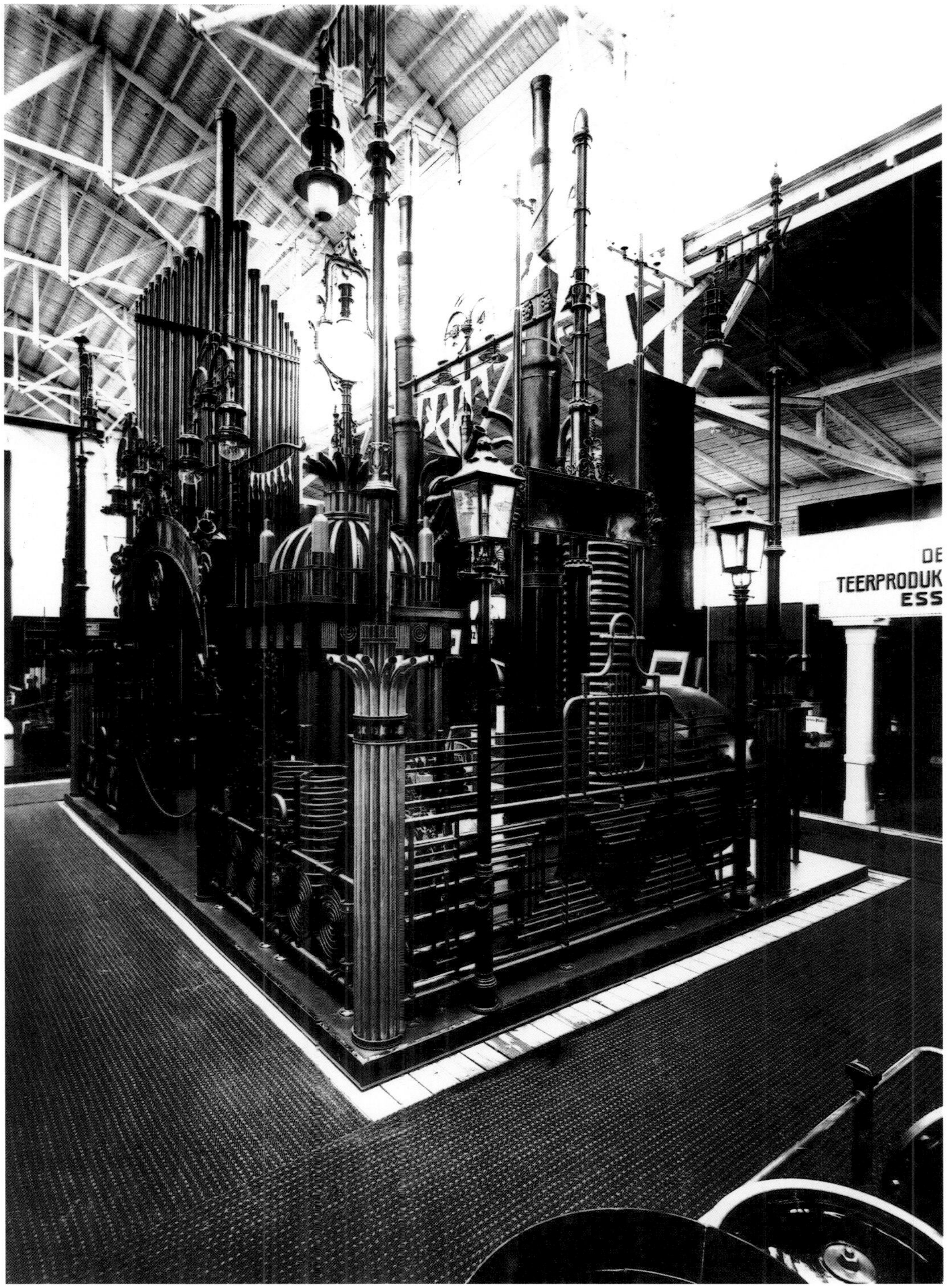

134 Städtebauausstellung, 1912 Photograph unbekannt

Der aus kurzer Entfernung aufgenommene Ausstellungsstand der Mannesmann Röhrenwerke AG faßte auf eng bemessener Grundfläche die verschiedensten Mannesmannprodukte für das öffentliche Gemeinwesen und den Städtebau zusammen. Das komprimierte Arrangement aus Straßenlaternen, Fahnenmasten, Geländern und Versorgungsleitungen vermittelt den Eindruck eines geschlossenen, hochtechnisierten Systems.

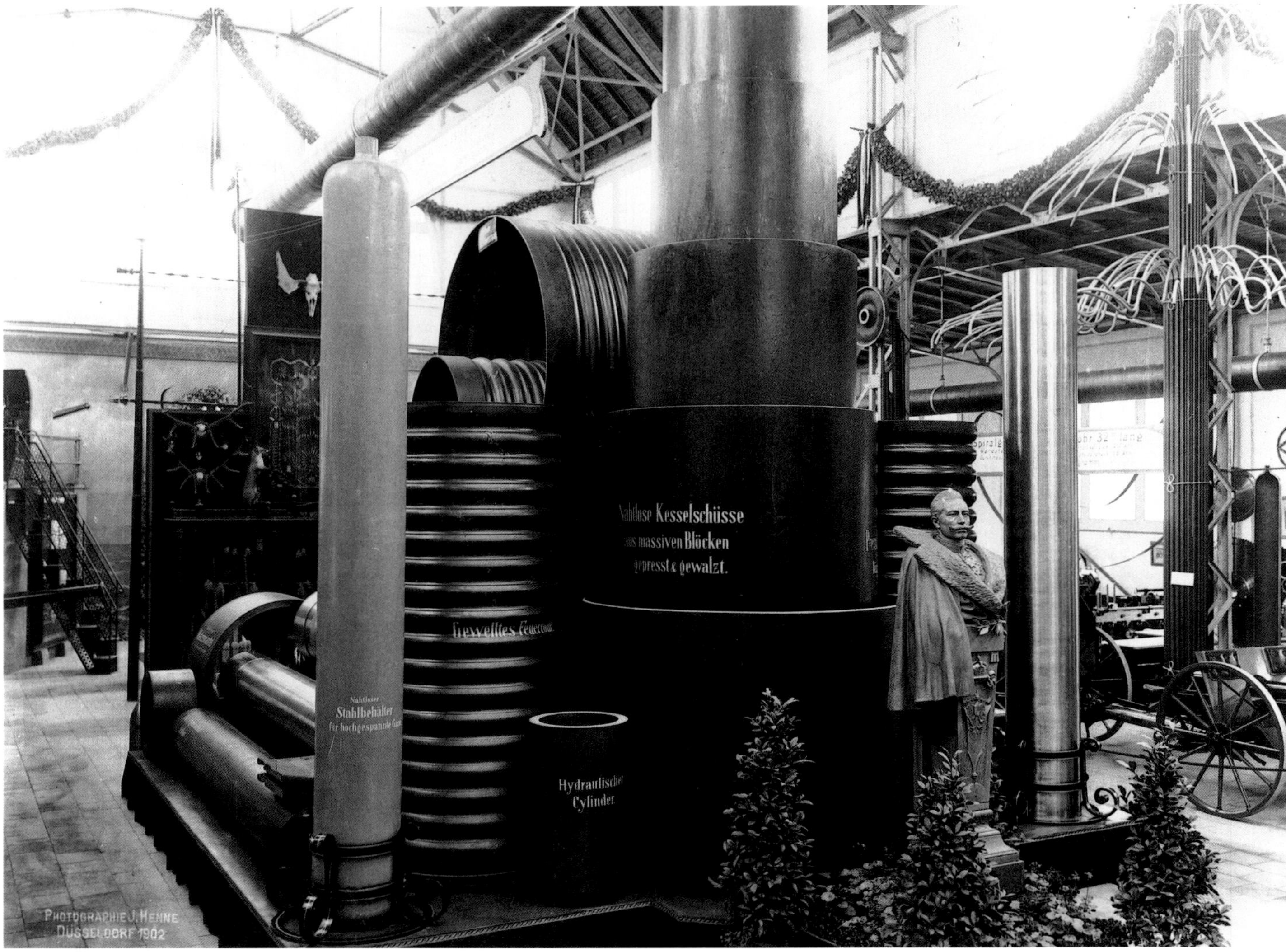

135 Industrie-, Gewerbe- und Kunstausstellung, 1902 Photograph unbekannt

Die Düsseldorfer Röhrenindustrie war um die Jahrhundertwende weltweit führend in der Herstellung nahtlos gewalzter Röhren und Behälter. Im Pavillon der Rheinischen Metallwaren- und Maschinenfabrik, die diese Technik hauptsächlich zur Produktion von Geschütz- und Gewehrläufen verwendete, hatte die Preß- und Walzwerk Reisholz AG ihren Ausstellungsstand selbstbewußt mit einer Büste Kaiser Wilhelms II. in Szene gesetzt.

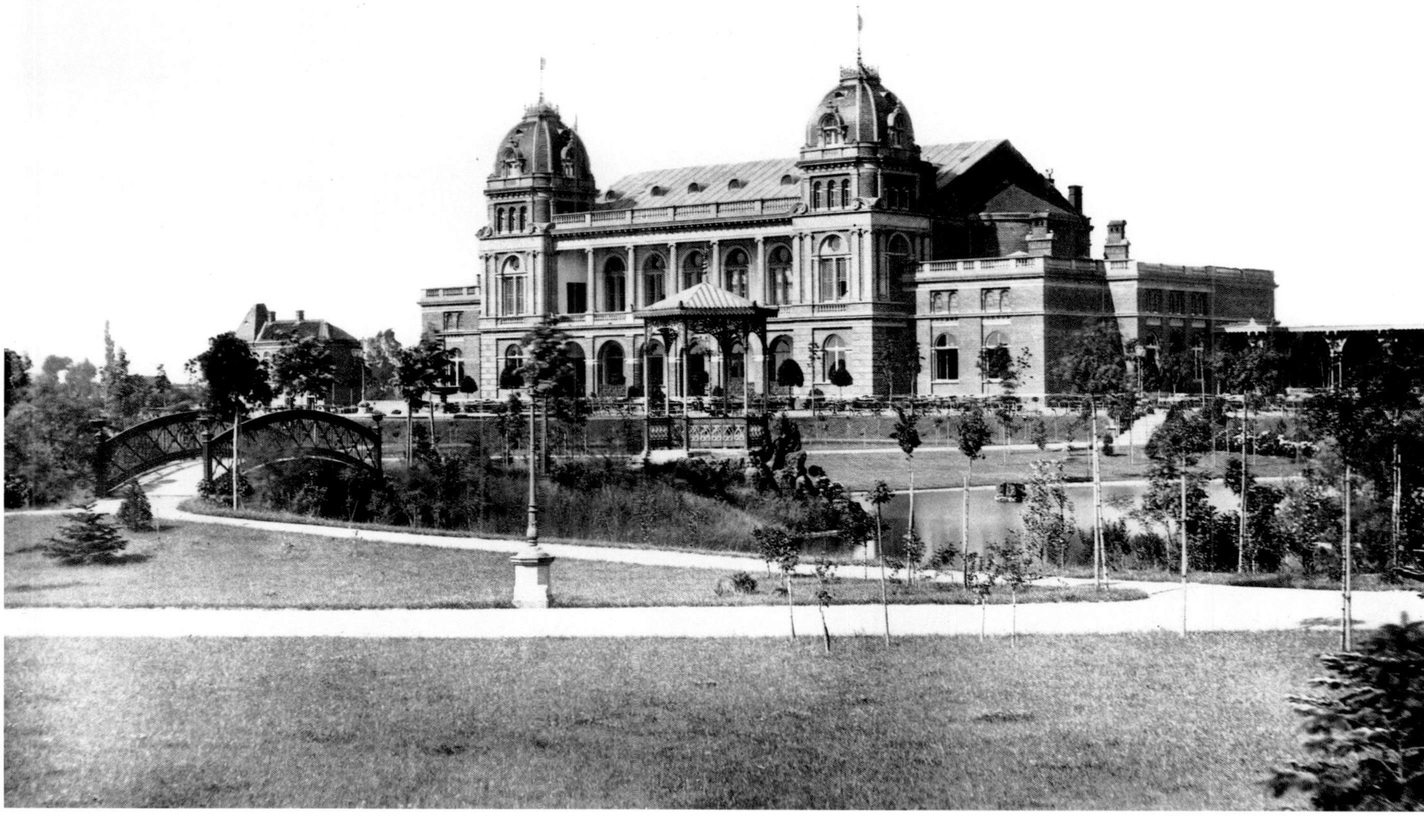

136 Der Floragarten, 1877 Photograph unbekannt

Der Floragarten übernahm in den siebziger Jahren des 19. Jahrhunderts die Aufgabe des Botanischen Gartens, auf dessen Gelände 1875 das Stadttheater entstanden war. Der durch großzügig angelegte Wege und Teichanlagen gestaltete Garten rühmte sich seines reichen Blumenschmucks und der exotischen Palm- und Gewächshäuser. Die Aufnahme entstand offensichtlich kurz nach der Eröffnung des Gartens; die Bepflanzung ist recht spärlich und die jungen Bäume müssen noch gestützt werden. Blickpunkt ist das Gartenrestaurant an der Palmenstraße, in dessen Konzertsaal zweimal wöchentlich die beliebte Kapelle des 39. Infanterieregiments aufspielte.

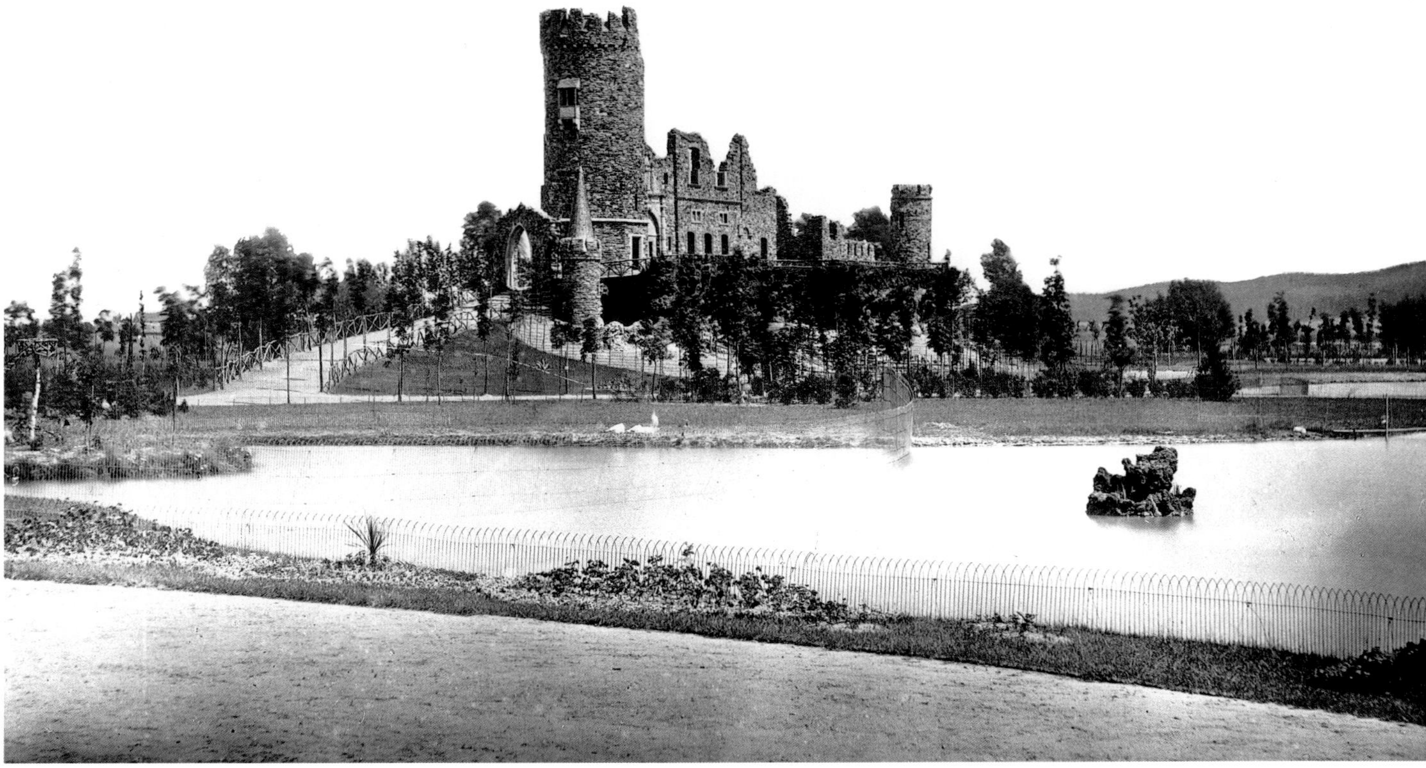

137 Die Ruine im Zoo, 1877 Photograph unbekannt

Der im Stil englischer Landschaftsgärten angelegte Zoo wurde 1876 feierlich eröffnet. Die Aufnahme zeigt die auf einem Hügel am Wasservogelweiher künstlich gestaltete Burgruine, die zum Teil den Vögeln als Nistplatz diente. 1880 fand auf dem Gelände des Zoos die erste große Industrie-, Kunst- und Gewerbeausstellung statt. An der Stelle des Zoos, der nach schweren Zerstörungen im Zweiten Weltkrieg nicht wieder aufgebaut wurde, befindet sich heute der Zoopark mit dem Eisstadion.

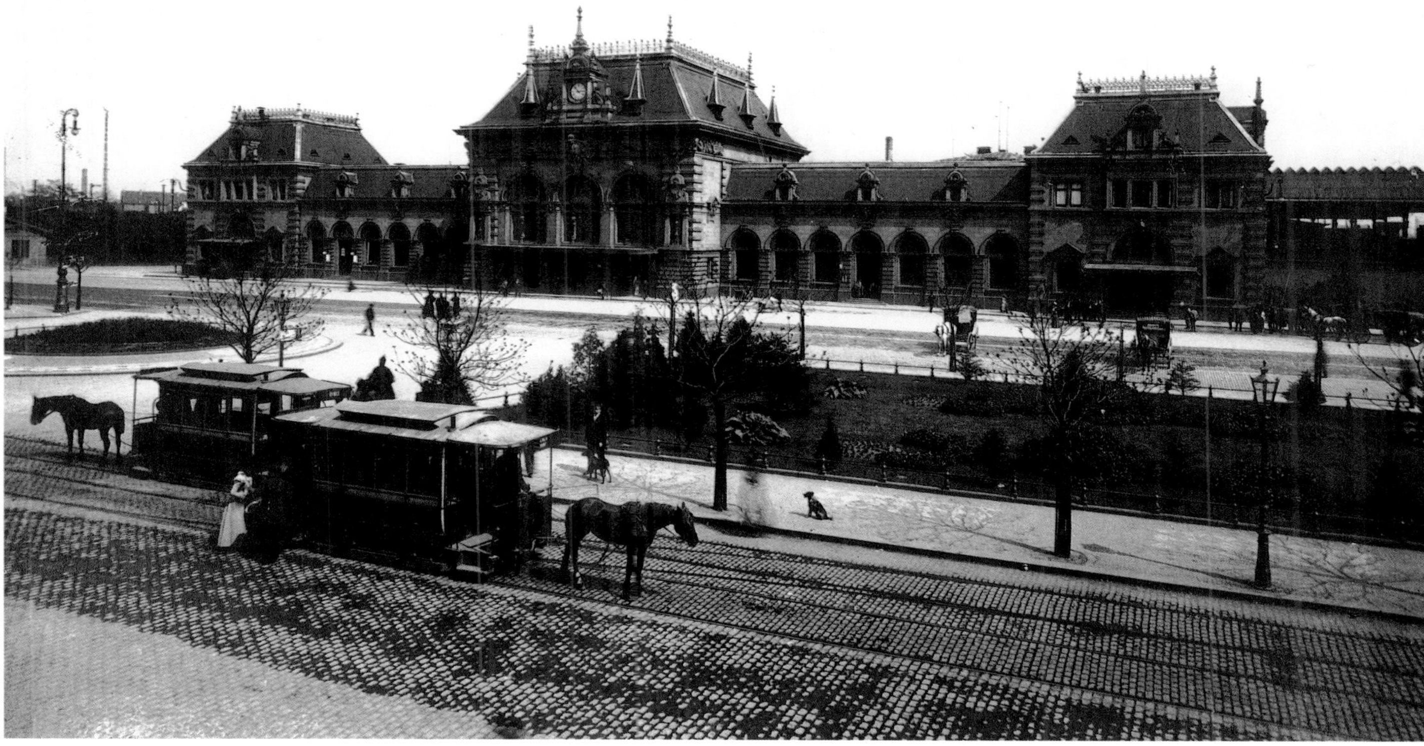

138 Hauptbahnhof am Wilhelmplatz (Konrad-Adenauer-Platz), um 1898 Julius Söhn

Der neue Hauptbahnhof ersetzte ab 1891 die zwischen Bahnstraße und Luisenstraße gelegene Bahnhofsgruppe der Bergisch-Märkischen und der Cöln-Mindener Eisenbahn sowie den Haltepunkt der Rheinischen Gesellschaft nördlich des Wehrhahn. Das im feinkörnigen Sandstein der Rheinpfalz ausgeführte Empfangsgebäude am Wilhelmplatz wurde von Bau- und Regierungsrat Rosskothen im Stil der deutschen Renaissance entworfen, konnte aber, nachdem der Personenverkehr bereits am 1. Oktober 1891 aufgenommen wurde, erst 1892 im Rahmen einer kleinen Feier der Öffentlichkeit übergeben werden. Der ursprünglich zu klein dimensionierte Hauptbahnhof mußte um 1900 im Bahnsteigbereich umgebaut und erweitert werden und 1934 schließlich dem heutigen Bahnhofsgebäude weichen.

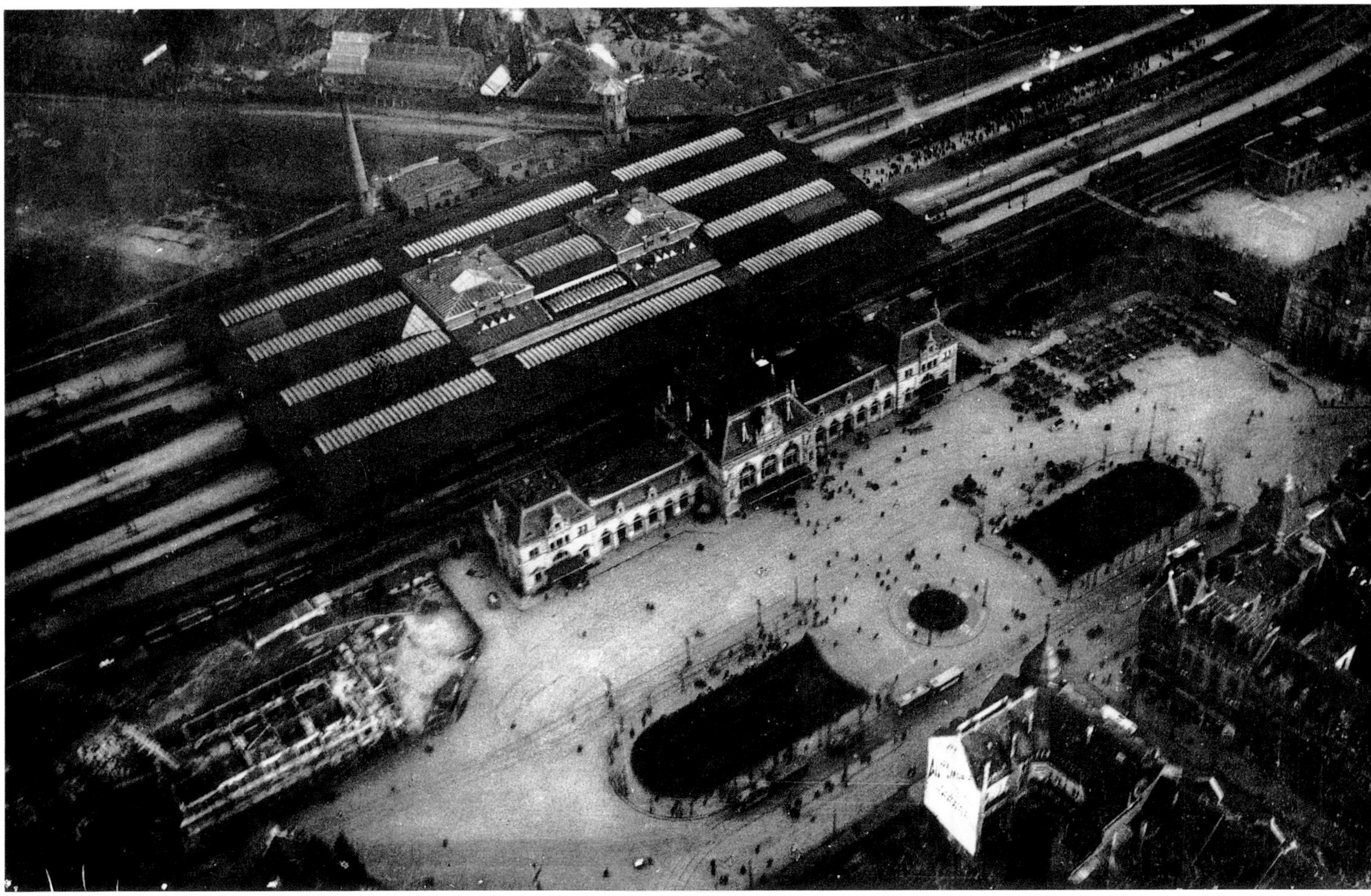

139 Hauptbahnhof und Bahnsteighallen, 1910 Photograph unbekannt

Die Luftaufnahme zeigt die als Durchgangs- und doppelseitigen Kopfbahnhof konzipierte Anlage aus der Vogelperspektive. Die vier flachbogigen Bahnsteighallen waren vom Hauptgebäude am Wilhelmplatz, in dem sich die Fahrkarten- und Gepäckschalter, Post- und Stationskasse befanden, über einen Haupttunnel zu erreichen, der in einem als Verteiler dienenden Lichthof endete. Einer der rechten, mittleren Bahnsteige ist dicht bevölkert – deutlich heben sich die Reisenden von dem hellen Perron ab. Auch vor dem Hauptbahnhof erscheinen die Passanten und Pferdedroschken winzig und verloren im Verhältnis zu dem großzügig angelegten Wilhelmplatz. Am linken oberen Bildrand sieht man die qualmenden Schornsteine des Oberbilker Stahlwerks.

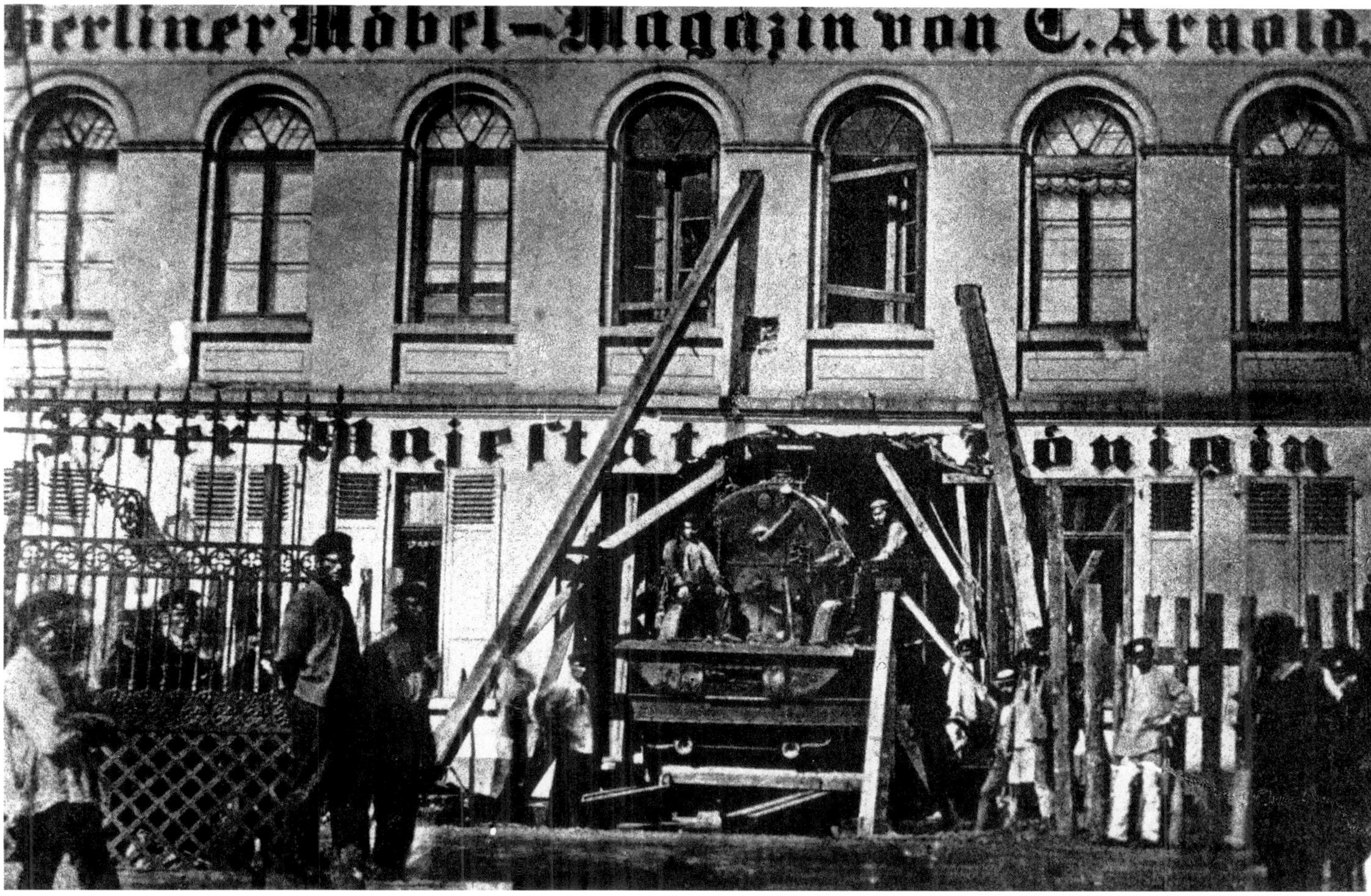

140 Friedrichstraße, 1873 Photograph unbekannt

Am 12. August 1873 durchbrach eine Lokomotive der Cöln-Mindener Eisenbahn einen Prellbock im Bahnhof der Gesellschaft und zerstörte das Erdgeschoß des an der Friedrichstraße gelegenen Möbelmagazins Arnold. Die einige Tage später entstandene Aufnahme dokumentiert den dabei verursachten Schaden. Die bereits aufgebockte Lokomotive hatte das gesamte Gebäude bis zum Treppenhaus durchbohrt. Die Außenmauern wurden wegen der drohenden Einsturzgefahr durch Balken und Stahlträger gesichert.

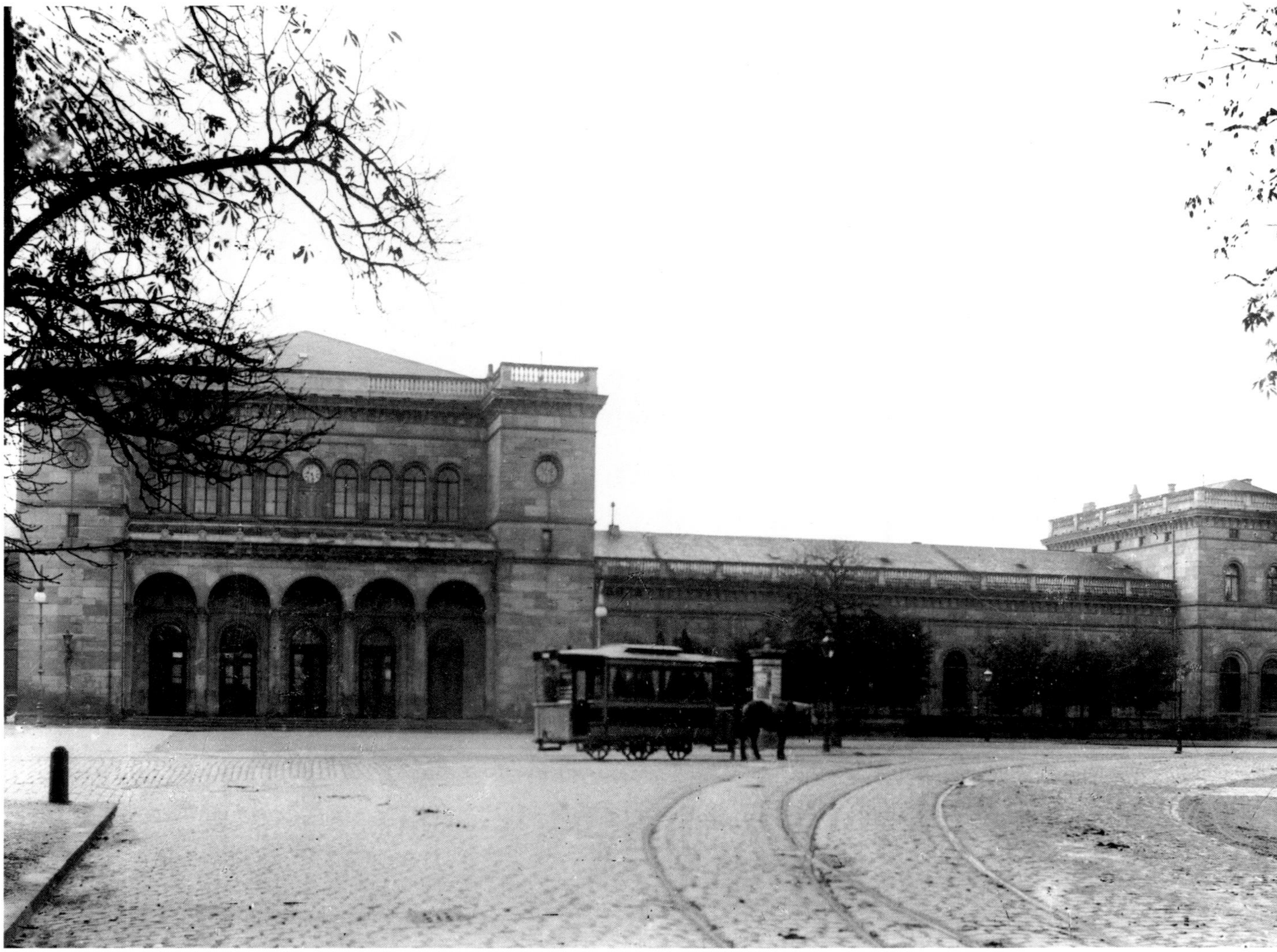

141 Bergisch-Märkischer Bahnhof, um 1890 Photograph unbekannt

Der Standpunkt des Photographen befindet sich am südlichen Ende der Königsallee, über die, bis zur Eröffnung des neuen Hauptbahnhofs, die Reisenden von den beiden Bahnhöfen der Bergisch-Märkischen und der Cöln-Mindener Eisenbahn in die Innenstadt gelangten. Zu sehen ist der Mittelbau und der westliche Flügel des symmetrisch angelegten Sandsteinbauwerks, das 1876 den älteren Bahnhof der ursprünglich Düsseldorf-Elberfelder Gesellschaft ersetzt hatte. Durch die fünfachsige Rundbogenloggia gelangte man in die Schalterhalle, an die sich zu beiden Seiten die Gepäckaufgabe und die Wartesäle gliederten. 1893 wurde der erst siebzehn Jahre alte Bahnhof abgerissen.

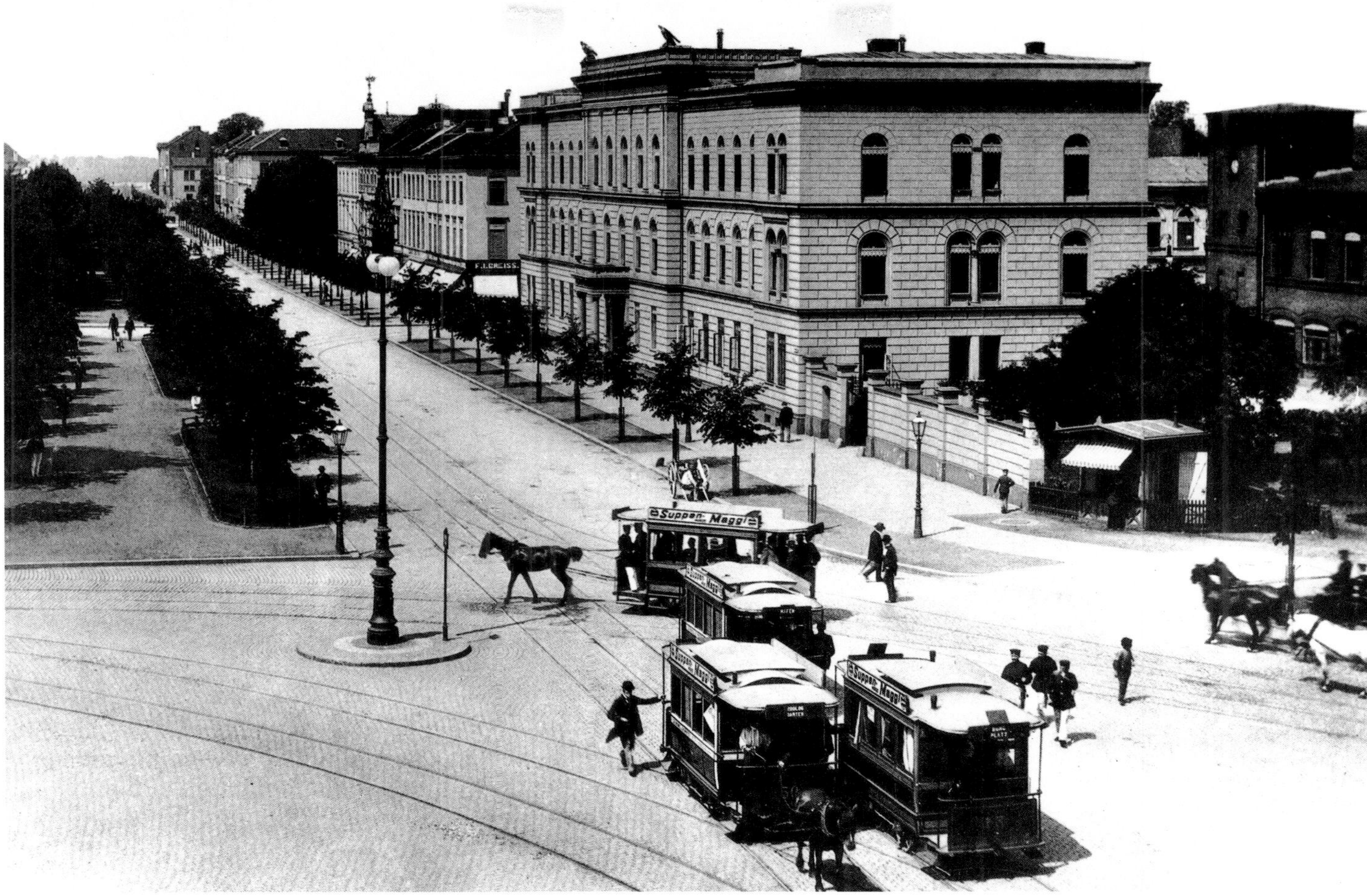

142 Haroldstraße, um 1900 Julius Söhn

Das repräsentative, im Stil Florentiner Stadtpaläste entworfene Gebäude der Oberpostdirektion und des Postamts I war 1859 südlich der Kasernen und des Exerzierplatzes errichtet worden. Am rechten Bildrand mündet die nach der Verlegung der Kasernen von Norden verlängerte Breite Straße in die alleeartig ausgebaute Haroldstraße, in deren weiterem Verlauf die Silhouette von Oberkassel zu erkennen ist.

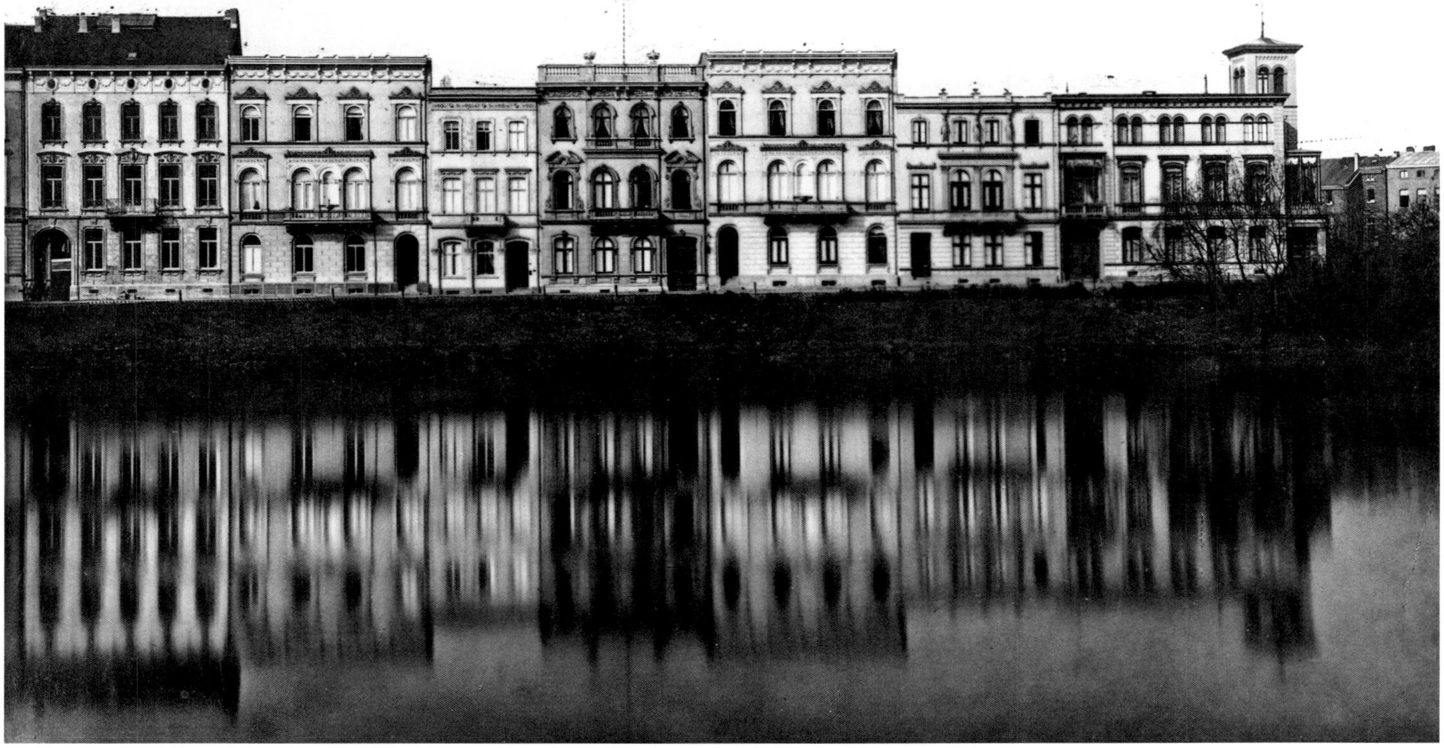

143 Wasserstraße, 1873 Photograph unbekannt

Zu sehen sind die am Schwanenspiegel gelegenen Gründerzeithäuser der Wasserstraße. Die im Süden der Stadt bis 1831 angelegten Gewässer – Schwanenspiegel und Kaiserteich – ähneln in ihrer Konzeption der Landskrone im Hofgarten. Beide Teichanlagen bestehen aus zwei nahezu gleich großen Seen, die an einer überbrückten Engstelle miteinander verbunden sind.

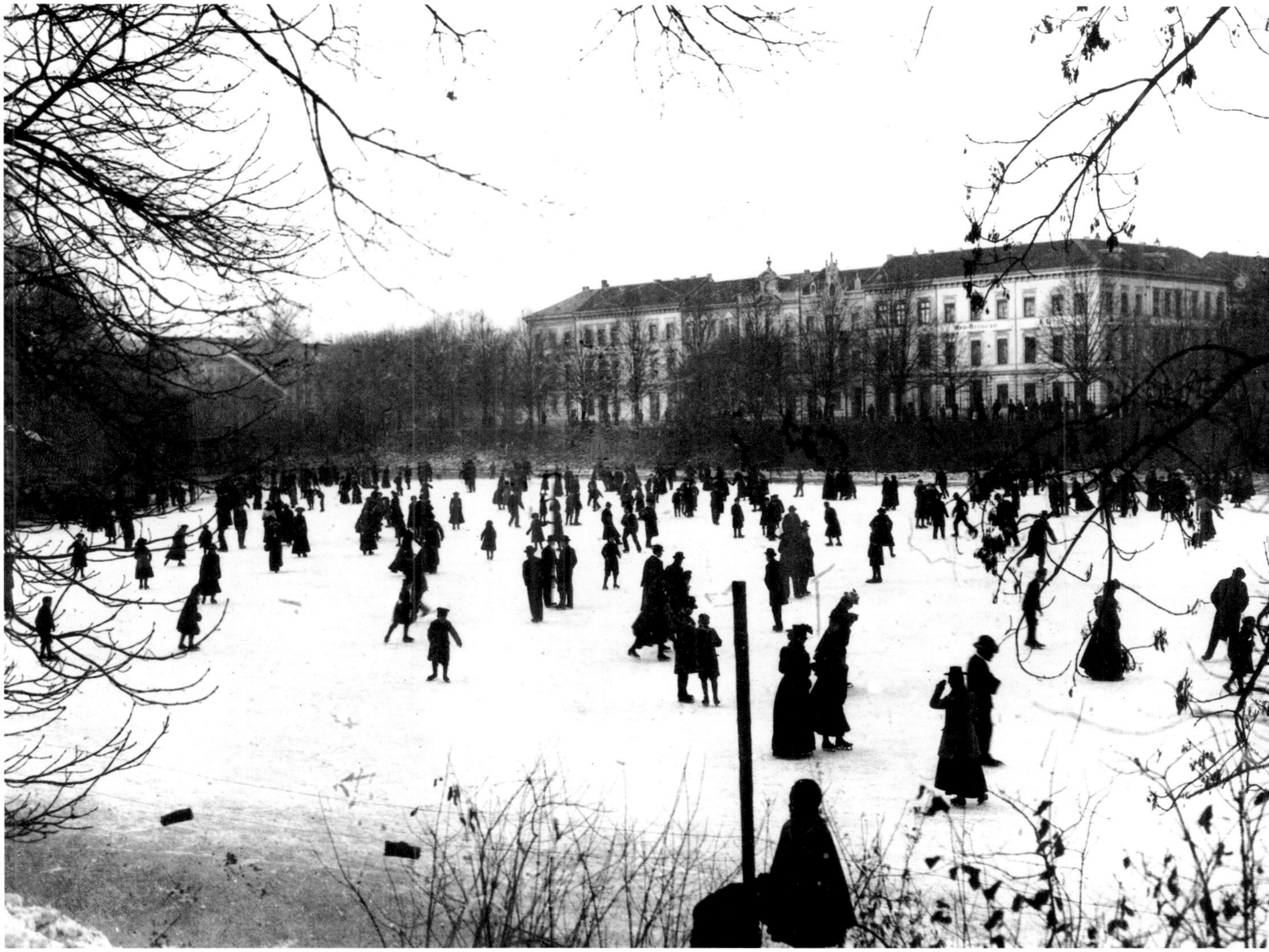

144 Schwanenspiegel, um 1892 Photograph unbekannt

Die Düsseldorfer Gartenanlagen boten mit ihren zahlreichen Seen auch im Winter Abwechslung und Erholung. Auf dem zugefrorenen Schwanenspiegel drehen Eis- und Schlittschuhläufer ihre Runden. Durch die kahlen Bäume erkennt man im Hintergrund die Häuser der Haroldstraße, an die sich rechts der Schwanenmarkt anschließt.

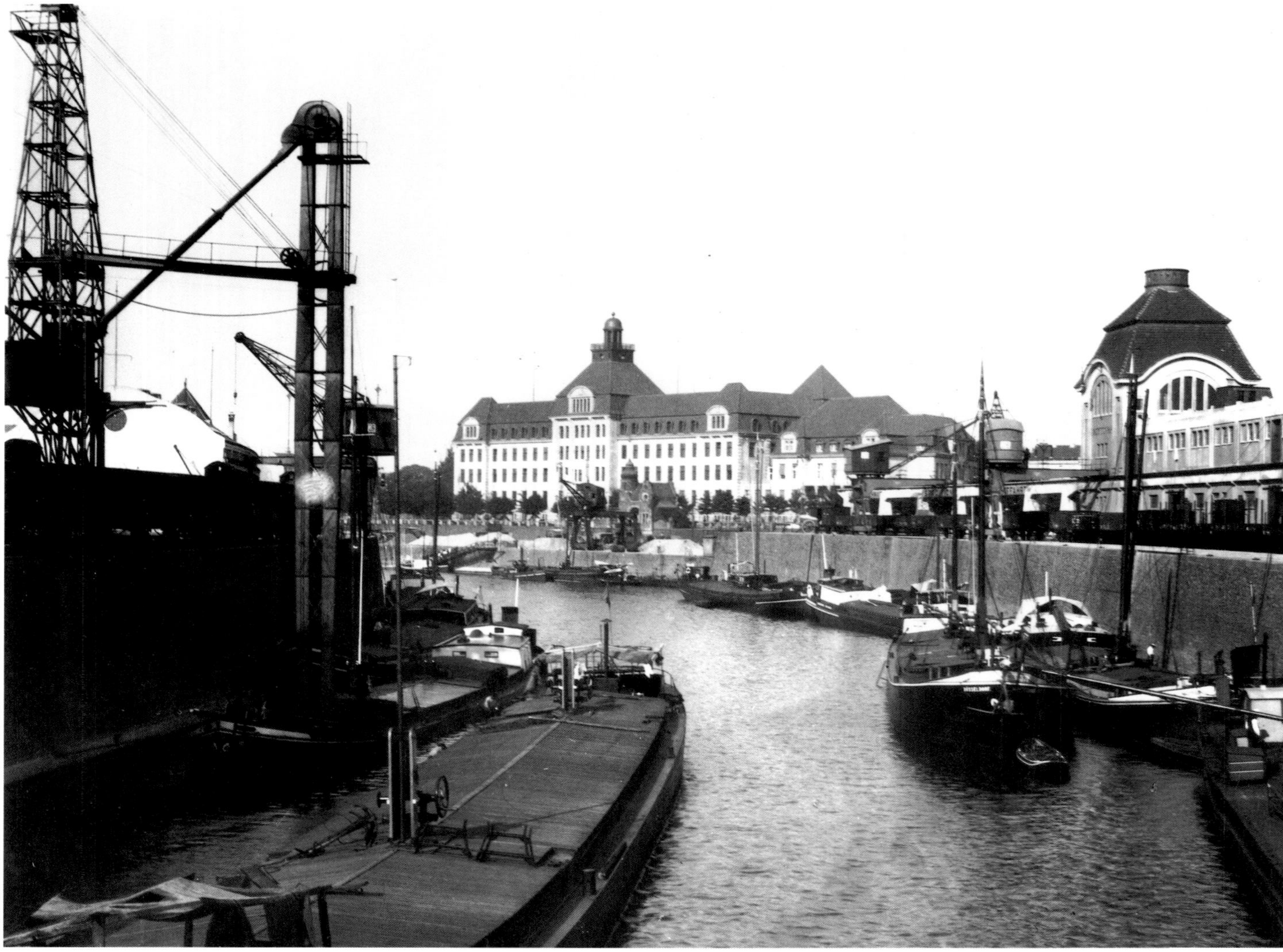

145 Hafen und Landeshaus, um 1911 Julius Söhn

Der ehemalige Petroleumhafen besaß eine eigene, stromabwärts gelegene Rhein-Zufahrt. Blickpunkt der Aufnahme ist das 1911 fertiggestellte Landeshaus am Berger Ufer. Vor der hellen Fassade erkennt man am Rheinwerft das Hafenvogthäuschen.

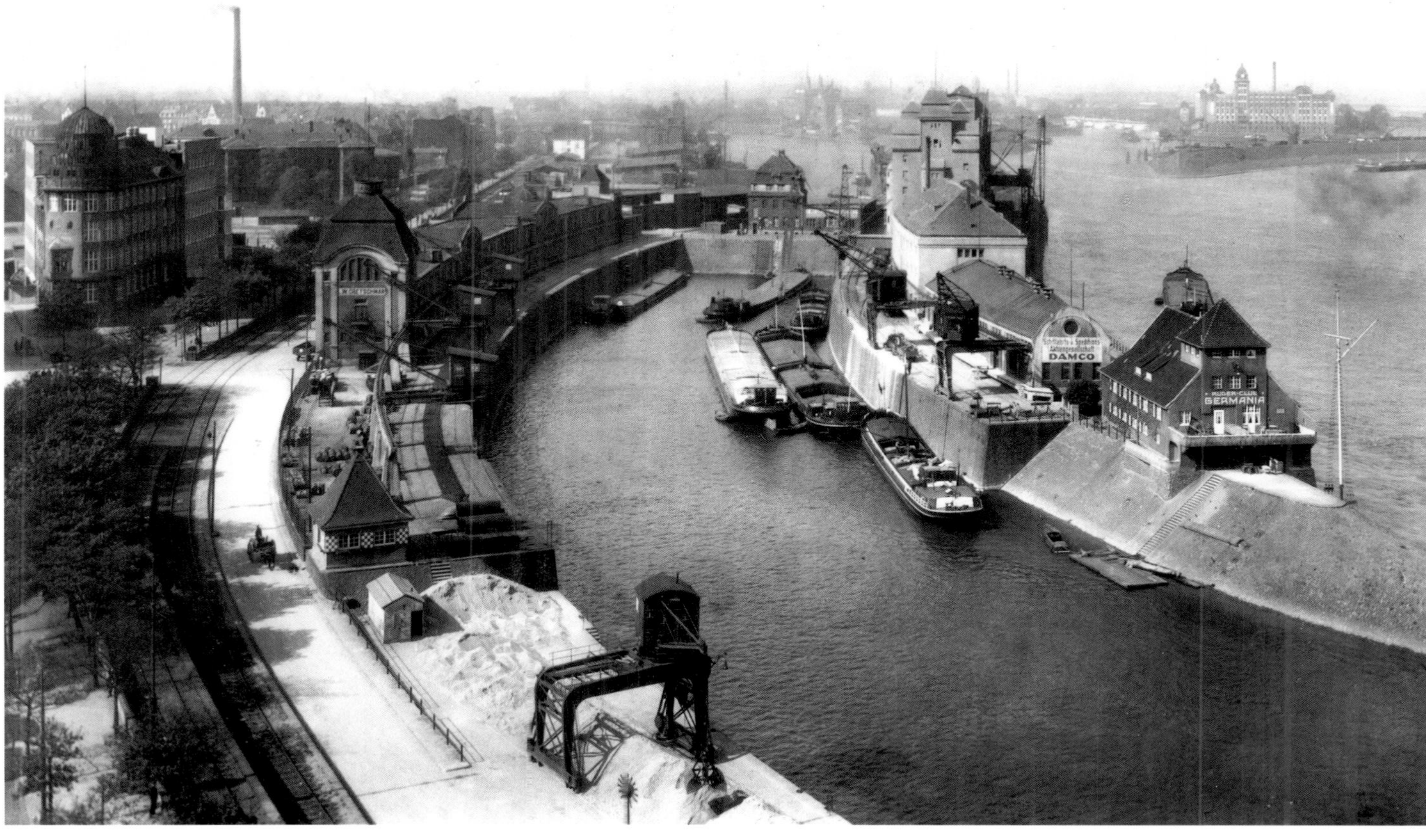

146 Gesamtansicht des Neuen Hafens, um 1911 Julius Söhn

Der Hafen auf der Lausward wurde am 30. Mai 1896 mit einer festlichen Schiffsparade in Betrieb genommen (siehe Tafel 9). Er ersetzte den Sicherheitshafen vor der Kunstakademie und entlastete das völlig unzureichende alte Rheinwerft. Durch die 75 m breite Einfahrt gelangten die Frachtschiffe zu dem Doppelbecken des Handels- und Zollhafens und den beiden daran anschließenden Hafenbuchten, die für den Holzumschlag bestimmt waren. Der frühere Petroleumhafen – im Vordergrund – wurde bereits nach wenigen Jahren aufgrund seiner verkehrsgünstigen Lage zur Stadt für den Stückgutverkehr umgebaut. Auf den erweiterten Kaimauern erkennt man die Niederlassungen der Speditionen Cretschmar und Damco, an der Spitze der Landzunge fand der Ruderclub Germania sein Domizil. Auf dem Gebiet des später als Berger Hafen bezeichneten Beckens befinden sich heute das Nordrhein-Westfälische Landtagsgebäude und der Fernmeldeturm.

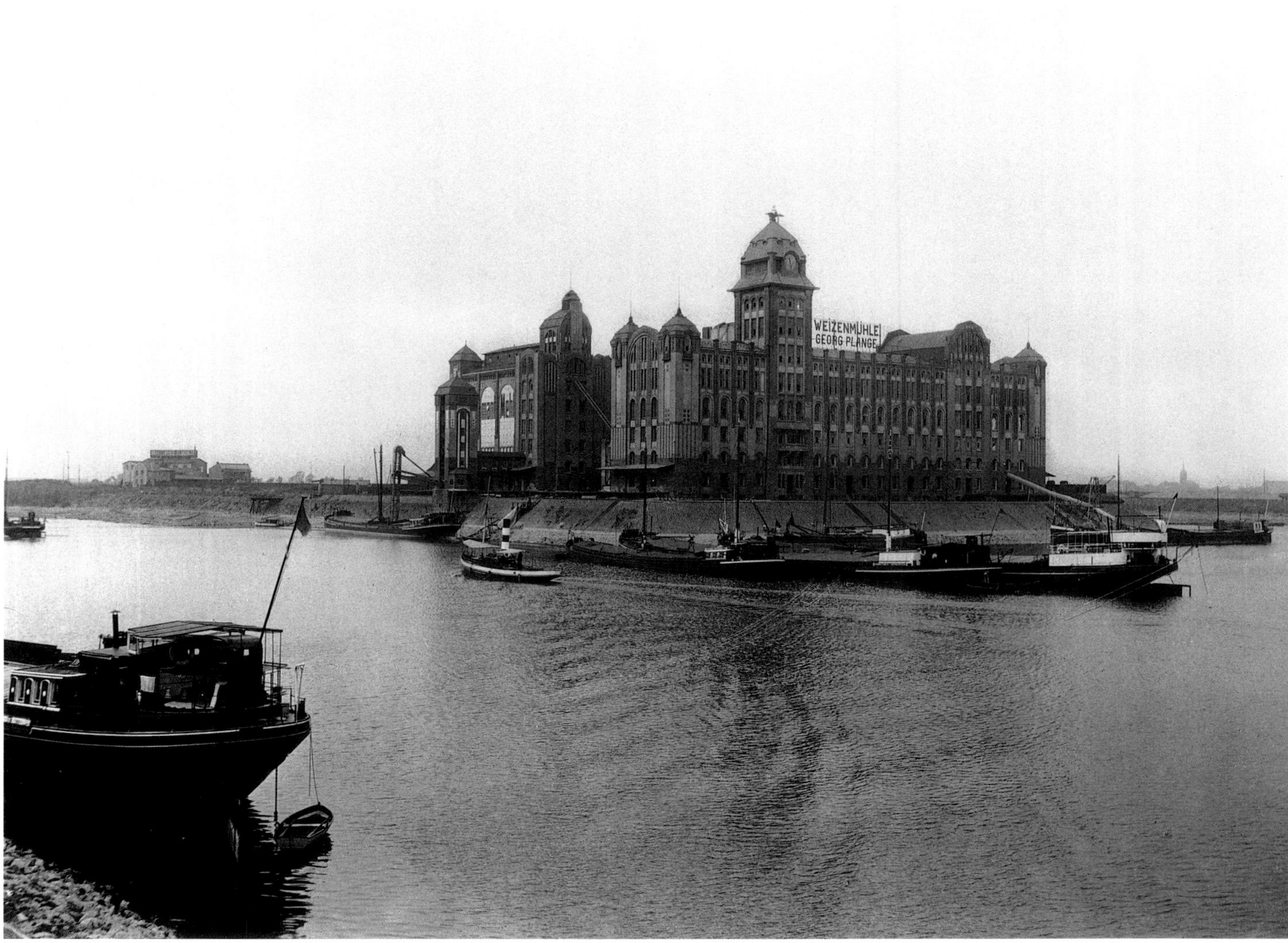

147 Einfahrt zu den Hafenbecken B und C, 1910 Photograph unbekannt

Nach nur acht Jahren Betriebszeit wurde der Hafen 1904 um ein neues, ein Kilometer langes Becken erweitert, dessen Einfahrt am rechten Bildrand zu erkennen ist. An der Spitze der neu entstandenen Landzunge liegt die Weizenmühle von Georg Plange.

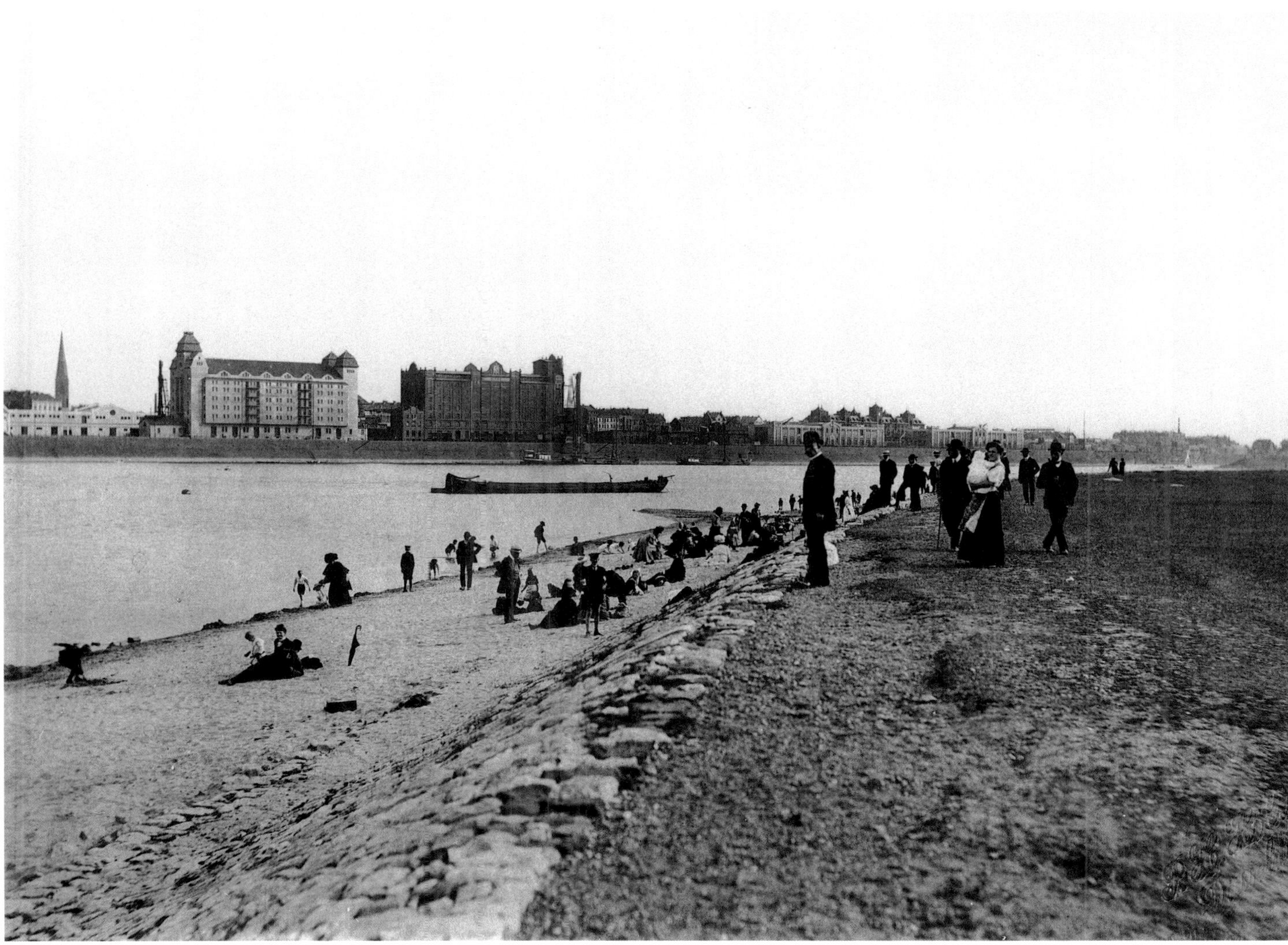

148 Strandbad Oberkassel und Düsseldorfer Hafen, 1909 Peter Hubert Höltgen

Der Blick reicht vom Oberkasseler Strandbad bis zu dem gewaltigen, auf der Landzunge des Zollhafens gelegenen Lagerhallenkomplex. Am Ende der Landzunge öffnet sich rechts die breite Haupteinfahrt zum Hafen. Am linken Bildrand sieht man den schmalen Turm der 1894–1896 in Unterbilk errichteten St. Martinskirche.

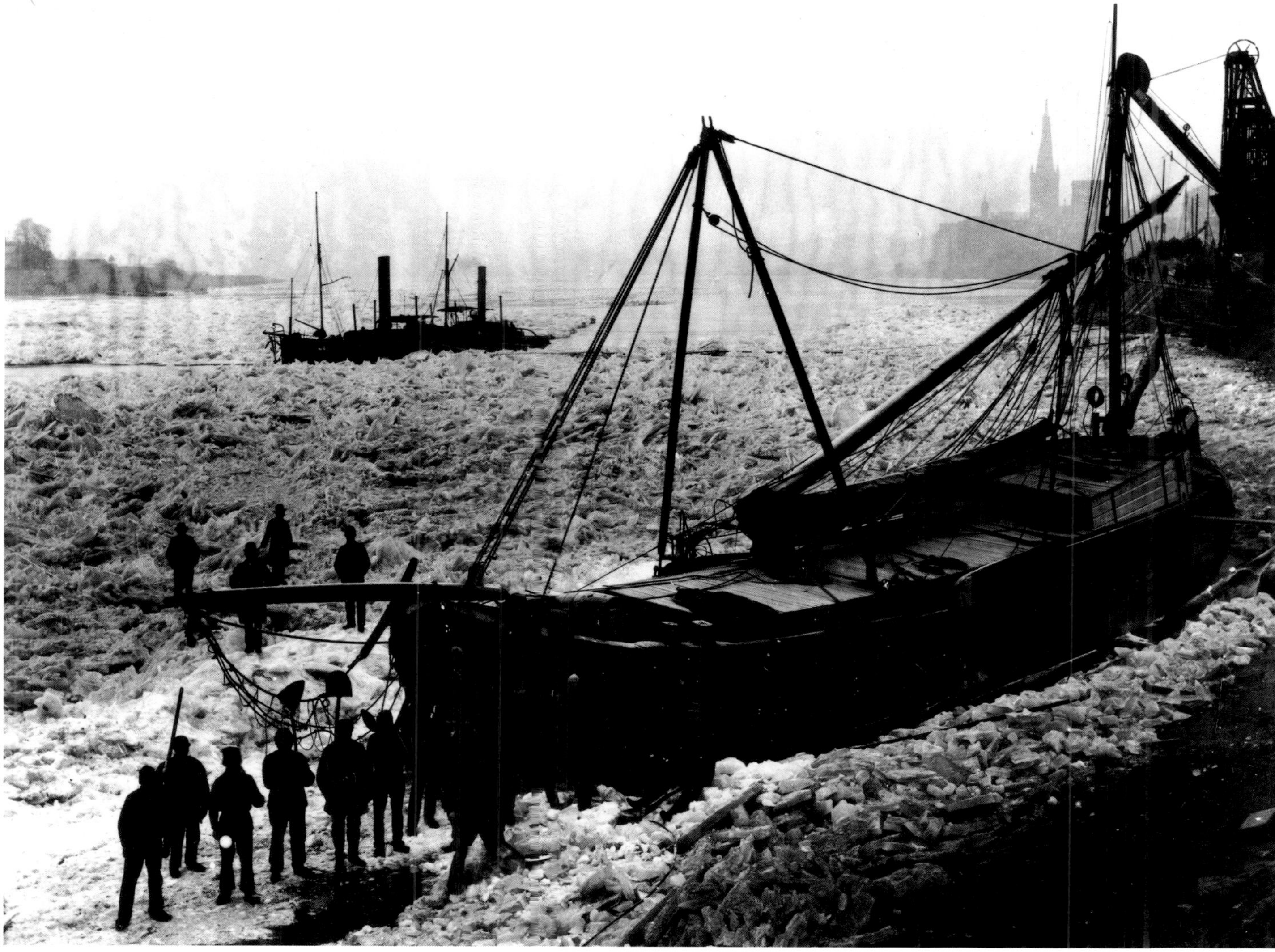

149 Eisgang auf dem Rhein, 1895 Photograph unbekannt

In dem strengen Winter 1895 fror der Rhein bei Düsseldorf bis auf eine schmale Fahrrinne zu. Offenbar versuchten die Männer, das Packeis rund um den festsitzenden Lastensegler aufzubrechen, um ein Leckschlagen des Schiffes zu vermeiden. Infolge des Eisgangs mußte die Schiffbrücke eingeholt werden, am Oberkasseler Ufer liegen nur noch zwei der Pontons vertäut. Am rechten oberen Bildrand sind im Nebel verschwommen St. Lambertus und der Schloßturm zu erkennen.

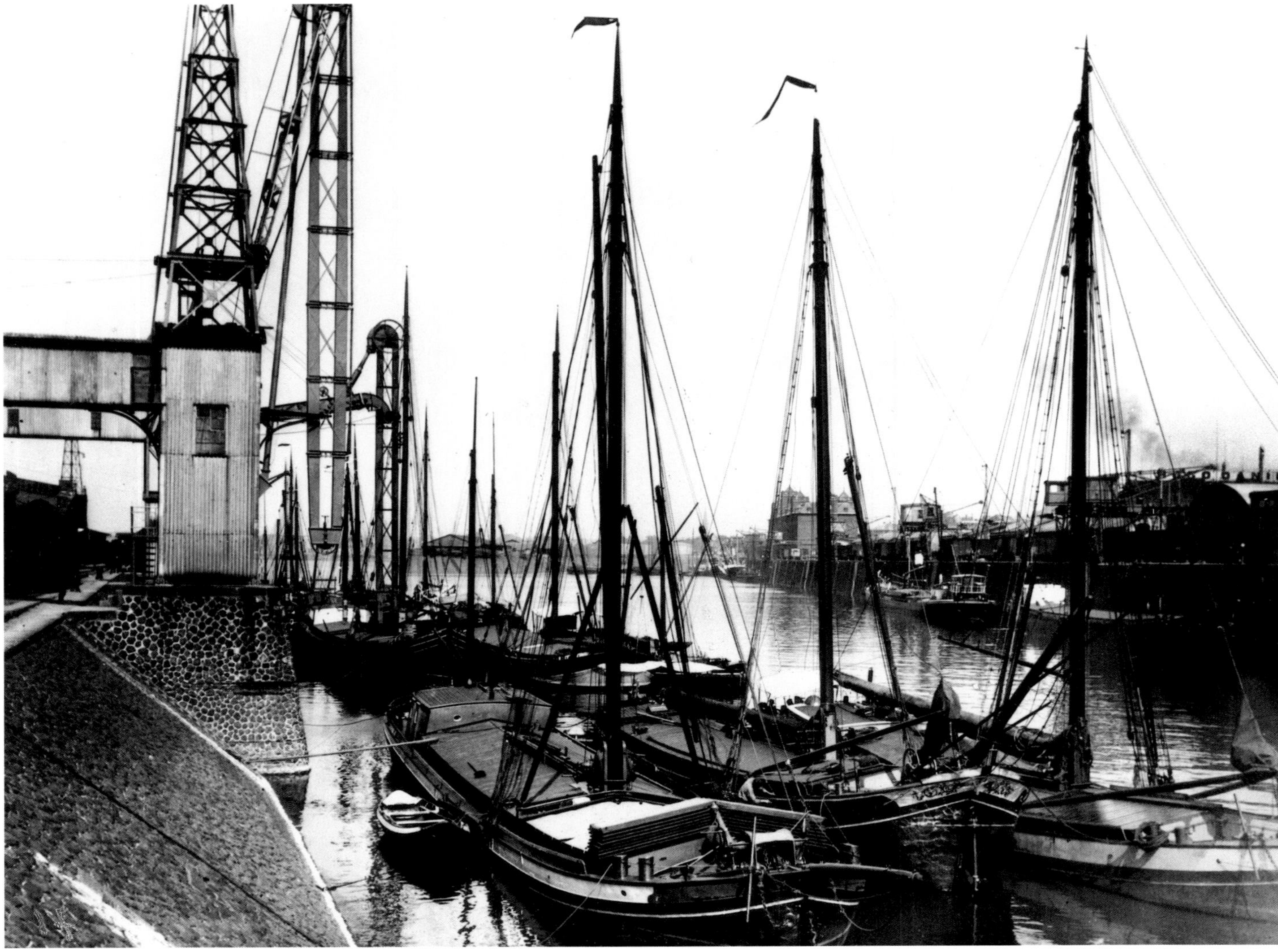

150 Lastensegler im Handelshafen, um 1914 Julius Söhn

An der schräg abfallenden Kaimauer haben ältere Lastensegler vor den Elevatoren der Getreide- und Malzspeicher festgemacht. Im Hintergrund öffnet sich die zweite Bucht der Doppelbeckenanlage, der Zollhafen, mit dem städtischen Zollgebäude auf der rechten Seite, das vom Mast des mittleren Seglers im Vordergrund leicht verdeckt wird.

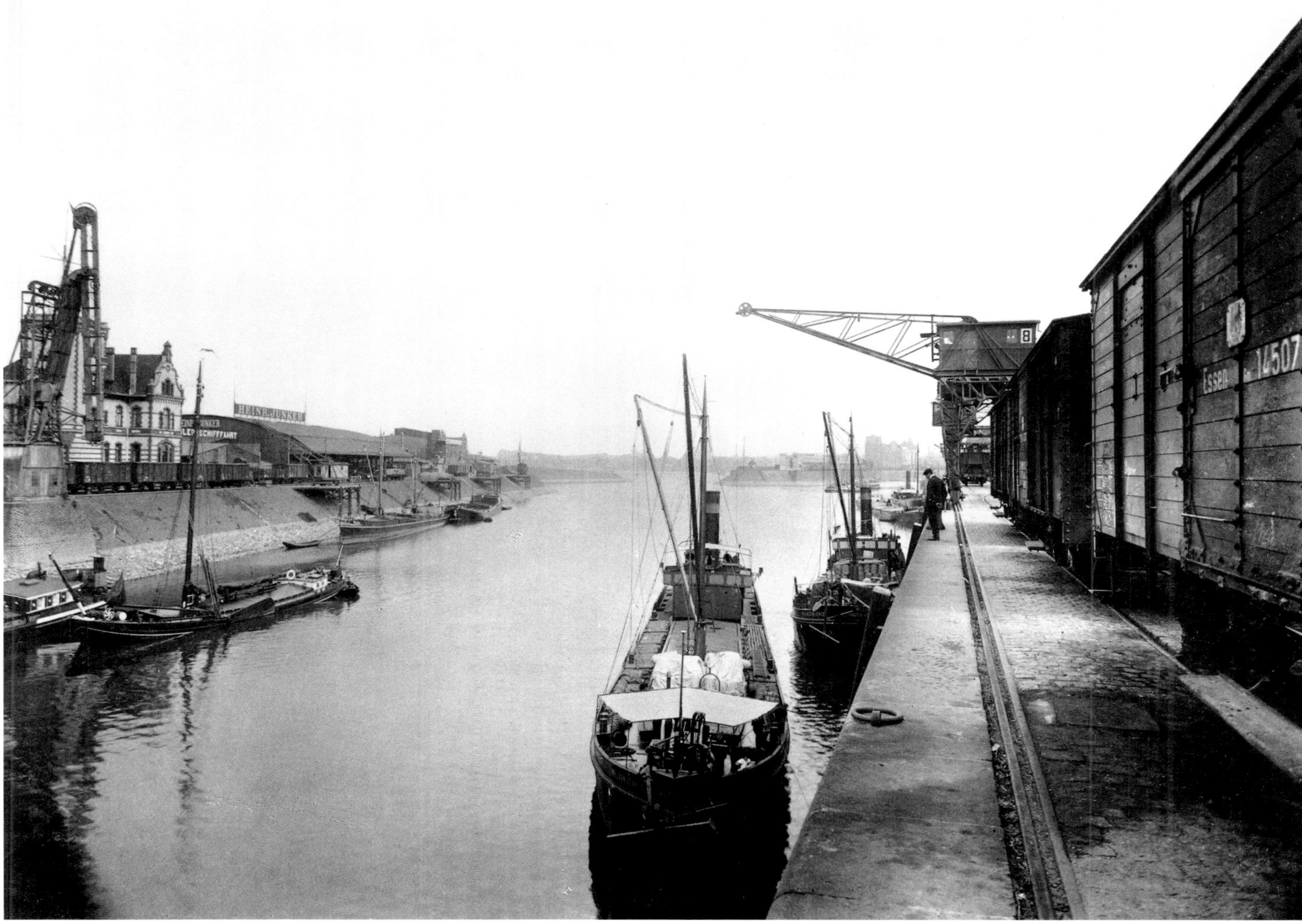

151 Handelshafen, 1905 Photograph unbekannt

Bei dieser neun Jahre früher entstandenen Aufnahme befand sich der Photograph auf der binnenseitigen Kaimauer, die über eine Länge von 850 m entlang des Handels- und Zollhafens hochwasserfest ausgebaut war. Am linken Bildrand ist hinter einem der gewaltigen Elevatoren das helle Verwaltungsgebäude der Niederrheinischen Dampfschiffahrtsgesellschaft zu sehen. Im Nordosten, nahezu in der Bildmitte, erkennt man schwach die Hafeneinfahrt.

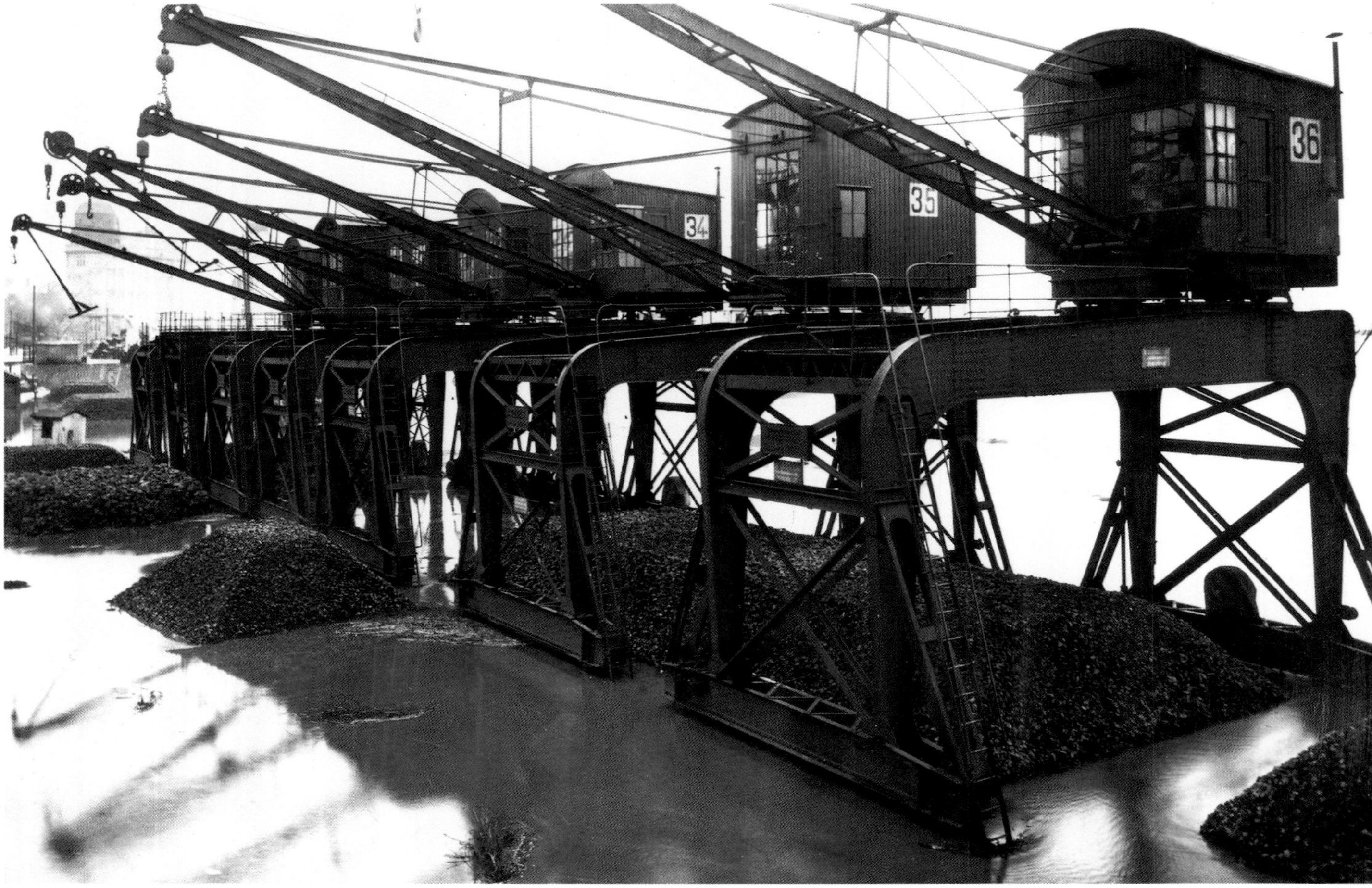

152 Hochwasser am Rheinwerft, 1914 Julius Söhn

Die elektrisch betriebenen Portalkräne wurden von der Benrather Maschinenfabrik AG um die Jahrhundertwende an die städtische Hafenverwaltung geliefert und im gesamten Hafengebiet sowie am Rheinwerft eingesetzt. 1914 überspülte das Hochwasser sogar das vermeintlich sichere neue Rheinwerft.

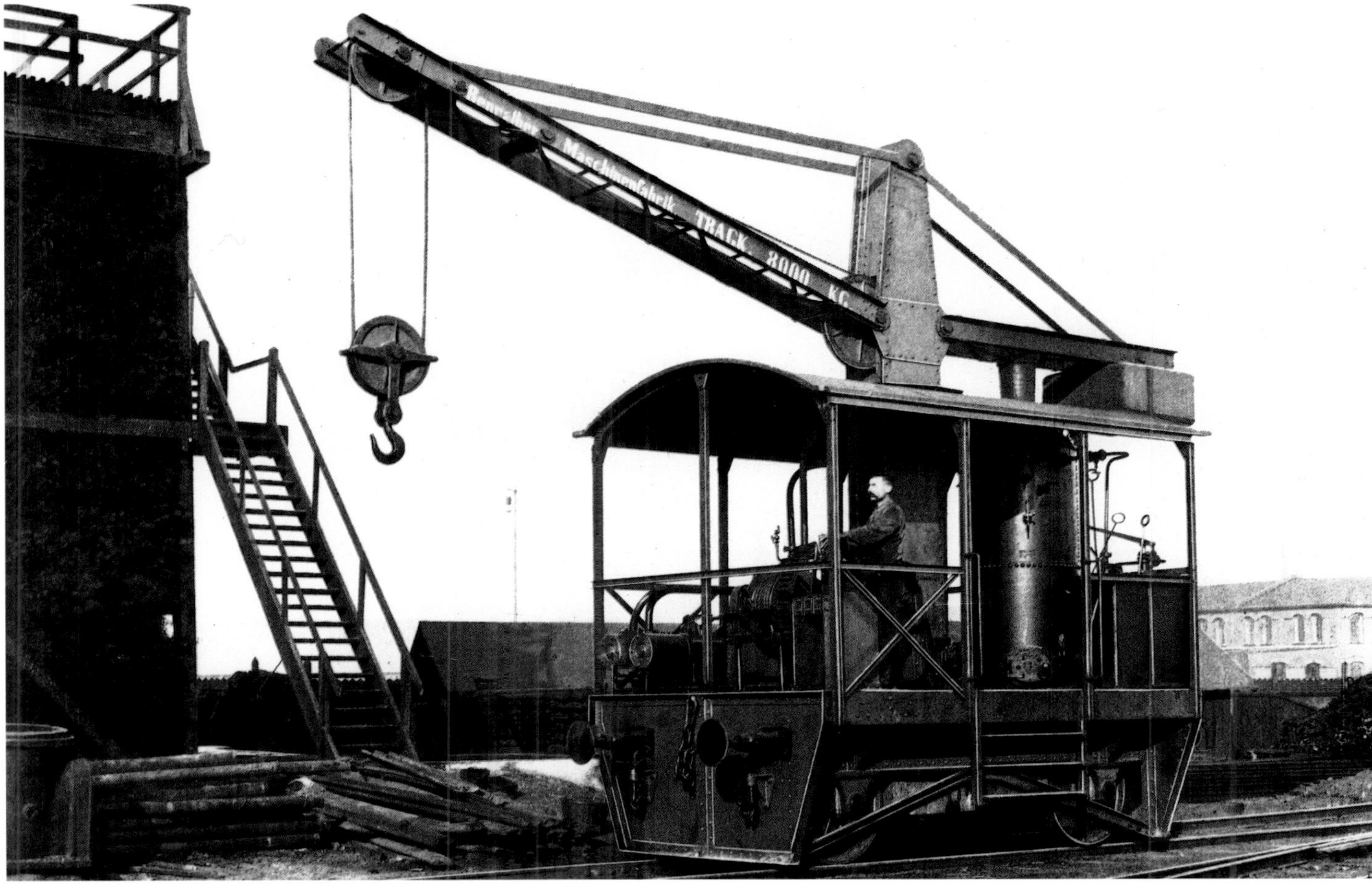

153 Oberbilk um 1900 Photograph unbekannt

Dieser Lokomotivkran mit einer Tragkraft von acht Tonnen entstammte ebenfalls der Produktion der Benrather Maschinenfabrik AG, der späteren Demag, und wurde um die Jahrhundertwende an die Düsseldorfer Eisen- und Drahtindustrie in Oberbilk geliefert.

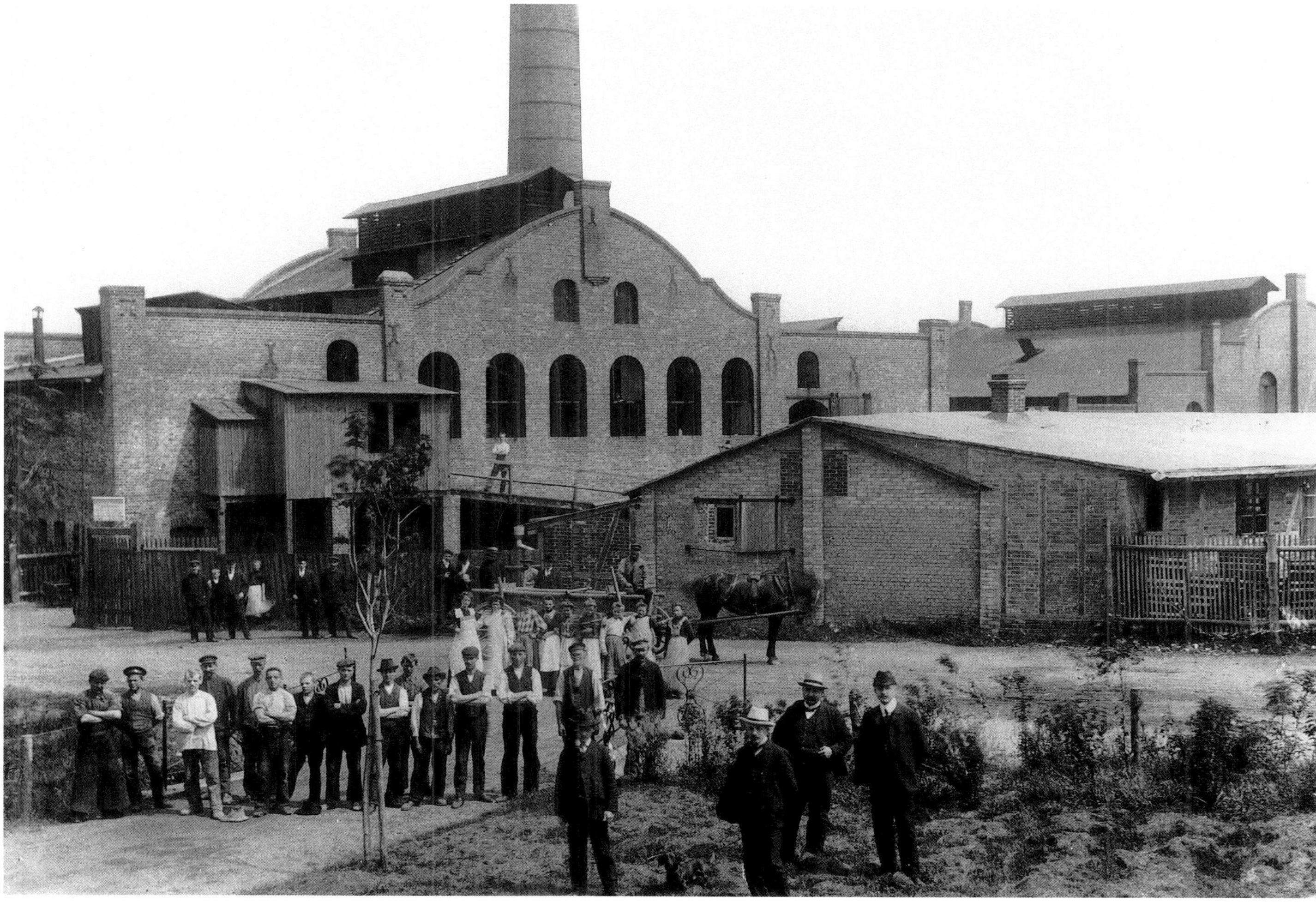

154 Ferdinand Heye AG, um 1895 Photograph unbekannt

Ferdinand Heye gründete 1864 in Gerresheim an der Eisenbahnlinie Düsseldorf–Elberfeld seine erste Glashütte, die heutige Gerresheimer Glas AG. Nach mehreren Erweiterungen war sie um die Jahrhundertwende weltweit der größte Hersteller von Glasflaschen. Die Aufnahme, wahrscheinlich von einem Werksphotographen angefertigt, zeigt eine Teilansicht des Hauptwerks.

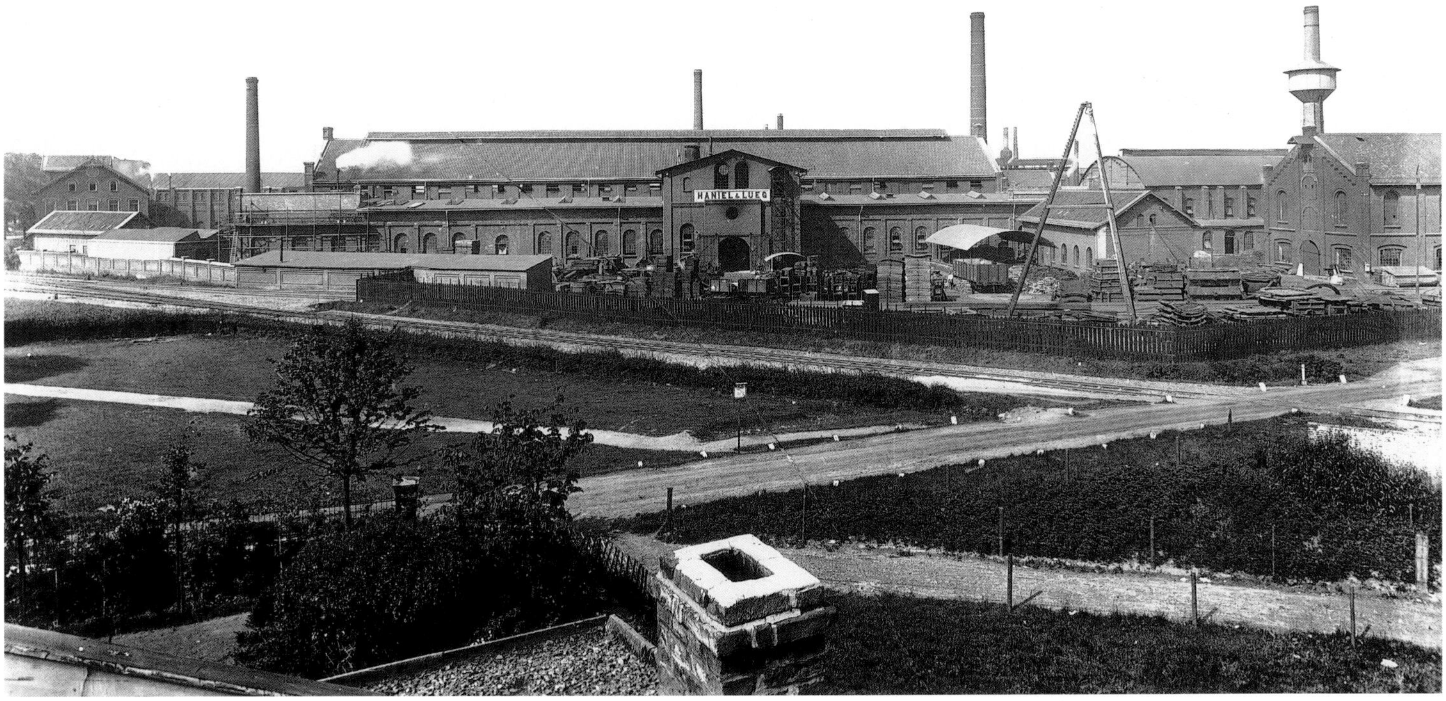

155 Eisengießerei und Modellschreinerei der Fa. Haniel & Lueg, 1902 Photograph unbekannt

Die 1873 in Grafenberg niedergelassene Firma Haniel & Lueg spezialisierte sich zunächst auf die Herstellung von guß- und schmiedeeisernen Teilen für den Bergwerks- und Hüttenbedarf. Nach mehreren Erweiterungen beschäftigte das Werk um die Jahrhundertwende etwa zweitausend Menschen. Die Kamera ist von einem erhöhten Standpunkt auf die Halle der Eisengießerei ausgerichtet; am rechten Bildrand angeschnitten sieht man die Modellschreinerei.

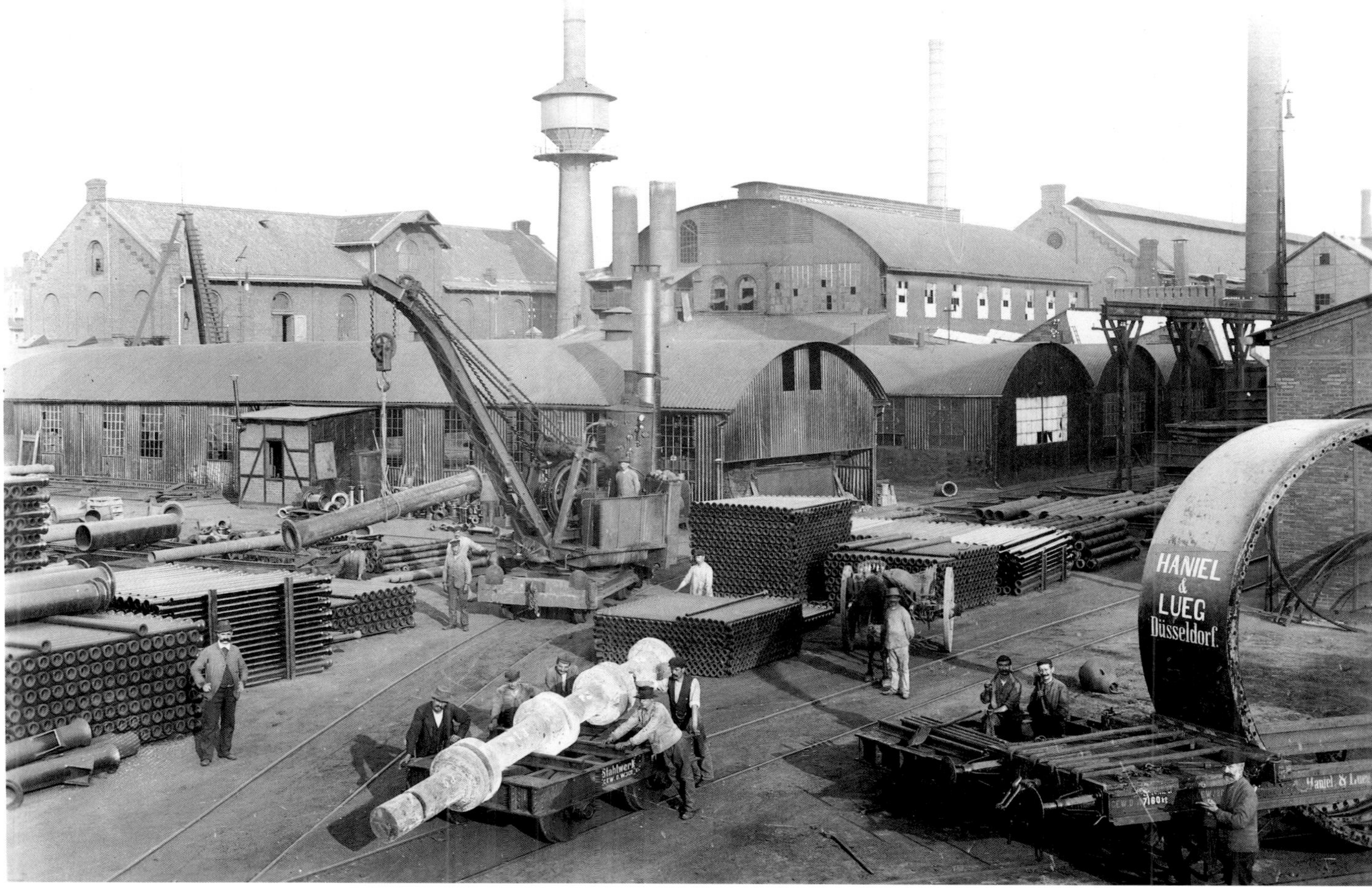

156 Haniel & Lueg, 1902 Photograph unbekannt

Auch bei dieser detaillreich in Szene gesetzten Aufnahme hat der Photograph einen erhöhten Standpunkt bezogen. Der Fabrikhof diente neben der Lagerung der fertigen Röhren auch der Reinigung und Weiterverarbeitung unterschiedlicher Gußstücke, die von einem schweren, dampfgetriebenen Kran transportiert wurden. Am rechten Bildrand ein sogenannter Tübbing, ein gußeiserner Ring, der als Segment beim Ausbau wasserdichter Schächte Verwendung fand.

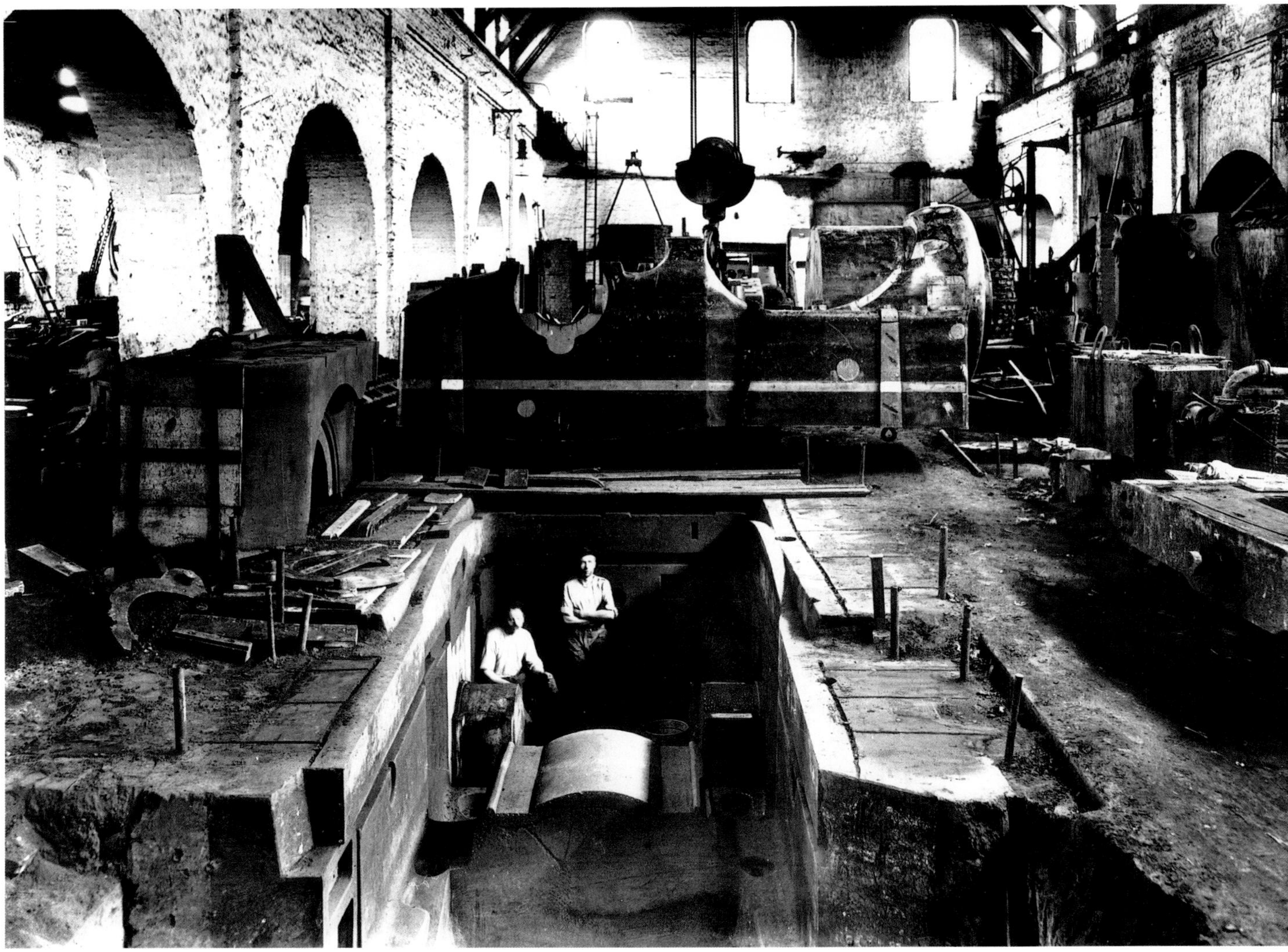

157 Haniel & Lueg Gießerei, 1910 Photograph unbekannt

Die Innenaufnahme der Gießerei dokumentiert die Vorbereitungen für die Herstellung eines Gasmaschinenrahmens. Die beiden Arbeiter in der Grube veranschaulichen die Dimension des nach dem Modell im Hintergrund zu gießenden Werkstücks.

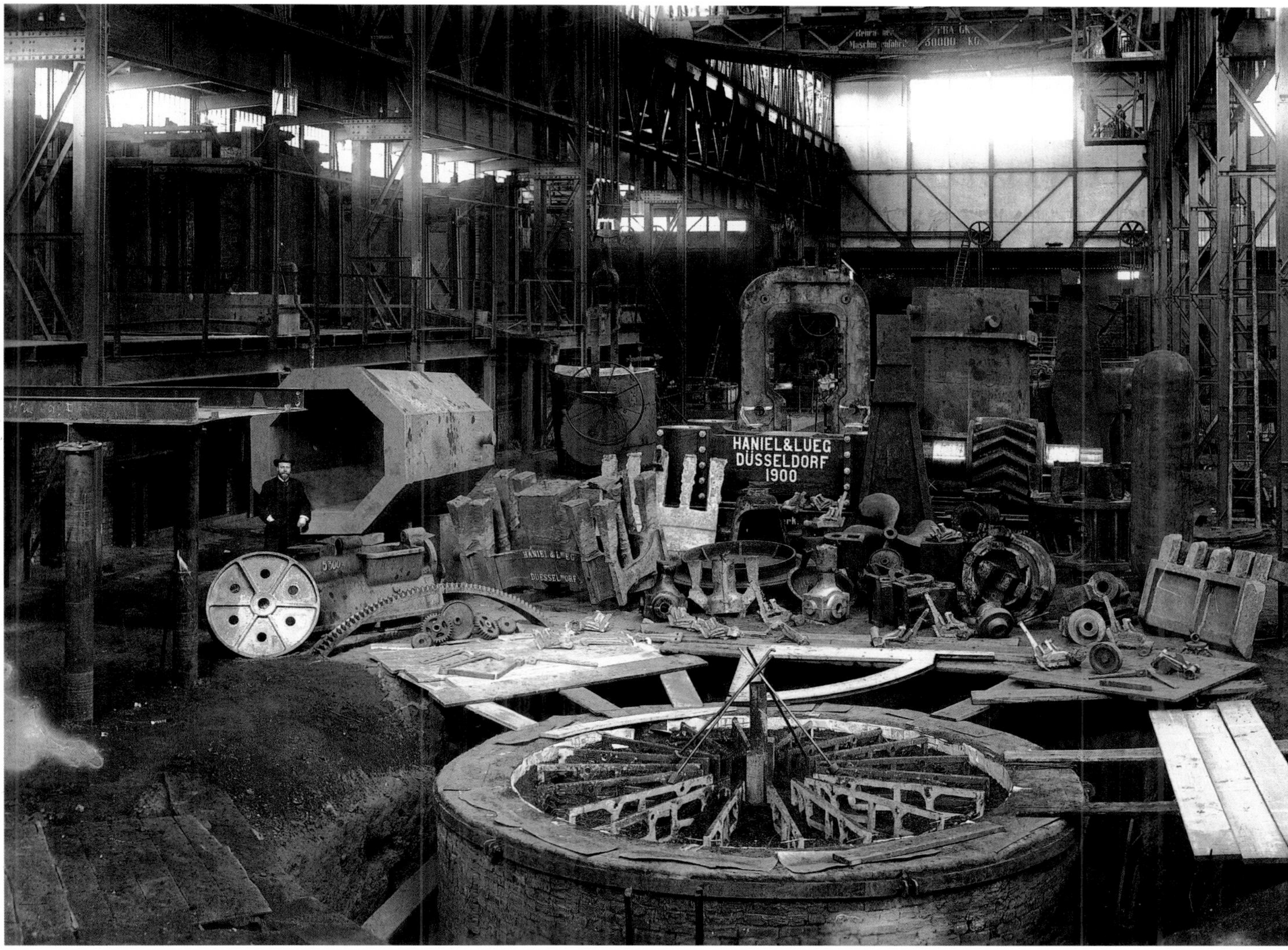

158 Haniel & Lueg, 1906 Photograph unbekannt

Die Aufnahme gibt einen Teil der Produktpalette wieder, die den Weltruhm der Gesellschaft begründete. Um die Jahrhundertwende stellte Haniel & Lueg, neben der traditionellen Anfertigung von guß- und schmiedeeisernen Werkstücken auch Gasmotoren, Maschinen, hydraulische Anlagen und Einrichtungen für Häfen, Reedereien und Schiffshebewerke her.

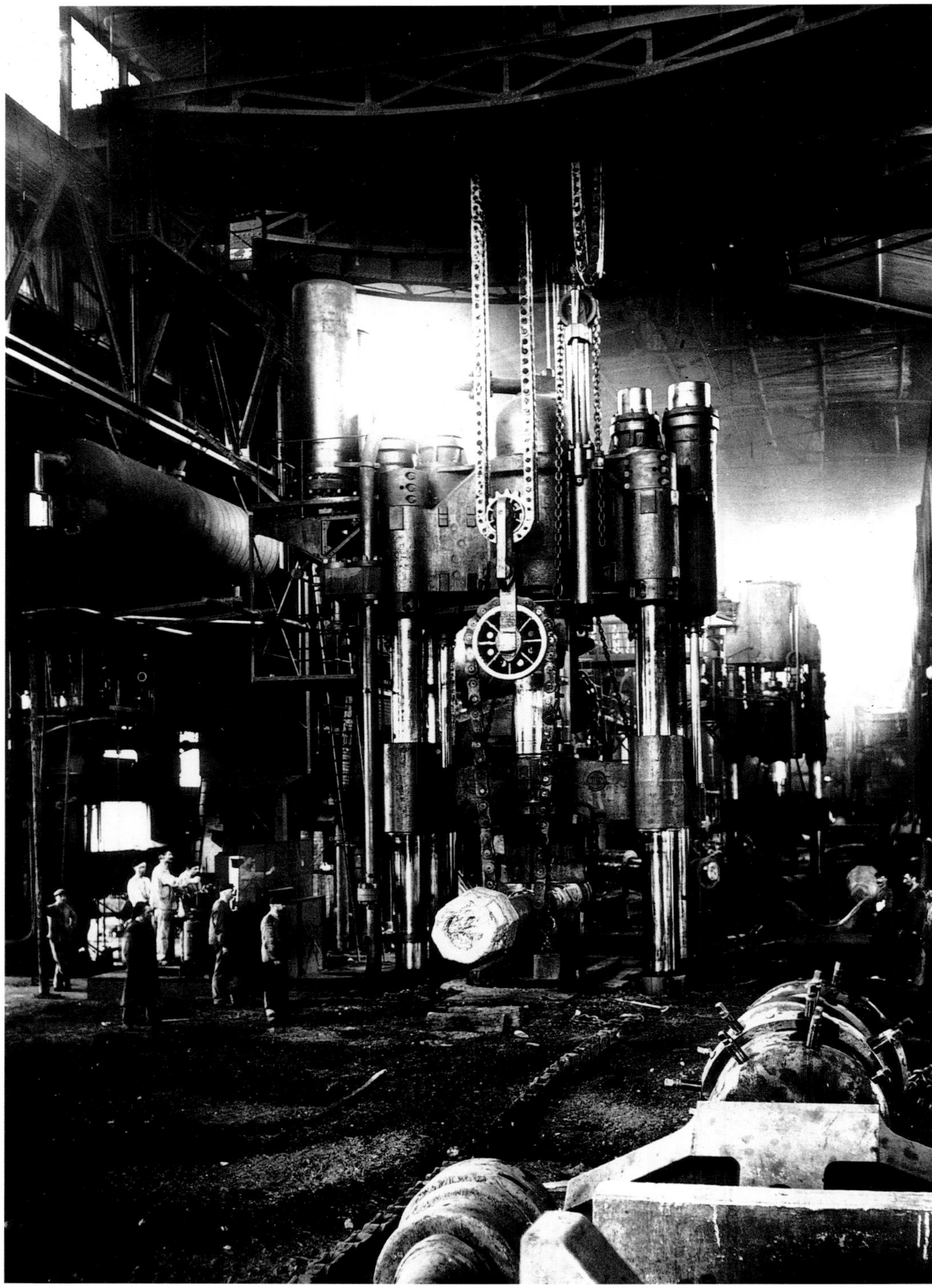

159 Haniel & Lueg Preßwerk, 1910 Photograph unbekannt

Die rohen Schmiedestücke aus Martinstahl, Nickel oder Flußeisen wurden in den Schmiedepressen, die mittels dampfhydraulischem Antrieb einen Druck bis zu 2500000 kg ausüben konnten, weiterverarbeitet.

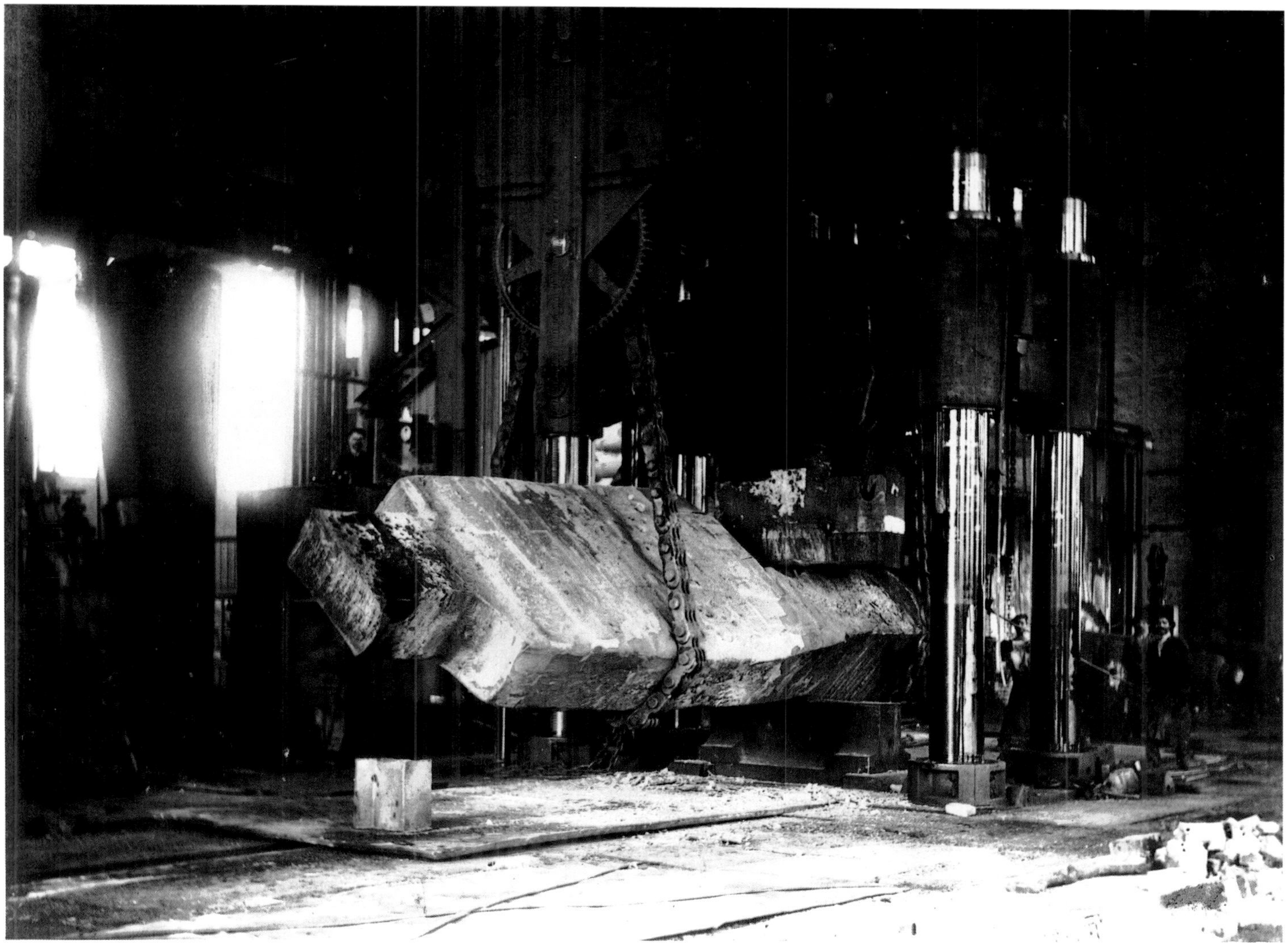

160 Oberbilker Stahlwerk, um 1905 Photograph unbekannt

Diese Aufnahme aus einem anderen Düsseldorfer Stahlwerk dokumentiert die enormen Ausmaße der zu bearbeitenden Werkstücke. Hier wird gerade aus einem 100 Tonnen schweren Block das Ruder für einen Kreuzer der kaiserlichen Marine geschmiedet.

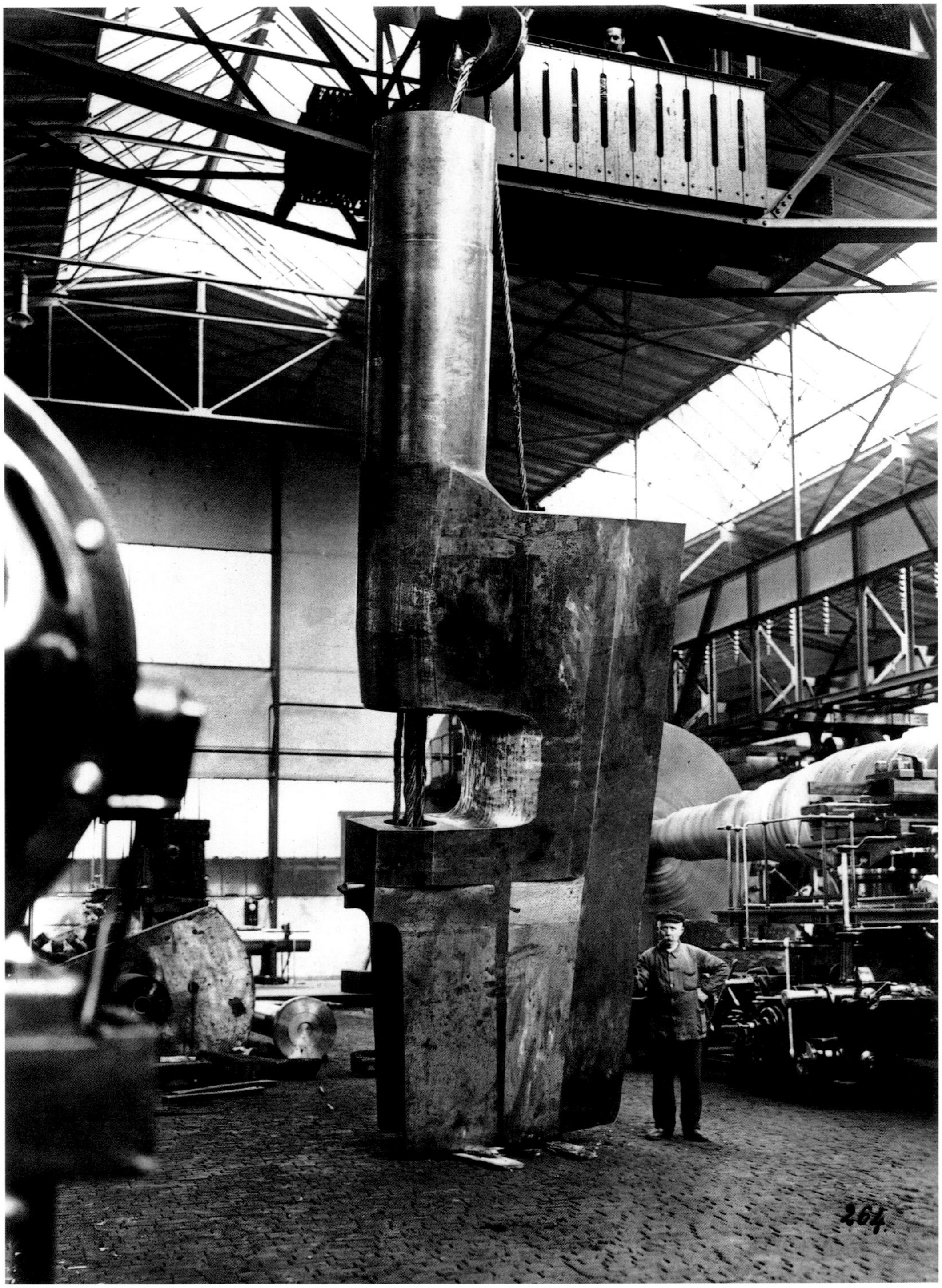

161 Oberbilker Stahlwerk, um 1905 Photograph unbekannt

Der fertig geschmiedete Ruderschaft wurde für den Photographen aufgerichtet, um die Größenverhältnisse zu demonstrieren. Das massive Ruder wog nach der abschließenden Bearbeitung immer noch 31 Tonnen.

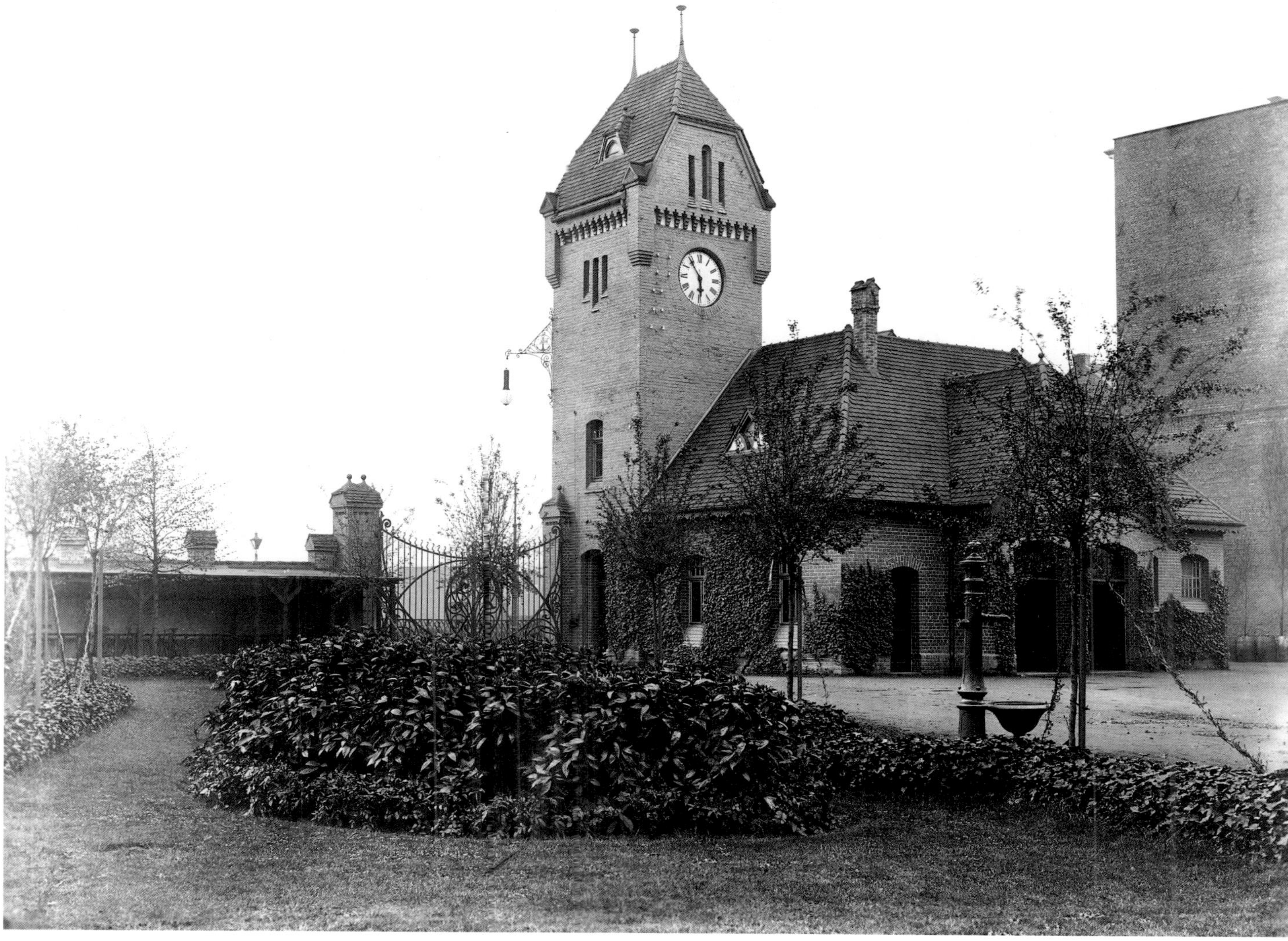

162 Die Werkseinfahrt von Haniel & Lueg, um 1900 Photograph unbekannt

Das mit seiner Turmuhr entfernt an den Londoner ›Big Ben‹ erinnernde Gebäude wurde um die Jahrhundertwende von dem Düsseldorfer Architekten Hermann vom Endt entworfen und ersetzte das frühere Pförtnerhaus.

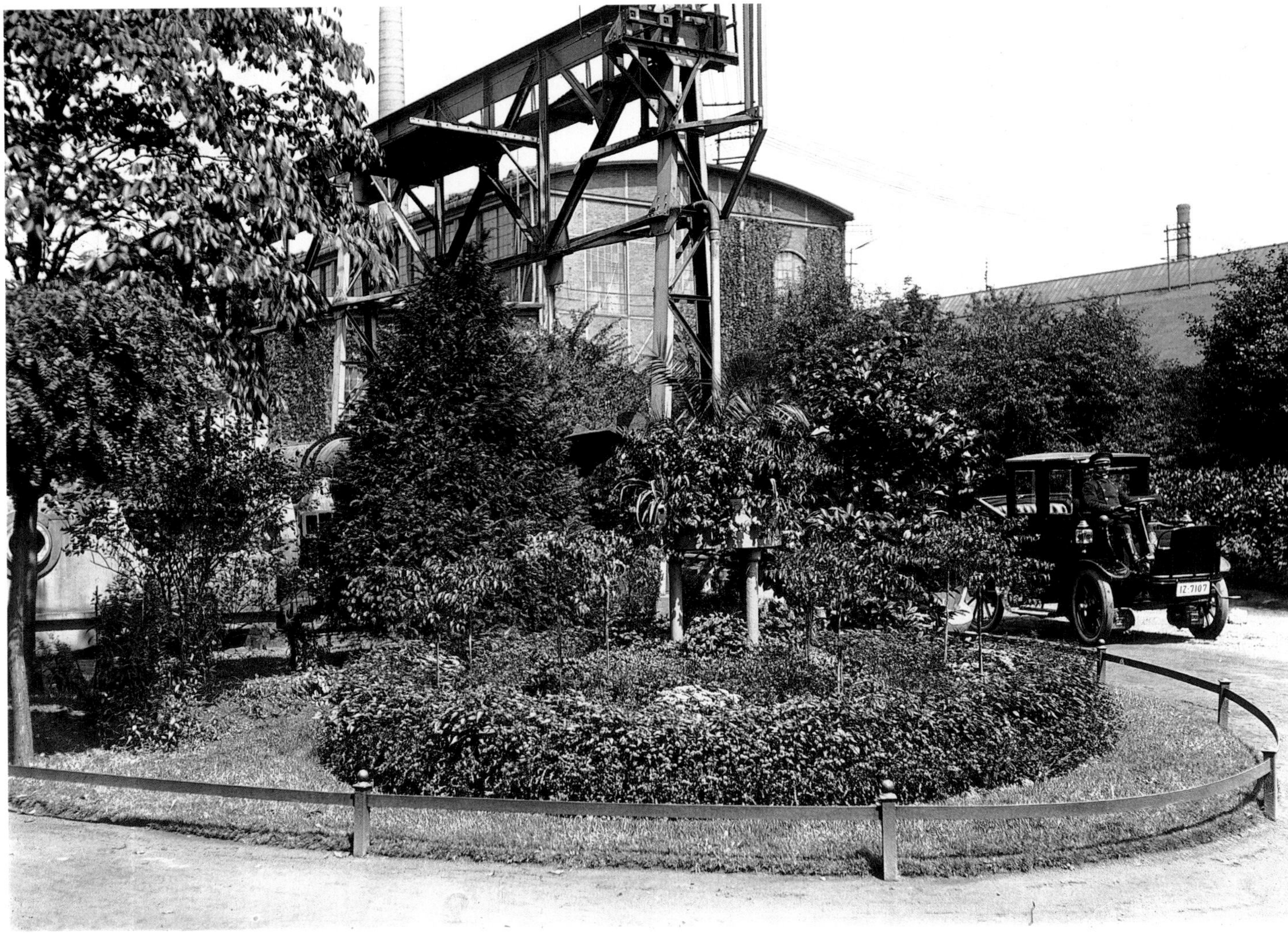

163 Fabrikhof von Haniel & Lueg, 1910 Photograph unbekannt

Ein Teil des Fabrikhofs war durch üppig bepflanzte Beete gärtnerisch gestaltet worden. Auf der unbefestigten Zufahrt wartet der Chauffeur von Geheimrat Lueg in einem nicht nur vor dem Ersten Weltkrieg äußerst ungewohnten Verkehrsmittel – einem Elektromobil.

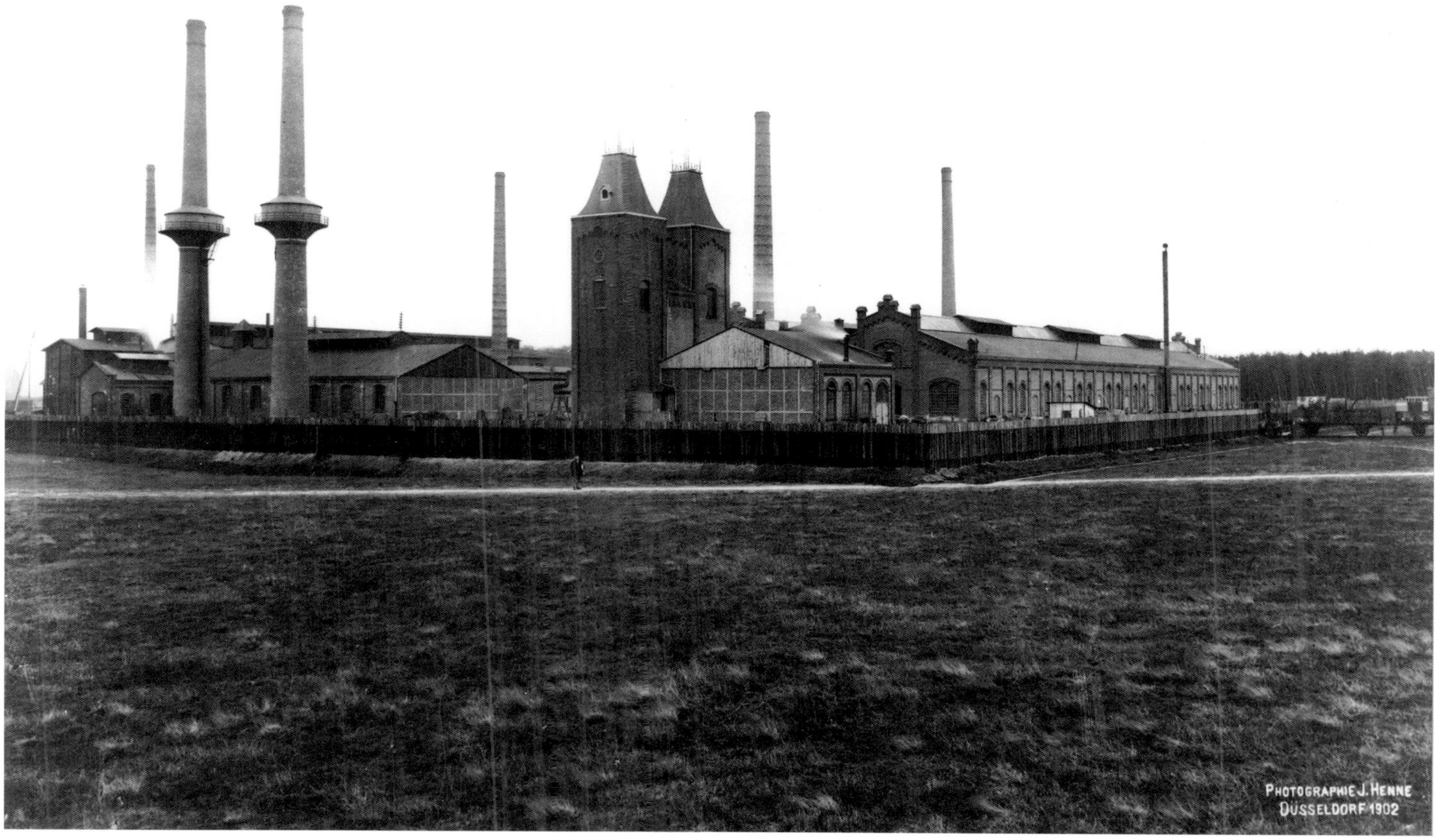

164 Preß- und Walzwerk Reisholz AG, 1902 Josef Henne

Ab 1898 wurde unter der Führung einer Interessensgemeinschaft Düsseldorfer Unternehmer, der ›Industrieterrain Düsseldorf Reisholz AG‹, das Gebiet um Holthausen und Reisholz industriell erschlossen, um der expandierenden Röhren- und Maschinenfabrikation außerhalb des Stadtkerns Raum zu schaffen. Die Aufnahme zeigt die nordwestliche Werksansicht des Röhrenherstellers Preß- und Walzwerk Reisholz AG, der sich auf dem noch von der Landwirtschaft geprägten Gelände vor dem Niederheider Wäldchen niedergelassen hatte.

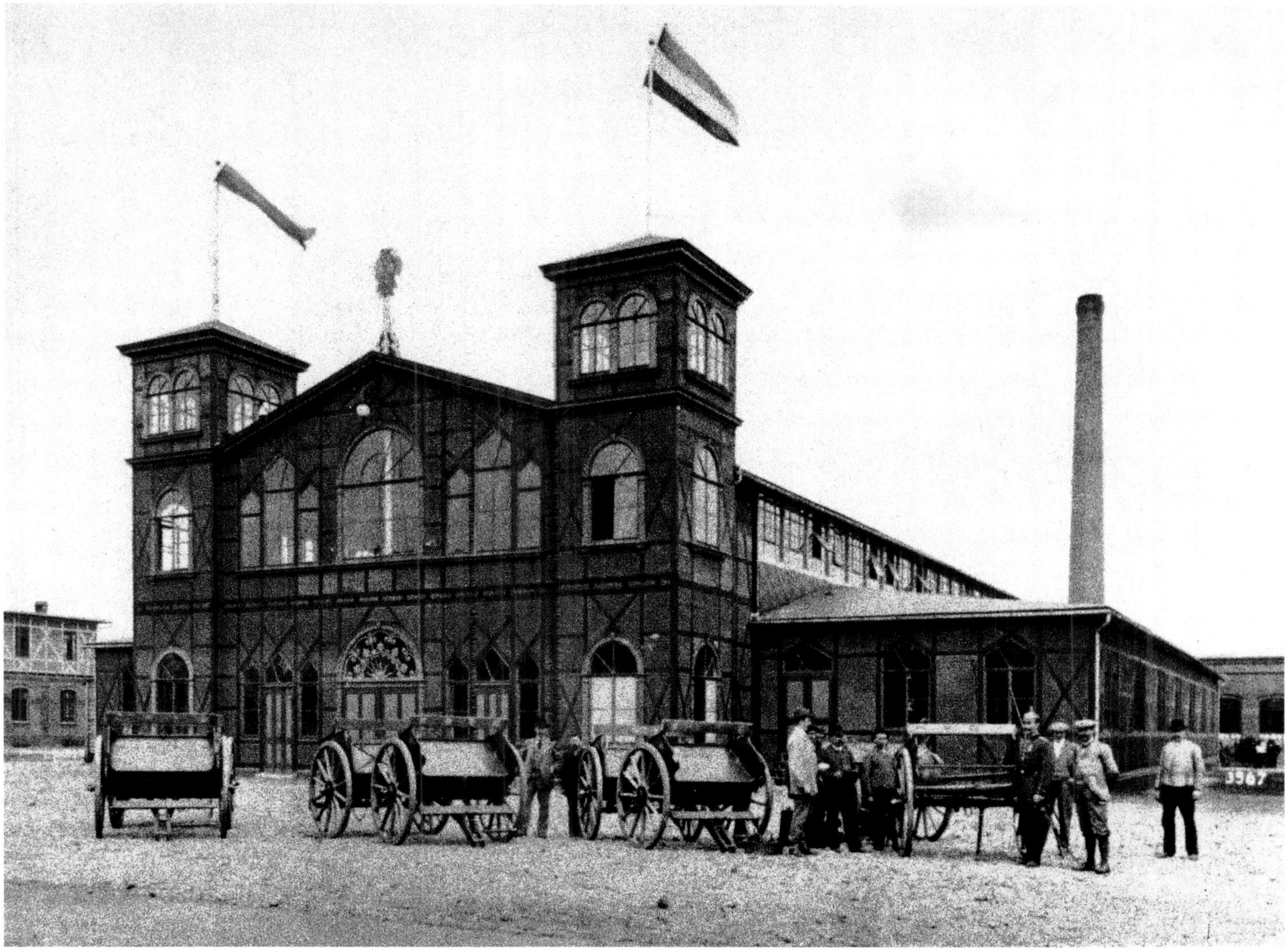

165 Rheinische Metallwaren- und Maschinenfabrik, um 1914 Photograph unbekannt

Am 7. Mai 1889 gründete der Ingenieur Heinrich Ehrhardt im Stadtteil Derendorf an der Rather Straße eine Waffen- und Munitionsfabrik, die spätere Rheinmetall GmbH. Die technischen Neuentwicklungen Ehrhardts, der bereits 1873 ein Ingenieur- und Konstruktionsbüro leitete, verhalfen der Rüstungsindustrie zu einem gewaltigen Modernisierungsschub. – Die Aufnahme gibt eine Teilansicht des Werks wieder. Vor der fahnengeschmückten Eisenfachwerkhalle inspiziert gerade ein Offizier der kaiserlichen Armee die fertiggestellten Zugfahrzeuge.

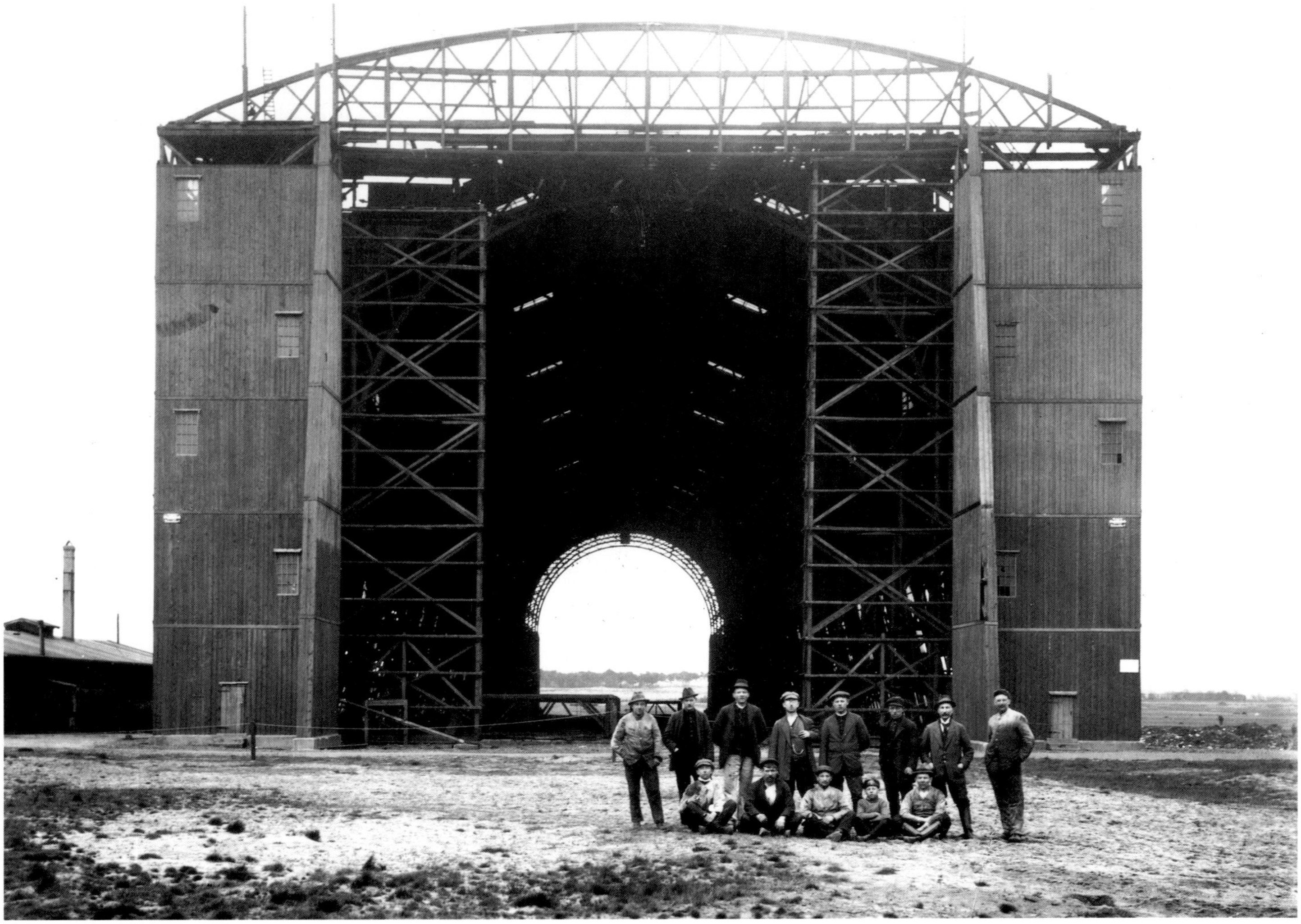

166 Luftschiffhalle auf der Golzheimer Heide, um 1910 Julius Söhn

Vor dem Ersten Weltkrieg wurde im Norden Düsseldorfs, nicht zuletzt aus strategischen Gründen, ein Luftschiff-Flughafen angelegt. Julius Söhn hat seine Kamera auf die Mittelachse der im Bau befindlichen Halle gerichtet. Die etwas versetzt im Vordergrund postierte Gruppe veranschaulicht einerseits die gewaltigen Ausmaße des Baukörpers, andererseits nimmt sie der Aufnahme einen Teil der durch die axiale Ausrichtung enstandenen Tiefe.

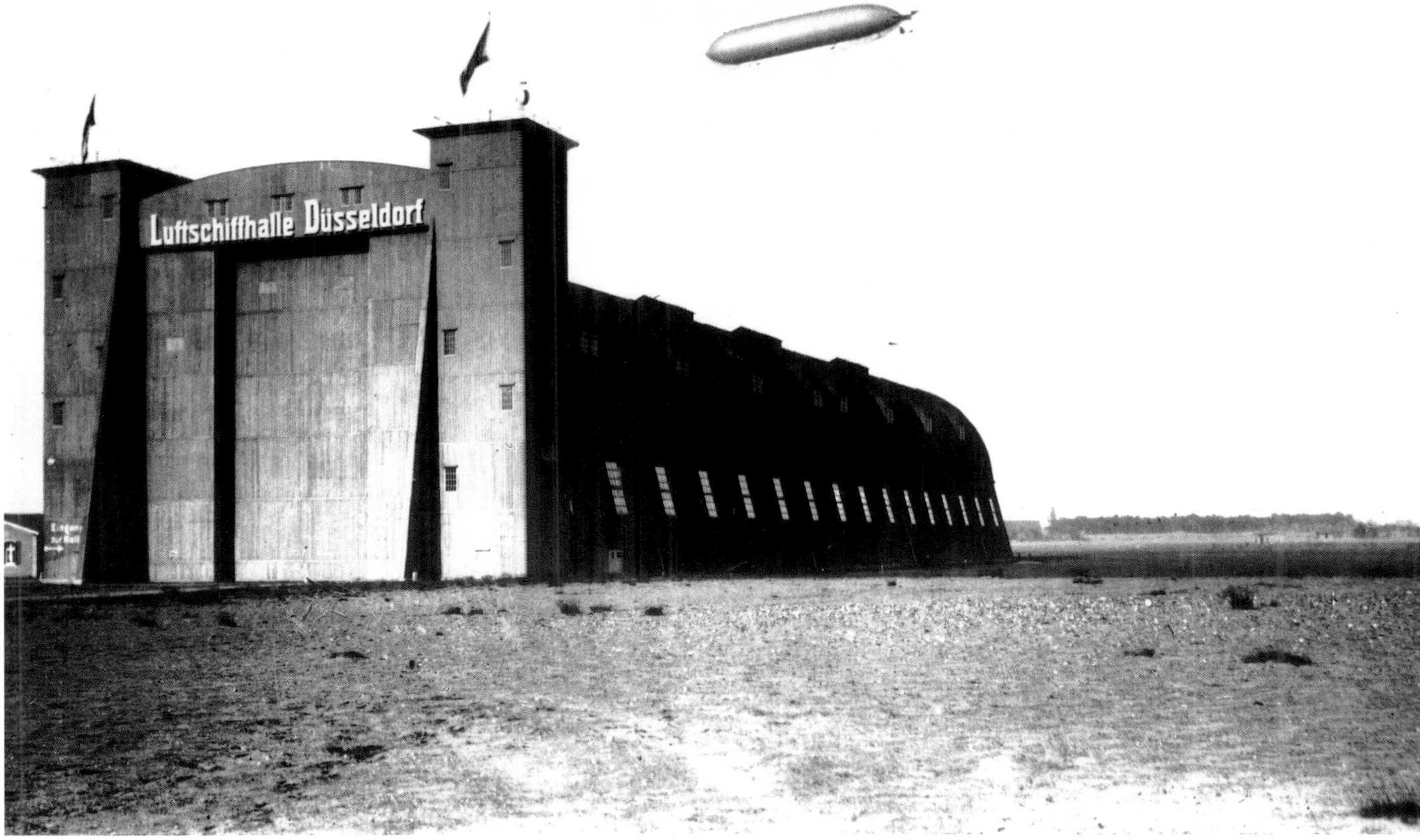

167 Luftschiffhalle auf der Golzheimer Heide, 1913 Julius Söhn

Die vordere Einfahrt der Halle wurde mit zwei hölzernen, fahnengeschmückten Türmen versehen.
Über dem langgezogenen Bau schwebt das Luftschiff ›Veeh‹.

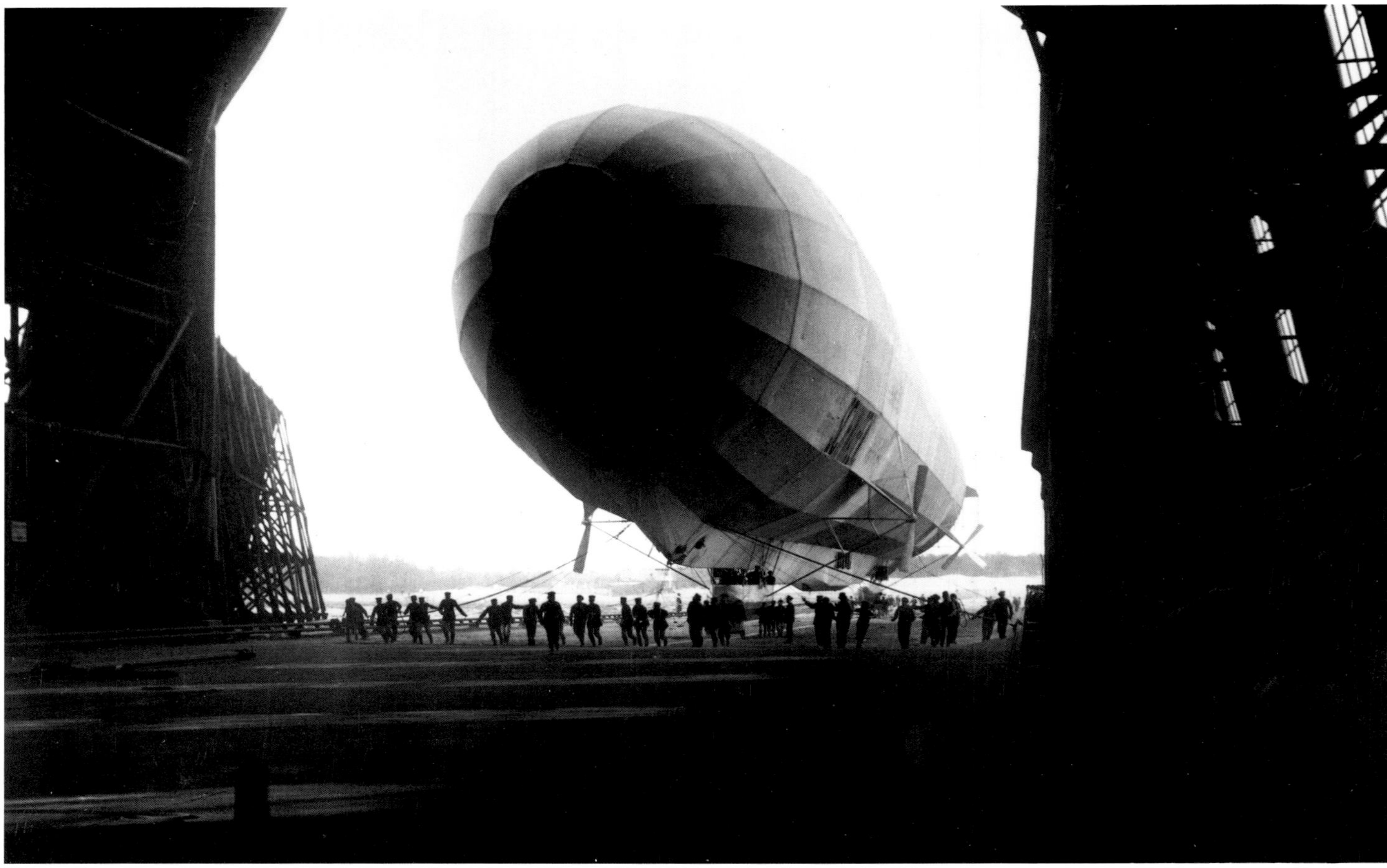

168 Landung des Luftschiffs »Schwaben« auf der Golzheimer Heide, um 1910 Julius Söhn

Die Aufnahme zeigt einen Blick aus dem Inneren der tiefen Halle auf den einschwebenden Zeppelin L. Z. 9 ›Schwaben‹. Um die landenden Luftschiffe sicher zu bergen und in den Hangar zu ziehen, war ein erheblicher Aufwand an Bodenpersonal erforderlich. Das Manövrieren der riesigen Luftschiffe war nicht ungefährlich; 1910 fiel L. Z. 9 ›Schwaben‹ auf der Golzheimer Heide einer Brandkatastrophe zum Opfer.

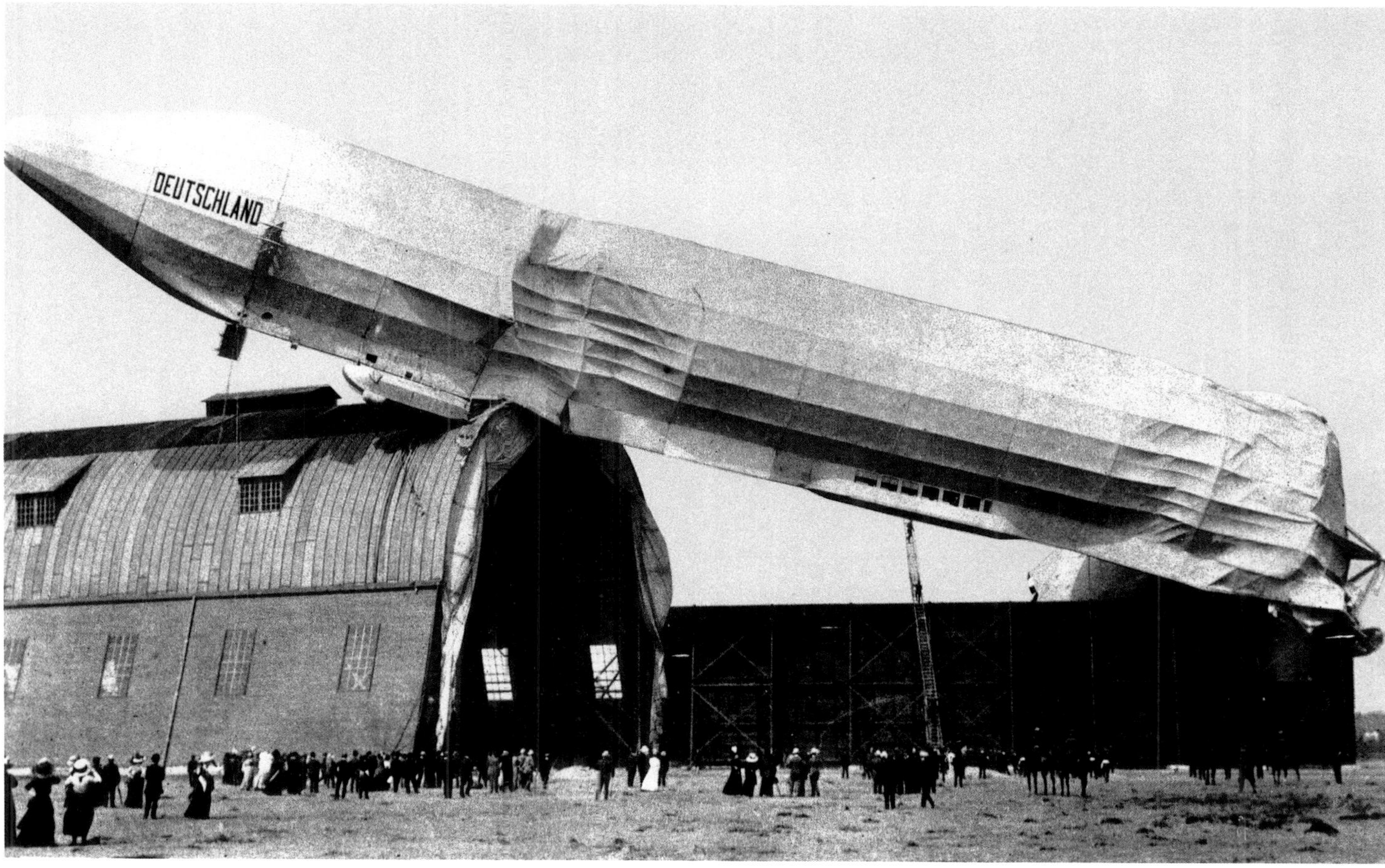

169 Golzheimer Heide, 1911 Photograph unbekannt

Ein Jahr später endete auch dieses Manöver mit einem Fiasko. Trotz der seitlich des Hangars errichteten Windschutzwand wurde ›Deutschland II‹ am 16. Mai bei der Ausfahrt aus der Halle von einer Windböe erfaßt und zerstört.

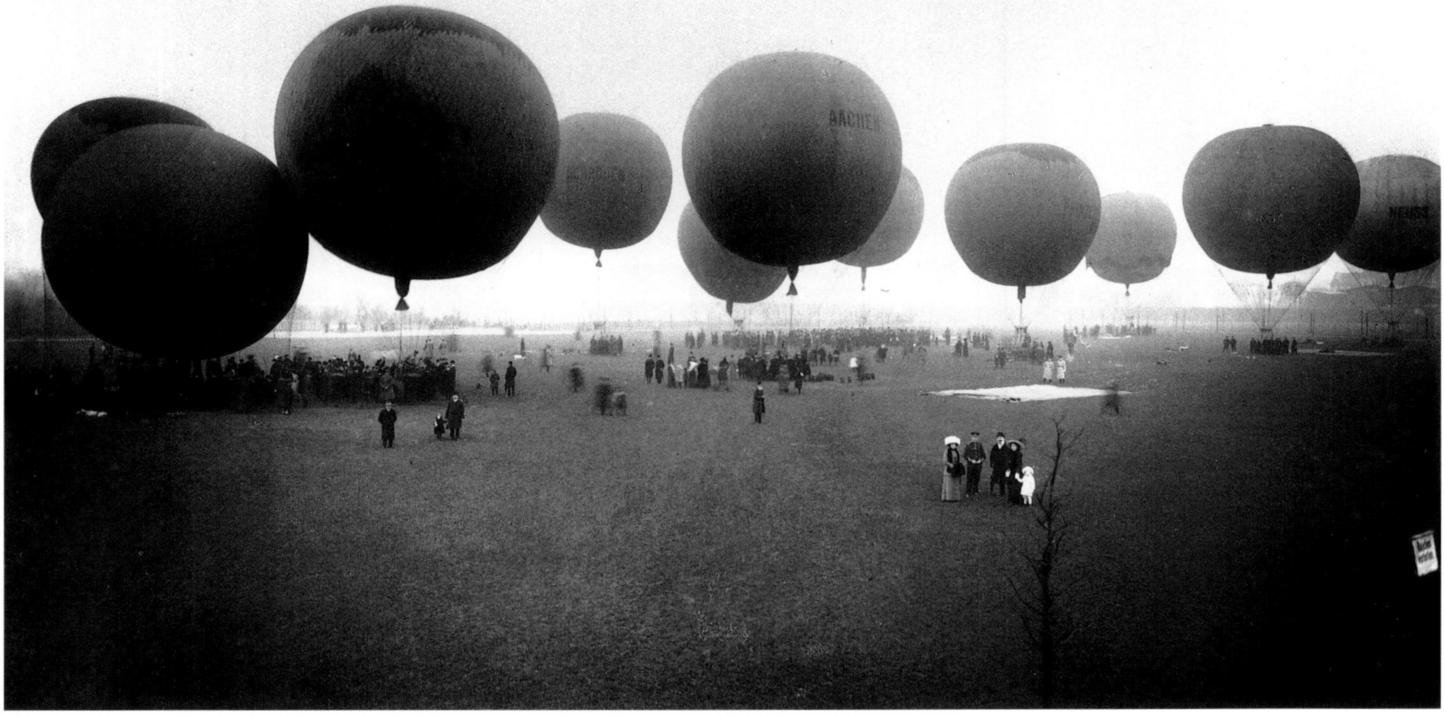

170 Ballonstart im Volksgarten, 1913 Julius Söhn

Die weitläufigen Anlagen des Volksgartens dienten des öfteren als Ballonfüll- und Startplatz. Der Garten war 1888–1894 von dem damaligen Stadtgärtner Hillebrecht in Oberbilk angelegt worden.

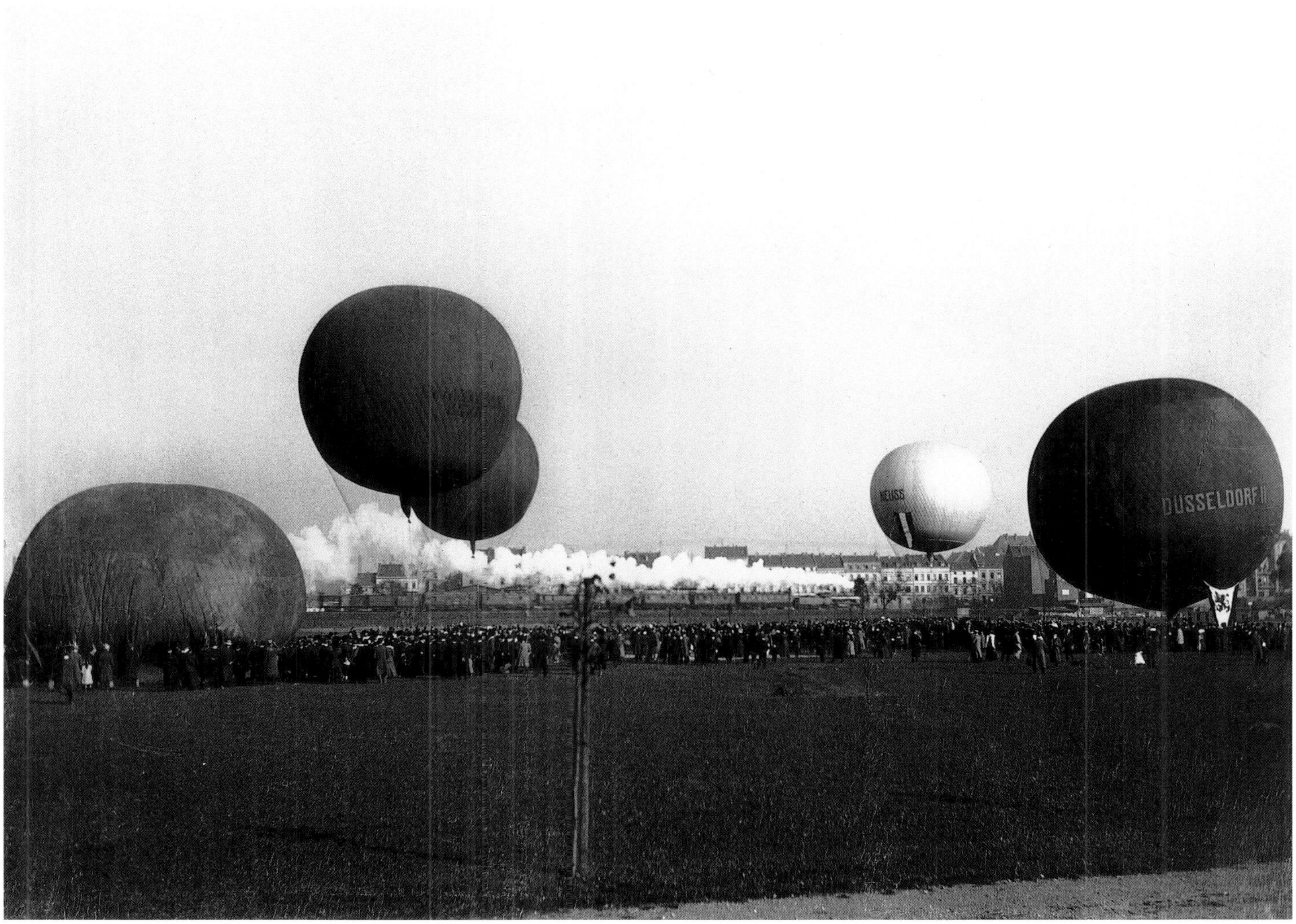

171 Ballonstart im Volksgarten, 1912 Julius Söhn

Zahlreiche Schaulustige haben sich auf der Wiese im Volksgarten versammelt, um den Start der gasgefüllten Ballons zu beobachten. Zwei von ihnen tragen die Namen der benachbarten Städte Düsseldorf und Neuß. Im Moment der Aufnahme eilt unter Volldampf ein Zug in Richtung Köln an den Häusern der Oberbilker Allee vorbei.

Literaturhinweise

Appelbaum, Dirk (Red.): *Haniel Archiv* (Verzeichnis des Archivs), Duisburg 1988

Architekten- und Ingenieurverein zu Düsseldorf (Hrsg.): *Düsseldorf und seine Bauten*, Düsseldorf 1904

Dewitz, Bodo von (Hrsg.): *Silber und Salz. Zur Frühzeit der Photographie im deutschen Sprachraum 1839–1860*, Ausstellungs-Kat., Köln 1989

Düsseldorfer Photographeninnung (Hrsg.): *Düsseldorfer Photographen. 50 Jahre Photographeninnung*, Festschrift, Düsseldorf 1964

Düsseldorfer Verkehrsverein (Hrsg.): *Führer durch Düsseldorf am Rhein und seine Umgebung. Das Bergische Land*, Düsseldorf 1898

Ebel, Horst: *Düsseldorf. Wandlungen einer westdeutschen Residenz*, Düsseldorf 1938

Eskildsen, Ute und Elke/Herbert Müller (Hrsg.): *Erwin Quedenfeldt 1869–1948*, Ausstellungs-Kat., Museum Folkwang, Essen 1985

Ferber, H.: *Historische Wanderung durch die alte Stadt Düsseldorf*, Band 1–2, Düsseldorfer Geschichtsverein 1889

Houben, Alfons: *Düsseldorf. Wie es damals war, wie es heute ist*, Düsseldorf 1983

Klapheck, Richard: *Die Altstadt Düsseldorf*, in: *Rheinische Kunststätten*, Reihe XV, Nr. 6–7, Düsseldorf 1936

Klapheck, Richard: *Geschichte der Kunstakademie zu Düsseldorf*, Band 1–2, Düsseldorf 1919

Looz-Corswarem, Clemens von: *Düsseldorf ehemals – gestern – heute*, Düsseldorf 1989

Müller-Schlösser, Hans: *Das schöne alte Düsseldorf*, Düsseldorf 1911

Peters, Heinz: *Schönes altes Düsseldorf*, Düsseldorf 1960

Peters, Ursula: *Stilgeschichte der Fotografie in Deutschland 1839–1900*, Köln 1979

Pfeffer, Klaus: *Düsseldorf Anlagen und Bauten des 19. Jahrhunderts*, in: *Rheinische Kunststätten*, Heft 8, Köln 1973

Schreuer, Wilhelm: *Bilder aus dem alten und neuen Düsseldorf*, Mappenwerk, Düsseldorf 1898

Simonis, Wilhelm (Hrsg.): *Festschrift zur 70. Versammlung Deutscher Naturforscher und Ärzte*, Düsseldorf 1898

Spohr, Edmund: *Düsseldorf. Stadt und Festung*, Düsseldorf 1978

Stolz, Heinz: *Das klassizistische Düsseldorf*, Leipzig 1928

Trier, Eduard (Hrsg.): *200 Jahre Kunstakademie Düsseldorf*, Ausstellungs-Kat., Düsseldorf 1973

Trier, Eduard und Weyres, Willy (Hrsg.): *Kunst des 19. Jahrhunderts im Rheinland*, Band 1–5, Düsseldorf 1980

Weidenhaupt, Hugo: *Kleine Geschichte der Stadt Düsseldorf*, Düsseldorf 1962

Weidenhaupt, Hugo (Hrsg.): *Düsseldorf. Geschichte von den Ursprüngen bis ins 20. Jahrhundert*, Band 1–2, Düsseldorf 1988

Zacher, Inge: *Düsseldorfer Friedhöfe und Grabmäler*, Düsseldorf 1982

Bildnachweis

(gerade Ziffern verweisen auf die Bildnummer, *kursive* auf die Seitenzahl)

Haniel-Archiv, Duisburg-Ruhrort: 132f., 155–159, 162–164; Kölnisches Stadtmuseum: *11* (8); Kunstmuseum, Düsseldorf: *10* (5, 6), *12* (10), *15* (14); Mannesmann-Archiv, Düsseldorf: 134f., 153, 160f.; Nordrheinwestfälisches Hauptstaatsarchiv, Düsseldorf: 34; Rheinische Landesbildstelle, Düsseldorf: 8, 11, 32f., 52, 78, 86, 88, 95, 97, 104, 129, 140; Rheinmetall GmbH, Düsseldorf: 165; Stadtarchiv, Düsseldorf: 1f., 5, 10, 14, 17–19, 21f., 26, 31, 35, 39, 44f., 51, 60–62, 72, 79–85, 87, 89, 91–94, 98, 100–102, 109f., 112–114, 116f., 120–125, 130f., 141, 144–147, 149–152, 154, 166–171; Stadtgeschichtliches Museum, Düsseldorf: 3f., 6f., *8* (1, 2), 9, *9* (3, 4), *11* (7), *12* (9), 12f., *13* (11, 12), *14* (13), 15f., *16* (15, 16), *20* (17), 20, 23, 25, 27–30, 36, 40–43, 46f., 50, 53, 55f., 57–59, 63, 67–71, 73–77, 90, 99, 103, 106, 108, 111, 118, 126–128, 136–139, 142f., 148; Süddeutscher Verlag, Bilderdienst, München: 96, 115; Universitätsbibliothek, Düsseldorf: 24, 37f., 48f., 54, 64–66, 105, 107, 119.